Bekämpfung der Folter in Europa

Springer-Verlag Berlin Heidelberg GmbH

Rod Morgan · Malcolm Evans

Bekämpfung der Folter in Europa

Die Tätigkeit und Standards des Europäischen Ausschusses zur Verhütung von Folter

Council of Europe
F-67075 Strasbourg Cedex
Frankreich

Übersetzt von Oliver Mross, Essen, und Emanuel François, Bochum

ISBN 978-3-540-44150-2   ISBN 978-3-642-18990-6
DOI 10.1007/978-3-642-18990-6

Bibliografische Information Der Deutschen Bibliothek
Die Deutsche Bibliothek verzeichnet diese Publikation in der Deutschen Nationalbibliografie; detaillierte bibliografische Daten sind im Internet über <http://dnb.ddb.de> abrufbar.

Dieses Werk ist urheberrechtlich geschützt. Die dadurch begründeten Rechte, insbesondere die der Übersetzung, des Nachdrucks, des Vortrags, der Entnahme von Abbildungen und Tabellen, der Funksendung, der Mikroverfilmung oder der Vervielfältigung auf anderen Wegen und der Speicherung in Datenverarbeitungsanlagen, bleiben, auch bei nur auszugsweiser Verwertung, vorbehalten. Eine Vervielfältigung dieses Werkes oder von Teilen dieses Werkes ist auch im Einzelfall nur in den Grenzen der gesetzlichen Bestimmungen des Urheberrechtsgesetzes der Bundesrepublik Deutschland vom 9. September 1965 in der jeweils geltenden Fassung zulässig. Sie ist grundsätzlich vergütungspflichtig. Zuwiderhandlungen unterliegen den Strafbestimmungen des Urheberrechtsgesetzes.

"©2003 Springer Verlag on German translation, ©2002 Council of Europe on publication in English and French". The translation is undertaken at the responsibility of Springer-Verlag. "This translation of *Combating torture in Europe*, is published by arrangement with the Council of Europe and is the sole responsibility of the translators."

© Springer-Verlag Berlin Heidelberg 2003
Ursprunglich erschieneen bei Springer-Verlag Berlin Heidelberg New York 2003

Die Wiedergabe von Gebrauchsnamen, Handelsnamen, Warenbezeichnungen usw. in diesem Werk berechtigt auch ohne besondere Kennzeichnung nicht zu der Annahme, dass solche Namen im Sinne der Warenzeichen- und Markenschutz-Gesetzgebung als frei zu betrachten wären und daher von jedermann benutzt werden dürften.

Umschlaggestaltung: Erich Kirchner, Heidelberg

SPIN 10891584   64/3130-5 4 3 2 1 0 – Gedruckt auf säurefreiem Papier

GELEITWORT

Walter Schwimmer, Generalsekretär des Europarats

Bekämpfung der Folter in Europa: Die Tätigkeit und Standards des Europäischen Ausschusses zur Verhütung von Folter (CPT) ist die erste bedeutende Veröffentlichung des Europarats, die sich der Arbeit dieses höchst einflussreichen, nicht justitiellen und aus Gründen der Vertraulichkeit sehr zurückhaltenden Gremiums widmet. Der CPT wurde durch das Europäische Übereinkommen zur Verhütung von Folter und unmenschlicher oder erniedrigender Behandlung oder Strafe 1989 errichtet und geht einen neuen Weg, um die Beachtung des universell verkündeten Verbots von Folter und unmenschlicher oder erniedrigender Behandlung oder Strafe zu gewährleisten. Anstatt Staaten für in der Vergangenheit begangene Misshandlungen zu verurteilen, widmet sich der Ausschuss der Aufgabe der Prävention, indem er den Schutz der Häftlinge vor Folter und anderen Formen von Misshandlung verstärkt. Zu diesem Ziel verfügt er über die einzigartige Befugnis, jeden Ort in den Mitgliedstaaten des Europarats, an dem Personen die Freiheit entzogen ist, zu jeder Zeit zu besuchen.

Rod Morgan und Malcolm Evans, die Autoren dieser Veröffentlichung, beschreiben ausführlich und kommentieren gezielt die Funktionsweise des Ausschusses, die von ihm organisierten Besuche und insbesondere die von ihm gesetzten Standards. Ich möchte ihnen für die hohe Sorgfalt ihrer Analyse danken. Sie machen auf eine bisher noch nicht ausreichend bekannte Arbeit aufmerksam und tragen auf diese Weise dazu bei, die Auswirkungen dieser Arbeit zu verstärken. Die vorliegende Veröffentlichung wird den nationalen Behörden, den Nichtregierungsorganisationen und den am Menschenrechtsschutz interessierten Bürgern von Nutzen sein und über den gegenwärtigen und zukünftigen Beitrag des Ausschusses zur Ausrottung der Folter und Misshandlung informieren. Sie sollte ebenso einen Einblick geben, wie man dazu beitragen kann, das Leben der Menschen in Europa, denen die Freiheit entzogen ist, zu verbessern.

Vorwort

Zur deutschsprachigen Ausgabe

Die willkommene Veröffentlichung dieser deutschsprachigen Ausgabe erfolgt in einer Zeit, in der eine Reihe bedeutender und begrüßenswerter Ereignisse stattgefunden hat. Zunächst hat am 8. November 2001 die Ukraine als letzter Vertragsstaat des ECPT die Protokolle Nr. 1 und Nr. 2 ratifiziert, die infolgedessen am 1. März 2002 in Kraft getreten sind. In dieser Ausgabe ist das Übereinkommen daher in seiner aktuellen, geänderten Fassung ohne die beiden Protokolle abgedruckt. Zudem ratifizierte Aserbaidschan das Übereinkommen und die Protokolle am 15. April 2002 mit Wirkung zum 1. August 2002. Die Ratifizierung durch Armenien erfolgte am 18. Juni 2002 mit Wirkung zum 1. Oktober 2002. Schließlich wurde Bosnien-Herzegowina am 24. April 2002 Mitglied des Europarats und ratifizierte das Übereinkommen in seiner geänderten Fassung am 12. Juli 2002 mit Wirkung zum 1. November 2002. Von diesem Tag an wird das Übereinkommen für alle Mitgliedstaaten des nunmehr auf 44 Mitgliedstaaten erweiterten Europarats in Kraft sein und dies in der Aussicht auf eine weitere Ausbreitung in der Zukunft. Die Tabelle 1 des Anhangs, die die Unterzeichnungen und Ratifizierungen der Vertragsstaaten auflistet, wurde geändert und dieser Entwicklung angepasst. Unterdessen schreitet die bedeutsame Arbeit des Ausschusses mit einer zunehmenden Anzahl an durchgeführten Besuchen und veröffentlichten Berichten zügig voran. Im September 2002 hat der CPT zudem seinen zwölften Tätigkeitsbericht (CPT/Inf (2002) 15) veröffentlicht, der in den Absätzen 32-50 eine ausführliche Beschreibung der Standards im Bereich des Polizeigewahrsams enthält. Vieles davon fasst die in diesem Buch aufgezeichneten Entwicklungen zusammen. Es gibt jedoch einige wichtige Neuerungen, insbesondere in Bezug auf die Vernehmung von Verdächtigen (einschließlich der Beweiskraft von Geständnissen), das Verbinden der Augen, das Vorhandensein von verdächtigen Objekten auf Polizeiwachen, die Rolle der Justizbehörden und der Staatsanwaltschaft, die polizeilichen Vernehmung von Untersuchungshäftlingen sowie die Inspektion von polizeilichen Einrichtungen durch ein unabhängiges Organ. Abgesehen von einigen Änderungen auf den Seiten 22 bis 25 wurden diese Entwicklungen im Text oder in den Tabellen nicht berücksichtigt, so dass sie in Übereinstimmung mit der Originalausgabe auf dem Stand vom 31. März 2001 sind.

Bristol, August 2002

Rod Morgan
Malcolm Evans

Vorwort

Dieses Buch soll Beamte, Mitglieder von Nichtregierungsorganisationen, Juristen und andere Interessierte in den Mitgliedstaaten des Europarats mit den vom Europäischen Ausschuss zur Verhütung von Folter und unmenschlicher oder erniedrigender Behandlung oder Strafe (CPT) im Bereich der Haft ausgearbeiteten und angewendeten Standards bekannt machen. Unser Ziel ist es, dass die Standards des CPT – die zunehmend auch als Referenz in Nichtmitgliedstaaten des Europarats angesehen werden – einen höheren Bekanntheitsgrad erlangen, damit sich nationale Beamte besser auf die Inspektionsbesuche des Ausschusses vorbereiten können, aber auch damit Mitglieder von Nichtregierungsorganisationen und Juristen dem Ausschuss Informationen übermitteln können, die die Durchführung der Besuche und das Erstellen der anschließenden Berichte und Empfehlungen beeinflussen.

Der Schwerpunkt des Buchs befindet sich daher in den Kapiteln 3 bis 7 des zweiten Teils. Diese Kapitel stellen auf eine, wie wir hoffen, verständliche Art und Weise die vom Ausschuss benutzten Schlüsselbegriffe dar und beschreiben die den Mitgliedstaaten empfohlenen Schutzvorkehrungen, deren Umsetzung die Gefahr von Folter oder unmenschlicher oder erniedrigender Behandlung gegenüber Häftlingen verringern soll. Kapitel 3 beschreibt die Art und Weise, auf die der Ausschuss die Begriffe „Folter" und „unmenschliche oder erniedrigende Behandlung" anwendet. Kapitel 4 zählt die vom Ausschuss als grundlegend angesehenen Schutzvorkehrungen auf, die auf alle Verdächtigen und Häftlinge anwendbar sind, die sich in Polizeigewahrsam befinden. Kapitel 5 stellt die allgemeinen Standards des Ausschusses für Strafvollzugsanstalten vor. Kapitel 6 widmet sich den Standards für besondere Kategorien von Häftlingen. Schließlich beschäftigt sich Kapitel 7 mit Patienten, die in psychiatrische Anstalten oder Einrichtungen zwangsweise eingewiesen werden.

Die Standards des Ausschusses müssen in ihrem Kontext gesehen werden. Trotz der zahlreichen Literatur, die sich mit den Ursprüngen, dem Inhalt und der Anwendung des Europäischen Übereinkommens zur Verhütung von Folter und unmenschlicher oder erniedrigender Behandlung oder Strafe (ECPT) beschäftigt, – Literatur, zu der wir persönlich in beachtlichem Maße beigetragen haben (siehe Literaturverzeichnis) – muss das einschlägige Material meistens verschiedenen Zeitschriften oder Untersuchungen, die dem Laien nicht unbedingt zugänglich sind, oder unmittelbar den zunehmend zahlreicheren Berichten des CPT entnommen werden. Des Wegen stellt der erste Teil dieses Buchs den Hintergrund dar. Kapitel 1 beschreibt die Ursprünge des ECPT sowie die Zusammensetzung, das Mandat und die vielfältigen Arbeitsmethoden des CPT. Kapitel 2 stellt ausführlich die Art und Weise vor, in der der Ausschuss die Besuche durchführt, über sie berichtet und sie nachbereitet. Als Schlussbemerkungen enthält der dritte Teil allein ein Kapitel, das kurz auf einige Erfolge aber auch auf Grenzen, aktuelle Probleme und mögliche Optionen des CPT für die Zukunft eingeht.

Wie wir in Kapitel 1 darstellen werden, handelt der Ausschuss unter Beachtung eines strengen Vertraulichkeitskodex'. Die vorliegende Veröffentlichung wurde in Übereinstimmung mit diesem Kodex verfasst. Auch wenn wir der gegenwärtigen Vorsitzenden des Ausschusses, Dr. Silvia Casale, und dem geschäftsführenden Sekretär, Trevor Stevens, für ihre Auskünfte und Unterstützung dankbar sind, stehen alle im Zusammenhang mit dem Übereinkommen und der Arbeit des CPT genannten Dokumente der Öffentlichkeit zur Verfügung, d. h. sie können von jedem interessierten Leser nachgeschlagen werden.[1] Daraus ergeben sich drei Konsequenzen: Erstens tragen wir allein die völlige Verantwortung für Fehler über Tatsachen in dieser Studie. Zweitens beruht jegliche Auslegung der Tätigkeit des Ausschusses, wie z. B. der Gebrauch des Begriffes „Folter" durch den CPT in Kapitel 3, auf unserer eigenen Interpretation. Drittens geben jegliche Stellungnahmen über die Tätigkeit des Ausschusses allein die Meinung der Autoren wieder. Infolgedessen mögen manche Mitglieder des Ausschusses, seines Sekretariats oder Offizielle des Europarats unsere Interpretationen und Ansichten nicht teilen.

Da die Entwicklung der Standards durch den CPT in einem dynamischen Prozess verläuft, ist es unmöglich, einen völlig aktuellen Stand darüber zu geben. Der zweite Teil dieses Werkes, der die Standards des Ausschusses vorstellt, ist eine aktualisierte und erheblich umfangreichere Version unserer Studie über die Standards in *„Protecting prisoners"*, eine 1998 verfasste und 1999 veröffentlichte Sammlung von Untersuchungen über den CPT.[2] Jene Studie ist wiederum eine aktualisierte und erweiterte Fassung der Untersuchung der Standards, die in unserem 1998 veröffentlichten allgemeinen Werk über die Ursprünge und die Funktionsweise des Ausschusses zu finden ist, *„Preventing torture: A study of the European Committee for the Prevention of Torture and Inhuman or Degrading Treatment or Punishment"*.[3] Diese beiden Bücher enthalten zugleich eine Analyse wichtiger Aspekte des ECPT und seines Ausschusses (CPT), die in dieser Studie nicht mehr behandelt werden. Dass sich die Standards des Ausschusses seit der Veröffentlichung dieser beiden Bücher weiterentwickelt haben, wurde auch von unserem früheren Herausgeber, Oxford University Press, berücksichtigt, der die notwendige Hilfe für diese Studie geleistet hat. Wir danken daher ihm sowie der Airey Neave Trust, die die anfänglichen Forschungsarbeiten, die all diesen Werken zugrunde liegen, unterstützt hat.

---

[1] Das *Jahrbuch des Europäischen Übereinkommens zur Verhütung von Folter und unmenschlicher oder erniedrigender Behandlung oder Strafe* (zweisprachige Auflage), herausgegeben vom Human Rights Law Centre der Universität von Nottingham (Vereinigtes Königreich), enthält diese Dokumente. Alle veröffentlichten Berichte des Ausschusses können auf der Homepage des Europarates eingesehen werden: www.cpt.coe.int.

[2] R. Morgan und M. Evans, *Protecting prisoners*.

[3] M. Evans und R. Morgan, *Preventing torture*.

Das vorliegende Werk berücksichtigt den Stand der Entwicklung bis Ende des Jahres 2000, auch wenn wir uns vereinzelt auf Ereignisse aus dem ersten Vierteljahr des Jahres 2001 beziehen. Da der CPT mittlerweile das Entstehungsstadium, wie wir es nennen, überschritten hat, denken wir, dass der Kern der vorliegenden Studie seine Aktualität über einige Jahre lang bewahren wird. Falls der Ausschuss darüber hinaus neue, bedeutende Beiträge zu den Standards entwickelt, werden diese wahrscheinlich – wie in der Vergangenheit - in den jährlichen Tätigkeitsberichten des Ausschusses erscheinen. Die Tabellen 2 und 3 im Anhang enthalten Einzelheiten über die Besuchsprogramme des Ausschusses und eine Liste der bis Ende 2000 veröffentlichten Berichte. Die dem Vorwort unmittelbar folgenden Anmerkungen erläutern die vereinfachte Methode, mit der die Dokumente des Ausschusses zitiert wurden, und enthalten ein Glossar der häufig verwendeten Abkürzungen. Im Schlussteil dieser Veröffentlichung wird der Leser den Wortlaut des Übereinkommens und damit zusammenhängender Dokumente finden.

Wir hoffen, dass dieses Buch sein angesprochenes Publikum erreicht und dass es für alle Personen, die in Europa und darüber hinaus für die Haftbedingungen verantwortlich sind, von praktischem Nutzen sein wird. Wir wünschen, dass sich Gesetzgeber, Verwaltungsbeamte, Mitarbeiter im Bereich der Betreuung und Beaufsichtigung von Häftlingen sowie Bürger, die sich entweder im Rahmen einer Nichtregierungsorganisation oder aus eigener Initiative engagieren, unter den Lesern befinden werden. Die Behandlung von Häftlingen im Namen des Staates obliegt letztlich der Verantwortung eines jeden von uns und sie offenbart, inwieweit wir moralisch die Berechtigung besitzen, von uns in Anspruch genommene zivilisierte Werte zu verkörpern.

ROD MORGAN
MALCOLM EVANS
Universität von Bristol

INHALTSVERZEICHNIS

Seite

Glossar XVII

Anmerkungen zur Zitierweise der CPT-Dokumente XIX

TEIL I: DER RAHMEN DES ÜBEREINKOMMENS

Einleitung 3

Kapitel 1: Das Übereinkommen und der Ausschuss 5

Einleitung 5

Vertragsstaaten 6

Staatenvertreter und Personal 7

    a) Mitglieder 7
    b) Sekretariat 10
    c) Sachverständige 11

Arbeitsmethoden 12

    a) Besuche 12
    b) Ergebnisse 15

Beziehungen zu anderen Organen und deren Standards 17

Kapitel 2: Die Besuche des CPT 25

Vorbereitung der Besuche 25

Ablauf der Besuche 29

Vorbereitung und Übermittlung der Besuchsberichte 30

Folgebesuche 32

Schlussfolgerung 34

TEIL II: DIE STANDARDS DES CPT

Einleitung 43

Kapitel 3: Folter und unmenschliche oder erniedrigende Behandlung: Verwendung der Begriffe 47

Folter und andere Formen vorsätzlicher Misshandlung 47

Unmenschliche oder erniedrigende Behandlung oder Strafe 52

Verwendung der Schlüsselbegriffe – Schlussfolgerung 55

Reaktion des CPT auf die Feststellung körperlicher und/oder seelischer Misshandlung in Haft 55

Kapitel 4: Kategorien von Häftlingen 63

Verdächtige und andere vorübergehend inhaftierte Personen 63

    a) Benachrichtigung einer dritten Partei über die Inhaftierung 65
    b) Zugang zu einem Rechtsanwalt 66
    c) Zugang zu einem Arzt 67
    d) Aufklärung über die Rechte 67
    e) Andere Verfahrensgarantien 69
        i. Haftakte 70
        ii. Durchführung von Vernehmungen 71
        iii. Elektronische Aufnahme und Überwachung 72
        iv. Beschwerde- und Inspektionsverfahren 73
    f) Haftbedingungen 74

„Immigrationshäftlinge" 75

Untersuchungshäftlinge 80

Kapitel 5: Die Häftlinge im Allgemeinen 93

Unterkunft und Überfüllung 93

Hygiene 95

Beleuchtung, Heizung, Belüftung und Zellenausstattung 96

Nahrung und Getränke 97

Haftregime 98

Kontroll- und Zwangsmittel 99

Kontakte der Häftlinge mit der Außenwelt, Achtung der Privatsphäre und Vertraulichkeit 101

Personal der Hafteinrichtungen 103
Medizinische Versorgung 105
Beschwerde- und Inspektionsverfahren 106

Kapitel 6: Besondere Kategorien von Häftlingen 113
Häftlinge, die Disziplinar- oder Hochsicherheitsmaßnahmen
unterworfen sind 113
Frauen im Freiheitsentzug 117
Jugendliche im Freiheitsentzug 121
Verletzbare Häftlinge mit allgemein-medizinischen und psychiatrischen
Leiden 125

Kapitel 7: In psychiatrischen Einrichtungen verwahrte Patienten 133
Vorbemerkungen 134
Einweisungs-, Überprüfungs- und Entlassungsverfahren 134
Personal der psychiatrischen Einrichtungen 136
Lebensbedingungen 138
Behandlung, Einwilligung und Regime 140
Zwangsmittel und Absonderung 143
Beschwerde- und Inspektionsverfahren 146

TEIL III: SCHLUSSFOLGERUNGEN UND AUSSICHTEN

Einleitung 153

**Kapitel 8: Schlussfolgerungen: gegenwärtige Dilemma und
zukünftige Entwicklung** 155
Einschätzung der Auswirkungen des CPT 155
  *a) Wird der vom CPT angenommene Ansatz hinsichtlich umstands-
  bedingter Misshandlungen allgemein beachtet?* 157
  *b) Werden die von dem CPT verkündeten Standards zur Bekämpfung
  körperlicher und umstandsbedingter Misshandlungen allgemein
  akzeptiert?* 157
  c) Wendet der Ausschuss seine Standards einheitlich an? 158

d) Hat die Tätigkeit des Ausschusses zur Reduzierung von Misshandlungen beigetragen? 159
Die Stellung des CPT in der Welt der Menschenrechte 160
Die Standards des CPT 162
Die praktische Unterstützung des CPT für Strafvollzugsbehörden 165
Die Funktionsweise des CPT 168

ANHÄNGE

Tabellen

Tabelle 1 – Unterzeichnungen und Ratifizierungen des ECPT 179
Tabelle 2 – Besuche sowie Abschlussberichte und Antworten 181
    A. In alphabetischer Reihenfolge 181
    B. In chronologischer Reihenfolge 190
Tabelle 3 – Zitierweise der CPT-Dokumente 201
    A. Veröffentlichte Besuchsberichte des CPT und Antworten der
        Staaten 201
    B. Tätigkeitsberichte des CPT 208

Dokumente

Dokument 1 – Europäisches Übereinkommen zur Verhütung von Folter und unmenschlicher oder erniedrigender Behandlung oder Strafe .. 209
Dokument 2 – Erläuternder Bericht zum ECPT 219
Dokument 3 – Geschäftsordnung des CPT 239

Schrifttum 253

GLOSSAR

ACA	- American Correctional Association
ADACS	- Aktivitäten zur Entwicklung und Konsolidierung der demokratischen Stabilität (Europarat)
AJIL	- *American Journal of International Law*
APT	- Vereinigung gegen Folter (ehemals SCAT)
CAT	- Ausschuss gegen Folter (Vereinte Nationen)
CCTV	- Closed-Circuit Televison (Überwachungssystem mit Monitoren im geschlossenen Netz)
CDDH	- Lenkungsausschuss für Menschenrechte
CLAHR	- Ausschuss für Rechtsangelegenheiten und Menschenrechte (Parlamentsausschuss des Europarats)
COLPI	- Constitutional and Legal Policy Institute (ehemaliges Constitutional and Legislative Policy Institute) (Ungarn)
CPT	- Europäischer Ausschuss zur Verhütung von Folter und unmenschlicher oder erniedrigender Behandlung oder Strafe
DH-EX	- Expertenausschuss für die Erweiterung der in der Europäischen Menschenrechtskonvention festgeschriebenen Rechte (ein dem CDDH unterstelltes Gremium)
ECOSOC	- Wirtschafts- und Sozialrat (Vereinte Nationen)
ECPT	- Europäisches Übereinkommen zur Verhütung von Folter und unmenschlicher oder erniedrigender Behandlung oder Strafe
ECT	- Elektrokonvulsivtherapie
EGMR	- Europäischer Gerichtshof für Menschenrechte
EGR	- Europäische Gefängnisregeln
EHRR	- *European Human Rights Reports*
EJIL	- *European Journal of International Law*
EMRK	- Europäische Konvention zum Schutze der Menschenrechte und Grundfreiheiten

FCO	- Foreign and Commenwealth Office
HRC	- Menschenrechtsausschuss
ICJ	- Internationale Juristenkommission
ICTY	- International Criminal Tribunal for the former Yugoslavia (Internationaler Strafgerichtshof für das ehemalige Jugoslawien)
IKRK	- Internationales Komitee vom Roten Kreuz
ILM	- *International Legal Materials*
NQHR	- *Netherlands Quaterly of Human Rights*
NRO	- Nichtregierungsorganisation
PRI	- Reform des internationalen Strafsystems
RGDIP	- *Revue Générale de Droit International Public*
RJD	- *Reports of Judgements and Decisions* (des Europäischen Gerichtshofs und der Kommission für Menschenrechte)
SCAT	- Schweizer Ausschuss gegen Folter
UNCAT	- Übereinkommen gegen Folter und andere grausame, unmenschliche oder erniedrigende Behandlung oder Strafe (Vereinte Nationen)
UNSMR	- Mindeststandards für die Behandlung von Gefangenen (Vereinte Nationen)

Anmerkungen zur Zitierweise

der CPT-Dokumente

Die Besuchsberichte des CPT, die Antworten der Staaten und andere Dokumente des Ausschusses sind - sofern von der Regierung des betroffenen Staates genehmigt - nach der folgenden Kennzeichnung veröffentlicht: Nach dem Präfix „CPT/Inf" folgt das Veröffentlichungsjahr und die Nummer des Dokuments. Das vorliegende Buch benutzt eine vereinfachte Zitierweise beginnend mit dem Namen des betroffenen Landes auf Englisch (es handelt sich um die nicht übersetzte Originalfassung des Berichts). Die folgende Nummer zeigt an, auf den wievielten Besuch in dem Land sich das Dokument bezieht. Wenn es sich um die Antwort eines Staates handelt, ist dies durch ein „R" im Anschluss an die Nummer des Besuchs erkennbar. Vorläufige Berichte sind mit „R 1" und Folgeberichte mit „R 2" gekennzeichnet. Wenn nur um eine Antwort ersucht wurde (oder, sie in einem Fall, schon gegeben worden ist), ist der Bericht nur mit „R" gekennzeichnet. Infolgedessen handelt es sich beim Zeichen „UK 1" um den Bericht des CPT über den ersten Besuch im Vereinigten Königreich und bei dem Zeichen „UK 1 R 2" um die zweite Antwort dieses Staates auf diesen Bericht. Ähnlich sind die Jahresberichte des CPT als „erster Tätigkeitsbericht", „zweiter Tätigkeitsbericht", usw. gekennzeichnet. In der Tabelle 3 (Anhang) werden alle zitierten Berichte mit ihren kompletten CPT/Inf-Referenznummern aufgeführt.

Das einzige Dokument, von dem eine amtliche Übersetzung in der deutschen Sprache vorliegt, ist das Übereinkommen. Bei allen anderen Dokumenten, die in dem vorliegenden Werk zitiert werden und die in Verbindung mit dem Übereinkommen und der Arbeit des Ausschusses stehen wie z. B. die Länder- und Tätigkeitsberichte oder die Geschäftsordnung des Ausschusses (Dokument 5 im Anhang), handelt es sich um *nichtamtliche Übersetzungen*. Allein der Erläuternde Bericht zum Übereinkommen liegt als informatorische Übersetzung ebenfalls in der deutschen Sprache vor.

Alle vom CPT veröffentlichten Dokumente stehen beim Europarat zur Verfügung. Die meisten sind auch auf der Internetseite des Ausschusses „http://www.cpt.coe.int" aufrufbar. Zudem enthält die Datenbank alle Berichte des Ausschusses, sämtliche öffentliche Erklärungen und alle „Wesentliche Grundfragen" der jährlichen Tätigkeitsberichte unter folgender Adresse „http://www.cpt.coe.int/en/database.htm". Die meisten dieser Dokumente sind auch im *Jahresbuch des Europäischen Übereinkommens zur Verhütung von Folter und unmenschlicher oder erniedrigender Behandlung oder Strafe* abgedruckt, das von dem Human Rights Law Centre der Universität von Nottingham (Vereinigtes Königreich) herausgegeben wird.

TEIL I

DER RAHMEN DES ÜBEREINKOMMENS

Einleitung

Nachdem wir im Laufe der letzten zehn Jahre in den meisten europäischen Ländern Beamte, die für die Bestimmung der Straf- und Sicherheitspolitik in der Haft verantwortlich sind, sowie aktive Mitglieder von Nichtregierungsorganisationen, die sich für das Wohlbefinden von Häftlingen einsetzen, befragt haben, sind wir zum Schluss gekommen, dass sie häufig nur wenig oder nichts über den CPT wissen. Dies ist kaum verwunderlich. Der CPT ist ein noch relativ neuer Ausschuss - er wurde 1989 errichtet - und es ist ihm nur in Abständen von mehreren Jahren möglich, die meisten Vertragsstaaten des ECPT zu besuchen. Zudem sind seine Besuche, wenn er sie nicht ausnahmsweise in sehr kleinen Staaten durchführt, zwangsläufig auf einen winzigen Ausschnitt aus der Vielzahl an Inhaftierungsorten, die in sein Mandat fallen, begrenzt: Polizeiwachen, Gefängnisse, Jugendstrafanstalten, Hafteinrichtungen an Einreisestellen, geschlossene psychiatrische Anstalten, usw. Die Berichte des CPT sind außerdem relativ technischer Natur, sie werden vom Europarat in Strassburg auf Französisch oder auf Englisch veröffentlicht, sie wecken gewöhnlich wenig Aufmerksamkeit bei den lokalen Medien und sie sind häufig nicht leicht in anderen Sprachen verfügbar (wenn sie es überhaupt sind). Beamte und aktive Mitglieder von Nichtregierungsorganisationen, die die CPT-Berichte über ihr eigenes Land kennen, haben selten mehrere dieser Dokumente gesehen. Daher ist es für sie schwierig, ihre eigenen Länderberichte in den Kontext einzuordnen.

Kapitel 1 und 2 des ersten Teils dieses Werkes wurden in der Absicht verfasst, diese Wissenslücke zu schließen. Wir sehen es als hilfreich an, vor einer Vorstellung der Standards des CPT im zweiten Teil zunächst in Kapitel 1 die Ursprünge und die Natur des Europäischen Übereinkommens zur Verhütung von Folter und unmenschlicher oder erniedrigender Behandlung oder Strafe (ECPT) zu erläutern. Insbesondere werden an dieser Stelle auch die Zusammensetzung, die Eigenschaften und die Arbeitsweise des CPT vorgestellt. In Kapitel 2 beschreiben wir das vom CPT in der Praxis angewendete Verfahren bei einem Inspektionsbesuch in einem Mitgliedstaat des ECPT. Auf diese Weise wollen wir dazu beitragen, dass Beamte und aktive Mitglieder von Nichtregierungsorganisationen effizienter mit dem Ausschuss zusammenarbeiten und dessen Empfehlungen und Informationen berücksichtigen.

KAPITEL 1

DAS ÜBEREINKOMMEN UND DER AUSSCHUSS

Einleitung

Die Ursprünge des Europäischen Übereinkommens zur Verhütung von Folter und unmenschlicher oder erniedrigender Behandlung oder Strafe (ECPT) liegen in den Vorschlägen, die zur Annahme eines freiwilligen Protokolls zum Übereinkommen der Vereinten Nationen gegen Folter (UNCAT) ausgearbeitet worden sind.[1] Das UNCAT war selbst das Ergebnis einer langen internationalen Kampagne gegen Folter. Diese fand ihren Höhepunkt in den 70er Jahren und führte zur Annahme der Erklärung der Vereinten Nationen gegen Folter im Jahre 1975[2] und zur Annahme des Übereinkommens selbst im Jahre 1984[3]. Ebenfalls im Laufe der 70er Jahre hatte der Schweizer Bankier Jean-Jacques Gautier, von den Erfahrungen des Internationalen Komitees vom Roten Kreuz (IKRK) inspiriert, die Idee einen auf Besuchen basierenden Mechanismus zu schaffen, der zur Verhütung von Folter beitragen sollte.[4] Nach einer mühsamen Phase der Vorbereitung wurde der Kommission der Vereinten Nationen für Menschenrechte 1980 ein Vorschlag von Costa Rica vorgelegt. Es war jedoch immer die Absicht gewesen, diesen Text allein nach der Annahme des UNCAT zu untersuchen; dieser Prozess ist noch nicht beendet.[5] In der Zwischenzeit richtete sich die Aufmerksamkeit von den Vereinten Nationen auf den Europarat. Die Parlamentarische Versammlung unterstützte mit der Empfehlung 909 (1981) die Idee eines auf Besuchen basierenden, präventiven Mechanismus'.[6] Noël Berrier, der Präsident des Ausschusses für Rechtsangelegenheiten der Parlamentarischen Versammlung, arbeitete nach dieser Idee ein Memorandum aus. Nachdem er festgestellt hatte, dass „man nicht erwarten kann, dass ein solches System umgehend und fehlerfrei in der ganzen Welt funktioniert", fragte er sich,[7]

„[...] ob die europäischen Länder nicht als Vorbild dienen und ein solches System zwischen Ihnen selbst im Rahmen des Europarats einrichten sollten, ohne darauf zu warten, dass der Vorschlag in der ganzen Welt umgesetzt wird. Ein derartiges System könnte eine sinnvolle Ergänzung der Mittel sein, die im Rahmen des Europarats zur Bekämpfung der Folter schon zur Verfügung stehen, die aber erst zum Einsatz kommen, wenn der Häftling schon Opfer der Folter geworden ist".

Dieses Memorandum fand sich, von einem Entwurf der internationalen Juristenkommission und des Schweizer Ausschusses gegen Folter[8] begleitet, maßgeblich in dem Abschlussbericht von Herrn Berrier wieder.[9] Der Berrier-Bericht ist im Juni 1983 vom Ausschuss für Rechtsangelegenheiten angenommen worden. Im September desselben Jahres nahm die Parlamentarische Versammlung die Empfehlung 971 (1983) an und lud das Ministerkomitee ein, diesen Entwurf ebenfalls anzunehmen.[10] Das Ministerkomitee bat daraufhin den Lenkungsausschuss für Menschenrechte (CDDH), den Text des Entwurfs des Übereinkommens zu untersuchen. Dieser nahm die Arbeit 1984 auf und übertrug Einzelfragen auf den von einer kleineren Redaktionseinheit unterstützten Expertenausschuss (DH-EX). Der endgültige Text wurde im November 1986 vom CDDH fertig gestellt und nach Konsultation der Versammlung schließlich am 26. Juni 1987 vom Ministerkomitee angenommen. Am 26. November desselben Jahres wurde er zur Unterzeichnung aufgelegt.[11] Lediglich elf Monate später waren die für das In-Kraft-Treten notwendigen sieben Ratifikationen vorgenommen (das In-Kraft-Treten folgte drei Monate später am 1. Februar 1989).

Im Unterschied zu anderen Übereinkünften im Bereich der Menschenrechte schafft das ECPT keine neuen Normen, sondern richtet als „nicht justitieller Präventionsmechanismus" ein Verfahren ein, das die Umsetzung der Verpflichtung des Artikels 3 der Europäischen Menschenrechtskonvention verstärken soll: „Niemand soll Folter oder unmenschlicher oder erniedrigender Behandlung oder Strafe ausgesetzt sein."[12]

Das von dem ECPT angenommene Verfahren stützt sich auf ein System von Besuchen. Artikel 2 ECPT legt fest, dass „jede Vertragspartei Besuche nach diesem Übereinkommen an allen ihrer Hoheitsgewalt unterstehenden Orten zu[lässt], an denen Personen durch eine öffentliche Behörde die Freiheit entzogen ist". Diese Besuche werden von dem durch das Übereinkommen eingerichteten Organ – dem europäischen Ausschuss zur Verhütung von Folter und unmenschlicher oder erniedrigender Behandlung oder Strafe (CPT) – durchgeführt. Dessen Funktion ist es, „durch Besuche die Behandlung von Personen, denen die Freiheit entzogen ist, [zu überprüfen], um erforderlichenfalls den Schutz dieser Personen vor Folter und unmenschlicher oder erniedrigender Behandlung oder Strafe zu verstärken".[13] Die Arbeit des CPT beruht infolgedessen auf der grundlegenden Vorstellung, dass die Wahrscheinlichkeit von Folter und unmenschlicher oder erniedrigender Behandlung verringert werden kann, wenn die Inhaftierungsorte Gegenstand einer Überprüfung werden, die mittels unangekündigter, von internationalen Experten durchgeführter Besuche erfolgt. Die Schlussfolgerungen und Empfehlungen dieser Experten sollen anschließend die Grundlage eines konstruktiven Dialogs mit derselben Zielrichtung bilden. Das Ziel der vorliegenden Veröffentlichung ist es, die Standards zu untersuchen, die der CPT im Hinblick auf eine effizientere Arbeit verfasst hat. Dieses Ziel kann jedoch nur in Übereinstimmung mit dem Übereinkommen, das den Rahmen für die Arbeit des Ausschusses bildet, erreicht werden. Daher beinhaltet dieses einführende Kapitel eine Übersicht über die grundlegende Struktur, das Mandat und die Leitsätze des ECPT.

Vertragsstaaten

Als das ECPT in Kraft trat band es nur 8 der damals 23 Mitgliedstaaten des Europarats.[14] Weitere Ratifikationen folgten jedoch sehr schnell. Mit Ablauf des ersten Jahres nach Aufnahme seiner Tätigkeiten konnte der CPT in seinem ersten Tätigkeitsbericht feststellen, dass 20 der zu diesem Zeitpunkt schon 25 Mitgliedstaaten des Europarats das Übereinkommen ratifiziert hatten.[15] Das Ministerkomitee nahm 1993 zwei Protokolle zum Übereinkommen an. Das erste Protokoll,[16] das das ECPT weiter „öffnen" sollte, sah vor, dass „das Ministerkomitee des Europarats jeden Nichtmitgliedstaat des Europarats einladen [kann], dem Übereinkommen beizutreten".[17] Diese Maßnahme, die eine Erweiterung des CPT nach Mittel- und Osteuropa erleichtern sollte, wurde schnell durch den Beitritt der meisten dieser Länder zum Europarat überholt. Das erste Protokoll ist erst vor kurzem in Kraft getreten.[18] Mittlerweile hat sich die Anzahl der Mitglieder des Europarats auf 44 erhöht, die in ihrer Gesamtheit ab dem 1. November 2002 an das Übereinkommen gebunden sind.[19]

Dieses Ergebnis ist nicht dem Zufall zu verdanken. Das Ministerkomitee hat 1994 die Unterzeichnung und Ratifikation des Übereinkommens als eine notwendige Verpflichtung für Andorra[20] und Lettland[21] angesehen, die mit dem Beitritt dieser Staaten zum Europarat verbunden ist. In keinem dieser beiden Fälle wurde für die Unterzeichnung und Ratifikation eine Frist festgelegt.[22] Die späteren Beitritte erfolgten jedoch unter der Bedingung der Unterzeichnung und Ratifikation des ECPT innerhalb eines Jahres der Mitgliedschaft.[23] Auch wenn die vorgeschriebene Frist nicht immer eingehalten wurde,[24] hat sie dafür gesorgt, dass der geographische Anwendungsbereich des Übereinkommens mit der Erweiterung des Europarats Schritt gehalten hat. Das In-Kraft-Treten des ersten freiwilligen Protokolls sollte dem ECPT eine führende Position einräumen.[25]

Es gibt nur noch zwei europäische Staaten westlich des Urals, die nicht Vertragsparteien des ECPT sind: Weißrussland und Jugoslawien (Serbien und Montenegro).[26] Während Ende 2000 allein in den Gefängnissen der damals 42 Staaten, die entweder Vertragspartei des Übereinkommens waren oder auf andere Weise in dessen Anwendungsbereich fielen,[27] ungefähr 1.867.000 Menschen inhaftiert waren[28], ist das Mandat des ECPT, wie wir es später erläutern werden, noch weit umfassender. Infolgedessen kann man vermuten, dass mehr als zweieinhalb Millionen Personen, die in irgendeiner Form in Haft leben, unmittelbar dem Kernbereich des Mandats des ECPT unterliegen, und dass eine noch erhebliche höhere Anzahl indirekt dem Mandat unterliegt.

Staatenvertreter und Personal

a) Mitglieder

Der CPT zählt ebenso viele Mitglieder wie Vertragsstaaten.[29] Die Mitglieder werden vom Ministerkomitee des Europarats „nach einem vom Büro der Beratenden Versammlung des Europarats aufgestellten Namensverzeichnis" mit absoluter Stimmenmehrheit gewählt. Jede nationale Delegation der Beratenden Versammlung schlägt drei Kandidaten vor, von denen mindestens zwei eigene Staatsangehörige sein müssen.[30] Die Mitglieder werden für eine Dauer von vier Jahren gewählt und können zweimal wieder gewählt werden.[31] Sie sind in persönlicher Eigenschaft tätig.[32] Sie bekommen kein Gehalt sondern eine Zuwendung, die im

Verhältnis zu den für den Ausschuss tätig gewesenen Tagen steht. Dies kann von einem Mitglied zum anderen sehr unterschiedlich sein. Die Mehrheit der Mitglieder übt infolgedessen oft eine oder mehrere weitere berufliche Tätigkeiten aus, wodurch ihre Verfügbarkeit für die Arbeit des Ausschusses begrenzt sein kann. Meistens gibt es weniger Mitglieder im Ausschuss als Vertragsparteien, da zwischen dem In-Kraft-Treten des Übereinkommens in einem Staat und der Wahl des entsprechenden Mitglieds durch das Ministerkomitee einige Zeit vergeht.[33] Die Erfahrung hat ebenso gezeigt, dass es zwischen dem Rücktritt oder dem Ende der Amtszeit eines Mitglieds auf der einen Seite und der Vorstellung eines Namenverzeichnisses gegenüber dem Ministerkomitee auf der anderen Seite eine erhebliche Verzögerung geben kann.[34]

Das Wahlsystem war von Anfang an weitestgehend unbefriedigend. Der Text des Übereinkommens sieht vor, dass unter den bei der ersten Wahl gewählten Mitgliedern „die Amtszeit von drei Mitgliedern nach zwei Jahren abläuft" und dass diese durch das Los bestimmt werden.[35] Diese Regelung lässt sich dadurch erklären, dass der CPT ursprünglich als ein kleines Organ mit sieben Mitgliedern konzipiert war und dass man durch die Begrenzung des Mandats eine Rotation unter den Mitgliedern erreichen wollte. Als in einem späteren Stadium der Ausarbeitung des Entwurfs beschlossen wurde, dieses System zugunsten eines Systems mit einem Mitglied pro Vertragspartei aufzugeben, ist die Bestimmung jedoch nicht abgeändert worden. Ferner bestimmt der Text eindeutig, dass jedes neue Mitglied für den vollständigen Zeitraum von vier Jahren gewählt wird. Diese Regelung wird auch auf neu gewählte Mitglieder angewendet, die ein zurückgetretenes Mitglied ersetzen. Der Ausschuss erlebte zu Beginn seiner Tätigkeit eine Anzahl an Rücktritten, die heute als außergewöhnlich hoch anzusehen ist. Die Verkürzung der Amtszeit dreier Mitglieder führte zusammen mit der Notwendigkeit der Wahl neuer Mitglieder in Folge der zunehmenden Anzahl an Ratifikationen zu einer extremen Zersplitterung der Wahlvorgänge, die die Arbeit des Ausschusses unnötig erschwerte.[36]

1993 hat das Ministerkomitee zur Beseitigung der technischen Mängel ein zweites freiwilliges Protokoll[37] angenommen. Das sah vor, „die Mitglieder [des Ausschusses] zum Zwecke der Wahl in zwei Gruppen aufzuteilen, um sicherzustellen, dass die Hälfte der Mitglieder des Ausschusses alle zwei Jahre ersetzt wird."[38] Um dies zu erreichen, erlaubt das angenommene System dem Ministerkomitee über die Dauer der Amtszeit eines zu wählenden Mitglieds zu entscheiden, indem es vom Ministerkomitee in die geeignete Gruppe einteilt wird. Wie das erste ist auch das zweite freiwillige Protokoll im März 2002 in Kraft getreten. Der bis zu seinem In-Kraft-Treten vergangene Zeitraum war umso enttäuschender, da das zweite Protokoll im Gegensatz zum ersten keine umstrittenen, technischen Änderungen enthielt. Sowohl der CPT selbst als auch der Bericht des Ausschusses für Rechtsangelegenheiten und Menschenrechte betonten in der Tat, dass angesichts der zunehmenden Anzahl von Mitgliedstaaten des Europarats das erste Protokoll gegenüber dem zweiten an Bedeutung verloren hat, und dass die Staaten eindringlich gebeten wurden, es „ohne Verzögerung" zu ratifizieren.[39] Diese Bitte blieb weitgehend wirkungslos, so dass die Ratifikation der beiden Protokolle mit geringfügigen zeitlichen Unterschieden parallel verlief. Während der CPT sein

„Erstaunen" über den langen Zeitraum bis zum In-Kraft-Treten des zweiten Protokolls zum Ausdruck gebracht hat,[40] legte das Ministerkomitee den anderen Staaten, deren Ratifikation auf sich warten ließ, eindringlich nahe, die entsprechenden Maßnahmen zu ergreifen.[41]

Einer der Gründe mag darin bestehen, dass das zweite Protokoll nicht nur technische Verbesserungen beinhaltet. Es ändert auch in grundlegender Form Artikel 5 Absatz 3 ECPT, indem es den Mitgliedern des Ausschusses ermöglicht, zweimal wieder gewählt zu werden und somit ihre Tätigkeiten für maximal zwölf Jahre auszuüben. Es ist außerdem möglich, dass sich die Probleme der wechselnden Mitgliedschaft im Ausschuss mit der Zeit verringert haben. Die ersten Wahlen des Ausschusses fanden im September 1989 statt. Vier Jahre später, im September 1993, bewarben sich 10 der 22 Mitglieder des Ausschusses um eine zweite Amtszeit, während zwei die Gelegenheit der Neuwahlen zum Rücktritt nutzten. Die Wahlen brachten nur vier neue Mitglieder hervor. Die zweite Krise näherte sich im September 1997 als die Amtszeit von 10 der 28 Mitglieder ablief, von denen fünf nicht wieder gewählt werden konnten. Alle wählbaren Kandidaten erhielten eine zweite Amtszeit. Damit hatte sich die Gefahr des plötzlichen Verlustes kritischen Sachverstandes nicht bestätigt. Die Amtszeit von 14 Mitgliedern endete ordnungsgemäß im Jahr 2001. Diese Anzahl stellte ein Drittel der Gesamtmitgliedzahl im Ausschuss dar. Zugegebenermaßen verfügen die ausscheidenden Mitglieder auch über die längste Amtszeit im Ausschuss (und somit theoretisch über die meiste Erfahrung). Dieses Problem erscheint jedoch nicht mehr so gravierend, wie man es damals befürchtete. Die zunehmende Größe des Ausschusses und ein zweifelsohne besseres Verständnis für die Notwendigkeit, Änderungen zu planen und durchzuführen, haben einen Großteil der Probleme gelöst, mit denen sich ursprünglich das zweite Protokoll beschäftigen sollte. Nichtsdestotrotz ist das In-Kraft-Treten des zweiten Protokolls begrüßenswert und ein lang amtierendes Mitglied hat schon von der Wahl zu seiner dritten Amtszeit profitieren können.[42]

Das Übereinkommen sieht vor, dass die Mitglieder des Ausschusses „unter Persönlichkeiten von hohem sittlichem Ansehen [...], die für ihre Sachkenntnis auf dem Gebiet der Menschenrechte bekannt sind oder in den von diesem Übereinkommen erfassten Bereichen über berufliche Erfahrung verfügen"[, ausgewählt werden][43] und dass sie „dem Ausschuss zur wirksamen Mitarbeit zur Verfügung stehen" müssen.[44] Dieser Punkt wird im Erläuternden Bericht weiter ausgeführt:[45]

„Es wird nicht für wünschenswert gehalten, im Einzelnen die Berufsbereiche zu spezifizieren, aus denen die Mitglieder des Ausschusses ausgewählt werden können. Sie müssen selbstverständlich keine Rechtsexperten sein. Es wäre wünschenswert, wenn der Ausschuss Mitglieder umfassen würde, die über Erfahrungen beispielsweise mit der Gefängnis-Verwaltung und in den verschiedenen medizinischen Bereichen verfügen, die für die Behandlung von Personen wichtig sind, denen die Freiheit entzogen wurde."

Von Anfang an setzte sich der Ausschuss vorwiegend aus Juristen, aber auch aus einem erheblichen Anteil an Mitgliedern aus dem medizinischen Bereich zusammen. 1990 zählte man unter den damals 16 Mitgliedern des Ausschusses neun Juristen (mit unterschiedlicher Spezialisierung), vier Ärzte (darunter zwei Psychiater), einen Beamten aus dem Bereich des Strafvollzugs und zwei Abgeordnete. Mit den Jahren hat der Ausschuss versucht, ein besseres Gleichgewicht hinsichtlich Geschlecht und Sachverstand zu erreichen. Dies spiegelt sich aber nur unwesentlich in der Zusammensetzung wider. So befanden sich z. B. unter den 37 Mitgliedern[46] des Ausschusses im Jahr 2001 23 Juristen (aus verschiedenen Bereichen: vom Gefängnisdirektor, über den Staatsanwalt oder Richter bis zum Beamten), zehn Ärzte (darunter fünf Psychiater und ein Pathologe), ein Psychotherapeut, ein Kriminologe ohne juristische Ausbildung, ein Schiedsmann und ein Beamter. Zehn Frauen hatten einen Sitz im Ausschuss. Trotz der Bemühungen des Ausschusses, ein Gleichgewicht zu finden, scheint er mit demselben Problem konfrontiert zu sein wie am Anfang: ein Ungleichgewicht zwischen Juristen und Ärzten sowie ein relativ geringer Anteil an weiblichen Mitgliedern.[47]

Die erste Sitzung des Ausschusses fand im Herbst 1989 statt. Man beschloss rasch, eine Geschäftsordnung anzunehmen. Diese sieht vor, dass der Präsident sowie der erste und zweite Vize-Präsident[48] durch geheime Abstimmung gewählt werden und gemeinsam das Büro bilden,[49] dessen Aufgabe es ist, die „Arbeit des Ausschusses zu leiten".[50] Da der Ausschuss nur noch dreimal im Jahr in Vollversammlung tagt,[51] spielt das Büro, das sich regelmäßig zusammen mit dem Sekretariat trifft, die zentrale Rolle in der Organisation der Arbeit des Ausschusses. Die Wahlen zum Büro haben ein relativ beständiges Gleichgewicht zwischen den verschiedenen Fachgebieten, Sprachen, Geschlechtern und Regionen ergeben. Das Büro besteht immer aus einem Juristen,[52] mindestens einer Person mit medizinischer Ausbildung[53] und seit 1993 aus einer Frau.[54] 1999 wurde zum ersten Mal ein Mitglied aus Osteuropa in das Büro gewählt.[55]

b) Sekretariat

Der Ausschuss verfügt über ein Sekretariat, das seinen Sitz in Straßburg hat und von dem er naturgemäß sehr abhängig ist. Das 19-köpfige Sekretariat wird vom Generalsekretär des Europarats gestellt. Organisatorisch handelt es sich dabei um eine eigene Abteilung der Direktion für Menschenrechte des Europarats. Es wird durch einen geschäftsführenden Sekretär geleitet und ist in vier Einheiten untergliedert: eine zentrale Abteilung für die Verwaltung, Dokumentation und technische Unterstützung sowie drei Abteilungen, die jeweils für eine Gruppe von Mitgliedstaaten verantwortlich sind.[56] Das Sekretariat nimmt hauptsächlich folgende Aufgaben wahr: Organisation und Vorbereitung von Besuchen, Begleitung und administrative Unterstützung der Ausschussmitglieder während der Besuche, Anfertigung der Sitzungsprotokolle sowie Ausführung der vom Ausschuss gefassten Beschlüsse im Dialog mit den Mitgliedstaaten.[57]

Die Bedeutung des Sekretariats sollte nicht unterschätzt werden. Der geschäftsführende Sekretär arbeitet eng mit dem Büro zusammen und lenkt gemäß der Geschäftsordnung „die Aufmerksamkeit des Ausschusses auf empfangene Mitteilungen, deren Informationen dem Ausschuss zur Beratung vorgelegt werden, es sei denn diese Informationen beziehen sich auf Fragen, die offenkundig nicht seiner Zuständigkeit unterliegen". Der geschäftsführende Sekretär führt zusätzlich Register über die empfangenen Mitteilungen.[58] Zur Erfüllung dieser zentralen Aufgabe ist das Sekretariat daher mit einem gewissen Ermessensspielraum ausgestattet. Die höheren Verwaltungsangestellten des Sekretariats treffen die praktischen Vorbereitungen für die Besuche und begleiten die Mitglieder während dieser Besuche.[59] Das Sekretariat hat außerdem erheblich dazu beigetragen, Ethos und Effizienz des CPT fortzuentwickeln, insbesondere dank der bemerkenswerten Stabilität, die es von Anfang an bewiesen hat. Obwohl die Größe des Sekretariats erheblich zugenommen hat, verließ kein hochrangiges Mitglied des Personals das Sekretariat in den ersten zehn Jahren seines Bestehens. Infolgedessen verfügt das Sekretariat insgesamt über eine viel größere Erfahrung im Arbeitsablauf und dessen Begleitumständen als seine einzelnen Mitglieder oder sogar alle Mitglieder zusammen, da deren Amtszeit auf maximal acht Jahren beschränkt wurde.

c) Sachverständige

Der CPT kann auf einer Vielzahl an Gebieten - wie z. B. der Ausbildung seiner Mitglieder, der bestmöglichen Durchführung von Besuchen und Interviews, Beiträgen zur laufenden Arbeit des Ausschusses oder deren Analyse - den Rat von Sachverständigen heranziehen. Die einzige unmittelbare Erwähnung des Begriffs „Sachverständiger" im Übereinkommen betrifft jedoch lediglich die Durchführung von Besuchen: „Der Ausschuss kann sich, sofern er dies für notwendig hält, von Sachverständigen und Dolmetschern unterstützen lassen".[60] Dem Erläuternden Bericht nach liegt dieser Vorschrift „der Gedanke zu Grunde, dass die Erfahrung des Ausschusses z.B. durch die Unterstützung von Personen ergänzt werden sollte, die eine besondere Ausbildung oder Erfahrung mit humanitären Missionen haben, die einen medizinischen Hintergrund oder besonderen Sachverstand für die Behandlung von Häftlingen oder für Gefängnis-Systeme und ggf. für Jugendliche besitzen".[61]

Da die abschließende Fassung des ECPT vorschreibt, dass die Mitglieder des Ausschusses selbst über eine berufliche Erfahrung in den betroffenen Bereichen verfügen sollten, und dass sie für die Ausführung der dem Ausschuss übertragenen Aufgaben verantwortlich sind, sollte der Rückgriff auf solche *Ad-hoc*-Sachverständige grundsätzlich eher die Ausnahme darstellen und nur auf die Fälle begrenzt sein, in denen der Ausschuss spezifischen Sachverstand für einen besonderen Besuch benötigt. Es wurde mehrfach betont, dass das zunehmende Bedürfnis, sich an Sachverständige zu wenden, in unmittelbarem Verhältnis zu der im Ausschuss selbst vorhandenen Expertise steht. Mit anderen Worten liegt es in den Händen der Staaten, die diese Praxis ablehnen, zu gegebener Zeit geeignete Bewerber vorzuschlagen und zu Mitgliedern zu wählen.[62] Der Rückgriff auf Sachverständige bleibt jedoch weiter eher die Regel als die Ausnahme, so dass es üblich ist, sie in die Delegationen einzubeziehen (in der Regel begleiten zwei Sachverständige eine Besucherdelegation mit fünf offiziellen Mitgliedern). Obwohl es keine Begrenzung der Anzahl an Sachverständigen in einer Besucherdelegation gibt,[63] ist es sicher nicht wünschenswert, dass sie die Mehrheit stellen. Die Sachverständigen dürfen nicht Staatsangehörige des Landes sein, in dem der Besuch stattfindet.[64] Der Ausschuss muss dem Land jedoch die Namen der Sachverständigen und aller anderen Personen, die ihn während des Besuchs unterstützen, angeben. Der betroffene Staat kann ausnahmsweise erklären, dass „einer [solchen] Person, die den Ausschuss unterstützt, die Teilnahme an dem Besuch eines ihrer Hoheitsgewalt unterstehenden Ortes nicht gestattet wird".[65] Die Sachverständigen handeln nach den Weisungen und unter der Verantwortung des Ausschusses[66] und unterliegen der Pflicht der Vertraulichkeit.[67]

Mit den Jahren hat sich der Ausschuss einer sehr großen Anzahl an *Ad-hoc*-Sachverständigen bedient, die ihn bei seinen Besuchen unterstützen, auch wenn er sich eigentlich bemühte, weitaus seltener externe Personen hinzuzuziehen. Während diese Sachverständigen zumeist Experten aus dem medizinischen Bereich sind, insbesondere Gerichtsmediziner, setzt der Ausschuss aber auch Personen mit anderen Fachkenntnissen ein, z.B. mit langjähriger Erfahrung in Strafvollzugs- und Polizeiverfahren. Dies ist vielleicht unvermeidbar. Selbst wenn der Ausschuss über ein ideales Gleichgewicht an Sachverstand verfügte, würde das nicht unbedingt bedeuten, dass er für jeden Besuch eine angemessen ausgeglichene Mannschaft bilden könnte. Es ist nicht zu leugnen, dass die Zusammensetzung des Ausschusses, der Standard der Besuche sowie die Art der besuchten Institutionen das Ausmaß des Rückgriffs auf einen bestimmten Bereich an Fachkenntnis beeinflussen.[68]

Arbeitsmethoden

a) Besuche

Das Übereinkommen sieht vor, dass „jede Vertragspartei [...] Besuche [...] an allen ihrer Hoheitsgewalt unterstehenden Orten [...], an denen Personen durch eine öffentliche Behörde die Freiheit entzogen ist[, zulässt]".[69] Der Erläuternde Bericht geht auf diesen Punkt genauer ein:

„Besuche können an allen möglichen Orten organisiert werden, an denen Personen ihre Freiheit aus irgendwelchen Gründen entzogen wird. Daher gilt das Übereinkommen beispielsweise für Orte, an denen Personen in Gewahrsam gehalten werden, wegen der Überführung einer Straftat inhaftiert sind, in Verwaltungsgewahrsam gehalten werden, für die aus medizinischen Gründen eine Quarantäne verhängt wird, oder wo Minderjährigen durch eine öffentliche Behörde die Freiheit entzogen wurde. Der Freiheitsentzug durch Militärbehörden fällt auch unter das Übereinkommen."[70]

Die Reichweite dieses Mandats ist unklar. Die „Personen, denen die Freiheit durch eine öffentliche Behörde entzogen ist" im Sinne des Artikels 2 ECPT, sind nicht unbedingt dieselben wie die Opfer eines „Freiheitsentzugs" im Sinne des Artikels 5 Absatz 1 EMRK. Das Mandat umfasst offensichtlich Polizeiwachen, alle Arten von Gefängnissen, Vernehmungsräume, Hafteinrichtungen für Asylbewerber und illegale Einwanderer, Hafteinrichtungen des Militärs und die psychiatrischen Anstalten, in denen Personen gegen ihren Willen und aus Gründen der öffentlichen Ordnung untergebracht sind. Entscheidend ist die Behörde, die die

Inhaftierung angeordnet hat: Handelt es sich um eine öffentliche Behörde verfügt der CPT über ein Zugangsrecht, auch wenn der Ort der Inhaftierung tatsächlich privat ist. Dieses Zugangsrecht betrifft somit auch private psychiatrische Einrichtungen, sogar private Wohnungen, z. B. in Fällen von Hausarrest. Maßgeblich ist also eher die tatsächliche Form der Inhaftierung als deren rechtlicher Status. Deswegen hat der CPT seit jeher gefordert, auch in Flughäfen in Gewahrsam genommene Personen - die zumindest theoretisch frei sind, das Land per Flugzeug zu verlassen - besuchen zu können, auch wenn in diesem Zusammenhang die Anwendung des Artikels 5 Absatz 1 EMRK fragwürdig war.[71]

Die Tatsache, dass der Ort der Inhaftierung der Hoheitsgewalt des Staates unterliegen muss, führt auch zu gewissen Problemen. Wenn man der Rechtsprechung des Europäischen Gerichtshofs für Menschenrechte folgt, können sich diese Orte durchaus auch außerhalb des Territoriums eines Staates befinden, so z. B. wenn Streitkräfte Personen in Gewahrsam halten.[72] Eine solche Situation würde wahrscheinlich die Zusammenarbeit mit den Behörden des betroffenen Staates selbst erfordern, wenn dieser über tatsächliche Regierungsgewalt verfügt.[73] Hingegen könnte dem CPT der Zugang zu Orten verweigert werden, an denen Personen zwar innerhalb des Territoriums eines Staates inhaftiert sind, welches aber nicht unter der Verwaltung des Staates steht, so z.B. bei Territorien, die von den Vereinten Nationen im Rahmen von friedenschaffenden oder -erhaltenden Einsätzen verwaltet werden. Deswegen hat der CPT auch nicht die vom Strafgerichtshof für das ehemalige Jugoslawien in Den Haag (ICTY) inhaftierten Personen besucht.[74] Interessanterweise ist der CPT vor kurzem von diesem Gerichtshof gefragt worden, ob er die Aufgabe übernehmen würde, „in manchen Staaten die Haftbedingungen von Personen zu beobachten, die eine vom Gerichtshof verhängte Strafe verbüßen. Im Hinblick auf die herausragende Bedeutung der Arbeit des Gerichtshofs hat der Ausschuss beschlossen, dieser Bitte positiv zu entsprechen."[75] Es scheint, als hätte sich der CPT entschlossen, die Personen jährlich zu besuchen, die eine vom ICTY verhängte Strafe in Ländern verbüßen, die Mitgliedstaaten des ECPT sind.[76] Da diese Gefangenen nicht mehr der Gerichtsbarkeit des ICTY unterstehen, sondern unter der einer Vertragspartei, würden sie unabhängig von der Vereinbarung mit dem ICTY in die Zuständigkeit des CPT fallen. Infolgedessen hat die Vereinbarung keine unmittelbare Auswirkung auf die Frage der Gerichtsbarkeit. Eine solche Abmachung markiert jedoch, wie wir in Kapitel 8 sehen werden, einen radikalen Wandel im Vergleich zu der bisherigen Praxis des Ausschusses.

Der Ausschuss ist verpflichtet, den Staat von seiner Absicht zu informieren, einen Besuch durchzuführen. Er muss jedoch nicht ankündigen, welche Orte er im Einzelnen während des Besuchs inspizieren wird.[77] Das Übereinkommen schreibt zwei Besuchsformen vor: Neben regelmäßigen Besuchen kann der Ausschuss weitere Besuche, die ihm „nach den Umständen erforderlich" erscheinen (sog. Ad-hoc-Besuche), durchführen.[78] Der Ausschuss hat als dritte Art von Besuchen die sog. Folgebesuche entwickelt, die es ihm ermöglichen, an die schon besuchten Orte zurückzukehren, um die bei der Umsetzung seiner Empfehlungen gemachten Fortschritte einschätzen zu können.[79] Die Besuche werden von Delegationen durchgeführt, die sich aus Mitgliedern des Ausschusses, mindestens einem Mitglied des Sekretariats sowie aus den vom Ausschuss zur Unterstützung für notwendig erachteten Sachverständigen und Dolmetschern zusammensetzen. Die genaue Zusammensetzung der Delegation hängt von der Art, der Dauer und dem Ziel des Besuches ab. Auf diese Fragen werden wir in dem nächsten Kapitel in allen Einzelheiten eingehen. Die Vollversammlung des Ausschusses nimmt jährlich das Programm der regelmäßigen Besuche an.[80] Falls im Laufe des Jahres die Frage der Erforderlichkeit eines *Ad-hoc*-Besuchs (und vermutlich eines Folgebesuchs) zu einem Zeitpunkt aufkommt, an dem (wie es oft der Fall ist) keine Sitzung des Ausschusses vorgesehen ist, kann das Büro solche Besuche genehmigen.[81] (Nach Ansicht der meisten Spezialisten erstreckt sich diese Möglichkeit des Büros auch auf die Folgebesuche.) Die Einzelheiten hinsichtlich der Notifikation, der Organisation und der Durchführung der Besuche werden in Kapitel 2 beschrieben. Wir können hier schon anmerken, dass sich der Ausschuss anscheinend bemüht, seine Arbeitsmethoden angesichts der fortwährend ansteigenden Arbeitsbelastung zunehmend zu lockern.

Als der CPT geschaffen wurde, hat er die Hoffnung geäußert, zweimal jährlich regelmäßige Besuche in jedem Land durchzuführen. Diese Hoffnung erwies sich als zu optimistisch. Auch das 1997 ausgesprochene Ziel,[82] einen vierjährigen Zyklus zu verfolgen, erscheint heute als zu ehrgeizig. Der CPT hat zugegeben, dass er „angesichts der fehlenden Mittel momentan nicht in der Lage ist, dieses Ziel in vielen Fällen zu erreichen".[83] Der Ausschuss sah z.B. für 2001 vor, regelmäßige Besuche in 10 der 41 Mitgliedstaaten durchzuführen. Dieses Programm erwies sich aber als zu umfangreich. Der CPT hatte vor, Georgien im ersten Jahr seiner Mitgliedschaft zu besuchen. Unter den anderen auf der Liste eingetragenen Ländern fand man die russische Föderation, die seit ihrem Beitritt 1998 jährlich einen regelmäßigen Besuch erhält und auch schon mehrmals *ad hoc* besucht worden ist. Die Türkei sollte zum dritten Mal einen regelmäßigen Besuch empfangen. Die beiden ersten Besuche haben 1993 und 1997 stattgefunden (insgesamt ist die Türkei jedoch schon zehnmal besucht worden). Moldawien wurde zuletzt 1999 und das Vereinigte Königreich 1998 besucht. Belgien, Griechenland und die Türkei sollten im Rahmen des in 1993 beschlossenen vierjährigen Zyklus den dritten regelmäßigen Besuch empfangen.[84] Die Schweiz dagegen hat ihren ersten Besuch vom Ausschuss seit 1996, Malta und Slowenien ihren ersten Besuch seit 1995 erhalten.

1999 hat der Ausschuss 16 Besuche durchgeführt, von denen elf regelmäßige Besuche waren, die insgesamt ungefähr 150 Tage umfassten. 2000 hat der Ausschuss 15 Besuche durchgeführt, von denen zehn regelmäßige Besuche waren, die insgesamt 161 Tage umfassten. Von den im Jahr 2000 verbleibenden Besuchen war einer ein Folgebesuch (in der Türkei im Juli), während die vier anderen *Ad-hoc*-Besuche durch besondere Umstände veranlasst waren, die die unverzügliche Aufmerksamkeit des Ausschusses erforderten.[85] Diese Feststellung legt nahe, dass der Ausschuss – von dem vierjährigen Zyklus ausgehend - eine flexiblere Herangehensweise verfolgt, die die tatsächlichen Bedürfnisse berücksichtigt.

b) Ergebnisse

Auch wenn die Besuche wahrscheinlich kaum das Auftreten von Folter und unmenschlicher oder erniedrigender Behandlung verhindern, haben sie jedoch zweifelsohne eine abschreckende Funktion. Ihr wirkliches Ziel ist es, die Bedingungen für einen Dialog mit dem betroffenen Staat zu schaffen. Wie wir in Kapitel 2 sehen werden, haben die Delegationen die Gewohnheit entwickelt, sich am Ende des Besuchs mit nationalen Beamten zu treffen und ihnen ihre ersten Eindrücke mündlich mitzuteilen. Diese Eindrücke werden danach in einem Text zusammengefasst, der kurz nach Beendigung des Besuchs der betroffenen Regierung übermittelt wird. Mehrere Staaten haben sogar in letzter Zeit erlaubt, dass diese „vorläufigen Beobachtungen" vom CPT veröffentlicht werden.[86]

Am Ende eines Besuchs kann der Ausschuss außerdem „seine Beobachtungen sogleich den zuständigen Behörden der betreffenden Vertragspartei mitteilen".[87] Dieses Verfahren spielt sich im Zusammenhang mit den oben genannten „vorläufigen Beobachtungen" ab und ermöglicht es, die dringendsten Probleme zu erwähnen, zu deren Lösung ein unmittelbarer Zeitplan erstellt werden kann. Wie im Erläuternden Bericht klar gestellt wird, sind solche „unmittelbaren Beobachtungen" eine Ausnahme. Auf sie sollte nur zurückgegriffen werden, wenn z. B. „die dringende Notwendigkeit besteht, die Behandlung von Personen zu verbessern, denen die Freiheit entzogen ist".[88]

Jedoch soll die an den Staat gerichtete Antwort prinzipiell die des Ausschusses in seiner Gesamtheit und nicht nur der einzelnen Delegation sein. Das ergibt sich aus dem Text des Übereinkommens selbst:

„Nach jedem Besuch verfasst der Ausschuss einen Bericht über die bei dem Besuch festgestellten Tatsachen unter Berücksichtigung von Äußerungen der betreffenden Vertragspartei. Er übermittelt ihr seinen Bericht, der die von ihm für erforderlich gehaltenen Empfehlungen enthält. Der Ausschuss kann Konsultationen mit der Vertragspartei führen, um erforderlichenfalls Verbesserungen des Schutzes von Personen vorzuschlagen, denen die Freiheit entzogen ist."[89]

Diese eher formelle Bestimmung scheint daraufhin zu deuten, dass der Besuchsbericht das Ende des Verfahrens darstellt. Es handelt sich dabei in Wirklichkeit jedoch um den Anfang eines neuen Stadiums in den Beziehungen zwischen dem Ausschuss und dem betroffenen Staat. Die Berichte werden von der Delegation, die den Besuch durchgeführt hat, verfasst und anschließend dem Ausschuss in seiner Gesamtheit zur Annahme vorgelegt, bevor sie letztlich dem betroffenen Staat übermittelt werden. Da der Ausschuss jährlich nur drei Vollversammlungen hält, werden die Berichte häufig mit erheblicher Verspätung übergeben, wobei das Ziel ist, dass dies spätestens sechs Monate nach Ende des Besuchs erfolgt. Hinsichtlich der regelmäßigen Besuche wurden die Staaten bis vor kurzem gebeten, einen vorläufigen Bericht (oder eine vorläufige Antwort) innerhalb von sechs Monaten und einen Folgebericht innerhalb von zwölf Monaten nach Empfang des Berichts des CPT einzureichen. Von jetzt an scheint es, dass die Staaten nach dem ersten regelmäßigen Besuch nur noch einen Folgebericht und nach den anschließenden regelmäßigen Besuchen nur eine einzige Antwort übermitteln müssen.[90] Dieses Verfahren spiegelt die bei *Ad-hoc-* und Folgebesuchen schon früher verfolgte Praxis wieder, gewöhnlich nur eine einzige Antwort zu fordern, die innerhalb einer von den Umständen abhängigen Frist erfolgt. Jeder Bericht beinhaltet die Feststellungen des Ausschusses sowie die „Empfehlungen", „Kommentare" und „Ersuchen um Informationen". Im Übereinkommen findet sich keine Bestimmung über die genaue Form des Austausches, aber sie fügt sich ausgezeichnet in den Rahmen der allgemeinen Kooperationspflicht gemäß Artikel 3 ECPT ein.

Die vom Ausschuss nach einem Besuch gesammelten Informationen sowie die verfassten Berichte sind vertraulich.[91] Der Ausschuss muss aber die Berichte zusammen mit einer etwaigen Stellungnahme der betreffenden Vertragspartei veröffentlichen, wenn diese ihn darum ersucht.[92] Dasselbe System gilt prinzipiell für die Veröffentlichung der schriftlichen Antworten der Staaten auf die Besuchsberichte. Der Grundsatz der Vertraulichkeit, den diese Praxis widerspiegelt, spielt im System des Übereinkommens eine bedeutsame Rolle. Es ist der Preis, den man zahlen muss, um unbegleitet und ohne Zwang Zugang zu Inhaftierungsorten zu erhalten. Dieser Grundsatz wird infolgedessen vom Ausschuss im Rahmen seiner Berichte und in anderen „sensiblen" Bereichen seiner Arbeit gewissenhaft respektiert.[93] In der Praxis ist die Veröffentlichung der Berichte eher die Regel als die Ausnahme geworden. Die externen Beobachter nehmen im Allgemeinen an, dass die Staaten, die die Veröffentlichung ablehnen, etwas zu verbergen haben, und dass der sie betreffende Bericht strenger ausgefallen ist als erwartet. Die Modalitäten der Genehmigung zur Veröffentlichung sind sehr unterschiedlich und werden in Kapitel 2 genauer beschrieben.

Die Informationen können der Öffentlichkeit auch in anderer Form zugänglich gemacht werden. So bestimmt das Übereinkommen: „Verweigert die Vertragspartei die Zusammenarbeit oder lehnt sie es ab, die Lage im Sinne der Empfehlungen des Ausschusses zu verbessern, so kann der Ausschuss, nachdem die Vertragspartei Gelegenheit hatte sich zu äußern, mit Zweidrittelmehrheit seiner Mitglieder beschließen, dazu eine öffentliche Erklärung abzugeben."[94] Dies stellt grundsätzlich die „Sanktion" dar, über die der Ausschuss offiziell verfügt. Der Erläuternde Bericht erklärt aber zu diesem Punkt: „Bevor dieses Mittel bei der Weigerung eines Staates, die Situation zu verbessern, angewandt wird, sollte der Ausschuss alle Schwierigkeiten bei diesem Verfahren entsprechend berücksichtigen".[95] Auf alle Fälle verkörpert der Beschluss, eine solche Erklärung zu veröffentlichen, eindeutig eine Rüge und ermöglicht es dem Ausschuss, den Schleier der Vertraulichkeit, der seine Beobachtungen im Allgemeinen begleitet, zumindest teilweise zu lüften.[96] Der CPT hat von dieser Möglichkeit bislang sehr sparsam Gebrauch gemacht und nur drei öffentliche Erklärungen abgegeben: 1992 und 1996 bezüglich der Türkei sowie 2001 bezüglich Tschetscheniens.

Der Ausschuss muss ferner - unter Berücksichtigung der Vertraulichkeitsregeln - dem Ministerkomitee des Europarats einen allgemeinen Tätigkeitsbericht vorlegen. Dieser Bericht erschien in letzter Zeit zum Ende des Sommers oder zu Beginn des Herbstes und deckt alle vom Ausschuss während des vorherigen Kalenderjahres durchgeführten Besuche (mit neueren statistischen Informationen) ab. Obwohl diese Tätigkeitsberichte niemals Tatsachen und Empfehlungen des Ausschusses über einzelne Staaten enthüllen,[97] stellen sie ein geeignetes Mittel dar, um die vom Ausschuss gesammelten Erfahrungen in einem allgemeinen Zusammenhang vorzustellen. Die sog „Wesentlichen Grundfragen" der Tätigkeitsberichte, die 1999 vom Ausschuss zusammengestellt, aktualisiert und geändert wurden,[98] bilden den maßgeblichen Ausgangspunkt für die Analyse der Arbeit des Ausschusses. Die Tätigkeitsberichte stellen keine Verstöße gegen den Grundsatz der Vertraulichkeit dar, sondern gehen darüber hinaus, um ein breiteres Publikum zu erreichen.

Beziehungen zu anderen Organen und deren Standards

Der CPT ist nicht das einzige Organ, das auf diesem Gebiet tätig ist: Eine ganze Reihe an Organen und Mechanismen wurde geschaffen, um zur Bekämpfung von Folter und Misshandlung beizutragen. Er besetzt jedoch eine sehr spezielle Nische, da sein Mandat zur Durchführung von Besuchen zurzeit einzigartig im Bereich des Menschenrechtschutzes ist. Es scheint uns insofern sinnvoll, seine Beziehungen zu anderen Organen, deren Standards und Verfahren zu skizzieren.[99]

Da die Logik des Übereinkommens darin liegt, die Staaten dabei zu unterstützen, Fälle von Folter und unmenschlicher oder erniedrigender Behandlung oder Strafe zu verhüten, wäre es unangebracht, es mit justitiellen oder quasi-justitiellen Befugnissen auszustatten. Der CPT soll einen Präventivmechanismus darstellen und ist nicht dazu aufgerufen, das Ausmaß, in dem die Staaten ihre juristischen Verpflichtungen erfüllen, zu kommentieren. Übernähme er justitielle Tätigkeiten, würde er auf das Gebiet des Europäischen Gerichtshofs für Menschenrechte übergreifen, was nie beabsichtigt war.[100]

Die Präambel des Übereinkommens sieht vor, dass „Personen, die sich durch eine Verletzung des Artikels 3 [EMRK] beschwert fühlen, die in jener Konvention vorgesehenen Verfahren in Anspruch nehmen können". Der Erläuternde Bericht betont, dass die Empfehlungen des Ausschusses „für den betroffenen Staat nicht verbindlich [sind]" und dass er „zur Auslegung rechtlicher Sachverhalte keinerlei Stellung [nimmt]". „Seine Aufgabe ist rein präventiver Natur."[101] Der Ausschuss bestätigte in seinem ersten Tätigkeitsbericht, der 1991 angenommen wurde, dass, „während sich Kommission und Gerichtshof um eine „Konfliktlösung" auf rechtlicher Ebene bemühen, die Tätigkeiten des CPT auf Konfliktvermeidung auf praktischer Ebene abzielen [....]. Der CPT ist vor allem und im Wesentlichen ein Mechanismus zur Verhütung von Folter und Misshandlungen [...]. Es ist nicht Aufgabe des CPT, öffentlich Staaten zu kritisieren, sondern diese auf der Suche nach Wegen zu unterstützen, den „cordon sanitaire" zu stärken, der eine akzeptable von einer unakzeptablen Behandlung abgrenzt".[102]

Dieser Absatz wurde als einleitendes Vorwort allen Berichten über Erst-Besuche hinzugefügt, die jeder Vertragspartei vom CPT übermittelt wurden.

Die theoretische Kompetenzverteilung ist schwierig aufrechtzuhalten. Wenn der CPT Beweise für Folter oder unmenschliche oder erniedrigende Behandlung oder Strafe entdeckt, steht er unmittelbar vor dem Dilemma, wie er reagieren soll. Da seine Antwort den Gebrauch juristischer Begriffe erfordern kann, muss der

CPT ein klares Verständnis von der Bedeutung dieser Begriffe haben. Das ECPT begrenzt in keiner Weise die Arbeit des CPT mit Blick auf Artikel 3 EMRK. Der Erläuternde Bericht betont, dass Artikel 3 nur einen allgemeinen internationalen Standard wiedergibt,[103] und legt dem CPT implizit nahe, diesen weiten Ansatz zu beachten. Natürlich unterstreicht das die Beobachtung, dass „das Fallrecht des Europäischen Gerichtshofs und der Kommission für Menschenrechte zu Artikel 3 eine Leitlinie für den Ausschuss [bildet]", aber „der Ausschuss [...] nicht versuchen [sollte], Einfluss auf die Auslegung und Anwendung von Artikel 3 zu nehmen."[104] Die logische Konsequenz dieser Warnung besteht in der Möglichkeit des CPT, über die Rechtsprechung des Gerichtshofs und der Kommission hinauszugehen oder sie gar zu umgehen; ein vielleicht unerwartetes Ergebnis, das der Ausschuss wie folgt zusammengefasst hat:

„Der CPT darf zur Erfüllung seiner Aufgaben von den juristischen Standards Gebrauch machen, die nicht nur in der Europäischen Menschenrechtskonvention sondern auch in einigen anderen relevanten Übereinkünften über die Menschenrechte enthalten sind (sowie von der Auslegung durch das jeweils zuständige Organ). Dabei ist der Ausschuss jedoch nicht durch das Fallrecht justitieller oder quasi-justitieller Organe in diesem Bereich gebunden. Er kann es aber als Ausgangs- oder Bezugspunkt heranziehen, wenn er die Behandlung der Personen, deren Freiheit entzogen ist, in verschiedenen Ländern bewertet."[105]

Es ist also eindeutig, dass die justitielle Zuständigkeit des CPT nicht durch Artikel 3 EMRK oder durch jegliche andere internationale Übereinkunft begrenzt ist. Diese Feststellung hat bedeutende Konsequenzen.

Erstens kann der Ausschuss Artikel 3 EMRK in einer Weise anwenden, die nicht unbedingt der Vorstellung des Gerichtshofs oder der Kommission entspricht. Er kann ein eigenes, autonomes Verständnis von der Bedeutung der Begriffe unter der Bedingung entwickeln, dass er nicht vorgibt, einen Verstoß gegen Artikel 3 EMRK „festgestellt" zu haben. Die Herangehensweise des Ausschusses an diese Fragen wird in Kapitel 3 ausführlicher vorgestellt. Da es zweitens das Ziel des ECPT ist, den Staaten zu helfen, Verstöße gegen Artikel 3 zu vermeiden, fällt jede Frage, die auf die Situation der von den öffentlichen Behörden inhaftierten Personen Einfluss haben könnte, in den Zuständigkeitsbereich des CPT. Wie wir später in Kapitel 4 bis 7 sehen werden, ergeben sich die meisten vom CPT aufgeworfenen Fragen unbestritten aus seiner natürlichen Zuständigkeit - ob es sich um die Schutzvorkehrungen für Personen in Polizeigewahrsam oder um die körperlichen Auswirkungen der Inhaftierung handelt. Andere Themen sind jedoch überraschender und könnten für manchen Beobachter nicht als vorrangig angesehen werden. Die einzige wirkliche Begrenzung der Vielfalt Problemen im Bereich der Misshandlung von Häftlingen, die in die Zuständigkeit des CPT fallen, liegt in dessen eigener Bereitschaft, sich ihrer anzunehmen und vielleicht in der Bereitschaft der Staaten, auf diese Fragen zu antworten.

Was für die ausgedehnte Zuständigkeit des CPT gilt, trifft auch auf die Korrekturmaßnahmen zu, um die der Ausschuss die Staaten ersuchen kann. Er kann sich namentlich von der Arbeit justitieller oder quasi-justitieller Organe sowie von verschiedenen internationalen Verhaltenskodexen und Bestimmungen innerstaatlichen Rechts inspirieren lassen. Neben der Arbeit des Europäischen Gerichtshofs für Menschenrechte, des Menschenrechtsausschusses, des Ausschusses der Vereinten Nationen gegen Folter, der Interamerikanischen Kommission und des Gerichtshofs für Menschenrechte wird vernünftigerweise vom Ausschuss erwartet, dass er auch folgende Übereinkünfte berücksichtigt: die Mindeststandards der Vereinten Nationen für die Behandlung von Gefangenen (UNSMR), die Gesamtheit der Grundsätze der Vereinten Nationen über den Schutz von Personen, die jedweder Form von Verwahrung oder Inhaftierung unterworfen sind, die Mindeststandardregeln der Vereinen Nationen für die Jugendgerichtsbarkeit (Beijing Rules) und die europäischen Gefängnisregeln. Dieser Liste kann ebenso die Arbeit des Sonderbeauftragten der Vereinten Nationen für Folter und die des vor kurzem geschaffenen afrikanischen Beauftragten hinzugefügt werden.[106] Die möglichen Einflüsse sind somit äußerst zahlreich.

Unabhängig von der Länge und des Inhalts dieser Liste ist entscheidend, dass sie für die Arbeit des Ausschusses lediglich Quelle der Inspiration und des Vergleichs ist. Der Ausschuss hat sich selbst dazu wie folgt geäußert: „Der CPT ist durch solche grundlegenden Bestimmungen nicht gebunden, obwohl er sich auf manche internationale Verträge, andere internationale Übereinkünfte sowie auf das infolgedessen entwickelte Fallrecht beziehen kann."[107] Es ist indes notwendig, die Arbeit des Ausschusses zu analysieren, um die Standards, die er im Rahmen der Verhütung von Folter und Misshandlung fördern will, zu identifizieren. Dies ist Aufgabe des zweiten Teils des vorliegenden Werkes.

Anmerkungen

[1] Hinsichtlich der Untersuchung des Hintergrundes und des Entwurfs des ECPT siehe A. Cassese, „A New Approach to Human Rights: the European Committee for the Prevention of Torture", in: *AJIL*, Nr. 83 (1989), S. 130 (französische Übersetzung in *RGDIP*, Nr. 5, 1989) sowie M. Evans und R. Morgan, *Preventing torture*, S. 106-141.

[2] Erklärung über den Schutz aller Personen vor Folter und anderer grausamer, unmenschlicher oder erniedrigender Behandlung oder Strafe, Generalversammlung der Vereinten Nationen, Resolution 3452 (XXX) angenommen am 9. Dezember 1984. Zum Hintergrund seiner Annahme siehe N. Rodley, *The treatment of prisoners under international law*, S. 18-44.

[3] Für eine ausführlichere Untersuchung des Hintergrundes und des Entwurfs des UNCAT siehe J. H. Burgers und H. Danelius, *The UN Convention Against Torture*. Siehe auch A. Boulesbaa, *The UN Convention on Torture and the prospects for enforcement*.

[4] Siehe J.-J. Gautier, „La proposition de Jean-Jacques Gautier", in: *Contre la torture: une arme nouvelle*, S. 16. Bezüglich der Rolle von Jean-Jacques Gautier siehe de F. Vargas, „History of a campaign", in: International Commission of Jurists/Swiss Committee Against Torture, *Torture: how to make the international convention effective*. Siehe auch die Essays in C. Haenni, *20 ans consacrés à la réalisation d'une idée*, Teil II.

[5] Für den Originalentwurf des von Costa Rica vorgelegten freiwilligen Protokolls siehe E/CN.4/1991/66. Die Arbeitsgruppe beendete ihre Arbeiten im Januar 2002. Der Entwurf eines Textes wurde vom Menschenrechtsausschuss und Wirtschafts- und Sozialrat angenommen und wartet im August 2002 darauf, dass sich die Generalversammlung der Vereinten Nationen damit befasst.

[6] Parlamentarische Versammlung, Empfehlung 909 (1981), angenommen am 26. Januar 1981.
[7] CLAHR 18, Abs. 13.
[8] Siehe International Commission of Jurists/Swiss Committee against Torture, *The draft European Convention against Torture*.
[9] Bericht des Ausschusses für Rechtsangelegenheiten und Menschenrechte der Parlamentarischen Versammlung über den Schutz der Häftlinge vor Folter und grausamer, unmenschlicher oder erniedrigender Behandlung oder Strafe. Doc. 5099, 7. Juli 1983.
[10] Parlamentarische Versammlung, Empfehlung 971 (1983), angenommen am 28. September 1983.
[11] Für einen Überblick über das Verfahren siehe M. Evans und R. Morgan, *Preventing torture*, S. 117-141.
[12] Präambel ECPT.
[13] Artikel 1 ECPT.
[14] Siehe Artikel 19 Abs. 2 ECPT. Der erste Staat, der das Übereinkommen am 26. Februar 1988 ratifiziert hat, war die Türkei. Die siebte Ratifikation wurde von der Schweiz am 7. Oktober 1988 hinterlegt. Die achte Ratifikation wurde von den Niederlanden fünf Tage später hinterlegt, so dass schon acht Staaten Vertragsmitglieder waren, als das Übereinkommen am ersten Tag des Monats in Kraft trat, der auf einen Zeitabschnitt von drei Monaten nach der Abgabe der siebten Ratifikation folgt. Irland, Luxemburg, Malta, Schweden und das Vereinigte Königreich waren die anderen ursprünglichen Vertragsstaaten.
[15] Erster Tätigkeitsbericht, Abs. 7: 20 von 24 Staaten, obwohl die erste Tabelle des Anhangs 25 Mitglieder aufzählt. Zwei kurz zuvor zugelassene Mitglieder, die Tschechoslowakei und Ungarn, mussten noch unterzeichnen, während Belgien, Griechenland und Liechtenstein es unterzeichnet, aber noch nicht ratifiziert hatten.
[16] Protokoll Nr. 1 ECPT, ETS Nr. 151, angenommen am 4. November 1993.
[17] *Ibid.*, Artikel 3, der Artikel 18 ECPT ändert.
[18] Das Protokoll erforderte zum In-Kraft-Treten die Ratifikation aller Vertragsstaaten des ECPT. Da es langsamer als das Übereinkommen ratifiziert wurde, verzögerte sich sein In-Kraft-Treten zunehmend, erfolgte aber schließlich mit der Ratifikation der Ukraine am 8. November 2001.
[19] Der zuletzt dem Europarat beigetretene Mitgliedstaat, Bosnien-Herzegowina, ratifizierte das Übereinkommen am 12. Juli 2002. Es tritt am 1. November 2002 in Kraft.
[20] Siehe Stellungnahme Nr. 182 (1994) der Parlamentarischen Versammlung, angenommen am 3. Oktober 1994, und die Resolution 26 (1994) des Ministerkomitees, angenommen am 13. Oktober 1994.
[21] Siehe Stellungnahme Nr. 183 (1995) der Parlamentarischen Versammlung, angenommen am 31. Januar 1995, und die Resolution 3 (1995) des Ministerkomitees, angenommen am 6. Februar 1995.
[22] Andorra unterzeichnete das ECPT im September 1996 und ratifizierte es im Januar 1997; Lettland unterzeichnete es im September 1997 und ratifizierte es im Februar 1998.
[23] Siehe allgemein den Bericht des Ausschusses für Rechtsangelegenheiten und Menschenrechte der Parlamentarische Versammlung über die „Stärkung des Mechanismus des Europäischen Übereinkommens zur Verhütung von Folter und unmenschlicher oder erniedrigender Behandlung oder Strafe", Doc. 7784, 26. März 1997 (CLAHR-Bericht), Abs. 13.
[24] Die russische Föderation z.B. hat das ECPT während ihres Beitritts zum Europarat im Februar 1996 unterzeichnet, es jedoch erst im Februar 1998 ratifiziert, also zwei Jahre später. Litauen trat dem Europarat im Mai 1995 bei, unterzeichnete das ECPT im September 1995 und ratifizierte es erst im November 1998. Georgien schritt zügiger voran

(siehe Stellungnahme Nr. 209 (1999) der Parlamentarischen Versammlung, angenommen am 27. Januar 1999 und die Resolution 4 (1999) des Ministerkomitees vom 27 März 1999): Es trat dem Europarat im April 1999 bei, unterzeichnete das ECPT im Februar 2000 und ratifizierte es im Juni 2000.

[25] So merkte der CPT im zehnten Tätigkeitsbericht (Abs. 15, 16) an, dass das Protokoll Nr. 1 von „besonderem Interesse" ist und dass es über seine potentiellen Anwendungsmöglichkeiten nachdenkt: „Die Beitrittskandidaten des Europarats können dazu eingeladen werden, Vertragsparteien des Übereinkommens zu werden [...] eine Einladung an die Bundesrepublik Jugoslawien wäre ein sichtbarer Beweis, dass der Europarat entschlossen ist, in dieser Region eine aktive Rolle zu spielen. Überdies [...] könnten manche nicht europäischen Länder, die enge Beziehungen zu Europa haben, auch daran interessiert sein, dem Übereinkommen beizutreten."

[26] Monaco und der Heilige Stuhl könnten ebenso dieser Aufzählung hinzugefügt werden.

[27] Kapitel 3, Artikel XIII, Abs. 4 des Anhangs 6 (Abkommen über Menschenrechte) des Friedensabkommens für Bosnien-Herzegowina (Dayton-Abkommen) sieht vor, dass „alle zuständigen Behörden in Bosnien-Herzegowina mit den Überwachungsorganen, die durch eines der in diesem Appendix zum Anhang aufgelisteten internationalen Abkommen eingerichtet worden sind, kooperieren und ihnen freien Zugang ... sichern". Diese Liste führt den CPT auf. Die genauen Konsequenzen dieser Bestimmung bleiben aber unklar. Für den Text siehe *ILM*, Nr. 35 (1996) S. 170.

[28] Siehe Anhang 1.B des zehnten Tätigkeitsberichts des CPT, der die jährliche Strafstatistik des Europarats zitiert (allgemein auf dem Stand vom 1. September 1998).

[29] Artikel 4 Abs. 1 ECPT.

[30] Artikel 5 Abs. 1 ECPT.

[31] Artikel 5 Abs. 3 ECPT.

[32] Artikel 4 Abs. 4 ECPT.

[33] Das Übereinkommen ist z. B. im Juni 1998 für Lettland in Kraft getreten, Ende 2000 war jedoch noch kein Mitglied gewählt.

[34] Die Amtszeit des italienischen Mitglieds z. B. endete am 21. Juni 1999, sein Nachfolger wurde jedoch erst Ende Dezember 2000 gewählt.

[35] Artikel 5 Abs. 3 ECPT.

[36] Der CLAHR-Bericht kommentiert die Situation im Jahre 1997 wie folgt (Abs. 61): „Alle fünf oder sechs Monate muss ein Mitglied des CPT wiedergewählt oder ersetzt werden." Dies bereitete „erhebliche Schwierigkeiten".

[37] Protokoll Nr. 2 zum ECPT, ETS Nr. 152, angenommen am 4. November 1993.

[38] Pressemitteilung des Europarats, Ref. 454 (93); CLAHR-Bericht, Abs. 62.

[39] CLAHR-Bericht, Abs. 64.

[40] Neunter Tätigkeitsbericht, Abs. 15.

[41] Ministerkomitee, Beschluss vom 19. Januar 1999.

[42] Lycke Ellingsen, das für Norwegen gewählte Mitglied und ehemalige erste Vize-Präsident des Ausschusses, wurde das erste Mal im September 1993 in den Ausschuss gewählt, im September 1997 und schließlich im Dezember 2001 jeweils wieder gewählt.

[43] Artikel 4 Abs. 1 ECPT.

[44] Artikel 4 Abs. 3 ECPT.

[45] Erläuternder Bericht, Abs. 36.

[46] Es verbleiben immer einige freie Sitze angesichts der Zeitspanne zwischen dem Rücktritt eines Mitglieds und seiner Ersetzung oder wegen der Verzögerung bei der Vorstellung der Bewerberliste der Staaten gegenüber dem Ministerkomitee. Anfang 2001 waren die Sitze von Georgien, Griechenland, Ungarn und Liechtenstein noch immer unbesetzt.

⁴⁷ Der CPT teilt in seinem letztem Tätigkeitsbericht mit, dass „[...] die Anzahl der Mitglieder aus dem medizinischen Bereich nicht mehr ebenso hoch ist wie die der Juristen. Der CPT hofft, dass sich nach den nächsten Wahlen wieder ein Gleichgewicht finden wird: Es wäre höchst wünschenswert insbesondere mehr Gerichtsmediziner unter den Mitgliedern zu finden. Was die anderen Berufe betrifft, gibt es jetzt eine ausreichende Anzahl von Mitgliedern mit einer praktischen Erfahrung im Bereich der Strafvollzugssysteme; der Ausschuss würde jedoch mehr Mitglieder mit einer entsprechenden Erfahrung in der Polizeiarbeit begrüßen. Man muss auch hinfügen, dass die Anzahl der Frauen im Ausschuss immer noch sehr niedrig ist [...]" (zehnter Tätigkeitsbericht, Abs. 18). Anzumerken ist, dass der CPT vorher dazu aufgefordert hatte, die Anzahl an Experten im Bereich des Strafvollzugs zu erhöhen (siebter Tätigkeitsbericht, Abs. 19 und achter Tätigkeitsbericht, Abs. 17). Die Parlamentarische Versammlung hat den Ausschuss in diesem Punkt unterstützt (Empfehlung 1323 (1997) und Weisung Nr. 530). Diesen Bitten wurde selbstverständlich Beachtung geschenkt.

⁴⁸ § 5 Geschäftsordnung.

⁴⁹ § 10 Abs. 1 Geschäftsordnung. „Wenn ein Mitglied oder mehrere Mitglieder des Büros verhindert sind, werden diese von anderen Mitgliedern des Ausschusses gemäß der in § 3 bestimmten Rangfolge ersetzt." (jeder Tätigkeitsbericht enthält einen Anhang, der die Mitglieder des Ausschusses in der Rangfolge ihres Dienstalters aufzählt).

⁵⁰ § 10 Geschäftsordnung fügt hinzu, dass das Büro „alle andere Aufgaben, die ihm durch diese Geschäftsordnung und durch den Ausschuss übertragen werden", übernimmt.

⁵¹ Am Anfang tagte der Ausschuss häufiger in Vollversammlung: 1990 sechs Mal, 1991 fünf Mal und vier Mal im Jahr zwischen 1992 und 1996.

⁵² Antonio Cassese (Präsident 1989-1993), Claude Nikolay (Präsident 1993-1997), Ivan Zakine (Präsident 1997-2000), Volodymyr Yevintov (zweiter Vize-Präsident 1999-2002).

⁵³ Das ist namentlich der Fall bei Jacques Bernhein (zweiter Vize-Präsident, 1989-1993), Bent Sørensen (erster Vize-Präsident, 1989-1995) und Ingrid Lycke Ellingsen (erste Vize-Präsidentin 1995-2001).

⁵⁴ Nora Staels-Dompas (zweite Vize-Präsidentin 1993-1995) Ingrid Lycke Ellingsen (erste Vize-Präsidentin 1995-2001) und Silvia Casale (Präsidentin seit 1999). Obwohl nur neun der 38 Mitglieder weiblich sind, saßen somit zwei Frauen im Büro, das aus nur drei Mitgliedern besteht.

⁵⁵ Volodymyr Yevintov ist das für die Ukraine gewählte Mitglied (zweiter Vize-Präsident 1999-2002).

⁵⁶ Siehe zehnter Tätigkeitsbericht, Anhang 3 b.

⁵⁷ Siehe Kapitel 2 für eine Beschreibung der jeweiligen Aufgaben. Die Geschäftsordnung sieht lapidar vor, dass „das Sekretariat des Ausschusses aus einem Sekretär [seit 1999 geschäftsführendem Sekretär] und anderen Mitgliedern besteht, die vom Generalsekretär des Europarats ernannt werden." (§ 10).

⁵⁸ § 28 Abs. 1 Geschäftsordnung. Es ist zu beachten, dass § 28 Abs. 2 die Mitglieder des Ausschusses dazu verpflichtet, die erhaltenen Mitteilungen dem Sekretär zu übermitteln, damit das Sekretariat nicht übergangen wird.

⁵⁹ § 38 Abs. 3 Geschäftsordnung.

⁶⁰ Artikel 7 Abs. 2 ECPT.

⁶¹ Erläuternder Bericht, Abs. 51.

⁶² Siehe z.B. den CLAHR-Bericht (1997), Abs. 44: „Verfügten alle Mitglieder des CPT über genügende Kenntnisse und Erfahrungen, würde die Notwendigkeit, externe Sachverständige heranzuziehen, viel geringer als sie heutzutage ist." Siehe auch Abs. 27 des zweiten Tätigkeitsberichts.

[63] § 38 Abs. 1 der Geschäftsordnung erwähnt nur „ein oder mehrere Sachverständige oder Dolmetscher".
[64] § 38 Abs. 2 Geschäftsordnung.
[65] Artikel 14 Abs. 2 ECPT. Siehe auch Abs. 83 des Erläuternden Berichts. Es offenbart sich ein gewisses Maß an Zweideutigkeit bei der Frage, ob der Staat Einwände gegen die Beteiligung eines Sachverständigen oder eines Assistenten bei einem Besuch erheben kann oder ob dies nur bei dem Besuch eines besonderen Orts der Fall ist. Der Text selbst neigt eher zur zweiten Auslegung, jedoch scheinen der Erläuternde Bericht und wohl auch die Erfahrung aus der Praxis die erste Auslegung zu bestätigen.
[66] Art 14 Abs. 2 ECPT; § 38 Abs. 4 Geschäftsordnung.
[67] Artikel 13 ECPT. Hinsichtlich der Vertraulichkeit siehe Fn. 91 dieses Kapitels.
[68] Momentan hat der Ausschuss nach eigener Aussage ausreichend Mitglieder mit einer Erfahrung in Gefängnis-Systemen und *Ad-hoc*-Sachverständigen, weswegen er sich seltener Sachverständigen aus diesen Bereichen zuwendet.
[69] Artikel 2 ECPT.
[70] Erläuternder Bericht, Abs. 30.
[71] Siehe den Bericht der Europäischen Menschenrechtskommission im Fall *Amuur g. France* (10. Januar 1995, Abs. 44-50), anschließend vom Gerichtshof in diesem Punkt im Urteil vom 25. Juni 1996 zurückgewiesen, *RJD*, 1996-III, S. 827, Abs. 38-49 (*EHRR*, Nr. 22, S. 533).
[72] Dieses besondere Beispiel stellt natürlich die Frage bezüglich der Beziehungen zwischen dem CPT und anderen Organisationen wie dem IKRK. Dieses Thema wird in Artikel 17 Abs. 2 ECPT behandelt.
[73] Infolgedessen könnte der CPT z. B. möglicherweise versuchen, jede unter der Verantwortung der britischen Streitkräfte in Sierra Leone gefangene Person zu besuchen. Er benötigte dafür aber die Zusage der Behörden Sierra Leones. Die potentielle Rolle des CPT im nördlichen Teil der Insel Zypern wäre wahrscheinlich schwer zu bestimmen.
[74] Die Personen, die vom ICTY in Untersuchungshaft gehalten werden, wurden dagegen vom IKRK besucht.
[75] Zehnter Tätigkeitsbericht, Abs. 13. Der ICTY gewinnt die Unterstützung des CPT für die Erfüllung der in Artikel 27 seines Statuts beinhalteten Verpflichtungen, wonach „die Gefängnisstrafe in einem Staat verbüßt werden soll, der vom internationalen Gerichtshof aus einer Liste ausgewählt worden ist. Diese Liste beinhaltet Staaten, die dem Sicherheitsrat ihre Bereitschaft bestätigt haben, Verurteilte zu akzeptieren. Die Freiheitsstrafe soll in Übereinstimmung mit dem anwendbaren Recht des jeweiligen Staates und unter Aufsicht des Internationalen Gerichtshofs erfolgen."
[76] Austausch von Mitteilungen zwischen dem CPT und dem ICTY, November 2000.
[77] Artikel 8 Abs. 1 ECPT.
[78] Artikel 7 Abs. 2 ECPT.
[79] § 33 Geschäftsordnung.
[80] § 31 Geschäftsordnung.
[81] § 32 Abs. 2 Geschäftsordnung.
[82] Siebter Tätigkeitsbericht, Abs. 21.
[83] Siehe Abs. 4 des zehnten Tätigkeitsberichts, der betont, dass das Ziel eines durchschnittlich vierjährigen Zeitraums zwischen zwei regelmäßigen Besuchen 1999 nur in Bulgarien und Portugal erreicht worden ist.
[84] Siehe für genauere Hinweise Tabelle 2 (Anhang). Der erste Besuch in der Türkei fand 1990 statt. Die Reihenfolge des ersten Besuchszyklus' wurde per Los bestimmt, wobei die Türkei unter die letzten Länder auf der Liste gelost wurde. Indem der Ausschuss die-

sen ersten Besuch als *ad hoc* kennzeichnete, ist es ihm gelungen, den – eigentlich ersten regelmäßigen – Besuch früher durchzuführen als vorgesehen.

[85] Es handelte sich um zwei Besuche in der Russischen Föderation (Nordkaukasus) im Februar und im April 2000, in Moldawien (Transnistrien) im November 2000 und in der Türkei (auf ihr Ersuchen) im Dezember 2000. Siehe Tabelle 2 (Anhang).

[86] Siehe die Pressemitteilungen des CPT bezüglich der folgenden Besuche: in der Türkei im Februar 1999 (Pressemitteilung Nr. 256a99, 4. Mai 1999 [Türkei 8, Obs.], anschließend Türkei 8), in der Türkei im Juli 2000 (Türkei 9, Obs.), und im Dezember 2000/Januar 2001 (Pressemitteilung vom 16. März 2001 [Türkei 10, Obs.]) und in der Russischen Föderation, Nordkaukasus im Februar 2000 (Pressemitteilung Nr. 235a00 vom 4. März 2000 [Russland 3 Obs.]).

[87] Artikel 8 Abs. 5 ECPT.

[88] Erläuternder Bericht, Abs. 70.

[89] Artikel 10 Abs. 1 ECPT.

[90] Siehe Norway 3, Abs. 104 und Hungary 2, Abs. 198.

[91] Artikel 11 Abs. 1 ECPT und siehe Geschäftsordnung, Titel V (§§ 45-48).

[92] Artikel 11 Abs. 2 ECPT.

[93] Die Anwendung des Grundsatzes der Vertraulichkeit durch den CPT hat eine Vielzahl von überwiegend kritischen Kommentaren hervorgerufen. Siehe M. Evans und R. Morgan, *Preventing torture*, S. 375-379.

[94] Artikel 10 Abs. 2 ECPT.

[95] Erläuternder Bericht, Abs. 74.

[96] § 44 Abs. 3 der Geschäftsordnung sieht in der Tat ausdrücklich vor, dass „der Ausschuss von seiner Vertraulichkeitspflicht befreit ist, wenn er eine öffentliche Erklärung abgibt." Dies gilt jedoch nicht bei personenbezogenen Daten.

[97] Obwohl die erste öffentliche Erklärung über die Türkei als Anhang zum dritten Tätigkeitsbericht veröffentlicht worden ist.

[98] Siehe die „Wesentliche Grundfragen" der Tätigkeitsberichte des CPT, CPT/Inf/E (99) 1. Dieses Dokument ist anlässlich des Seminars „Verhütung von Folter zu Beginn des neuen Jahrtausends" zu Ehren des zehnten Geburtstags des CPT am 19. November 1999 in Straßburg erstellt worden.

[99] Siehe allgemein R. Morgan und M. Evans, *Protecting prisoners*.

[100] Siehe M. Evans und R. Morgan, *Protecting prisoners*, S. 118-122.

[101] Erläuternder Bericht, Abs. 25.

[102] Erster Tätigkeitsbericht, Abs. 2, 3.

[103] Erläuternder Bericht, Abs. 26.

[104] *Ibid.* Abs. 27.

[105] Erster Tätigkeitsbericht, Abs. 5. Siehe für eine vertiefte Studie der Beziehungen zwischen dem Gerichtshof und dem CPT W. Peukert, „The European Convention for the Prevention of Torture and the European Convention on Human Rights", *in:* R. Morgan und M. Evans, *Protecting prisoners.*, S. 85-102.

[106] Siehe für eine vergleichende Untersuchung J. Murdoch, „CPT standards within the Context of the Council of Europe" in: R. Morgan und M. Evans, *Protecting prisoners*, S. 103-136; W. Suntinger, „CPT and Other International Standards for the Prevention of Torture", 1999; *ibid.*, S. 137-166; R. Bank, „Preventive measures against torture: an analysis of standards set by the CPT, CAT and HRC and the special rapporteur", in: C. Haenni, *20 ans consacrés à la réalisation d'une idée*; R. Bank, „International efforts to combat torture and inhuman treatment: have the new mechanisms improved protection?", in: *EJIL*, Nr. 8, 1997, S. 570.

[107] *Ibid.*, Abs. 6 ii.

KAPITEL 2

DIE BESUCHE DES CPT

Wie wir schon im ersten Kapitel gesehen haben, bilden die Inspektionsbesuche den Existenzgrund und die Haupttätigkeit des CPT, der diese vorbereitet, durchführt, über sie berichtet und die Nachbereitung der Beobachtungen vornimmt sowie die Umsetzung der Empfehlungen verfolgt. Dieser letzte Schritt fällt mit der Vorbereitung des nächsten Besuchs zusammen. Die Arbeit des Ausschusses ist somit ein ununterbrochener, fortwährender Prozess, der Wesenszüge einer Sisyphus-Arbeit trägt. Dieses Kapitel folgt einem anderen Ansatz als das erste Kapitel, auf dem es aufbaut. Es untersucht ausführlich die einzelnen Stadien eines Besuchs. Wir hoffen, dass diese Analyse hilfreich sein wird sowohl für Beamte, die mit dem Ausschuss zusammenarbeiten, als auch für andere Interessierte, z. B. Nichtregierungsorganisationen, die wissen möchten, wie man den Ablauf dieser Besuche effektiv beeinflussen kann und wie die dabei erhaltenen Beweise sinnvoll genutzt werden können.

Vorbereitung der Besuche

Der CPT entscheidet im Herbst eines jeden Jahres über die Anzahl der regelmäßigen Besuche und die Länder, in denen diese Besuche im folgenden Jahr durchgeführt werden sollen. Der Ausschuss benachrichtigt die betreffenden Länder und veröffentlicht kurz darauf - gewöhnlich Anfang Dezember - eine Pressemitteilung, in der diese Länder aufgezählt werden.[1] Der Inhalt einer Pressemitteilung enthält zwei bedeutende Aspekte:
- Erstens beinhaltet die veröffentlichte Liste die Länder, die der CPT besuchen will; es kann jedoch vorkommen, dass ein geplanter Besuch nicht während des vorgesehenen Jahres stattfindet.[2]
- Zweitens betrifft die Liste nur die sog. regelmäßigen Besuche und schließt nicht die *Ad-hoc*-Besuche ein, die in jedem Jahr stattfinden, sofern „die Umstände es erfordern". Obwohl diese *Ad-hoc*-Besuche angesichts der Unvorhersehbarkeit der Zustände, die einen solchen Besuch erforderlich machen, manchmal nur kurzfristig mitgeteilt werden, werden sie häufig wie regelmäßige Besuche geplant.[3] Beabsichtigte *Ad-hoc*-Besuche sind jedoch nicht in der jährlichen Pressemitteilung des Ausschusses enthalten.

Durch die Veröffentlichung der Pressemitteilung über die jährlichen Besuche sollen die Beamten der betreffenden Staaten dazu veranlasst werden, die Informationen bereitzustellen, die der CPT vor der Durchführung der Besuche benötigt. Sie soll ebenso Nichtregierungsorganisationen, die den Verlauf der Besuche beeinflussen möchten, darauf aufmerksam machen, dass sie dem Sekretariat des CPT schnellstmöglich entsprechende Informationen übermitteln. Dies sollte umgehend geschehen, da solche Organisationen nicht das genaue Datum eines Besuchs voraussehen können und der Ausschuss zudem keine weitere Pressemitteilung vor Beendigung des Besuchs veröffentlicht. Das genaue Datum des Besuchs wird geheim gehalten. Es werden jedoch Kontakte im Hintergrund geknüpft: zum einen formell und einem Zeitplan folgend mit den Beamten des betreffenden Staates, zum anderen informell mit Nichtregierungsorganisationen. Wie, wann und welche Nichtregierungsorganisationen vom Sekretariat des Ausschusses konsultiert werden, hängt von dem Wissen des Sekretariats über die Nichtregierungsorganisationen, den früheren Kontakten und der geschaffenen Vertrauensgrundlage ab.

Der Großteil der Vorbereitung bezüglich der praktischen Organisation eines Besuchs ist Aufgabe des Sekretariats des Ausschusses, das sich in Straßburg befindet. Die wichtigen Entscheidungen werden vom Büro des Ausschusses getroffen oder gebilligt. Es wird lange im Voraus entschieden, wann genau der Besuch stattfindet, wie lange er dauern und wie sich die Delegation zusammensetzen wird. Dabei ist die Frage bedeutsam, ob und ggf. welche *Ad-hoc*-Sachverständige die Ausschussmitglieder begleiten sollen. Der geschäftsführende Sekretär des Ausschusses und anschließend das Büro müssen die zeitliche Abfolge der Besuche für das jeweilige Jahr festlegen und sicherstellen, dass jedes Mitglied des Ausschusses mehr oder weniger dieselbe Gelegenheit zur Teilnahme erhält, dass die Mitglieder der drei Sekretariatsabteilungen[4] über ausreichend Zeit zwischen zwei Besuchen verfügen und dass insbesondere das Programm hinsichtlich des Haushalts des Ausschusses durchführbar ist.

Die Delegationen des CPT sind idealerweise so zusammengestellt, dass unter den Mitgliedern ein optimales Gleichgewicht hinsichtlich Fachwissen, Erfahrung und Sprachenkenntnissen herrscht. Die Größe der Delegation und die Dauer der Besuche hängen von der Größe des zu besuchenden Landes und der Natur der zu erwartenden Probleme ab.[5] Es ist jedoch möglich, einige gemeinsame Aspekte hervorzuheben:

- Die regelmäßigen Besuche dauern normalerweise ein bis zwei Wochen.
- Die Dauer der *Ad-hoc*-Besuche ist sehr unterschiedlich: Die Besuche, die sich mit einem Spezialthema beschäftigen (z. B. Besuch einer besonderen Einrichtung oder Befragungen einzelner Personen) können nur drei Tage dauern, während die Besuche, die aufgrund komplexerer Probleme durchgeführt werden, ebenso lang wie ein regelmäßiger Besuch dauern können.
- Die Größe der Delegation schwankt zwischen drei und fünfzehn Personen (einschließlich Dolmetschern): Sie besteht fast immer aus mindestens zwei Mitgliedern des Ausschusses[6] (von denen gewöhnlich eines aus dem medizinischen Bereich kommt), aus mindestens einem Mitglied, üblicherweise zwei Mitgliedern des Sekretariats, aus einem oder mehreren *Ad-hoc*-Sachverständigen (ebenfalls ein Sachverständiger aus dem medizinischen Bereich) sowie so vielen Dolmetschern wie es angesichts der jeweiligen Landessprache und den diesbezüglichen Sprachkenntnissen der Mitglieder der Delegation notwendig erscheint.

- Alle Delegationen werden von einem Mitglied des Ausschusses angeführt, das oft auch Mitglied des Büros ist.

Es obliegt dem Sekretariat, Auskünfte zu erlangen und zu bewerten, die es erlauben, den Umfang des Besuchs einzuschätzen. Es ist ebenfalls seine Aufgabe, zusätzliche Auskünfte zusammenzutragen, über die z. B. Nichtregierungsorganisationen verfügen und die sich als nützlich erweisen können. Im Allgemeinen erhält der CPT seine Auskünfte aus verschiedenen Quellen: von nationalen Behörden, von anderen Abteilungen des Europarats, von Nichtregierungsorganisationen, von Massenmedien und Einzelpersonen (Rechtsanwälten, Verwandten von Opfer, usw.), die – aus welchen Gründen auch immer - ihm Informationen nach Straßburg übermitteln. Der CPT hält seine Außenbeziehungen geheim und bewahrt absolute Vertraulichkeit über seine Quellen und die Natur der Auskünfte. Obwohl das Sekretariat den Empfang jeglicher Dokumente bestätigt, die ihm namentlich übermittelt worden sind (außer bei Werbematerialien), vermeidet er es, schriftlich irgendeine Rückmeldung- insbesondere hinsichtlich des praktischen Nutzens der Informationen - zu geben. Daher beschreibt der CPT seine Beziehungen zu Informationslieferanten als eine Art „Einbahnstraße",[7] ein Ausdruck, den viele Nichtregierungsorganisationen eher als abschreckend ansehen. Die Erfahrung zeigt jedoch, dass die Beziehungen nicht in dem Maße entmutigend sind, wie es diese offizielle Beschreibung erscheinen lässt. Manche Nichtregierungsorganisationen weisen positiv auf regelmäßige telefonische Kontakte mit dem Sekretariat hin, das sie auch zur Übermittlung sachdienlicher Auskünfte an den Ausschuss auffordert.[8] Es steht fest, dass die Arbeit des Ausschusses entscheidend davon abhängt, aktuelle Auskünfte über Fälle von Misshandlungen zu erhalten. Lokale Nichtregierungsorganisationen, die sich für eine alltägliche Überprüfung der Haftbedingungen engagieren, sind gewöhnlich am besten in der Lage, den Ausschuss mit derartigen Auskünften zu versorgen.

Kurz vor der Durchführung eines Besuchs trifft sich die Delegation und stimmt einem vorläufigen Programm zu, das von dem leitenden Mitglied des Sekretariats in der Delegation vorgeschlagen wird. Dieses Programm enthält die logistischen Vorbereitungen und die von die Besucherdelegation zu überprüfenden Inhaftierungsorte. Zu diesem Zeitpunkt erfolgen - bei regelmäßigen Besuchen - die zweite und dritte Stufe des Notifikationsverfahrens; im Falle geplanter *Ad-hoc*-Besuche werden die Behörden des betreffenden Landes zum ersten Mal über die bevorstehende Ankunft einer Delegation des Ausschusses benachrichtigt.

Ungefähr zwei Wochen vor dem Besuch wird der Verbindungsbeamte (es handelt sich immer um einen hohen Beamten des Außen-, des Justiz- oder des Innenministeriums) des betreffenden Landes über das vorgesehene Datum und die Dauer des Besuchs sowie über die Identität der Mitglieder des Ausschusses, der Sachverständigen und der Dolmetscher der Delegation benachrichtigt. Zu diesem Zeitpunkt setzt sich das Sekretariat mit den Nichtregierungsorganisationen oder kenntnisreichen Einzelpersonen in Verbindung, mit denen sich die Mitglieder des Ausschusses treffen sollen, um letzte wichtige Auskünfte zu erhalten. Einige Vertreter von Nichtregierungsorganisationen sind sich infolgedessen erst in diesem späten Stadium sicher, dass ein Besuch bevorsteht. Sie werden angehalten, die

Vertraulichkeit der Arbeit des Ausschusses zu wahren und die Tatsache nicht bekannt zu geben. Eine vorläufige Liste der Orte, die überprüft werden (sog. „notifizierte" Orte), wird schließlich einige Tage vor dem Besuch den Behörden des betreffenden Landes übersandt. Diese Mitteilung, die wohl zu spät erfolgt, um es den Behörden zu ermöglichen, die Haftbedingungen oder das Haftregime in den betroffenen Einrichtungen wesentlich zu ändern, hat lediglich den Zweck, den Behörden Zeit zu geben, um die notwendigen praktischen Vorbereitungen zu treffen, um Informationen über die betroffenen Einrichtungen bereitzustellen, um Treffen mit Beamten zu organisieren, usw.[9]

Das oben beschriebene Notifikationsverfahren hat nicht den Zweck, den gesamten Ablauf des Besuchs in allen Einzelheiten unwiderruflich festzulegen. Es ist zwar höchst unwahrscheinlich, dass wesentliche Eckpunkte des Programms geändert werden, jedoch sind manche geringfügige Anpassungen möglich. Dieser Punkt ist sehr wichtig. Der Ausschuss behält sich in der Tat immer das Recht vor, einen nicht notifizierten Ort zu besuchen und nimmt dieses Recht auch ausnahmslos in Anspruch. Die Delegation kann außerdem im Laufe ihres Besuchs andere Nichtregierungsorganisationen oder Einzelpersonen treffen, die im Besitz hilfreicher Auskünfte sind, deren Inhalt in gewissem Maß den Ablauf des Besuchs beeinflussen kann. Diese Möglichkeit nimmt sie häufig wahr.

Hervorzuheben ist schließlich, dass der CPT über die Möglichkeit verfügt, innerhalb einer sehr kurzen Zeitspanne – falls notwendig innerhalb einiger Tage – *Ad-hoc*-Besuche durchzuführen. Dies tut er ebenfalls gelegentlich.[10] Von Anfang an sah der Ausschuss als ein Hauptelement seiner Arbeit *Ad-hoc*-Besuche an, die „durch die ernsthafte und ständige Behauptung schwerwiegender Missbräuche in einem besonderen Land ausgelöst werden".[11] Mit den Jahren hat der Ausschuss im Fall des Vorliegens dieser Umstände zunehmend kurze *Ad-hoc*-Besuchen unternommen. Im Februar[12] und im April 2000[13] z. B. hat er zwei kurze *Ad-hoc*-Besuche im Gebiet des Nordkaukasus' der Russischen Föderation durchgeführt, um die Behandlung von Personen zu überprüfen, denen die Freiheit in Tschetschenien entzogen war. Diese Besuche hatten die kritische Aufmerksamkeit der internationalen Öffentlichkeit auf sich gezogen. Als Folge des ersten Besuchs erlaubte die russische Regierung die Veröffentlichung einer Erklärung, die ihr die Leitung der Delegation des CPT übermittelt hatte. Darin bedankte sich die Delegation bei der Regierung für ihre Zusammenarbeit, brachte jedoch auch unmittelbar ihre Besorgnis insbesondere über die angeblichen Misshandlungen von Häftlingen im Verlauf von Vernehmungen zum Ausdruck.[14] Man kann sich fragen, warum die russischen Behörden der Veröffentlichung dieser Erklärung im Gegensatz zur Veröffentlichung von Berichten über vorherige Besuche in der russischen Föderation zugestimmt haben.[15] Wahrscheinlich wollten sie ihre Bereitschaft zur Zusammenarbeit mit dem CPT bekannt machen - trotz „der höchst ungünstigen Sicherheitslage in Teilen dieses Gebiets",[16] wie es der Leiter der Delegation ausdrückte. Es ist ebenfalls zu vermuten, dass die Misshandlungen, auf die sich die Aufmerksamkeit des CPT richtete, ziemlich harmlos waren im Vergleich zu den Gräueltaten in Tschetschenien, die den Russen von der internationalen Gemeinschaft vorgeworfen werden. Was auch immer die Auswirkungen dieser konkreten Besuche waren, verfügt der CPT anscheinend über die Fähigkeit, äußerst schwierige Missionen kurzfristig durchzuführen, und nutzt diese Fähigkeit offensichtlich auch bereitwillig. Diese Feststellung sollte für lokale Nichtregierungsorganisationen von höchstem Interesse sein.

Ablauf der Besuche

Regelmäßige oder längere *Ad-hoc*-Besuche laufen in der Regel nach ein und demselben Schema ab und finden quasi das ganze Jahr über statt.[17] Sie beginnen immer sonntags mit privaten Treffen mit Vertretern von Nichtregierungsorganisationen und Einzelpersonen, von denen die Delegation sich erhofft, Auskünfte über jüngere Ereignisse zu bekommen, die eine kurzfristige Änderung des Programms begründen könnten. Die Diskussionen können ebenfalls neuere Fälle von mutmaßlichen Misshandlungen betreffen, denen die Delegation nachgehen kann. Die Delegation begegnet am darauf folgenden Tag Ministern und Beamten, die für die zu besuchenden Einrichtungen verantwortlich sind. Die meisten Mitglieder der Delegation sind nur in geringem Maße in solchen formellen Austausch eingebunden und konzentrieren sich schnell auf das Hauptziel des Besuchs: die Orte aufzusuchen, an denen sich Personen in Haft befinden - Polizeiwachen, Gefängnisse, Hafteinrichtungen für Jugendliche, geschlossene psychiatrische Anstalten, Hafteinrichtungen an Einreisestellen, usw. Sie überprüfen eingehend die Haftbedingungen, untersuchen die Haftakten genau und sprechen vor allem mit den Häftlingen über die Erfahrungen, die sie in dieser wie auch in anderen Hafteinrichtungen gemacht haben.

Der Ausschuss verfügt über erhebliche Befugnisse bei der Durchführung der Besuche: uneingeschränkten Zugang zu dem Hoheitsgebiet des betroffenen Staats sowie zu allen Orten, an denen sich Personen befinden, denen die Freiheit entzogen ist; das Recht, sich innerhalb dieser Orte ungehindert zu bewegen;[18] Zugang zu allen dem Staat verfügbaren Informationen über die oben genannten Orte (einschließlich der medizinischen Akten der Personen), die der Ausschuss zur Erfüllung seiner Aufgaben benötigt.[19] Der Ausschuss kann sich mit Personen, denen die Freiheit entzogen ist, ohne Zeugen unterhalten[20] (aber die Betroffenen können es natürlich ablehnen) und sich mit jeder Person ungehindert in Verbindung setzen, von der er annimmt, dass sie ihm sachdienliche Auskünfte geben kann.[21] Der Ausschuss legt besonderen Wert auf einen unmittelbaren und unbeschränkten Zugang zu den Inhaftierungsorten und auf die Tatsache, sich dort ungehindert bewegen zu können. Die veröffentlichten Berichte betonen regelmäßig, dass der CPT auf die strikte Beachtung des Wortlauts des ECPT besteht. Den veröffentlichten Länder- und Jahresberichten ist zu entnehmen, dass der CPT sich hinsichtlich der Treffen der Personen und des Zugangs zu den Dokumenten seiner Wahl bislang immer durchgesetzt hat.[22]

Während seiner Besuche richtet der CPT seine Aufmerksamkeit auf eine relativ geringe Anzahl an Inhaftierungsorten, die von ihm sorgfältig überprüft werden. Im Laufe eines regelmäßigen Besuchs sucht eine Delegation normalerweise ein halbes Dutzend Polizeiwachen (von denen manche notifiziert waren und andere nicht), zwei oder drei Gefängnisse, eine psychiatrische Anstalt, eine Hafteinrichtung für Jugendliche und eine Hafteinrichtung an Einreisestellen auf. Die genaue Aufteilung zwischen den verschiedenen Einrichtungen im Rahmen eines Besuchs hängt von dem Land, von den dort zu begegnenden Problemen und von der Anzahl der vorherigen Besuche ab. Die Delegation teilt sich oft zur Durchführung der Besuche auf - insbesondere in größeren Ländern, in denen verschiedene Regionen besucht werden müssen.

Schließlich enden die Besuche, wie sie angefangen haben, mit einer Sitzung mit den zuständigen Ministern und hohen Beamten, die für die besuchten Einrichtungen verantwortlich sind. Der Leiter der Delegation fasst bei diesem Treffen die vorläufigen Ergebnisse der Delegation mündlich zusammen und teilt sogleich seine Beobachtungen hinsichtlich dringender Anliegen mit.[23] Diese abschließende Erklärung mit den vorläufigen (allgemeinen) und unmittelbaren (dringenden) Beobachtungen der Delegation, wie sie später in dem schriftlichen Besuchsbericht weiter ausgeführt werden, hat sich mit den Jahren zu einem formalisierten und häufiger angewendeten Verfahren entwickelt[24], das den unbestrittenen Vorteil besitzt, jegliche Verzögerung bei der Mitteilung der Beobachtungen des Ausschusses und bei der anschließenden Antwort der Regierung zu vermeiden. Es ist inzwischen für den Leiter der Delegation zur Gewohnheit geworden, bei der abschließenden Sitzung eine sorgfältig ausgearbeitete Zusammenfassung der wesentlichen Beobachtungen und Schlussfolgerungen der Delegation vorzulesen. Kurz nach Rückkehr der Delegation wird dieser Text von Straßburg aus der Regierung übermittelt. In einigen, wenigen Fällen hat die jeweilige Regierung um die Veröffentlichung der vorläufigen Erklärung gebeten. In diesen Fällen findet die Veröffentlichung vor dem Entwurf des Besuchsberichts, vor der Zustimmung durch die Delegation und vor der Annahme des Besuchsberichts durch die Vollversammlung des CPT statt.[25]

Kurz nachdem die Delegation das Land verlassen hat, gibt der CPT eine Pressemitteilung heraus, in der er mitteilt, dass der Besuch stattgefunden hat. Diese Pressemitteilung nennt Einzelheiten über die Zusammensetzung der Delegation und die besuchten Orte. Die Beobachtungen des Ausschusses werden weder in der Presseerklärung selbst erwähnt, noch als Anhang dieser hinzugefügt, es sei denn die betreffende Regierung hat ausnahmsweise um die Veröffentlichung der vorläufigen Beobachtungen der Delegation gebeten (siehe den vorherigen Absatz). Es muss betont werden, dass der CPT soweit wie möglich versucht, jegliche Aufmerksamkeit während seiner Besuche zu vermeiden. Er fordert die Vertreter der Nichtregierungsorganisationen, mit denen die Delegationen sich in Verbindung setzen, eindringlich auf, zu dem unauffälligen Auftreten der Delegation in der Öffentlichkeit beizutragen.[26]

Vorbereitung und Übermittlung der Besuchsberichte

Der CPT bemüht sich, die Besuchsberichte, deren Text in einer Vollversammlung des Ausschusses angenommen wird, den Regierungen der Mitgliedstaaten innerhalb von sechs Monaten nach Ende des Besuchs zu übermitteln. Dieses Ziel wurde früher häufig nicht erreicht. Mittlerweile werden die meisten Berichte fristgemäß übermittelt.[27]

Die Übersendung des Besuchsberichts an die betroffene Regierung ist von enormer Bedeutung für Nichtregierungsorganisationen und Personen, die die Schlussfolgerungen und Empfehlungen des Ausschusses kennen möchten. Der CPT kündigt gewöhnlich die Übermittlung eines Berichts an eine Regierung nicht mittels einer Pressemitteilung an, was manche bedauern. Das Datum der Übermittlung kann jedoch angesichts der festgesetzten und im Allgemeinen eingehaltenen Fristen ermittelt werden, die wie folgt zusammengefasst werden können: Der CPT hält jährlich drei Vollversammlungen ab, im November, März und Juli. Es ist infolgedessen sehr wahrscheinlich, dass einem Besuchsbericht in der ersten Vollversammlung zugestimmt wird, die nach Ablauf von sechs Monaten ab Ende des Besuchs stattfindet. Der Bericht wird kurz danach entsandt. Nichtregierungsorganisationen können insofern ungefähr abschätzen, wann sie anfangen können, auf ihre Regierung Druck auszuüben, damit diese der Veröffentlichung des Berichts zustimmt.

Die Anfertigung eines Berichts des CPT im Anschluss an einen Besuch beginnt mit einem vom Sekretariat vorbereiteten Entwurf auf der Grundlage der von ihm selbst und von den Mitgliedern des Ausschusses vor Ort verfassten Anmerkungen. An dieser Stelle müssen wir noch einmal betonen, dass die wesentlichen Elemente des Berichts normalerweise schon angenommen und den zuständigen Behörden während der abschließenden Sitzung am Ende des Besuchs mündlich (und kurz danach von Straßburg aus schriftlich) mitgeteilt worden sind. Die Delegation einschließlich der beteiligten *Ad-hoc*-Sachverständigen trifft sich dann, um einen endgültigen Text anzunehmen, der der nächsten Vollversammlung des Ausschusses vorgelegt wird.[28] Sobald der Ausschuss dem Bericht zugestimmt hat, wird er der betreffenden Regierung unter strenger Beachtung des Grundsatzes der Vertraulichkeit übermittelt. Der Bericht kann nur mit der Zustimmung der jeweiligen Regierung veröffentlicht werden, es sei denn das selten zur Anwendung kommende Verfahren des Artikels 10 Abs. 2 ECPT wird im Falle der Ablehnung der Zusammenarbeit durch den Staat eingeleitet. (Siehe den Abschnitt über die öffentlichen Erklärungen in Kapitel 1).

Die Berichte des CPT über regelmäßige Besuche haben mit der Zeit ein mehr oder weniger standardisiertes Format angenommen und umfassen durchschnittlich siebzig bis achtzig Seiten, wohingegen die Berichte über *Ad-hoc-* und Folgebesuche häufig erheblich kürzer sind. Die Berichte werden offenkundig mit dem Hintergedanken einer möglichen Veröffentlichung verfasst. Die Fakten des Besuchs sind genau beschrieben. Danach folgen die Beobachtungen des Ausschusses und seine Empfehlungen, Kommentare und ggf. Ersuchen um ergänzende Auskünfte.[29] Der Unterschied zwischen Empfehlungen, Kommentaren und Ersuchen um Auskünfte ist im Rahmen von Besuchsberichten von erheblichem Interesse, da nur die Empfehlungen in dem Übereinkommen erwähnt sind. Allein deren Missachtung kann als einzige Sanktion seitens des CPT ein Verfahren gemäß Artikel 10 Abs. 2 ECPT nach sich ziehen, das zu einer öffentlichen Erklärung führt.

Folgebesuche

Der CPT hat immer betont, dass sowohl ein regelmäßiger Besuch wie auch ein *Ad-hoc*-Besuch nur einen Abschnitt im Rahmen eines dauerhaften Dialog darstellt. In dieser Hinsicht bilden die Berichte des Ausschusses nur den Anfang und nicht das Ende eines Prozesses. Der CPT hat bisher jeden Mitgliedstaat dazu aufgefordert, eine vorläufige Antwort auf einen Besuchsbericht innerhalb von sechs Monaten nach dessen Empfang und eine endgültige Antwort innerhalb von zwölf Monaten abzugeben.[30] Angesichts der Dauerhaftigkeit des Dialogs, der von einem auf den nächsten Besuch übergreift, werden die Staaten in der Zukunft gebeten, nur eine einzige Antwort innerhalb von sechs Monaten nach Empfang des zweiten oder anschließenden regelmäßigen Berichts abzugeben.[31] Die meisten, jedoch nicht alle Staaten antworten fristgemäß.[32] Die Antworten werden vom Ausschuss geprüft, der daraufhin der betreffenden Regierung seine Beobachtungen in einem ausführlichen Brief zusendet. Diese Beobachtungen unterliegen ebenso wie die Berichte des Ausschusses der Vertraulichkeit, können aber auch mit Zustimmung der Regierung veröffentlicht werden. Dies geschieht jedoch in der Praxis sehr selten,[33] da die meisten Regierungen die Veröffentlichung ihrer vorläufigen und endgültigen Antworten schon mit deren Vorlage, also vor Empfang der Beobachtungen des CPT, genehmigt haben.

Da noch kein Mitgliedstaat den vollständigen Briefwechsel mit dem CPT veröffentlicht hat, ist es sehr schwierig, die Tauglichkeit des auf die Besuche folgenden Dialogs zu bewerten. Die verfügbaren Hinweise belegen, dass dieser nicht so eindeutig ist und so rechtzeitig stattfindet, wie es der Fall sein könnte.[34] Der Grund liegt darin, dass der Ausschuss die Umsetzung seiner Empfehlungen nicht so streng überprüft, wie man es sich wünscht. Er scheint auch nicht immer aufmerksam gegenüber neuen politischen Ereignissen zu sein (z. B. der Vorbereitung von Gesetzen, die Auswirkungen auf die Annahme der Schutzvorkehrungen des CPT haben), die sich zwischen den Besuchen ereignen. Zumindest interveniert er häufig nicht. Der CPT scheint diese Kritiken zu akzeptieren und gibt zu, dass sein Beitrag zum Dialog nicht unbedingt befriedigend ist.[35] Er betont jedoch auch, dass sein Sekretariat nicht über die notwendigen Mittel verfügt, um sich dem Dialog so widmen zu können, wie er es selbst möchte. Dies erklärt wahrscheinlich die langen Abstände zwischen den aus Straßburg stammenden Schreiben, die die Regierungen zur Umsetzung der Empfehlungen drängen. Der CPT erkennt an, dass diese langen Abstände „die Glaubwürdigkeit und die Wirksamkeit" des Übereinkommens gefährden, da „sich die für eine Änderung infolge des Besuchs günstige Stimmung sicherlich auflösen wird".[36] In diesem Fall ist es noch wichtiger, die lokalen Nichtregierungsorganisationen so gut und so früh wie möglich über die Beobachtungen und Empfehlungen des CPT zu benachrichtigen. Daher ist die schnelle Veröffentlichung der Berichte des CPT von überragender Bedeutung. Die Nichtregierungsorganisationen sind im Gegensatz zum CPT potenziell in der Lage, die Tätigkeiten einer Regierung auf Übereinstimmung mit den Empfehlungen zu kontrollieren und Druck auf einer mehr oder weniger dauerhaften Basis auszuüben.[37]

Der CPT selbst hat die Initiative ergriffen, die Qualität des Dialogs zu verbessern, indem er verschiedene Maßnahmen ergriffen hat, wie z. B. Informationsseminare über seine Arbeit in den neuen Mitgliedstaaten durchzuführen,[38] Sitzungen mit den nationalen Verbindungsbeamten[39] und insbesondere direkte Treffen mit Behörden abseits der formellen (regelmäßigen oder anderen) Besuche zu organisieren. Der Ausschuss hat auch vor einiger Zeit anerkannt, dass „sich die Beziehungen [...] in dem Zeitraum zwischen den Besuchen [...] nicht nur auf Briefwechsel beschränken, sondern auch regelmäßige persönliche Gespräche zwischen den nationalen Behörden und den Vertretern des Ausschusses über besorgniserregende Zustände einschließen sollten".[40] Er bemüht sich seitdem diese Richtung weiterzuverfolgen. Es ist dem Ausschuss bewusst, dass „ein kurzer Aufenthalt einer kleinen Delegation, der sich auf Gespräche mit der Regierung beschränkt infolgedessen einen geringen finanziellen Aufwand verursacht, Ergebnisse erreichen kann, die einen Besuch des Ausschusses überflüssig machen".[41] Der CPT hat erklärt, dass er diese Praxis sogar ausbauen wolle – ebenso wie die Erfahrung mit persönlichen Gesprächen bei der Übermittlung der Besuchsberichte.[42]

Die überwältigende Mehrheit der Mitgliedstaaten hat bis jetzt ihre CPT-Berichte veröffentlicht. Dies geschah aber auf unterschiedliche Art und Weise und nach Ablauf unterschiedlich langer Zeiträume. Man kann vier Ansätze unterscheiden:
- Erstens sind die Staaten, die kurz nach dem Empfang des Berichts, d. h. sechs bis neun Monate nach dem Besuch, die Veröffentlichung erlauben, erheblich in der Minderheit.
- Zweitens sind die Staaten in der Mehrheit, die einer Veröffentlichung des Berichts gleichzeitig mit ihrer Antwort zustimmen, die erst erhebliche Zeit nach dem Besuch erfolgen kann (durchschnittlich zwischen achtzehn Monaten und zwei Jahren).
- Drittens gibt es Staaten, die für gewöhnlich aus schwer verständlichen und zweifelsohne unterschiedlichen Gründen der Veröffentlichung des Berichts und manchmal auch ihrer Antwort erst lange Zeit nach Empfang des ersteren und Übermittlung der letzteren zustimmen. In zwei Fällen betrug die Verzögerung fünf Jahre.[43]
- Schließlich haben manche Staaten der Veröffentlichung immer noch nicht zugestimmt, obwohl sie den Bericht schon längst empfangen haben. Noch besteht Hoffnung, dass die Zustimmung erfolgen wird.[44]

Unabhängig von den vier Gruppen bleibt die Nichtveröffentlichung jedoch eher die Ausnahme als die Regel. Die Staaten, die die Veröffentlichung erheblich verzögern, ziehen natürlich Aufmerksamkeit auf sich. Dies ist für manche Staaten ein Nachteil, der aber gegenüber den zu erwartenden Auswirkungen mancher Enthüllungen gelegentlich vorgezogen wird.[45] Diese Staaten erregen unvermeidbar den Verdacht, etwas verbergen zu wollen. Diese natürliche Erwartungshaltung lässt manche Personen innerhalb des betroffenen Staates auf eine Veröffentlichung der Berichte drängen.

Es gibt keine Hinweise, die die Behauptung bestätigen, dass der CPT selbst auf Regierungen Druck ausgeübt hat, um die Veröffentlichung von Berichten oder der anschließenden Antworten zu erreichen, auch wenn er regelmäßig in seinen jährlichen Tätigkeitsberichten jede Veröffentlichung begrüßt[46] und die anderen Staaten dazu auffordert, diesem Beispiel zu folgen. Ein Fall ist auch bekannt, in dem eine Regierung eine Antwort einige Jahre lang nicht veröffentlicht hatte, da die Beamten des betroffenen Staats dem Irrtum unterlegen waren, dass dies schon geschehen sei. Anscheinend hatte es niemand für nötig gehalten, sie über ihren Irrtum aufzuklären.[47] Die Abgabe einer Pressemitteilung durch den CPT im April 2000 anlässlich des einhundertsten Besuchs nach zehn Jahren Tätigkeit kann als subtiler Anstoß angesehen werden, Staaten zur Veröffentlichung zu bewegen.[48] Der Anhang zu dieser Pressemitteilung beinhaltet eine Tabelle, die die Anzahl der in jedem Mitgliedstaat durchgeführten Besuche, die Anzahl der übermittelten und der veröffentlichten Berichte angab. Eine aktualisierte Fassung dieser Tabelle erschien im zehnten Tätigkeitsbericht.[49] Man kann davon ausgehen, dass dies nun als ein regelmäßiges Element in den zukünftigen Tätigkeitsberichten enthalten sein wird. Die letzte Version der Tabelle zeigt an, dass fünf Besuchsberichte noch vor der Annahme stehen und dass von den 98 übermittelten Berichten bis jetzt 65 veröffentlicht worden sind. Von den 33 übrigen, nicht veröffentlichten Berichten befinden sich manche im Verlauf eines üblichen Verfahrens: Die betroffenen Regierungen werden die Berichte erst vor kurzem empfangen haben, ihre Antwort zur Zeit vorbereiten und aller Wahrscheinlichkeit nach die Veröffentlichung sowohl des Berichts wie auch der Antwort gleichzeitig genehmigen. Die Liste schließt aber auch viele Berichte ein, die schon vor einigen Jahren erhalten wurden, deren Veröffentlichung aber von den betroffenen Regierungen offenkundig nicht erwünscht ist.[50] Obwohl diese Tabelle die betroffenen Staaten nicht nennt, stellt sie einen begrüßenswerten Forschritt dar, weil es vorher schwierig war, den Mitgliedstaaten eine allgemeine Übersicht über den Umfang von Veröffentlichungen vorzulegen. Nichtregierungsorganisationen sollten solche Informationen sorgfältig analysieren.

Schlussfolgerung

Es gibt im Bereich der Menschenrechte mehrere Organisationen – ob zwischenstaatlich (wie die verschiedenen Organe der Vereinten Nationen) oder regierungsunabhängig (z. B. Amnesty International, Human Rights Watch) – die den Zustand und die Behandlung von Häftlingen untersuchen und anschließend darüber berichten. Der beachtliche Forschritt, der durch die Gründung des CPT erreicht wurde, und sein einzigartiger Beitrag bestehen darin, dass er über ein unmittelbares Besuchsrecht in den 44 Vertragsstaaten der ECPT verfügt. Der Ausschuss muss sich infolgedessen nicht mit schriftlichen Berichten der Regierungen oder mit Erzählungen von Einzelpersonen oder Organisationen begnügen, die sich für Häftlinge einsetzen. Der CPT braucht außerdem nicht auf Petitionen, Berichte oder Gerüchte warten. Er kann präventiv agieren und tut dies auch. Daher können Regierungen, die an Häftlingen begangene Misshandlungen in den letztlich ihrer Verantwortung unterstehenden Hafteinrichtungen abstreiten, die Beweise, die den

Berichten des Ausschusses entstammen, nur schwer widerlegen oder als Fehlinformation, Falschmeldung, Gerücht oder Propaganda bezeichnen.

Aufgrund der umfassenden Befugnis zu Besuchen trägt der CPT jedoch eine fast unmögliche Last – 44 Länder, Tausende von Hafteinrichtungen und mehr als zwei Millionen Häftlinge – die er nicht alleine schultern kann. Er benötigt die aktive Zusammenarbeit mit nationalen Nichtregierungsorganisationen, deren Auskünfte ihm helfen, seine Kräfte zur Überprüfung der Auswirkungen seiner Berichte und zur dauerhaften Überwachung der Hafteinrichtungen, die er naturgemäß nur selten und vereinzelt besuchen kann, effizient einzusetzen. Dieses Kapitel hat den praktischen Nutzen der Besuche des Ausschusses hervorgehoben, damit Nichtregierungsorganisationen und andere Interessierte ein besseres Verständnis dafür entwickeln, wie sie am besten den Verlauf der Besuche und somit die Arbeit des CPT mitgestalten können. Die nächste Aufgabe ist es, die vom Ausschuss entwickelten Standards zu erläutern. Dieser Aufgabe wenden wir uns im zweiten Teil dieses Werkes zu.

Anmerkungen

[1] Dieses Verfahren wird in § 31 Abs. 4 der Geschäftsordnung beschrieben. Siehe z. B. die Pressemitteilungen des Europarats vom 16. Dezember 1997 (Vorstellung des Programms für das Jahr 1998), vom 12. Dezember 1998 (Programm 1999), vom 3. Dezember 1999 ([690a99], Programm 2000) und vom 28. November 2000 (Programm 2001).

[2] § 31 Abs. 3 der Geschäftsordnung erlaubt dem Ausschuss ausdrücklich, nachträglich zu entscheiden, das Programm den Umständen entsprechend zu ändern. Der CPT hat von dieser Möglichkeit schon mehrmals Gebrauch gemacht. Ein für 1991 vorhergesehener regelmäßiger Besuch in Portugal wurde z. B. auf Januar 1992 verschoben. Ein regelmäßiger, für 1992 geplanter Besuch in Luxemburg wurde auf Januar 1993 verschoben. Beide Verzögerungen resultierten aus Arbeitsüberlastung (zweiter Tätigkeitsbericht, Abs. 17 und dritter Tätigkeitsbericht, Abs. 1). Der Ausschuss hatte auch im Jahr 1993 vor, seinen zweiten Zyklus regelmäßiger Besuche zu beginnen, war dazu aber mangels entsprechender Mittel nicht fähig (vierter Tätigkeitsbericht, Abs. 1). Dieses Problem scheint jedoch seitdem nicht mehr aufgetaucht zu sein. Der genaue Zeitpunkt eines Besuchs kann manchmal von der Planung abweichen. Da er erst kurz vor Beginn des Besuchs mitgeteilt wird, ist es oft schwierig festzustellen, ob eine Verschiebung stattgefunden hat. Der für das Jahr 1997 geplante Besuch in Albanien wurde eindeutig in letzter Minute verschoben und erst am Ende des Jahres nachgeholt.

[3] In der Tat werden manche *Ad-hoc*-Besuche wie regelmäßige Besuche durchgeführt und nur aus praktischen Gründen als *ad hoc* qualifiziert, da sie nicht in dem angekündigten Programm erwähnt werden. Dies war der Fall beim ersten Besuch 1990 in der Türkei. (Die Reihenfolge der regelmäßigen Besuche im Rahmen des ersten Zyklus' wurde ausgelost und da die Türkei unter die letzten Länder gelost wurde, hätte sie keinen Besuch vor dem Jahr 1992 erhalten.) Das ist auch der Fall bei den ersten Besuchen 1995 in Rumänien (sechster Tätigkeitsbericht, Abs. 2) und 1998 in der russischen Föderation (achter Tätigkeitsbericht, Abs. 3).

[4] Die drei Abteilungen, die innerhalb des Sekretariats für die Besuche zuständig sind, bestehen jeweils aus drei Mitgliedern und einem Sekretär. Siehe Tabelle 3 (Anhang) des zehnten Tätigkeitsberichts.

[5] Siehe § 37 Abs. 1 Geschäftsordnung.

[6] Artikel 7 Abs. 2 ECPT sieht vor, dass „die Besuche [...] in der Regel von mindestens zwei Mitgliedern des Ausschusses durchgeführt" werden. Der Erläuternde Bericht fügt in Abs. 50 hinzu, dass „in Ausnahmefällen [...] der Ausschuss jedoch nur durch ein Mitglied vertreten werden [kann], beispielsweise bei *Ad-hoc*-Besuchen dringender Art, wenn nur ein Mitglied zur Verfügung steht". Dieser Fall trat zum ersten Mal im Dezember 2000 ein, als der CPT auf das Ersuchen der Türkei einen Besuch durchführte, um zu einer Lösung beizutragen, den damaligen Hungerstreik zu beenden. Die Delegation bestand aus einem einzigen Mitglied (in diesem Fall der Vorsitzenden Silvia Casale), einem *Ad-hoc*-Sachverständigen, einem Gerichtsmediziner und dem geschäftsführenden Sekretär des CPT (siehe die Pressemitteilung vom 19. Dezember 2000). Dieser Besuch wurde nach fünf Tagen „unterbrochen" und vom 10. bis 15. Januar 2001 mit einer um drei Mitglieder erweiterten Delegation wieder aufgenommen (siehe die Pressemitteilung vom 18. Januar 2001).

[7] Erster Tätigkeitsbericht, Abs. 43.

[8] Siehe M. Evans und R. Morgan, *Preventing torture*, S. 180-181.

[9] Siehe § 35 der Geschäftsordnung (Notifikation der Besuche). Abs. 4 sieht die Möglichkeit der Mitteilung relevanter Informationen in verschiedenen Schritten vor.

[10] Dies war sicherlich der Fall als der Ausschuss im Juni 1994 Spanien besuchte. Er traf dort lediglich sieben Tage nach Empfang eines Fax' ein, in dem ihm die andauernde oder beendete Misshandlung dreier verhafteter Personen mitgeteilt wurde. Die Mitglieder der Delegation befragten während dieses fünftägigen Besuchs jede der drei Personen (siehe M. Evans und R. Morgan, *Preventing torture*, S. 173, 174). Im Dezember 2000 ist der CPT einer Einladung der türkischen Behörden zur Durchführung eines Besuchs nachgekommen.

[11] Erster Tätigkeitsbericht, Abs. 64.

[12] Der Besuch fand vom 26. Februar bis zum 3. März 2000 statt. Siehe die Pressemitteilung des Europarats Nr. 161a00 vom 6. März 2000.

[13] Der Besuch fand vom 20. bis zum 27. April 2000 statt. Siehe die Pressemitteilung des Europarats vom 2. Mai 2000.

[14] Pressemitteilung des Europarats Nr. 235a00 vom 3. April 2000, Tabelle 3 (Anhang).

[15] Der erste und zweite Besuch in der Russischen Föderation wurde im November 1998 und im August 1999 durchgeführt. Siehe für weitere Details Tabelle 2 (Anhang).

[16] Pressemitteilung des Europarats Nr. 235a00 vom 3. April 2000, Tabelle 3 (Anhang).

[17] Der CPT z. B. führte 1999 elf regelmäßige und fünf *Ad-hoc*- Besuche durch. Es erfolgte mindestens ein Besuch pro Monat, wobei die vier Wochen um den Jahreswechsel und die drei Sommermonate (Juni, Juli und August) weitestgehend gemieden wurden (siehe Anhang 4 zum zehnten Tätigkeitsbericht). Der CPT führte 2000 zehn regelmäßige und fünf *Ad-hoc*-Besuche durch. Deren Verteilung auf das Jahr entsprach dem gewöhnlichen Schema: Die Zeiträume von Februar bis Mai und von Oktober bis Dezember sind generell die Hauptbesuchszeiten. Zusätzlich muss angemerkt werden, dass der CPT seine drei Vollversammlungen in die Zeit legt, in der normalerweise keine Besuche stattfinden.

[18] Artikel 8 Abs. 2 a) ECPT und Abs. 61 des Erläuternden Berichts. Das Zugangsrecht ist gemäß Artikel 9 ECPT jedoch unter außergewöhnlichen Umständen eingeschränkt. Siehe auch den Erläuternden Bericht, Abs. 71, 72 und bezüglich der Entstehungsgeschichte des Artikel 9, M. Evans und R. Morgan, *Preventing torture*, S. 128-131.

[19] Artikel 8 Abs. 2 lit. a) bis d) ECPT; Erläuternder Bericht, Abs. 60-65.

[20] Artikel 8 Abs. 3 ECPT; Erläuternder Bericht, Abs. 66-67.

[21] Artikel 8 Abs. 4 ECPT; Erläuternder Bericht, Abs. 68-69.

[22] Manchmal jedoch mit einigen Schwierigkeiten. Der Ausschuss hat zugegeben, dass ihm während seines Besuchs im Februar 2000 im Nordkaukasus „Kämpfe in Grosny den Zu-

gang zu einigen Vierteln der Stadt versperrten" (Pressemitteilung Nr. 161a00 vom 6. März 2000).

[23] Artikel 8 Abs. 5 ECPT; Erläuternder Bericht, Abs. 70.

[24] Siehe fünfter Tätigkeitsbericht, Abs. 9 und sechster Tätigkeitsbericht, Abs. 9.

[25] Bei diesen Fälle handelte es sich immer um Besuche, die ein großes Medieninteresse auf internationaler Ebene hervorriefen: im Februar 1999 in der Türkei, insbesondere auf der Insel Imrali, auf der Abdullah Öcalan, der Führer der PKK, inhaftiert war (siehe Pressemitteilung Nr. 256a99 vom 4. Mai 1999, in Abs. 39 des Türkeiberichts [8] aufgenommen) und im Februar 2000 im Nordkaukasus der Russischen Föderation, um die Behandlung tschetschenischer Gefangener zu untersuchen (siehe Pressemitteilung Nr. 235a00 vom 3. April 2000). Ein dritter Fall bezieht sich auf die Beobachtungen, die am Ende des Besuchs in der Türkei im Juli 2000 formuliert wurden. Es handelte sich dabei um einen Folgebesuch zur Untersuchung der Bedingungen in den Gefängnissen des Typs F, deren Einführung ursprünglich kaum die Aufmerksamkeit der Medien auf sich zog. Sie wurden anschließend zur Bühne von Hungerstreiks und verursachten Proteste, die die türkischen Behörden dazu zwangen, einen zusätzlichen Besuch des CPT zuzulassen. Dieser fand im Dezember 2000 und Januar 2001 statt. Die Türkei genehmigte am 7. Dezember 2000 die Veröffentlichung der vorläufigen Beobachtungen des im Juli durchgeführten Besuchs als CPT-Dokument und nicht, wie bei den vorherigen Dokumenten, als Pressemitteilung; siehe Türkei (9) Obs. (CPT/Inf(2000) 19). Die Türkei genehmigte danach auch die Veröffentlichung der vorläufigen Beobachtungen über den Besuch im Dezember 2000 – Januar 2001; siehe Pressemitteilung vom 16. März 2001, Tabelle 3 (Anhang). Diese Beobachtungen, die ursprünglich der Türkei in einem Brief vom 29. Januar 2001 übermittelt wurden, sind detailliert und zeigen einmal mehr die Spannungen zwischen dem Wunsch des Ausschusses, seine Anliegen so schnell wie möglich vorzutragen und seiner Pflicht, den Bericht vor der Übermittlung in der Vollversammlung abstimmen zu lassen. Infolgedessen besteht das Risiko, dass die Grenze zwischen den vorläufigen Beobachtungen und dem Bericht über einen *Ad-hoc*-Besuch nicht nur verschwimmt, sondern überschritten wird.

[26] Es gab in der türkischen Presse eine irreführende Berichterstattung bezüglich des fünften Besuchs des CPT in der Türkei im August 1996, der auf Ersuchen der türkischen Behörden stattfand. In einer Pressemitteilung teilte der CPT mit, dass „manchen, in den türkischen Medien verbreiteten Berichten zufolge sich die Delegation des CPT positiv über die Lage im Gefängnis von Eskişehir geäußert hätte. Solche Berichte entsprechen nicht der Realität; die Delegation des CPT hat während seines Aufenthaltes in der Türkei keinerlei Kommentar über dieses Gefängnis abgegeben." Siehe Pressemitteilung des Europarats Nr. 454(96) vom 27. August 1996. Für eine ausführlichere Analyse des Vorfalls und der vom CPT in der Türkei durchgeführten Besuche bis Ende 1996, siehe S. Gemalmaz, „The CPT and Türkei", in: R. Morgan und M. Evans, *Protecting prisoners*, S. 235-263.

[27] Siehe z. B. den veröffentlichten Bericht über den Besuch in Norwegen im September 1999. Er wurde im März 2000 angenommen und übermittelt, d. h. nach fast genau sechs Monaten. Im Gegensatz dazu wurde der letzte veröffentlichte Bericht über den regelmäßigen Besuch in Moldawien im Oktober 1998 erst im Rahmen der Vollversammlung vom 6. bis zum 9. Juli 1999 angenommen und am 23. Juli 1999 übermittelt, d. h. neun Monate nach dem Besuch.

[28] Siehe § 40 (Delegationsberichte) der Geschäftsordnung. Der Ausschuss überprüfte gewöhnlich jeden Bericht vollständig in den Vollversammlungen. Diese Praxis beanspruchte jedoch zu viel Zeit und wurde daher durch die Einführung eines Eilverfahrens beschleunigt, das die Übermittlung des Berichtsentwurfs an jedes Mitglied vor der Vollversammlung vorsieht. Der Bericht wird dann ohne weitere Debatte angenommen,

„außer in den Bereichen, in denen eine Diskussion ausdrücklich beantragt wird" (siebter Tätigkeitsbericht, Abs. 22). Diese Regelung funktioniert anscheinend gut (zehnter Tätigkeitsbericht, Abs. 7).

[29] Siehe § 41 (Ausarbeitung des Berichts des Ausschusses) der Geschäftsordnung.

[30] Die Berichte sollten entweder auf Englisch oder auf Französisch vorliegen oder es sollte eine Übersetzung in eine der beiden Sprachen beigefügt sein. Der Ausschuss fordert seit neuestem, dass auch möglichst eine elektronische Version angefertigt wird. Siehe z. B. die in Moldova 1 und Hungary 2 wiedergegebenen Briefe.

[31] Siehe Hungary 2, Abs. 198 und Norway 3, Abs. 104.

[32] Siehe Abs. 8 des siebten und achten Tätigkeitsberichts. Die Verzögerungen bei der Einreichung der ersten vorläufigen Antwort auf die regelmäßigen Besuche stellen jedoch ein besonderes Problem dar. Siehe z. B. Abs. 10 des fünften und sechsten Tätigkeitsberichts, in denen der CPT erläuterte, „dass eine erhebliche Verspätung bei der Erstellung eines vorläufigen Berichts den Ausschuss dazu veranlassen könnte, eine öffentliche Erklärung gemäß Artikel 10 Abs. 2 ECPT abzugeben." Dies fand bisher noch nicht statt. Der Ausschuss hat sich zudem darüber besorgt gezeigt, dass die Staaten nicht in dem für die sofortigen Beobachtungen gemäß Artikel 8 Abs. 5 ECPT vorgesehenen kurzen Zeitraum antworten; siehe des achter Tätigkeitsbericht, Abs. 8.

[33] Evans und Morgan haben während der Vorbereitung ihrer Studie über den CPT 1998 an alle Verbindungsbeamten der zwischen 1990 und 1994 besuchten Staaten geschrieben und erbaten eine Kopie der noch nicht veröffentlichten Antworten oder der Briefwechsel mit dem Ausschuss. Nur drei Länder schickten überhaupt Dokumente, die bislang noch nicht veröffentlicht waren (Siehe M. Evans und R. Morgan, *Preventing torture*, S. 204).

[34] Siehe die Diskussion und die Beispiele in M. Evans und R. Morgan, *Preventing torture*, S. 120-123, und P. Van Reenan, „Inspection and Quality Control: The CPT and the Netherlands", in: R. Morgan und M. Evans, *Protecting prisoners*, S. 221-223, 226, 227.

[35] Fünfter Tätigkeitsbericht, Abs. 10.

[36] Fünfter Tätigkeitsbericht, Abs. 10. Siehe auch Abs. 23 des CLAHR-Berichts (1997).

[37] Ein Argument, das während des im November 1999 in Straßburg anlässlich des zehnten Geburtstags des CPT durchgeführten Seminars genannt wurde und das vom CPT in Abs. 2 seines zehnten Tätigkeitsberichts wiederholt wurde.

[38] Das erste Seminar dieses Typus fand 1995 in der Slowakei statt und bedurfte einer sorgfältigen Erklärung (siehe sechster Tätigkeitsbericht, Abs. 13). Seitdem sind solche Treffen nichts außergewöhnliches mehr: 1996 in Polen (siebter Tätigkeitsbericht, Abs. 5), 1997 in der Tschechischen Republik, in der Ukraine und in Albanien (achter Tätigkeitsbericht, Abs. 4), 1998 in Moldawien, in der „ehemaligen jugoslawischen Republik Mazedonien", in Kroatien und in der Russischen Föderation (Moskau; neunter Tätigkeitsbericht, Abs. 4) und schließlich 1999 in Lettland und in der Russischen Föderation (St. Petersburg; zehnter Tätigkeitsbericht, Abs. 8).

[39] Solche Sitzungen fanden im März 1994 (fünfter Tätigkeitsbericht, Abs. 12) und im März 1998 (neunter Tätigkeitsbericht, Abs. 9) statt.

[40] Siebter Tätigkeitsbericht, Abs. 8.

[41] Siehe z. B. Abs. 7 des achten Tätigkeitsberichts, der die Sitzungen in Spanien im Juli 1997 und in Rom 1998 erwähnt.

[42] Siehe zehnter Tätigkeitsbericht, Abs. 9.

[43] Der Bericht über den Besuch in Spanien 1991 wurde erst 1996 veröffentlicht und der über den Besuch 1992 auf Zypern erst 1997.

[44] Die Türkei stellt das auffallendste Beispiel dar. Obwohl sie seit 1990 mehrmals besucht wurde, hat sie erst 1999 zum ersten Mal der Veröffentlichung eines Berichts (über den Besuch vom Oktober 1997) sowie der anschließenden vorläufigen Antwort und der Fol-

geberichte zugestimmt (siehe Türkei 7, Türkei 7 R 1 und Türkei 7 R 2). Sie genehmigte danach im Mai 1999 die Veröffentlichung der vorläufigen Beobachtungen des CPT über den *Ad-hoc*-Besuch im Februar 1999 (Pressemitteilung des Europarats Nr. 256a99) und im Dezember 1999 die des Gesamtberichts und der anschließenden Antwort (siehe Türkei 8 und Türkei 8 R). Des Weiteren stimmte sie im Dezember 1999 der Veröffentlichung der vorläufigen Beobachtungen des CPT über seinen *Ad-hoc*-Besuch im Juli 1999 und der anschließenden Antwort (Türkei 9 Obs. und Türkei Obs. R) zu. Im März 2001 erlaubte sie außerdem die Veröffentlichung des Berichts und der anschließenden Antwort über den Besuch im August 1996 (Türkei 5) sowie der vorläufigen Beobachtungen über den Besuch im Dezember 2000 – Januar 2001 (Pressemitteilung vom 16. März 2001). Im Januar 2001 waren die Berichte des CPT über seine Besuche in der Türkei in den Jahren 1990, 1991, 1992, 1994 und September 1996 sowie die von der türkischen Regierung anschließend übersandten Antworten immer noch unveröffentlicht. Unter den sonstigen, unveröffentlichten Berichten, die vor einiger Zeit übermittelt wurden, befinden sich diejenigen über die regelmäßigen Besuche in Griechenland im Mai 1997, in Estland im Juli 1997, in Albanien im Dezember 1997, in der Ukraine im Februar 1998, in der „ehemaligen jugoslawischen Republik Mazedonien" im Mai 1998, in Kroatien im September 1998 und in der Russischen Föderation im November 1998 (ein Besuch, der technisch als *ad hoc* qualifiziert war, aber tatsächlich einen regelmäßigen Besuch darstellt). Für weitere Informationen siehe Tabelle 2 (Anhang).

[45] Diese Rechnung geht nicht immer auf. Der CPT kann zum einen gemäß Artikel 10 Abs. 2 ECPT eine öffentliche Erklärung abgeben – ein Verfahren, dass zweimal in Bezug auf die Türkei angewendet wurde (1992 und 1996) – und zum anderen auf sonstige, gut dokumentierte Berichte anderer Menschenrechtsorganisationen verweisen, die die tatsächliche Situation deutlich darstellen.

[46] Siehe z. B. zweiter Tätigkeitsbericht, Abs. 25, dritter Tätigkeitsbericht, Abs. 16, vierter Tätigkeitsbericht, Abs. 9, fünfter Tätigkeitsbericht, Abs. 11 und sechster Tätigkeitsbericht, Abs. 11. An all diesen Stellen „begrüßt" oder „schätzt" der CPT die Veröffentlichung, ohne diese zu fordern. Die folgenden Tätigkeitsberichte bestätigen die Tendenz zur Veröffentlichung.

[47] Siehe die Abfolge der Antworten auf den Bericht über den Besuch in Dänemark im Dezember 1990 in: M. Evans und R. Morgan, *Preventing torture*, S. 340. Die Antworten der dänischen Regierung wurden vom Europarat erst 1996 veröffentlicht.

[48] Pressemitteilung des Europarats Nr. 285a00 vom 20. April 2000.

[49] Zehnter Tätigkeitsbericht, Abs. 11 und Tabelle 2 mit Stand vom 15. August 2000.

[50] Welcher Schaden auch immer dem Ansehen eines Landes durch die Verzögerung der Veröffentlichung entstehen mag, so verfügt die Regierung, die dieses Risiko einzugehen bereit ist, über verschiedene Strategien. Sie kann beispielsweise behaupten, dass die in dem erschienenen Bericht geäußerten Kritikpunkte nicht mehr der Wahrheit entsprechen oder dass die beschriebenen Probleme gelöst wurden, so dass das Dokument nur noch von historischem Interesse ist. Durch eine solche Verzögerung wird der Zugang zu einer Informationsquelle, die die Einleitung eines Entschädigungsverfahrens ermöglichen kann, behindert.

TEIL II

DIE STANDARDS DES CPT

EINLEITUNG

In den Kapiteln 3 bis 7 wird die Ansicht des Ausschusses zu folgenden Fragestellungen dargestellt: wie der Ausschuss die Schlüsselworte des Übereinkommens – „Folter", „unmenschlich" und „erniedrigend" – verwendet hat und welche Schutzvorkehrungen oder Standards er verkündet hat, um sein erklärtes Ziel zu erreichen, die Wahrscheinlichkeit des Auftretens von Misshandlungen zu verhüten oder zu verringern. Es scheint uns jedoch notwendig, in der Einleitung zum zweiten Teil kurz auf die Quellen der Standards oder des „Fallrechts" des Ausschusses einzugehen.

Der CPT erzeugt zwei Arten von Dokumenten für die Analyse seines „Fallrechts": die jährlichen Tätigkeitsberichte, die die Arbeit eines vergangenen Jahres beschreiben, und die einzelnen Länderberichte, die sich aus den Programmen seiner Besuche ergeben. Es gibt aktuell 10 Tätigkeitsberichte und bis zum Ende des Jahres 2000 fanden mehr als 100 Besuche statt, die in den meisten Fällen zur Anfertigung von Besuchsberichten geführt haben, von denen wiederum mehr als 60 veröffentlicht worden sind.

Bei Aufnahme der Arbeit verfügte der Ausschuss über eine Reihe von „Arbeitsinstrumenten" im Zusammenhang mit den verschiedenen Typen von Einrichtungen, die er regelmäßig besucht: Gefängnisse, Polizeiwachen, psychiatrische Anstalten, Hafteinrichtungen an Einreisestellen, usw. Sie beschreiben die Natur und die Modalitäten der Besuchsverfahren und fassen insbesondere das für die Arbeit des Ausschusses relevante Fallrecht der Europäischen Kommission und des Europäischen Gerichtshofs für Menschenrechte zusammen.[1] Der CPT kam schnell zu dem Schluss, dass es „trotz der Menge an verfügbaren Materials" über Haftbedingungen „unmöglich [war], daraus klare Leitprinzipien für die besonderen Situationen zu entwickeln, mit denen sich der Ausschuss konfrontiert sieht".[2] Er entschloss sich infolgedessen, „seinen eigenen Weg zu gehen und auf der Grundlage der gesammelten Erfahrung seiner Mitglieder und des sorgfältigen und objektiven Vergleichs der verschiedenen Haftsysteme seinen eigenen „Maßstab" zu entwickeln".[3]

Obwohl dieser „Maßstab" nie veröffentlicht worden ist, hat der Ausschuss zum Teil sein ursprüngliches Ziel erreicht, „einen Satz allgemeiner Kriterien für die Behandlung von Personen, denen die Freiheit entzogen ist, zu entwickeln" und diese „allgemeinen Standards" der Öffentlichkeit bekannt zu machen, „um den nationalen Behörden einige Leitprinzipien für die Behandlung von Personen, denen die Freiheit entzogen ist, an die Hand zu geben".[4] Der CPT hat in fünf seiner Tätigkeitsberichte (1992, 1993, 1997, 1998 und 2000) seine Ansichten über die verschiedenen Aspekte der Behandlung von Häftlingen oder über die besonderen Kategorien von Häftlingen zusammengefasst. 1992 hat er sich mit der Inhaftierung in Polizeiwachen und in Gefängnissen beschäftigt.[5] 1993 nahm er das Problem der Krankenstationen in den Gefängnissen in Angriff.[6] 1997 wendete er sich „[den] Personen [zu], denen die Freiheit auf der Grundlage ausländerrechtlicher Vorschriften entzogen ist".[7] 1998 richtete er seine Aufmerksamkeit auf Probleme im Zusammenhang mit der „Einweisung in psychiatrische Einrichtungen".[8] Seine Stellungnahmen wurden 1999 anlässlich seines zehnten Geburtstags in einem Dokument mit dem Titel „Wesentliche Grundfragen"[9] zusammengefasst und aktualisiert. Schließlich hat sich der CPT in seinem 2000 veröffentlichten zehnten Tätigkeitsbericht des Themas „Frauen im Freiheitsentzug"[10] angenommen. Nach Angaben des Ausschusses verfolgen diese Veröffentlichungen zwei Ziele: den betroffenen Behörden aufzuzeigen, welches Verhalten der Ausschuss von ihnen erwartet, und eine Debatte über die angemessene Behandlung der Häftlinge in Gang zu bringen. (Der Ausschuss hat deutlich seinen Wunsch zum Ausdruck gebracht, dass zu diesen Themen Stellung genommen wird.)[11] Obwohl er betont hat, dass die Standards nicht verbindlich sind – er bezeichnet sie in der Tat als einfache „Richtlinien" und lehnt die „Rolle als Gesetzgeber"[12] ab –, bezeichnet er manche Standards als „grundlegende Schutzvorkehrungen", denen er eine „besondere Bedeutung" zuschreibt.[13] Der Ausschuss besteht regelmäßig auf die Beachtung dieser Garantien - auch in den Ländern, in denen es fast keine Beweise für Misshandlungen der Art gibt, die durch die Beachtung der Schutzvorkehrungen verhindert worden wären.

Die in den jährlichen Tätigkeitsberichten abgegebenen Stellungnahmen decken jedoch nicht alle Themenbereiche ab, die in den Länderberichten des Ausschusses angesprochen werden. Zudem werden viele der in den Tätigkeitsberichten verkündeten Standards anhand der Erfahrungen des Ausschusses und der Antworten der Staaten weiterentwickelt. Infolgedessen bedarf eine ernsthaft Studie der Kasuistik des CPT einer Analyse vieler Länderberichte. Dies könnte bald überflüssig sein, sofern der CPT nach Angaben seines geschäftsführenden Sekretärs Trevor Stevens die Veröffentlichung einer ausführlicher Zusammenstellung der von ihm verkündeten Standards beabsichtigt.[14] Bislang hat der CPT lediglich in dem Bereich der „Personen, denen die Freiheit auf der Grundlage von ausländerrechtlichen Vorschriften entzogen ist" eine Sammlung von Auszügen aus den Länderberichten und der Antworten der Regierungen veröffentlicht.[15]

Das „Fallrecht" des Ausschusses kann aus verschiedenen Perspektiven untersucht werden: institutionell (mit Betonung der unterschiedlichen Arten der Inhaftierung), thematisch (im Zusammenhang mit den sich körperlich auswirkenden Bedingungen, den Verfahren, dem Rechtsbeistand oder der medizinischen Versorgung in der Inhaftierung usw.), chronologisch (hinsichtlich der verschiedenen Themen, auf die der Ausschuss im Verlauf der Zeit einen Akzent gesetzt hat) oder gar geographisch (je nach historischen oder sozial-wirtschaftlichen Besonderheiten der Länder). Wir werden uns im Folgenden auf die Überprüfung der Anforderungen des Ausschusses bezüglich der verschiedenen Kategorien von Häftlingen beschränken, da es sehr selten ist, dass eine Anstalt oder eine Einrichtung ausschließlich nur für eine besondere Kategorie von Häftlingen verantwortlich ist. Es scheint außerdem wichtig, einen Ansatz zu wählen, der den Akzent auf den Häftling und nicht auf die Einrichtung setzt, da jede Gruppe von Häftlingen unterschiedliche Probleme bereitet. Schließlich betont dieser Ansatz, dass in erster Linie der Häftling das Subjekt der Betrachtung sein sollte und nicht das System, in dem der Häftling nur ein Objekt ist.

Anmerkungen

[1] Erster Tätigkeitsbericht, Abs. 35, 36. Der CPT ist nicht an die Rechtsprechung im Rahmen der Europäischen Menschenrechtskonvention gebunden und kann sich von „anderen relevanten Übereinkünften zum Schutz der Menschenrechte" leiten lassen . Die Entscheidungen des Gerichtshofs und der Kommission haben aber wahrscheinlich einen besonderen Einfluss auf die Arbeit des Ausschusses. Siehe auch den Abschnitt „Beziehungen zu anderen Organen und deren Standards" im ersten Kapitel.
[2] Erster Tätigkeitsbericht, Abs. 95.
[3] *Ibid.*
[4] *Ibid.*, Abs. 96.
[5] Zweiter Tätigkeitsbericht, Abs. 35-60.
[6] Dritter Tätigkeitsbericht, Abs. 30-77.
[7] Siebter Tätigkeitsbericht, Abs. 24-36.
[8] Achter Tätigkeitsbericht, Abs. 25-58.
[9] Siehe Anmerkung 98 des ersten Kapitels.
[10] Zehnter Tätigkeitsbericht, Abs. 21-33.
[11] *Ibid.* Abs. 24.
[12] Erster Tätigkeitsbericht, Abs. 96.
[13] Zweiter Tätigkeitsbericht, Abs. 35, 36.
[14] Siehe Trevor Stevens in einer vor dem Kings College in London gehaltenen Rede in September 1997.
[15] Siehe CPT/Inf (97) 15, „Personen, denen die Freiheit auf der Grundlage ausländerrechtlichen Vorschriften entzogen ist: Stellungnahme des CPT in veröffentlichten Besuchsberichten und übermittelten Antworten der betroffenen Regierungen"

KAPITEL 3

FOLTER UND UNMENSCHLICHE
ODER ERNIEDRIGENDE BEHANDLUNG:
VERWENDUNG DER BEGRIFFE

Der CPT ist kein justitielles Organ und nicht an das im Rahmen der Europäischen Menschenrechtskonvention entwickelte Fallrecht gebunden, auch wenn er sich davon natürlich inspirieren lassen kann.[1] Da seine Rolle nicht darin besteht, Verstöße gegen Artikel 3 EMRK festzustellen, muss er auch nicht sein Verständnis der Schlüsselbegriffe dieser Bestimmung „Folter" und „unmenschlich oder erniedrigend" darlegen. Der Ausschuss ist präventiv tätig, sein Mandat bezieht sich mit anderen Worten auf die Zukunft und nicht auf die Vergangenheit.

Soweit zur Theorie. Die Realität stellt sich jedoch anders dar. Die Mehrheit der Leser der CPT-Berichte will vor allem wissen, ob der Ausschuss Fälle von Folter oder unmenschlicher oder erniedrigender Behandlung festgestellt hat. Daraus folgt, dass die Leser auch wissen wollen, wie der Ausschuss diese Begriffe verwendet hat: Welche Praktiken hat er entdeckt, die er als Folter bewertet? Welche Verfahren und Haftbedingungen schätzt er als unmenschlich oder erniedrigend ein? Und dies nicht nur, weil höhere Beamte um das internationale Ansehen der Haftsysteme, für die sie verantwortlich sind, besorgt sind. Wenn der CPT Beweise für Folter oder unmenschliche oder erniedrigende Behandlung oder einen diesbezüglichen Verdacht „feststellt", ist es durchaus möglich, dass betroffene Häftlinge einen Antrag auf der Grundlage der EMRK stellen, um die vom Ausschuss entdeckten Hinweise überprüfen zu lassen. Dies muss dem CPT und seinem Sekretariat immer bewusst sein. Es überrascht daher nicht, dass das Sekretariat den Ausschuss von Anfang an (und zweifelsohne auch seitdem regelmäßig) über die wesentliche Entwicklung des Fallrechts im Rahmen der EMRK auf dem Laufenden hält. Die Beziehung zwischen dem Ausschuss und dem Gerichtshof (und - vor der Reform des Kontrollmechanismus' der EMRK - auch der Kommission) sind wechselseitig: Entscheidungen, die auf der Grundlage der EMRK getroffen werden, zeigen dem CPT den Weg; dessen Beobachtungen können wiederum vermehrt zu Anträgen an den Gerichtshof führen und gelegentlich die Anwendung des Artikels 3 EMRK unmittelbar beeinflussen. Es scheint daher notwendig, die Art und Weise zu analysieren, in der der Ausschuss die Begriffe „Folter" und „unmenschliche oder erniedrigende"[2] Behandlung anwendet.

Folter und andere Formen vorsätzlicher Misshandlung

Der CPT hat festgestellt, dass - insbesondere von der Polizei vorgenommene - körperliche Misshandlungen in ungefähr zwei Fünfteln der Mitgliedstaaten auftreten und somit zumindest keinen Ausnahmefall darstellen. Der Ausschuss wurde nur selten mit Behauptungen ernsthafter, körperlicher Misshandlungen außerhalb polizeilicher Einrichtungen konfrontiert.[3] Die bislang veröffentlichten Berichte erwähnen nur einen Fall einer derartigen Misshandlung, die dem Begriff „Folter" gleichkommt. Der Vorfall ereignete sich in einem spanischen Gefängnis.[4] Der Ausschuss erkennt an, dass Folter oder Misshandlung entweder körperlich oder seelisch sein kann und auch die Androhung körperlicher Misshandlung einschließen kann. Er hat aber bis jetzt nur in wenigen Länderberichten den Begriff „Folter" benutzt. Und wenn, so verwendet er ihn gleichzeitig mit dem Ausdruck „schwere Misshandlungen". Man kann sich fragen, ob es sich dabei um einen milderen Ausdruck für „Folter" handelt oder um ein Mittel zur Abstufung verschiedener Arten von Misshandlungen mit der schlimmsten Form an der Spitze, ohne diese förmlich als Folter zu bezeichnen.[5] Der CPT bewegt sich möglicherweise in Richtung eines dreistufigen Ansatzes zur Einordnung körperlicher Misshandlungen: Misshandlungen, schwere Misshandlungen und Folter. Eine alternative, plausiblere Erklärung geht davon aus, dass diese Einteilung dem nun eindeutig erklärten Willen des Gerichtshofs entspricht, seine früheren Urteile zu überprüfen und Formen von Misshandlungen, die in der Vergangenheit möglicherweise als „unmenschliche und erniedrigende" Misshandlungen angesehen wurden, jetzt als „Folter" zu qualifizieren.[6] Dies macht es für den CPT schwieriger, sicher sein zu können, dass sein Gebrauch der Begriffe dem des Gerichtshofs entspricht; entweder ist er übervorsichtig oder zu ungestüm. Durch die sinnvolle Verwendung dieser dehnbaren Begriffe kann der Ausschuss erkennen lassen, ob eine Behandlung der Folter gleichkommt, ohne sich dabei zu sehr festzulegen und auf diese Weise in einen potentiellen Konflikt mit dem Gerichtshof zu geraten.

Die veröffentlichten Berichte geben keinen Anhaltspunkt, um eine der beiden Interpretationsmöglichkeiten zu unterstützen. Die daraus resultierende Ungewissheit erschwert jegliche Untersuchung der Verwendung der Begriffe durch den Ausschuss.[7] Angesichts dieser terminologischen Ungenauigkeiten haben wir folgenden Ansatz gewählt: Es wird angenommen, dass „Folter" nicht mit „anderen Formen von Misshandlungen" gleichzusetzen ist, die je nachdem als „unbedeutender", „ernsthaft" oder „schwer", usw. qualifiziert werden können. Es wird vorgeschlagen, keine formellen Unterschiede zwischen diesen adjektivischen Qualifizierungen zu machen, die nur eine Schilderung der Ernsthaftigkeit der Misshandlungen in ihrem besonderen Kontext bezwecken. Die Verwendung des Begriffs „schwere Misshandlung" ist allerdings den Fällen vorbehalten, in denen die Form der Misshandlung grundsätzlich als Folter angesehen werden könnte, aber in denen andere Gründe (z. B. konkrete Umstände oder Beweise) gegen die Qualifizierung sprechen oder eine solche gar ausschließen.

Welche Grenze muss nun überschritten werden, damit der CPT eine Misshandlung als Folter bezeichnet? Unseren Beobachtungen zufolge hat der CPT diesen Begriff besonderen oder exotischen Formen von Gewalt vorbehalten, die dazu benutzt werden, Geständnisse oder Auskünfte zu erzwingen oder generell einschüchtern oder demütigen sollen.[8] Körperliche Misshandlungen werden z. B. als Folter beschrieben, wenn Hinweise auf den Gebrauch besonderer Vorgehensweisen (wie das Aufhängen des Opfers, das Schlagen der Fußsohle [oft als *falaka* bezeichnet], das Abspritzen mit kaltem Wasser unter Hochdruck und das Schlagen mit Eisen-

oder Holzobjekten gegen einen auf dem Kopf des Opfers platzierten Metalleimer,[9] usw.), die Verwendung besonderer Instrumente (insbesondere Geräte zum Einsatz von Stromstößen)[10] oder besonderer Formen der Vorbereitung[11] vorliegen. Andere Ausdrucksformen von Gewalt, wie z. B. Faustschläge, Fußtritte oder der Einsatz von Schlagstöcken oder anderen Schlagwaffen - von denen oft berichtet wird, die vom Ausschuss aber selten festgestellt werden[12] - galten bis jetzt als unzureichend,[13] um als „schwere Misshandlung" oder „Folter" qualifiziert zu werden, auch wenn diese Art von Schlägen offenkundig versetzt worden sind, um Schmerzen zuzufügen oder Auskünfte zu erhalten.

Nach dem Urteil des Gerichtshofs *Selmouni gegen Frankreich*[14] könnten diese Praktiken nunmehr als „schwere Misshandlungen" qualifiziert werden. Sie könnten als Fälle angesehen werden, die an der Grenze zur Folter liegen. Der CPT erachtet es aber möglicherweise für sinnvoller, auf jegliches Adjektiv zur Beschreibung der Schwere der Misshandlung zu verzichten und sich nur auf die Beobachtung zu beschränken, dass Misshandlungen besonderer Art vorgenommen wurden. Tatsächlich legt der erste veröffentlichte Bericht über Moldawien nahe, dass der Ausschuss beide Ansätze verfolgt. Dort teilt er mit, dass er von der Existenz einer „großen Anzahl" behaupteter Misshandlungen gehört habe, deren Schwere als „folterähnlich" angesehen werden kann.[15] Die meisten Behauptungen bezogen sich auf Fußtritte, Faustschläge sowie Schläge mit verschiedenen Gegenständen, einschließlich der *falaka*. Der Ausschuss berichtet weiter, dass ihm andere Behauptungen über Erstickungen mittels Gasmasken oder Plastiktüten und verschiedene Arten des Aufhängens und von Stromstößen mitgeteilt wurden.[16] Der Bericht geht nicht direkt darauf ein, welche dieser Arten von Misshandlung als Folter bezeichnet werden. Es betrifft aber zweifelsohne die drei letztgenannten und die *falaka*. Die Bezugnahme des Ausschusses auf die Vielzahl an möglichen Praktiken, die als Folter eingestuft werden können, weist darauf hin, dass sie über die gerade genannten Kategorien hinausgeht. Wie auch immer der Bericht über Moldawien diesbezüglich auszulegen ist, scheint er die folgende These zu bestätigen: Der Ausschuss bewertet die von ihm aufgestellte „Schwelle" neu und erweitert auf diese Weise den Begriff der Folter; er zeigt sich aber gleichzeitig zurückhaltender hinsichtlich der Verwendung des Wortes „Folter" im Zusammenhang mit spezifischen Vorfällen körperlicher Misshandlung.[17]

Die Einordnung der Behauptungen könnte ebenso sehr mit Beweis- als auch mit Definitionsproblemen bezüglich des Begriffs der Folter verbunden sein.[18] Der Ausschuss hat hervorgehoben, dass eine Vielzahl an Praktiken, die mit dem Begriff der Folter gleichgestellt werden können, generell nur wenige Spuren hinterlassen.[19] Außerdem können Schläge in der Hitze des Gefechts geschehen und durch Fußtritte, Faust- oder Stockschläge verursachte Verletzungen mögen von Ereignissen während der Festnahme herrühren, bei der ebenfalls Gewalt eine Rolle spielen kann.[20] Die Frage der Beweismöglichkeiten scheint jedoch nicht immer zu erklären, wo die vom CPT gezogene Grenze zwischen „bloßer" Misshandlung und Folter verläuft. Der Ausschuss hat z. B. in Ungarn „zahlreiche, erstaunlich hartnäckige" Behauptungen über eine „besondere Form" von Misshandlung durch die Polizei vernommen:

„In den meisten Fällen behaupten die betroffenen Personen, dass ihnen, nachdem ihre Hände auf dem Rücken (oder ihre Gelenke an einem Möbelstück) gefesselt wurden, von Polizeibeamten Stock-, Faustschläge, Fußtritte oder Ohrfeigen erteilt wurden. [...] In einigen Fällen wurden diese Behauptungen durch medizinische Nachweise belegt."[21]

Obwohl diese Behauptungen das absichtliche Zufügen eines erheblichen Maßes an Gewalt betrafen und obwohl medizinische Nachweise dafür verfügbar waren, hat der Ausschuss die Begriffe „schwere Misshandlung" oder „Folter" in seinem Bericht nicht verwendet. Er hat diese Begriffe ebenfalls nicht in seinem Bericht über den ersten Besuch in Polen gebraucht, in dessen Verlauf ihm eine „nicht unerhebliche" Anzahl an behaupteten Misshandlungen gemeldet wurde, unter denen sich zwei spezifische Fälle im Polizeipräsidium des Stadtteils Prager-Pólnoc in Warschau befanden. Ein junger Mann behauptete, er „hätte den Befehl bekommen, sich auszuziehen, wäre dann gedemütigt worden und hätte Fußtritte gegen die Brust bekommen [und] wäre mit einem Schlagstock gestoßen worden, der einen Stromstoß übertrug".[22] Ein anderer junger Mann behauptete:

„[...] ihm wurde befohlen, sich mit dem Gesicht auf den Boden zu legen und ihm wurde mehrmals mit einem Schlagstock auf die Fußsohlen geschlagen [...]. Als er sich weigerte, ein Geständnis abzulegen, [...] gab ihm ein Polizeibeamter einen Stromstoß durch sein Hemd [...]. Er behauptete, mit weiteren Stromstößen hinter das Ohr bedroht worden zu sein, falls er nicht gestehen würde. Diese Drohung wurde offenbar nicht umgesetzt."[23]

In beiden Fällen fand der Ausschuss medizinische Nachweise für die behaupteten Fußtritte und Schläge. Es wurde zudem eine Anzahl „ungewöhnlicher Objekte - ein Stück Koaxialkabel, eine Metallstange und ein Baseballschläger - entdeckt".[24] Obwohl dies im Bericht in dem Abschnitt „Folter und andere Formen körperlicher Misshandlung" beschrieben wird, unterlässt es der Ausschuss, die Behauptungen als Folter oder „schwere" Misshandlung zu kennzeichnen.[25]

Dagegen werden diese Begriffe im Bericht über Bulgarien verwendet.[26] Dem Ausschuss wurde eine Vielzahl an Beweisen vorgelegt, die belegen, dass Häftlinge geohrfeigt, getreten und mit Holzobjekten oder Metall- oder Plastikrohren geschlagen und die *Falaka* angewendet wurde, also auf die Fußsohlen geschlagen wurde.[27] Der Bericht über Rumänien ähnelt dem über Bulgarien stark. Wiederum wurden zahlreiche Behauptungen über körperliche Misshandlungen von medizinischen Nachweisen bestätigt. Dies ließ den CPT schlussfolgern, dass es ein Risiko „schwerer Misshandlungen" oder „Folter" gebe, das alles andere als geringfügig ist *(loin d'être négligeable)*.[28] Die aufgeführten Formen von Misshandlungen schlossen die *Falaka* ein, bei der die Schläge versetzt wurden, während das Opfer an einen Stuhl gefesselt oder an einer Eisenstange in der als „rôtisserie"[29] bekannten Stellung aufgehängt war. Der Gebrauch der *Falaka* scheint den bulgarischen und rumänischen von dem ungarischen Bericht und das Ausmaß der Vorgehensweise von dem polnischen Bericht zu unterscheiden.

In einer abschließenden Bewertung ist es jedoch schwierig einzusehen, warum das harte Schlagen eines Häftlings, dessen Hände auf dem Rücken gefesselt sind, mittels eines Schlagstocks während einer Vernehmung nicht als Folter angesehen wird, obwohl diese Bezeichnung in ähnlichen Umständen für das Schlagen der

Fußsohle verwendet wurde.[30] Wenn die Unterscheidung zwischen den ungarischen und den bulgarischen und rumänischen Fällen an die Qualität der dem Ausschuss zur Verfügung stehenden Beweise anknüpft, wird dieser Punkt in den Berichten des CPT nicht deutlich herausgestellt, so dass die Erklärung vermutlich woanders liegt.[31]

Man kann vermuten, dass die Antworten jedes betroffenen Staates auf die Beobachtungen des CPT hier eine besondere Rolle spielen. Sollte dies der Fall sein - was vernünftig wäre -, wird es hinter dem Wortlaut der Berichte versteckt. Der Ausschuss übermittelte beispielsweise gemäß Artikel 8 Abs. 5 ECPT seine Beobachtungen über die Vorfälle in den bulgarischen und polnischen Berichten „sogleich" und erbat eine unabhängige Untersuchung der während der Vernehmungen benutzten Methoden. Der Ausschuss drückte jeweils seine Zufriedenheit über die Antwort der Behörden aus.[32] Der CPT teilte ebenfalls seine „unmittelbaren Beobachtungen" im Sinne von Art. 8 Abs. 5 ECPT an Moldawien mit und bat um eine Untersuchung über das Vorgehen der Polizei während der Vernehmungen. Mit der Antwort dieses Staates scheint der Ausschuss weniger zufrieden gewesen zu sein, da die Untersuchung auf das Polizeihauptpräsidium des Bezirks Balti begrenzt wurde.[33] Es ist kein solches Ersuchen an Rumänien gerichtet worden, obwohl derartige Beobachtungen über ein anderes Thema - psychiatrische Anstalten - gemacht wurden.[34] Geschah dies, weil der Ausschuss Beobachtungen über zu viele unterschiedliche Themen vermeiden wollte und sich deshalb auf das vermeintlich Wichtigste beschränkte? Oder geschah dies, weil sich die Situation in Rumänien verbesserte, was der Ausschuss in seinem Bericht andeutete?[35] Ist die Nichtverwendung des Begriffs der „Folter" im polnischen Bericht darauf zurückzuführen, dass sich die beiden Fälle, in denen der Gebrauch eines elektrischen Schlagstocks behauptet wurde, nur auf einen einzigen, offenbar einmaligen Vorfall bezogen hat, der anscheinend nicht der allgemeinen Tendenz entsprach, und dass die Ergebnisse der von den polnischen Behörden durchgeführten Untersuchung dem CPT vor der Annahme des Berichts mitgeteilt wurden?[36]

Wir können diese Fragen nicht beantworten. Sollte der CPT aber die Antworten der Staaten auf seine erste Bemerkungen bei der Bestimmung der von ihm verwendeten Begriffe berücksichtigen, geschähe dies sicherlich in Übereinstimmung mit dem Präventionsgedanken, der dem Übereinkommen zugrunde liegt. Es muss noch einmal daran erinnert werden, dass es nicht Aufgabe des Ausschuss ist, die Verantwortlichkeit für eine Verletzung von Artikel 3 EMRK justiziell zu bestimmen, sondern das Auftreten von Misshandlungen durch einen Dialog mit den Staaten zu verhindern. Deswegen muss der Ausschuss abwechselnd „Zuckerbrot" und „Peitsche" benutzen und eine ganze Reihe an Faktoren berücksichtigen, bevor er Misshandlungen genau kennzeichnet. Es wäre infolgedessen nicht ratsam, zu weit führende Mutmaßungen über die Nichtverwendung dieser Begriffe in bestimmten Berichten anzustellen und bestimmte Rückschlüsse daraus ziehen zu wollen. Wenn der CPT dagegen diese Begriffe gebraucht, kann man vernünftigerweise annehmen, dass solche Formen von Misshandlung in seinen Augen unter die Begriffe der Folter oder „schwerer" Misshandlung zu fassen sind, auch wenn der Ausschuss sie in anderen Berichten nicht ausdrücklich so bezeichnet.

Wir schließen daraus, dass der CPT Folter als das geplante (sich nicht aus Zufall oder der Hitze des Gefechts ergebende) und absichtliche Zufügen starker Schmerzen betrachtet, um Auskünfte oder Geständnisse herauszupressen oder andere spezielle Ziele zu erreichen. In den bislang veröffentlichten Berichten hat dies im Allgemeinen den Gebrauch besonderer (physisch oder psychisch wirkender) Methoden oder Instrumente eingeschlossen. Angesichts des Urteils *Selmouni gegen Frankreich* und anderer Ereignisse könnte das letzte Kriterium jedoch an Bedeutung verlieren.

Unmenschliche oder erniedrigende Behandlung oder Strafe

Es mag auf den ersten Blick seltsam erscheinen, „unmenschliche oder erniedrigende" Behandlung oder Strafe gegenüber Folter und Misshandlung abzugrenzen, da das Fallrecht der Europäischen Kommission und des Europäischen Gerichtshofs für Menschenrechte die Begriffe „unmenschlich oder erniedrigend" in Fällen von Misshandlung - einschließlich körperlicher und seelischer Misshandlung - verwendet, die für sie hinter dem Begriff der Folter zurückbleiben. Der CPT scheint jedoch einen anderen Ansatz gewählt zu haben, indem er die Begriffe „unmenschlich oder erniedrigend" nur für die Beschreibung der Lebensbedingungen in der Haft verwendet oder wie vor kurzem für Grau- oder Mischzonen, die die Organisation von Haftregimen und ihren Auswirkungen auf die Häftlinge betreffen.

Bei der Verwendung dieser Begriffe im Zusammenhang mit den Lebensbedingungen der Häftlinge gibt es kaum Probleme, auch wenn immer gestritten werden kann, ob die festgestellten Tatsachen die jeweilige Bezeichnung rechtfertigen.[37] Der Ausschuss hat eine umfassende Sichtweise der Lebensbedingungen angenommen, so dass Bedingungen, die für sich gesehen weder unmenschlich noch erniedrigend sind, es aber in Kombination mit anderen sein können.[38] So wurde z. B. die Kombination von Gefängnisüberfüllung, dem Fehlen wesentlicher Sanitäranlagen, einer fast vollständigen Isolation und/oder einem Mangel an Bewegung an der frischen Luft mehrmals als unmenschliche und erniedrigende Behandlung bewertet.[39] Der Ausschuss hat des Weiteren betont, dass Gefängnisüberfüllung so gravierend sein kann, dass sie einer unmenschlichen und erniedrigenden Behandlung entspricht.[40] In zumindest einem Fall hat er dies bestätigt.[41] Außerdem kann ein Verstoß gegen die allgemeine Sorgfaltspflicht, die den Gefängnisbehörden gegenüber den Häftlingen obliegt und die für den Ausschuss von besonderer Bedeutung ist, zusammen mit physischen und sozialen Haftbedingungen ebenfalls unmenschliche und erniedrigende Bedingungen darstellen.[42]

Der Ausschuss hat gelegentlich Haftbedingungen als „unmenschlich" bezeichnet, wenn sie überfüllte, unhygienische, baufällige und äußerst sparsam ausgestattete Gebäude umfassten[43] oder in Fällen von Inhaftierung in sehr kleinen, dunklen und unbelüfteten Zellen ohne die Möglichkeit der Bewegung an der frischen Luft.[44] Es ist unwahrscheinlich, dass der CPT in diesem Kontext den Begriffen „unmenschlich" und „erniedrigend" eine unterschiedliche Bedeutung in dem Sinne beimessen wollte, dass der erste den zweiten Begriff umfasst.

Die Untersuchungshaft stellt einen Bereich von besonderem Interesse dar, der äußerst schwierig in dieses Begriffsschema einzubauen ist. Das Thema tauchte regelmäßig, vor allem bei Besuchen des CPT in den skandinavischen Ländern, auf. In Dänemark, Norwegen und Schweden ist es normal, die Kontakte der Untersuchungshäftlinge mit Dritten (in Form von Besuchen, Telefongesprächen oder Briefwechseln) oder sogar die Nutzung von Radio, Fernseher, Zeitungen oder Zeitschriften zu einzuschränken. Als Rechtfertigung wird die Notwendigkeit der Beweissicherung und der Vermeidung jeglicher Absprache oder Einschüchterung genannt. Da derartige Einschränkungen durch die Gerichte auferlegt werden, liegen sie in gewissem Maße auch im Ermessen des Staatsanwalts und dadurch, mittelbar oder unmittelbar, auch der ermittelnden Polizisten. Während seiner Besuche in Skandinavien hat der CPT Häftlinge getroffen, die in der Untersuchungshaft längere Zeit Einschränkungen dieser Art unterlagen, jedoch den Besuch eines Anwalts empfangen konnten. Der Ausschuss hat Beweise gesammelt, die auf nachteilige Auswirkungen dieser Maßnahmen auf die Psyche der betroffenen Personen schließen lassen.[45]

Der Ausschuss hat immer unmissverständlich die anhaltende Isolation eines Häftlings kritisiert. Er verzichtete jedoch darauf, diese spezifischen Fälle als „psychische Folter" zu bewerten, auch wenn Beweise dafür vorlagen, dass die Beschränkungen von der Polizei benutzt werden, um die Verdächtigen zu veranlassen, mit ihr zusammenzuarbeiten. Zeugenaussagen belegen eindeutig, dass die Methode erfolgreich ist, unabhängig davon, ob Beschränkungen eingesetzt werden, um einen solchen Erfolg zu erreichen.[46] Der Ausschuss hat sich bis jetzt noch mit allgemeiner Kritik begnügt („Einzelhaft kann unter manchen Umständen eine unmenschliche und erniedrigende Behandlung darstellen").[47] Er verzichtete bislang darauf, in der Kritik auf die Einschränkungen einzugehen, denen Untersuchungshäftlinge in den skandinavischen Ländern unterliegen. Er hat lediglich eine Reihe von Maßnahmen empfohlen, die eine rechtliche Überprüfung der Begründung und der Modalitäten dieser Einschränkungen gewährleisten, um deren Dauer möglichst kurz zu halten und um sie durch Kontakte mit Gefängnispersonal und durch Tätigkeiten außerhalb der Zelle aufzulockern.[48]

In einem Fall der Anordnung von Einzelhaft für verurteilte und als „gefährlich oder für das gewöhnliche Haftregime ungeeignet" eingestufte Häftlinge in Spanien hat der CPT die Situation eines Betroffenen als „unmenschliche Behandlung" gekennzeichnet.[49] Die Verwendung der Begriffe entfernt sich dabei vom Bereich der vorsätzlichen Zufügung von Schmerzen und der vom Ausschuss gewöhnlich als Folter oder schwere Misshandlung bezeichneten Behandlung und richtet sich stattdessen auf die Lebensbedingungen in der Haft, für die der CPT systematisch die anderen Schlüsselbegriffe „unmenschlich oder erniedrigend" des Artikels 3 EMRK verwendet hat. Infolgedessen betrachtet der Ausschuss das Vorgehen als zum Bereich unmenschlicher und erniedrigender Behandlung gehörig, d. h. als eine Situation, der der Häftling ausgesetzt wird und die als unzulässig betrachtet wird. Der CPT ordnet diese Praxis nicht dem Bereich körperlicher oder seelischer Misshandlung zu, die dann möglicherweise einer Form von Folter oder Misshandlung gleichgestellt werden kann. Angesichts der schädlichen Auswirkungen von Einzelhaft und ihres möglicherweise vorsätzlichen Charakters kann die Einordnung dieser Praxis in Frage gestellt werden. Solange der Ausschuss nicht von der früheren Verwendung der Begriffe abrückt, ist diese Praxis vorzugsweise nicht der Kategorie „unmenschlicher und erniedrigender" Behandlung zuzuordnen. Die Aufgabe dieser Bezeichnung ermöglicht es, sie eher mit vorsätzlicher oder offensichtlicher Misshandlung gleichzustellen, als sie in ihr eine fragwürdige Praxis zu sehen.

Die Berichte des CPT zeigen eine weitere sprachliche Nuance auf. Der Ausschuss erwähnt manchmal, dass Haftbedingungen „eine unmenschliche und erniedrigende Behandlung oder Strafe darstellen *können*", ohne generell zu sagen, dass sie als solche betrachten werden müssen.[50] Man kann daraus schließen, dass die Bedingungen hart an der Grenze liegen: *Einige* der Elemente, die gemeinsam zur Feststellung einer unmenschlichen und erniedrigenden Behandlung führen, sind zu einem *gewissen* Grad vorhanden, aber das Ausmaß dieser Elemente ist (auf Grund von Widersprüchen zwischen den Aussagen der Häftlinge und des Gefängnispersonals) umstritten.[51] Der Ausschuss hat ebenso Bedingungen als „einer unmenschlichen und erniedrigenden Behandlung *gleichwertig*" erachtet, als er die Wohnbedingungen und die Behandlungsweise in einer psychiatrischen Anstalt beschrieb.[52] Auch dieses Beispiel weist darauf hin, dass der Ausschuss die Verwendung der Begriffe „unmenschlich" und „erniedrigend" sorgsam meidet, um nicht in Konflikt mit dem Europäischen Gerichtshof für Menschenrechte zu geraten. Kurz gesagt, scheint er der Problemstellung auszuweichen.

Verschiedene Betrachtungen können in den Fällen angestellt werden, in denen der Ausschuss allein den Begriff „erniedrigend" verwendet. Dieser Begriff kennzeichnet Praktiken, die als demütigend betrachtet werden, und spiegelt weniger eine besondere Form von Misshandlung infolge spezieller Umstände wider. Der Ausschuss brachte z. B. schon 1991 zum Ausdruck, dass „er einen Zustand, in dem Häftlinge ihre Notdurft in Eimern innerhalb ihrer Zelle und in Gegenwart einer oder mehrerer Personen verrichten müssen, als erniedrigend erachtet".[53] Obwohl der kurz danach angenommene zweite Tätigkeitsbericht des Ausschusses von dieser Bewertung abzurücken schien,[54] bekräftigte der Ausschuss danach unmissverständlich seine Ansicht. Er qualifizierte die Praxis nicht nur für die Personen, die ihre Notdurft in der Gegenwart anderer Personen in ihrer Zelle verrichten mussten, sondern auch für ihre Zellenmitbewohner und für das Gefängnispersonal, das das „Ausleeren" der Toiletteneimer beaufsichtigte, als „erniedrigend".[55]

Der demütigende Charakter wird auch bei anderen, vom CPT als „erniedrigend" beschriebenen Praktiken deutlich. Darunter fällt zunächst das im Züricher Flughafen beobachtete Vorgehen, des Drogenschmuggels verdächtige Personen (die mit Drogen gefüllte Kondome geschluckt haben) zu zwingen, ihren Darm auf einer - „Thron" genannten - Toilette inmitten eines Raumes und vor den Augen von Beobachtern zu entleeren;[56] weiterhin fällt darunter die Ablehnung der Versorgung weibliche Häftlinge mit Binden[57] oder das Anlegen von Handschellen bei Besuchen.[58]

Verwendung der Schlüsselbegriffe – Schlussfolgerung

Es scheint, als verfolgt der CPT bei der Verwendung der Begriffe „Folter" und „unmenschliche und erniedrigende" Behandlung einen mehrstufigen Ansatz im Gegensatz zum Europäischen Gerichtshof für Menschenrechte, dessen Rechtsprechung auf einer gradlinigen Verwendung dieser Terminologie beruht. In Fällen, in denen der Gerichtshof unmenschliche und erniedrigende Behandlung und Folter als unterschiedliche Punkte entlang eines Kontinuums oder als verschiedene Stufen einer Skala bezeichnet, scheint der CPT diese Begriffe unterschiedlichen Arten von Misshandlungen vorzubehalten. „Folter" wird fast ausschließlich nur für körperliche Misshandlungen verwendet, die von der Polizei ausgeübt werden. Der Ausschuss hat außerdem eine sehr hohe Schwelle für die Verwendung des Begriffs gesetzt, mutmaßlich vor allem aus Beweisgründen. Die Begriffe „unmenschlich" und „erniedrigend", die entweder einzeln oder zusammen verwendet werden, sind Formen von Misshandlungen vorbehalten, deren Ursachen im Umfeld liegen – es handelt sich hauptsächlich um die Bedingungen, in denen Gruppen von Häftlingen untergebracht sind. In solchen Fällen handelt es sich um Misshandlungen, deren absichtliches Element nicht offensichtlich ist oder fehlt (zumindest was den einzelnen Häftling angeht).

Da der Ausschuss nur einen der anerkannten Begriffe für jede einzelne Kategorie von Misshandlungen verwendet, muss er auf eine weniger vertraute Terminologie zurückgreifen, um Formen von Misshandlungen zu beschreiben, die unterhalb der Schwelle liegen. Wenn es z. B. um Bedingungen des Umfelds geht, verwendet er die Adjektive „unmenschlich" und „erniedrigend" manchmal getrennt für Situationen, in denen die Misshandlung hinter einer „unmenschlichen und erniedrigenden" Situation zurückbleibt. Hinter Folter zurückbleibende körperliche Misshandlungen werden nicht als unmenschlich oder erniedrigend bezeichnet, sondern als Misshandlung oder schwere Misshandlung qualifiziert. Misshandlungen, deren Ursachen im Umfeld liegen und die hinter „unmenschlicher" oder „erniedrigender" – und erst recht hinter „unmenschlicher *und* erniedrigender" – Behandlung zurückbleiben, werden entweder als unannehmbar oder unzulässig bezeichnet oder als möglicherweise „unmenschlich und erniedrigend" erachtet, ohne sie aber ausdrücklich so zu qualifizieren.

Reaktion des CPT auf die Feststellung körperlicher und/oder seelischer Misshandlung in Haft

Nachdem wir gesehen haben, wie der CPT allgemein die verschiedenen Formen von Misshandlungen und Folter unterscheidet, wenden wir uns nun der Art und Weise zu, wie er in solchen Fällen reagiert. Die ganze Bandbreite an Standards, die in diesem Buch untersucht werden, soll eigentlich das Auftreten derartiger Behandlung verhindern. Dem Ausschuss stehen als Reaktion auf das Vorliegen körperlicher oder seelischer Misshandlungen oder auf begründete Risiken von derartigen Misshandlungen[59] verschiedene Möglichkeiten zur Verfügung, die in den Kapiteln 5, 6 und 7 untersucht werden. Es soll jedoch schon an dieser Stelle betont werden, dass es für den CPT „keine Rechtfertigung dafür gibt, dass [im Verlauf einer Festnahme] Polizeibeamte eine Person schlagen, nachdem diese unter Kontrolle gebracht worden ist".[60] Es ist auch klar, dass Gewalt in einem Vernehmungsraum nichts zu suchen hat, so dass der Besitz oder gar der Gebrauch von Objekten, die Stromstöße verursachen, durch Polizeibeamte in keiner Weise zu rechtfertigen ist; genauso wie Anlagen zum Aufhängen oder Fesseln der Verdächtigen in solchen Räumen nichts zu suchen haben. Solche körperlichen Misshandlungen können kaum als etwas anderes als Folter bezeichnet werden. Der Ausschuss fordert regelmäßig, dass derartige „nicht standardisierte Objekte" entfernt werden.[61]

Der CPT kann auch um Auskünfte über Anzeigen wegen Misshandlungen und über deren Folgen ersuchen. Dies tut er regelmäßig und bittet um folgende Informationen:
- die Anzahl der Anzeigen, die gegen Polizeibeamte wegen Misshandlungen eingereicht worden sind und die Anzahl der Straf- oder Disziplinarverfahren, die auf der Grundlage der Anzeige eingeleitet worden sind;
- die Liste der Straf- oder Disziplinarmaßnahmen, die infolge der Anzeigen gegen Polizeibeamte wegen Misshandlungen verhängt worden sind.[62]

Obwohl der CPT nicht in der Lage ist, jede ihm zugetragene Behauptung auf ihre Substanz hin zu untersuchen, fordert er am Ende eines Besuchs im Rahmen der unmittelbaren Beobachtungen gemäß Artikel 8 Abs. 5 ECPT[63] häufig die Durchführung einer unabhängigen Untersuchung über entweder spezifische Themen[64] oder allgemeine Praktiken[65], um dem jeweiligen Verdacht nachzugehen. Der Ausschuss bittet um Benachrichtigung über die Ergebnisse der Untersuchung. Besuchsberichte haben ebenfalls Empfehlungen beinhaltet, die die Durchführung unabhängiger Untersuchungen über besondere Themen fordern.[66]

Anmerkungen

[1] Für eine vergleichende Untersuchung der unterschiedlichen Ansätze des CPT und des Europäischen Gerichtshofs für Menschenrechte bezüglich Artikel 3 EMRK siehe W. Peukert, in: R. Morgan und M. Evans, *Protecting prisoners*, Kapitel 3.

[2] Obwohl die EMRK (Artikel 3) und das ECPT selbst „unmenschliche *oder* erniedrigende" Behandlung oder Strafe erwähnen, verwendet der CPT den Ausdruck „unmenschlich *und* erniedrigend". Während die EMRK „Folter *oder* unmenschliche oder erniedrigende Behandlung oder Strafe" erwähnt, spricht das ECPT aber von „Folter *und* unmenschliche oder erniedrigende Behandlung oder Strafe". Diese Nuance könnte folgendermaßen erklärt werden: Der Ausschuss geht allgemein davon aus, dass er es mit zwei und nicht mit drei Kategorien oder einem einzigen Konzept zu tun hat, die auf sämtliche Umstände anwendbar sind. Für den CPT schließt der Begriff „unmenschlich" den Begriff „erniedrigend" ein, auch wenn gelegentlich beide Begriffe zusammen verwendet werden, um anscheinend die Beobachtung „unmenschlicher" Behandlung stärker hervorzuheben. Obgleich dies überflüssig ist, spiegelt es die gewöhnliche Verwendung der Begriffe wider.

[3] Sogar in der Türkei, in der der Ausschuss eine „verbreitete" Anwendung von Folter feststellte, hat der Ausschuss in den Gefängnissen diesbezüglich keine Probleme gesehen

(Türkei PS 1, Abs. 22). Er hat sich aber über Misshandlungen besorgt gezeigt, die von der Gendarmerie angeblich bei der Verlegung von Häftlingen oder der Beendigung von Unruhen ausgeübt wurden (Turkey 7, Abs. 86, 87).

[4] Siehe Spain 1, Abs. 91. Dieses - wenn auch einzelne – Beispiel deutet darauf hin, dass der Ausschuss in seiner Gesamtheit nicht der Ansicht einiger berühmter Persönlichkeiten aus ihrer Zeit als Ausschussmitglied folgt, dass Folter ausschließlich ein Phänomen ist, das im Zusammenhang mit der Polizei auftritt (B. Sørenson, „Prevention of Torture and Inhuman or Degrading Treatment or Punishment: medical views", in: APT, *The Implementation of the European Convention for the Prevention of Torture and Inhuman or Degrading Treatment or Punishment (ECPT)*, S. 259), oder dass Aufseher außerhalb dieser Umgebung „niemals solche grausamen Methoden anwenden", A. Cassese, *Inhuman states*, S. 66.

[5] Siehe z. B. Spain 1, Abs. 19.

[6] Siehe z. B. *Selmouni g. Frankreich*, Urteil vom 28. Juli 1999, 29 EHRR 403, Abs. 101: „Das Gericht ist der Auffassung, dass manche Handlungen, die in der Vergangenheit als „unmenschliche und erniedrigende Behandlung" und nicht als „Folter" bezeichnet wurden, in der Zukunft anders qualifiziert werden könnten. Nach Ansicht des Gerichts verlangt der zunehmend hohe Standard, der zum Schutz der Menschenrechte und der Grundfreiheiten erforderlich ist, unvermeidbar eine größere Entschlossenheit bei der Beurteilung der Verstöße gegen die Grundwerte der demokratischen Gesellschaften."

[7] Spain 1, Abschnitt III. A, der die Schwierigkeiten eindeutig aufzeigt, trägt den Titel „Torture and other forms of ill-treatment" (Folter und andere Formen von Misshandlung). Es enthält zwei Absätze (18 und 19), die einige Formen von Misshandlungen, die als „Formen von Folter und anderer schwerer Misshandlungen" bezeichnet werden, auflisten (ohne einen Unterschied zwischen diesen beiden Kategorien zu machen oder die Notwendigkeit einer solchen Unterscheidung aufzuzeigen). Absatz 21 widmet sich dann „weniger schweren Formen von Misshandlungen". Dieser Wortlaut könnte mit dem von Österreich 2, Abs. 15 verglichen werden, der von „sehr schweren Misshandlungen, die Folter sehr ähnlich sind", spricht.

[8] Nach Cassese ist jedoch Folter „jede anderen Form von seelischem oder körperlichem Zwang oder Gewalt gegenüber einer Person, um aus ihr ein Geständnis oder Auskünfte zu erpressen oder um sie zu demütigen, zu bestrafen oder einzuschüchtern". Er forderte den Ausschuss, diese Definition anzunehmen (A. Cassese, *Inhuman states*, S. 47).

[9] Z. B. Bulgaria 1, Abs. 27; Cyprus 1, Abs. 15 und Turkey PS 1, Abs. 5.

[10] Z. B. Austria 1, Abs. 42, Greece 1, Abs. 25 und Turkey PS 1, Abs. 5.

[11] Siehe Cyprus 1, Abs. 15 und Spain 1, Abs. 19. Dort berichtet der Ausschuss davon, dass man Opfern die Augen verbunden oder einen Eimer über den Kopf gezogen hat oder dass die Polizisten selbst eine Maske getragen haben, um nicht erkannt zu werden. Obwohl dies bei der Überprüfung der Fälle keine entscheidende Rolle gespielt hat – und sogar im Kontext als sekundär bezeichnet werden kann –, sind dies Beispiele von „Vorbereitung", die von Bedeutung sein können.

[12] Die Beobachtungen des CPT waren ursprünglich von zwei Aspekten geprägt: Die Anzahl an Behauptungen und die Feststellung des Risikos von Misshandlungen, die auf einer Einschätzung der Anzahl, Natur und Glaubwürdigkeit dieser Behauptungen beruhen (für eine vollständige Diskussion dieses Aspekts der ehemaligen Methodik des CPT siehe M. Evans und R. Morgan, *Preventing torture*, Kapitel 6). Der Ansatz zur Risikoeinschätzung scheint nun aufgegeben zu sein, es sei denn der Ausschuss widerruft die während früherer Besuche gemachten Beobachtungen (siehe z. B. Ireland 2, Abs. 12) oder er möchte betonen, wie gering das Risiko einer Misshandlung ist (siehe z. B. Sweden 3,

Abs. 10, in dem der CPT von einem „relativ geringem" Risiko spricht, und Iceland 2, Abs. 12 in dem berichtet wird, dass die Häftlinge nur „ein geringes Risiko eingehen").

[13] Jedoch nicht durchgängig. Siehe z. B. Spain 1, Abs. 19, in dem unter derartigen Praktiken auch „Schläge auf den Kopf mit einem schweren Buch (gewöhnlich mit einem Telefonbuch)" aufgeführt sind. Die Einbeziehung dieser Praktiken mag auf das ausreichend „ungewöhnliche" Auftreten solcher Objekte zurückzuführen sein. Es könnte jedoch auch die Bewertung als „anormal" oder der spezifische Kontext sein.

[14] *Selmouni g. Frankreich*, Urteil vom 28. Juli 1999, 29 EHRR 403. Siehe ebenfalls Anmerkung 6 dieses Kapitels.

[15] Moldova 1, Abs. 17. Der Bericht verwendet den Ausdruck *„qu'ils pouvaient être considérés comme s'apparentant à la torture"* (die als folterähnlich angesehen werden konnten).

[16] Moldova 1, Abs. 18.

[17] Es ist anzumerken, dass der Bericht über Moldawien einige Wochen vor dem Urteil *Selmouni g. Frankreich* angenommen wurde, so dass er wenigstens grob die zu dem Zeitpunkt herrschende Meinung des Europarats wiedergibt.

[18] Diese Probleme werden in: M. Evans und R. Morgan, *Preventing torture*, Kapitel 6 ausführlich besprochen.

[19] Siehe z. B. Spain 3, Abs. 30 und Austria 2, Abs. 16.

[20] Der CPT erklärt, „dass es ihm bewusst ist, dass die Festnahme von Verdächtigen eine risikoreiche Aufgabe ist, insbesondere wenn der Betroffene Widerstand leistet und/oder wenn es sich um eine Person handelt, die die Polizeibeamten aus guten Gründen für gefährlich hält. Die Umstände der Festnahme können dazu führen, dass der Betroffene – aber auch manchmal ein Polizeibeamter selbst – Verletzungen erleidet, ohne dass diese aus der Absicht resultieren, Misshandlungen zufügen zu wollen. Die Anwendung von Gewalt soll jedoch während der Festnahme auf das Notwendigste begrenzt sein." Siehe z. B. France 2, Abs. 22; Sweden 3, Abs. 10; Ireland 2, Abs. 14 und Spain 6, Abs. 13, in dem der letzte Satz gestrichen wurde). Es handelt sich um die kürzeste Version der Formulierung. Für eine ausführlichere Version siehe unter anderem Austria 2, Abs. 21 und Finland 2, Abs. 13. (Manche Berichte weisen auf Stufen von Gewalt hin, die sich eher auf das „vernünftige" als auf das „strenge" Maß an Notwendigkeit beziehen. Dieser Unterschied resultiert aber aus der Übersetzung und spiegelt keinen Unterschied in der Substanz wider.)

[21] Hungary 1, Abs. 17.

[22] Poland 1, Abs. 16 .

[23] Poland 1, Abs. 17.

[24] Poland 1, Abs. 18 .

[25] Es ist anzumerken, dass der von dem Ausschuss im Bericht über Moldawien angenommene Ansatz (s. o.) dazu führt, dass er die Fragen nicht auf diese Weise ansprechen muss. Es wird sich herausstellen, ob dies einen Fortschritt bedeutet.

[26] Bulgaria 1, Abs. 27.

[27] Bulgaria 1, Abs. 17, 18. Diese Art von Misshandlung erfordert eine besondere Vorbereitung und verursacht Verletzungen, die nicht auf vernünftigen Gebrauch von Gewalt zurückgeführt werden können.

[28] Romania 1, Abs. 22.

[29] *Ibid.*, Abs. 16.

[30] Ähnliche Fragen stellen sich im Bericht über die Slowakei, der damit abschließt, dass die Personen, die in Polizeigewahrsam gehalten werden, sich einem "erheblichen Risiko" von Misshandlungen oder sogar „schwerer" Misshandlungen ausgesetzt sehen, ohne dass jedoch Folter erwähnt wird (Slovakia 1, Abs. 18). Die Formen von Misshandlungen schlos-

sen einen Fall von *falaka* (auch wenn dies dort weniger verbreitet zu sein scheint als in Bulgarien und in Rumänien) und einen Vorfall ein, bei dem drei Hunde auf einen an den Händen gefesselten Mann losgelassen wurden. Wahrscheinlich wurde dieser Vorfall nicht mit „Folter" gleichgestellt, da er sich nicht im Verlauf einer Vernehmung ereignete (*ibid.*, Abs. 16 (v)).

[31] Während eines 1998 in Budapest von dem APT und COLPI gemeinsam veranstalteten Symposiums über die Arbeit des CPT erfuhr Professor Gunther Kaiser – der damalige Vertreter Deutschlands beim CPT und Mitglied der Delegation, die Ungarn besuchte – von den Unterschieden bei der Verwendung des Begriffs „Folter" in den Berichten über Ungarn und Bulgarien. Er hob hervor, dass Ungarn als erstes osteuropäisches Land besucht wurde und dass es einen „Wunsch" hinsichtlich des Umfangs an Kritik gegeben hatte. Was er genau meinte, ist umso fraglicher, da er danach behauptete, dass es dabei nicht um die unterschiedliche Anwendung von Standards ginge. Es wäre jedoch bemerkenswert, wenn strategische Betrachtungen die vom Ausschuss verwendete Terminologie nicht beeinflussen und dabei allgemein seine Beziehungen zu dem betroffenen Land widerspiegeln würden.

[32] Bulgaria 1, Abs. 13 und Poland 1, Abs. 9.

[33] Moldova 1, Abs. 11, 23.

[34] Romania 1, Abs. 11.

[35] Romania 1, Abs. 22.

[36] Die Ergebnisse der Nachforschungen, die zu der Durchführung einer offiziellen Untersuchung führten, wurden dem CPT im Oktober 1996 übermittelt; der Bericht des CPT wurde im Dezember 1996 angenommen. Der Ausschuss „begrüßte" den „konstruktiven Geist" der polnischen Behörden (Poland 1, Abs. 9, 17).

[37] In manchen Bereichen gibt es relativ wenig Rechtsprechung des Gerichtshofs. Infolgedessen ist die Wahrscheinlichkeit, dass der CPT die Begriffe anders verwendet als der Gerichtshof, eher gering. Dies kann sich möglicherweise ändern, wenn der Gerichtshof mehr Fälle bezüglich der Haftbedingungen überprüft. Dem Ausschuss werden häufiger Schwierigkeiten begegnen, diese Begriffe weiter auf eine beschreibende Art und Weise zu verwenden (das Phänomen wurde schon hinsichtlich des Begriffs „Folter" beobachtet). Der Gebrauch der Worte „unmenschlich und erniedrigend" durch den Ausschuss wird in einigen Fällen erwähnt, die vor kurzem von dem Gericht überprüft wurden: vgl. die Urteile *Magee g. Vereinigtes Königreich* vom 6. Juni 2000, *Peers g. Griechenland* vom 19. April 2001 und *Aerts g. Belgien* vom 30. Juli 1998, RJD 1998-V, S. 1939 (29 EHRR 50) und Antrag Nr. 34382/97, *Dänemark g. Türkei*, der am 5. April 2000 zu einer Lösung auf gütlichem Wege führte.

[38] Für eine Analyse, die möglicherweise die Einstellung des Ausschusses widerspiegelt, siehe A. Cassese, *Inhuman states*, 1996 S. 48, 49, sowie M. Evans und R. Morgan, *Preventing torture*, Kapitel 6.

[39] Siehe zweiter Tätigkeitsbericht, Abs. 50; France 1, Abs. 93-102; Italy 1, Abs. 77; Portugal 2, Abs. 95; UK 1, Abs. 57; Romania 1, Abs. 69 bezüglich der Ausstattung der Polizeiwachen und Abs. 105.

[40] Zweiter Tätigkeitsbericht, Abs. 46.

[41] France 1, Abs. 102 bezüglich des Gefängnisses von Nizza.

[42] Portugal 2, Abs. 94, 95, in dem Gewalt- und Einschüchterungstaten unter den Häftlingen zusammen mit einer Überfüllung des Gefängnisses, einem Mangel an wesentlichen Sanitäranlagen und die Abwesenheit von Tätigkeiten an der freien Luft zu dieser Feststellung geführt haben.

[43] Greece 1, Abs. 76.

[44] Bulgaria 1, Abs. 109-110.

[45] Denmark 1, Abs. 25 und Norway 2, Abs. 29.
[46] Denmark 1, Abs. 60 und Norway 2, Abs. 34.
[47] Zweiter Tätigkeitsbericht, Abs. 56.
[48] Siehe z. B. Sweden 2, Abs. 21-27. Die Standards des CPT bezüglich der Häftlinge in Untersuchungshaft werden in dem entsprechenden Abschnitt des Kapitels 4 beschrieben.
[49] Spain 1, Abs. 110, 113.
[50] Siehe z. B. Spain 2, Abs. 113, 114, 129 (die Bedingungen vieler Häftlinge im Gefängnis Modelo und einiger Häftlinge in Madrid I „können objektiv als unmenschlich und erniedrigend beschrieben werden" .
[51] Siehe z. B. die Diskussion des Ausschusses über die Situation in dem Gefängnis von Stara Zagora in Bulgarien (Bulgaria 1, Abs. 109, 110).
[52] Greece 1, Abs. 202-260.
[53] UK 1, Abs. 47.
[54] Zweiter Tätigkeitsbericht, Abs. 49, in dem der CPT betont, dass er die sog. „slopping out"-Praxis „nicht mag" (d. h. wenn die Häftlinge mangels sanitärer Anlagen in den Zellen dazu gezwungen sind, ihre Geschäfte in Eimer zu verrichten und diese dann regelmäßig in einer zentralen Grube entleeren müssen).
[55] Ireland 1, Abs. 100 und UK 4, Abs. 112. Siehe auch A. Cassese, *Inhuman states*, S. 49, 50.
[56] Switzerland 2, Abs. 56.
[57] Neunter Tätigkeitsbericht, Abs. 30, in dem der CPT bezüglich des Freiheitsentzuges bei Jugendlichen erklärt, dass er „[...] eine Tendenz beobachtet hat, dass die persönlichen hygienischen Bedürfnisse der Frauen, einschließlich der minderjährigen Mädchen, vernachlässigt werden. Für diese Gruppe von Häftlingen ist der Zugang zu Sanitär- und Wascheinrichtungen sowie eine Versorgung mit Hygieneartikeln wie Binden von besonderer Bedeutung. Die Nichtversorgung mit diesen Mitteln des Grundbedarfs allein kann einer erniedrigenden Behandlung gleichgestellt werden." Man muss annehmen, dass es sich bei diesen „Mitteln des Grundbedarfs" um Binden handelt. Würde es sich um sanitäre Anlagen handeln (oder andere Hygieneprodukte), wäre es schwer verständlich, warum ihr Mangel nicht von gleicher Besorgnis für die männlichen Gefängnisinsassen, einschließlich der minderjährigen Jungen, wäre.
[58] UK 4, Abs. 107. Dieses Vorgehen wurde als „erniedrigend für den betroffenen Häftling und seinen Besucher" beurteilt.
[59] Siehe Anmerkung 12.
[60] Siehe z. B. Sweden 3, Abs. 10; Ireland 2, Abs. 14 und Austria 2, Abs. 21.
[61] Siehe z. B. Poland 1, Abs. 18 und Finland 2, Abs. 54.
[62] Germany 2, Abs. 16. Vgl. die dringendere Anfrage nach Auskünften im Bericht Spain 6, Abs. 16, der im Juli 1999 angenommen wurde. Darin ersuchte der Ausschuss um „die Anzahl an gegen Strafvollzugsbeamte wegen Misshandlungen erhobene Beschwerden und die Anzahl an daraus resultierenden Straf- und/oder Disziplinarverfahren, sowie [um] eine Beschreibung der eingeleiteten Verfahren und deren Ergebnisse (Behauptungen, kurze Beschreibung der von dem zuständigen Gericht festgestellten Tatsachen, Zusammenfassung des Urteils und der verhängte Strafe)".
[63] Artikel 8 Abs. 5 ECPT sieht vor, dass „der Ausschuss [erforderlichenfalls] den zuständigen Behörden der betreffenden Vertragspartei seine Beobachtungen sogleich mitteilen [kann]".
[64] Siehe die zum Abschluss des Besuchs des CPT im Nordkaukasus vom 26. Februar bis zum 4. März 2000 gemachten Beobachtungen, wie sie auf Anfrage der russischen Behörden im Anhang zur Pressemitteilung vom 3. April 2000 veröffentlicht wurden.
[65] Siehe z. B. Bulgaria 1, Abs. 12 und Poland 1, Abs. 9, 17.

[66] Siehe z. B. Cyprus 1, Abs. 22 bezüglich der von der Polizei angewendeten Vernehmungspraktiken auf der Polizeiwache von Limassol.

KAPITEL 4

KATEGORIEN VON HÄFTLINGEN

Dieses Kapitel widmet sich den Erklärungen des CPT bezüglich drei Kategorien von Häftlingen: Verdächtige, Personen, denen die Freiheit auf der Grundlage von einwanderungsrechtlichen Vorschriften entzogen wurde, und Personen in Untersuchungshaft.

Verdächtige und andere vorübergehend inhaftierte Personen

In allen Rechtsystemen besitzt die Polizei - de jure oder de facto - die Befugnis, Personen, die unter dringendem Verdacht stehen, ein Verbrechen begangen zu haben, vorübergehend festzunehmen. Der Zeitraum dieser Inhaftierung ist im Allgemeinen zeitlich streng begrenzt, da entweder die offizielle Anklageerhebung gegen den Verdächtigen erwartet wird oder der Staatsanwalt überzeugt ist, dass die Verlängerung der Untersuchungshaft durch die vorliegenden Beweise gerechtfertigt ist. Auch im Falle einer Anklage oder eines vom Staatsanwalt gestellten Haftbefehls muss der Betroffene innerhalb einer bestimmten Frist vor Gericht gebracht werden. Es entscheidet dann darüber, ob der Betroffene frei gelassen werden kann oder in Haft bleiben soll, um ihm nach weiteren Untersuchungen den Prozess zu machen. Es gibt jedoch viele Staaten, in denen die Polizei über die zusätzliche Befugnis verfügt, Personen in Gewahrsam zu nehmen, die – zumindest anfangs - nicht aus verwaltungs- oder verfahrensrechtlichen Gründen einer strafrechtlichen Verfolgung ausgesetzt sind: Zeugen, Einzelpersonen, deren Identität nicht festgestellt werden kann, Betrunkene, Personen, die wegen Störung der öffentlichen Ordnung festgenommen wurden, usw. Unabhängig von dem Grund betreffen alle diese Beispiele polizeilich angeordneten, vorübergehenden Gewahrsam ohne richterliche Genehmigung. Es ist allgemein bekannt, dass sich in dieser Zeit die meisten von der Polizei vorgenommenen Misshandlungen ereignen[1] - diese Meinung teilt auch der CPT.[2] In der Anfangsphase der Inhaftierung befinden sich die betroffenen Personen oft in einem Zustand des Schocks und tiefer Verwirrung; sie sind orientierungslos, allein, ängstlich und leicht beeinflussbar; sie kennen ihre Rechte nicht und stehen manchmal auch unter Alkohol- und/oder Drogeneinfluss. Auch in den am besten geregelten Systemen besteht für die Polizei die Möglichkeit, die Verletzbarkeit der Betroffenen zu ihrem eigenen Vorteil auszunutzen. Das ist die Zeit, in der sie am besten Auskünfte oder Geständnisse von den Verdächtigen erpressen kann.

Die der Polizei zustehende Befugnis, Personen vorübergehend in Gewahrsam zu nehmen, stellt eine Form von Zwang dar, die zur Verbrechensbekämpfung als notwendig erachtet wird und Straftäter vor Gericht bringen soll. Um jedoch die

Unschuldsvermutung zu respektieren und die Polizei daran zu hindern, von ihren Befugnissen exzessiv Gebrauch zu machen, ist es anerkannt, dass diese Befugnisse in eindeutiger Weise definiert und begrenzt sowie mit bestimmten Garantien zum Schutz der Verdächtigen ausgestattet werden müssen. Idealerweise sollten diese Garantien folgende Kriterien berücksichtigen:
- die Schwere des Gesetzverstoßes, der dem Häftling vorgeworfen wird (in vielen Rechtsordnungen nehmen die Befugnisse der Polizei mit der Schwere des Gesetzverstoßes zu);
- das Ausmaß der Freiheitsbeeinträchtigung für den Verdächtigen (je größer die Befugnisse der Polizei zur Ingewahrsamnahme sind, desto umfangreicher müssen demgegenüber die Garantien sein);
- die Verletzbarkeit des Häftlings (je verletzbarer er ist, desto strenger müssen die Garantien beachtet werden).

In der Praxis werden die Garantien aber nicht immer ausreichend beachtet. Sie stellten sich als ernsthafter Streitpunkt zwischen dem Ausschuss und den Vertragsparteien heraus, insbesondere weil die vom Ausschuss gewählte Balance nicht immer von der Rechtsprechung des Europäischen Gerichtshofs für Menschenrechte bestätigt wurde.[3]

Alle CPT-Berichte über regelmäßige Besuche enthalten eine Erklärung über eine Reihe von Grundsätzen. Die ersten Versionen dieser Erklärung befinden sich im ersten Besuchsbericht des Ausschusses[4] und wurden in seinem zweiten Tätigkeitsbericht formalisiert.[5] Anschließend wurde sie fortentwickelt und enthält nun drei Arten von Rechten, die für den CPT von besonderer Bedeutung sind und die jeder von der Polizei in Gewahrsam genommenen Person zustehen sollten:
- das Recht, einen Verwandten oder eine dritte Partei seiner Wahl zu benachrichtigen;
- das Recht auf Zugang zu einem Rechtsanwalt;
- das Recht auf Zugang zu einem Arzt.

Der CPT betrachtet diese drei Rechte als grundlegende Schutzvorkehrungen gegen die Misshandlung von Personen, denen die Freiheit entzogen ist. Die Rechte sollten von Beginn des Freiheitsentzugs an zur Anwendung kommen (d. h. von dem Zeitpunkt an, in dem die Betroffenen gezwungen sind, bei der Polizei zu bleiben).[6]

Bezüglich des Rechts auf Benachrichtigung eines Dritten und auf Zugang zu einem Rechtsanwalt hat der Ausschuss folgende Meinung geäußert:

„[...] Allen Personen, denen die Freiheit durch die Polizei entzogen ist – einschließlich der Verhafteten, der festgenommenen, in Gewahrsam genommenen oder als potenzielle Zeugen vernommenen Personen – sollten [diese Rechte] gewährleistet werden und [diese] sollten von dem Zeitpunkt an angewendet werden, an dem die Personen zum ersten Mal gezwungen sind, bei der Polizei zu bleiben."[7]

Der Ausschuss erkennt ebenfalls an, dass die Wahrnehmung des Rechts auf Benachrichtigung eines Dritten und auf Zugang zu einem Rechtsanwalt in Ausnahmefällen hinausgeschoben werden kann, „um die Interessen der Justiz zu schützen", aber derartige Beschränkungen müssen „eindeutig bestimmt und ihre Anwendung zeitlich streng begrenzt sein".[8] Die Ausübung des Rechts auf Benachrichtigung eines Dritten und auf Zugang zu einem Rechtsanwalt sollte zudem selbst Schutzmaßnahmen unterliegen. So sollte die Begründung schriftlich erfolgen und die Entscheidung bedarf der Zustimmung eines hochrangigen Polizeibeamten, eines Staatsanwalts oder eines Richters.[9]

Zusätzlich zu diesen allgemeinen Punkten hat der CPT genauer beschrieben, was er unter den grundlegenden Garantien versteht. Dies ist das Thema der folgenden Abschnitte. Auch wenn der durch diese Standards erfolgte Ansatz allgemein anerkannt ist, sind ihre praktischen Auswirkungen auf offeneren Widerstand der Vertragsparteien gestoßen als alle anderen Standards des CPT zuvor. Das ist zweifelsohne darauf zurückzuführen, dass der Ausschuss beharrlich auf ihrem verbindlichen Charakter bestand und ihre formelle Umsetzung und ihre universelle Anwendung forderte.

a) Benachrichtigung einer dritten Partei über die Inhaftierung

Der Ausschuss empfiehlt, dass Personen, die in Polizeigewahrsam genommen worden sind, von Beginn ihres Freiheitsentzugs an über das Recht verfügen, einen nahen Verwandten oder einen anderen Dritten ihrer Wahl über ihre Inhaftierung zu benachrichtigen.[10] Dieses Recht schließt natürlich ein, den Dritten über den Inhaftierungsort zu benachrichtigen.[11] Angehörige fremder Staaten sollten, sofern sie es wünschen, ihr Konsulat benachrichtigen können.[12] Trotz einiger anfänglicher Unsicherheit scheint nun festzustehen, dass diese Schutzvorkehrung nur soweit geht, als das die Benachrichtigung durch die Behörden sichergestellt ist.[13]

Der CPT lässt die Möglichkeit zu, dass die Benachrichtigung „im Interesse der Rechtspflege" für einen kurzen Zeitraum aufgeschoben wird. Der Ausschuss hat vor kurzem Bestimmungen kritisiert, die eine Verzögerung von bis zu vier[14] oder fünf[15] Tagen zuließen. Seiner Meinung nach stellt „ein maximaler Aufschub von 48 Stunden ein optimales Gleichgewicht zwischen den Erfordernissen der Ermittlung und den Interessen der inhaftierten Personen dar".[16] Es ist auch wichtig, dass die Gründe für die Verzögerung hinreichend genau genannt werden.[17] Der CPT empfiehlt grundsätzlich, dass jede Verzögerung dieser Art „zusammen mit den Gründen schriftlich aufgenommen wird" und dass „die Zustimmung der Staatsanwaltschaft oder eines Richters" oder „eines höheren Polizeibeamten" eingeholt wird. In einem neueren Bericht äußerte sich der Ausschuss jedoch zweideutig in seiner Kritik über eine Situation, in der ein für die Ermittlungen verantwortlicher Polizeibeamter einen solchen Aufschub anordnen konnte. Der Ausschuss sagte lediglich, dass „er es als *höchst wünschenswert* erachtet, dass jeglicher Verspätung bei der Ausübung des Rechts einer Person, einen Dritten über seine Lage zu benachrichtigen, von einem höheren Polizeibeamten mit Festnahmebefugnissen zugestimmt wird".[18] Es bleibt abzuwarten, ob diesem Einwand allgemein gefolgt wird.

b) Zugang zu einem Rechtsanwalt

Die Ratio dieser Schutzvorkehrung besteht darin, dass „[ihre] bloße Existenz eine abschreckende Wirkung auf diejenigen hat, die dazu geneigt sein könnten, inhaftierte Personen zu misshandeln. Außerdem kann ein Rechtsanwalt geeignete Maßnahmen ergreifen, falls Misshandlungen tatsächlich auftreten."[19] Das Recht auf Zugang zu einem Rechtsanwalt muss von dem Augenblick an gegeben sein, in dem eine Person gezwungen ist, bei der Polizei zu bleiben. Es wird auch auf die Personen erweitert, die in Polizeigewahrsam gehalten werden, aber noch nicht angeklagt sind,[20] die bald vernommen werden und die noch nicht einer Straftat verdächtig sind.[21] Der Ausschuss hat ebenfalls betont, dass dieses Recht nicht nur zu Beginn des Polizeigewahrsams sondern während seiner ganzen Dauer besteht.[22] Das Recht steht außerdem Personen zu, die keinen Rechtsanwalt haben oder kennen. Der Ausschuss empfiehlt insoweit, dass „das Recht für Häftlinge, die keinen eigenen Rechtsanwalt haben, durch eine geeignete, formelle Maßnahme gewährleistet wird".[23] Eine solche Verpflichtung setzt in der Praxis voraus, dass Rechtsanwälte „auf Abruf" bereitstehen. Damit geht die Notwendigkeit einher, dass Häftlinge, die über keine eigenen finanziellen Mittel verfügen, eine angemessene Unterstützung bekommen. Auch hier scheint der Ausschuss einem strengeren Ansatz zu folgen: „Damit das Recht auf Zugang zu einem Rechtsanwalt in der Praxis volle Wirkung entfalten kann, müssen geeignete Maßnahmen zu Gunsten der Personen ergriffen werden, die sich juristischen Beistand nicht leisten können."[24]

Es scheint, dass der Ausschuss noch immer eine strengere Haltung bezüglich der Folgen des Rechts auf Zugang hat. Seit einiger Zeit betont er, dass der Zugang zu einem Rechtsanwalt „das Recht mit diesem Kontakt aufzunehmen, Besuch von ihm zu empfangen (in den beiden Fällen unter Bedingungen, die die Vertraulichkeit der Gespräche gewährleisten) sowie prinzipiell auch das Recht, während der Vernehmungen von ihm assistiert zu werden," einschließt.[25] Der erste Teil dieser Formulierung wurde zudem vor kurzem so ausgelegt, dass der Schwerpunkt eher auf der Achtung der Privatsphäre als der Vertraulichkeit liegt. Der Ausschuss hebt nur hervor, dass das Recht auf Zugang zu einem Rechtsanwalt von Beginn des Polizeigewahrsams an auch das Recht einschließt, mit ihm privat zu reden.[26] Ein solcher Ansatz hat den Vorteil der Vereinfachung und ist weniger manipulierbar. Wenn auch der Zugang zu einem Rechtsanwalt „im Interesse der Rechtspflege" abgelehnt werden kann, kann nichts die totale Verweigerung dieses Rechts rechtfertigen. Nach Ansicht des Ausschusses muss es immer möglich sein, Zugang zu einem unabhängigen Rechtsanwalt zu erhalten, bei dem man „sicher sein [kann], dass er die legitimen Interessen der polizeilichen Ermittlungen nicht gefährdet".[27]

Die Meinung des Ausschusses bezüglich der Anwesenheit eines Rechtsanwalts während der Vernehmungen hat sich auch entwickelt. Während er in früheren Berichten dies lediglich als eine „nützliche, zusätzliche Schutzvorkehrung" betrachtete,[28] hat er nun überzeugt die Position eingenommen, dass

„[...] von der Polizei in Gewahrsam genommene Personen das Recht auf Anwesenheit eines Rechtsanwalts während jeglicher polizeilicher Vernehmung haben sollten (ob es während oder nach dem Beginn des Polizeigewahrsams ist). Natürlich soll die Tatsache, dass eine in Gewahrsam genommene Person zum Ausdruck gebracht hat, dass sie Zugang zu einem Rechtsanwalt wünscht, die Polizei nicht daran hindern, der betroffenen Person dringende Fragen zu stellen, bevor der Rechtsanwalt erscheint. Es sollten auch Vorkehrungen für die Ersetzung eines Rechtsanwalts, der den anständigen Verlauf der Vernehmung behindert, vorgesehen werden. Derartige Möglichkeiten sollten genau umschrieben und durch geeignete Schutzvorkehrungen begrenzt sein."[29]

Das Gleichgewicht zwischen den Bedürfnissen der Ermittlungen und den Rechten der Verdächtigen scheint sich zu Gunsten letzterer verschoben zu haben.[30]

c) Zugang zu einem Arzt

Die Ansichten des Ausschusses bezüglich des Rechts auf Zugang zu einem Arzt sind in der folgenden Empfehlung passend zusammengefasst:

„Der CPT empfiehlt, dass besondere gesetzliche Bestimmungen hinsichtlich des Rechts auf Zugang zu einem Arzt für Personen angenommen werden, die von der Polizei[31] verhaftet/festgenommen wurden. Diese Bestimmungen sollten unter anderem folgendes vorsehen:
- Jede von der Polizei[32] verhaftete/festgenommene Person hat das Recht, von einem Arzt ihrer Wahl untersucht zu werden, wenn sie es wünscht und dies zusätzlich zu jeglicher Untersuchung der von der Polizei ausgesuchten Ärzte.
- Alle medizinischen Untersuchungen in der Haft (ob durch den Polizeiarzt oder den ausgewählten Arzt) müssen außerhalb der Hörweite und des Blickfeldes von Polizeibeamten durchgeführt werden, es sei denn der betroffene Arzt wünscht dies ausdrücklich.
- Die Ergebnisse jeder Untersuchung ebenso wie jede relevante Äußerung des Häftlings und die Schlussfolgerungen des Arztes müssen schriftlich vom Arzt[33] aufgezeichnet werden und dem Häftling und seinem Rechtsanwalt zugänglich sein.
- Die Vertraulichkeit der medizinischen Daten muss streng beachtet werden".[34]

Dies bedeutet nicht, dass der Betroffene das Recht hat, eine Untersuchung durch einen nicht von ihm ausgewählten Arzt abzulehnen: „Der Zweck einer zweiten Untersuchung besteht darin, eher eine zusätzliche Schutzvorkehrung gegen Misshandlungen einzurichten, als die Rolle des offiziell ernannten Arztes zu ersetzen."[35] Es ist zudem klar, dass die verhaftete Person um die Übernahme der Kosten für die zweite Untersuchung gebeten werden könnte.[36]

d) Aufklärung über die Rechte

Der CPT vertritt die logische Ansicht, dass „es sich von selbst versteht, dass die Rechte der Personen, denen die Freiheit entzogen ist, von geringem Wert wären, wenn die Betroffenen von deren Existenz keine Kenntnis haben".[37] Da die drei grundlegenden Rechte von Beginn der Inhaftierung an anwendbar sind, muss deren Existenz den Häftlingen ebenfalls zu Beginn der Inhaftierung mitgeteilt werden. Bis vor kurzem fügte der CPT eine Erklärung über diese drei Rechte bei. Einer der letzten über einen regelmäßigen Besuch veröffentlichten Berichte hat eine ausführliche Formulierung dieser Erklärung beinhaltet:

„Darüber hinaus sollten nach Ansicht des CPT die von der Polizei in Gewahrsam genommenen Personen ausdrücklich, ohne Verzögerung und in einer ihnen verständlichen Sprache über alle ihre Rechte, einschließlich der oben erwähnten, benachrichtigt werden."[38]

Es ist anzumerken, dass diese Formulierung nicht mehr neben den drei grundlegenden Rechten in manchen der vor kurzem angenommenen[39] oder veröffentlichten Berichten über regelmäßige Besuche zu finden ist. Ob dies darauf zurückzuführen ist, dass es sich nicht mehr um Berichte über erste regelmäßige Besuche handelt und ob dieses Problem schon Teil des Dialogs mit den betroffenen Staaten ist, bleibt fraglich. Es spricht viel dafür, die Erklärung zu vereinfachen, indem nur die wesentlichen Punkte Erwähnung finden und die Details an anderer Stelle ausgeführt werden, wie es schon im Fall des Rechts auf Zugang zu einem Arzt geschehen ist. Wenn man die Formulierung jedoch ganz aus der einleitenden Erklärung herausnimmt - sollte dies tatsächlich der Fall sein -, erscheint es unnötig und unglücklich, auch wenn es für den CPT „grundlegend [ist], dass die inhaftierten Personen ohne Verzögerung über alle ihre Rechte informiert werden", unabhängig davon, ob dieser Punkt in den Berichten erwähnt wird.[40]

Der Ausschuss hat detaillierte Richtlinien über die wirksamste Art und Weise, die Häftlinge über ihre Verfahrensrechte zu informieren, bestimmt. Er empfiehlt, dass „ [in Polizeigewahrsam genommenen] Personen systematisch zu Beginn ihres Freiheitsentzugs ein Formular übergeben wird, das sie über ihre Rechte auf einfache Weise informiert" und das in einer angemessenen Anzahl an Sprachen zur Verfügung steht.[41] Es ist wichtig, eine Kopie des Formulars zu übergeben und es nicht nur vorzulesen.[42] Auch wenn es nicht notwendig ist, dass dieses Formular in allen möglichen Sprachen, die die Häftlinge zu verstehen in der Lage wären, zur Verfügung steht – die Auswahl der „geeigneten" Anzahl an Sprachen hängt von den Umständen ab –, muss der Staat sicherstellen, dass die Information tatsächlich mitgeteilt wird, falls ein solches Merkblatt nicht zur Verfügung steht.[43] Es ist auch wichtig, dass in dem Formular alle Rechte aufgeführt sind.[44]

Um absolut sicherzustellen, dass die Häftlinge tatsächlich über ihre Rechte aufgeklärt wurden, empfahl der Ausschuss bislang, dass „die betroffenen Personen gebeten werden, eine Erklärung zu unterschreiben, die bescheinigt, dass sie über ihre Rechte benachrichtigt worden sind".[45] Auf diese Weise werden die Interessen der Häftlinge, aber auch die der Polizisten geschützt, damit letztere anschließend nicht beschuldigt werden können, die Aufklärung über die Rechte unterlassen zu haben.[46] Vor kurzem veröffentlichte Berichte beinhalten die Empfehlung jedoch nicht.[47] Dies könnte darauf hinweisen, dass es nicht mehr als wesentliches Element des Schutzsystems angesehen wird.[48]

Die Ursachen für den Widerstand gegen die präzise Anwendung einiger dieser Empfehlungen sind vielfältig. In den Ländern Nordwesteuropas z. B., in denen der CPT auch nur wenige Hinweise auf polizeiliche Misshandlungen gefunden hat, werden manche Aspekte dieser Standards eindeutig als überflüssig angesehen. Da sich der CPT mit den Bedingungen in Europa als Ganzes beschäftigt, hat er zwangsläufig eine andere Sichtweise als die Beamten und Rechtsberater, die als Vertreter einer Regierung mit ihm zu tun haben. Die Aufgabe des Ausschusses besteht in der Verhütung von Misshandlungen und er betrachtet die drei grundlegenden Garantien als effiziente Mittel, um dieses Ziel zu erreichen. In Ländern, in denen körperliche Misshandlungen durch die Polizei kein ernsthaftes Problem darstellen, werden jedoch diese Schutzvorkehrungen in einem anderen Licht gesehen. Die Benachrichtigung einer dritten Partei wird oft als normal angesehen, so dass es keinem komplizierten Verfahren oder strengen Regeln unterliegen sollte, da die Inhaftierung kurz ist und die Polizei über einen Ermessensspielraum verfügen soll, Personen nicht zu benachrichtigen, die ihrer Meinung nach die Ermittlung behindern oder Beweise vernichten könnten. Der Zugang zu einem Rechtsanwalt kann ebenso für die Verdächtigen als eine Möglichkeit zur Vorbereitung ihrer Verteidigung angesehen werden. Dies ist irrelevant für Personen, die nicht von der Polizei in Gewahrsam genommen worden sind, um wegen einer Straftat angeklagt zu werden – z. B. für Personen, die aus administrativen Gründen in Gewahrsam genommen wurden.[49] In Ländern, in denen Erklärungen, die der Polizei gegenüber vor dem Eingreifen des Staatsanwalts in die Ermittlungen gemacht wurden, nur eine geringe Beweiskraft haben oder in denen vor dem Gericht getätigte, mündliche Aussagen bevorzugt werden, wird dem Recht der Verdächtigen auf Zugang zu einem Rechtsanwalt im Anfangsstadium des Polizeigewahrsams wenig Bedeutung beigemessen.

Das Recht, von einem selbst ausgewählten Arzt untersucht zu werden, wird gleichermaßen in diesen Ländern als unrealistisch betrachtet. Zwar ruft es keine prinzipiellen Einwände hervor, wird aber in der Praxis kaum realisiert und erscheint überflüssig; zumindest lohnt die Einsetzung eines Verfahren zur Gewährleistung dieses Rechts nicht. In anderen Teilen Europas können die vom CPT ausgearbeiteten grundlegenden Schutzvorkehrungen als eine ernsthafte Einmischung in die Unabhängigkeit der Polizei und ihre Fähigkeit zur effektiven Aufgabenerfüllung, insbesondere bei Schwerverbrechen, empfunden werden. Mehrere europäische Länder gestatten es z. B. der Polizei, bestimmte Kategorien von Verdächtigen für einen längeren Zeitraum in Gewahrsam zu nehmen, in dem das Recht, einen Dritten zu benachrichtigen oder Zugang zu einem Rechtsanwalt zu erhalten, eingeschränkt, aufgeschoben oder abgelehnt werden kann, um organisiertes Verbrechen in den Bereichen Terrorismus, Drogenhandel, usw. zu bekämpfen. In diesem Kontext können die Schutzvorkehrungen des CPT als ein Hindernis für die Versuche der Polizei angesehen werden, Verdächtige „unter Druck zu setzen".

e) Andere Verfahrensgarantien

Die in den vorherigen Abschnitten beschriebenen Schutzvorkehrungen bestehen in Form von Rechten, die dem Häftling gewährt werden. Der CPT unterstreicht ebenfalls die Bedeutung einer Anzahl weiterer Verfahrensgarantien, die - wenn auch nicht als Rechte ausgestaltet - Beispiele einer lobenswerten Praxis sind, die den Schutz der in Gewahrsam genommenen Personen verstärken, das Verhalten der Vollzugsbeamten in die Schranken weisen und die Kontrolle erleichtern, der diese Beamten grundsätzlich unterliegen sollten. Gemeinsam bilden diese Bestimmungen einen Rahmen für eine öffentliche Kontrolle der Handlungen der Polizei im Bereich des Gewahrsams. Die Rahmenelemente sind bis jetzt erst schwach ausgebildet, aber es besteht berechtigte Hoffnung, dass der Ausschuss diese Aspekte seiner Arbeit weiterentwickeln will.[50] Dies wird durch die Ansicht untermauert, dass solche Kontrollmaßnahmen die Polizei unterstützen, die Legitimität ihrer Arbeit zu begründen und/oder zu stärken. Diese Vorstellung beruht implizit auf zwei Argumenten: Indem die Polizei ihre Entscheidungsprozesse genau darlegt, zeigt sie, dass sie sich dem Schutz der Interessen der Häftlinge verpflichtet fühlt; zudem können ungerechtfertigte Behauptungen besser zurückgewiesen werden.

i. Haftakte

Das ordentliche Führen einer Haftakte stellt ein wichtiges Element in jedem Schutzsystem dar. Der Ausschuss hat sich von Beginn seiner Arbeit an für das Führen einer einzigen und vollständigen Haftakte eingesetzt und war der Meinung, dass

„[...] die grundlegenden Schutzvorkehrungen für die Personen, die sich in Polizeigewahrsam befinden, [...] durch das Führen einer einzigen und vollständigen Haftakte gestärkt [würden], in der alle Einzelheiten ihrer Inhaftierung und alle gegen sie gerichteten Maßnahmen festzuhalten sind (Zeitpunkt des Freiheitsentzugs und dessen Begründung; Zeitpunkt der Benachrichtigung des Betroffenen über seine Rechte; Anzeichen von Verletzungen, psychischen Störungen, usw.; Kontakt mit oder Besuche von Verwandten, Rechtsanwälten, Ärzten oder Bediensteten des Konsulats; Zeitpunkt der Mahlzeiten und Vernehmungen; Zeitpunkt der Vorführung vor einen Richter oder der Entlassung, usw.)".[51]

Da kein anderes internationales Organ oder internationales Regelwerk hinsichtlich des Schutzes von Häftlingen die Vorteile einer einzigen, umfassenden Haftakte (oder der elektronischen Aufnahme der Vernehmungen)[52] hervorgehoben hat, liegt es nahe, dass sich der CPT von der englischen und walisischen[53] Praxis inspirieren ließ. In den beiden Ländern ist eine solche Haftakte nach dem „Police and Criminal Evidence Act" von 1984 zu führen.[54] Es ist dem Ausschuss nicht entgangen, dass dieses englische Gesetz nach einem Skandal über polizeiliche Misshandlungen zu einer Zeit verabschiedet wurde, in der Polizeigewahrsam in England und Wales kaum geregelt und die Haftakte von minimaler Bedeutung war. Die Besuchsberichte des CPT zeigen, dass, auch wenn fast alle Länder die Hauptaspekte der Haft dokumentieren – insbesondere den Zeitpunkt der Festnahme und der Ankunft auf der Polizeiwache sowie den Beginn und die Beendigung der Vernehmungen –, diese Informationen im Allgemeinen in unterschiedlichen Dokumenten enthalten sind. Das erschwert eine Zusammenstellung. Manche möglicherweise wichtigen Vorgänge wie Nahrungsversorgung oder Bewegung an der frischen Luft werden in der Regel nicht aufgezeichnet.[55]

Der CPT scheint jedoch weniger auf die Einhaltung einer besonderen bürokratischen Form für die Haftakte zu bestehen - vielleicht weil er festgestellt hat, dass es nicht ratsam ist, Systeme, die ohnehin über unzureichende Mittel verfügen und mit der Einführung zweifelsohne wichtigerer Änderungen beschäftigt sind, mit neuen Verfahren und erheblichem Papierkram zu belasten. Die neuesten Berichte über osteuropäische Länder z. B. haben sich mit dem Vorschlag einer umfassenden Haftakte eher im Sinne eines *Kommentars*[56] als einer *Empfehlung* beschäftigt und übergingen dabei den Vorschlag, die Unterschrift des Häftlings einzuholen.[57] Der Ausschuss überprüft dagegen immer sehr streng die Dauerhaftigkeit und die Genauigkeit der Führung der Haftakte.[58] Es scheint, dass eine solche Praxis gelobt, aber nicht empfohlen wird.

ii. Durchführung von Vernehmungen

Der zweite Tätigkeitsbericht, der sich mit den Standards des Ausschusses auf diesem Gebiet beschäftigt hat, befürwortete die Ausarbeitung eines Kodex' für die Durchführung von Polizeivernehmungen in jedem Staat.[59] In den folgenden Berichten hat der Ausschuss regelmäßig empfohlen, dass Staaten, in denen entsprechende Richtlinien fehlten, diesem Mangel abhelfen sollten, da solche Richtlinien „eine solide Grundlage für die berufliche Ausbildung der Mitglieder der Polizei ermöglichen" würden.[60] Der Wortlaut dieser Empfehlung hat sich seitdem kaum verändert, wie die entsprechenden Abschnitte der neuesten Berichte bestätigen:

„Dieser Kodex sollte unter anderem die folgenden Punkten behandeln: die systematische Aufklärung der inhaftierten Person über die Identität der während der Vernehmung anwesenden Personen (Name und/oder Nummer); die erlaubte Zeitdauer einer Vernehmung; die Ruhezeiten zwischen zwei Vernehmungen und die Pause während einer Vernehmung; die Orte, an denen eine Vernehmung stattfinden kann; ob die inhaftierte Person während der Vernehmungen aufstehen muss; die Befragung von Personen unter Drogen-, Alkohol- oder Medikamenteneinfluss oder in Schockzustand. [...] Für besonders verletzbare Personen (z. B. Minderjährige, psychisch Behinderte oder psychisch Kranke) sollten besondere Schutzvorkehrungen getroffen werden."[61]

Nachdem der empfohlene Kodex über die Durchführung von Vernehmungen von Verdächtigen zudem an die Bedeutung der Führung einer genauen und umfassenden Haftakte erinnert, schließt er folgende Erklärung ein:

„Es sollte ebenso festgelegt werden, dass eine Dokumentierung systematisch den Anfangs- und Endzeitpunkt der Vernehmung, die Identität der anwesenden Personen sowie jegliche vom Häftling während der Befragung geäußerte Bitte umfassen sollte."[62]

Der Ausschuss hat auch seine Sorge über den extrem einschüchternden Charakter einiger Vernehmungsräume in der Türkei[63] und den Zeitraum, in dem ein Verdächtiger ohne Unterbrechung in Island vernommen werden kann, zum Ausdruck gebracht. Diesbezüglich hat er erklärt, dass ein Verdächtiger nur in Ausnahmefällen über einen Zeitraum von sechs Stunden ohne Unterbrechung vernommen werden sollte. Er lud die isländischen Behörden dazu ein, „[...] klarzustellen, dass Vernehmungen normalerweise in kürzeren Abständen als sechs Stunden unterbrochen werden sollten."[64] Der Ausschuss ist ebenfalls der Meinung, dass „es vorzugswürdiger ist, dass zusätzliche Vernehmungen von Personen, die in das Gefängnis eingewiesen werden, in den Gebäuden des Gefängnisses und nicht in denen der Polizei stattfinden". Des Weiteren empfiehlt er, dass jeder Rücktransport zu einer Polizeieinrichtung „einer ausdrücklichen Erlaubnis des zuständigen Richters bedarf".[65]

iii. Elektronische Aufnahme und Überwachung

Der Ausschuss „betrachtet die elektronische (d. h. Audio- und/oder Video-) Aufnahme der polizeilichen Vernehmungen als eine andere wichtige Schutzvorkehrung für die in Gewahrsam gehaltenen Personen, die auch der Polizei Vorteile bietet".[66] Er „begrüßt die Benutzung von Überwachungssystemen mit Monitoren in einem geschlossenen Netz, um die Crafträume in den Polizeigebäuden zu kontrollieren".[67]

Der Ausschuss hat zuerst den Staaten empfohlen „die Möglichkeit zu untersuchen", elektronische Aufnahmen der Vernehmungen von Verdächtigen zu machen.[68] Er schlug sogar vor, „ein Aufnahmeband in der Gegenwart des Häftlings zu verschließen und ein weiteres als Arbeitskopie zu benutzen".[69] Nach Angaben des Ausschusses schien dieses Verfahren schon in England und Wales angewendet worden zu sein und „alle entsprechenden Schutzvorkehrungen zu bieten".[70] Eine *Empfehlung*, nach der die Behörden eines Landes *„die Möglichkeit untersuchen"*, elektronische Aufnahmen durchzuführen, scheint die schwächste Formulierung des Ausschusses zu sein. In neueren Berichten hat er sie noch weiter abgeschwächt, indem er die Behörden lediglich „einlädt", diesen Vorschlag „in Betracht zu ziehen".[71] Es handelt sich hierbei eindeutig um einen Rückschritt. Es ist insofern nicht überraschend, dass einige Berichte noch nicht einmal erwähnen, dass die elektronische Aufnahme von Vernehmungen erwünscht ist.[72]

Nach unseren Kenntnissen sind England und Wales die einzigen europäischen Länder, in denen sämtliche polizeiliche Vernehmungen systematisch elektronisch aufgenommen werden. Die Einführung einer solchen Methode ist jedoch relativ teuer. Anscheinend empfiehlt der CPT diese Methode jedes Mal, wenn er die Behörden eines Landes als dafür empfänglich einschätzt, aber ohne die Länder zu bedrängen. Die elektronische Aufnahme von Vernehmungen wurde so z. B. den zypriotischen Behörden 1992 empfohlen[73] (im Rahmen des Besuchs, bei dem die Delegation Beweise von schweren Misshandlungen und Folter gefunden hatte, die eine gerichtliche Untersuchung nach sich zogen). Als der CPT 1996 nach Zypern zurückkehrte, scheint er darüber benachrichtigt worden zu sein, dass die zypriotischen Behörden in Erwägung zogen oder gezogen hatten, die elektronische Aufnahme einzuführen. Der Ausschuss bat, von den Ergebnissen der Beratungen benachrichtigt zu werden.[74] Wenn Bestimmungen in innerstaatlichen strafrechtlichen Gesetzen die Benutzung audio-visueller Anlagen vorsehen, drängt der Ausschuss auf die Mitteilung von Informationen über deren Gebrauch.[75] Es scheint, dass der Ausschuss dieses Thema stärker betont, wenn er meint, dass die Tür schon einen Spalt offen steht. Der Ausschuss zeigte sich so 1993 während seines Besuchs in Nordirland darüber besorgt, dass im Gegensatz zu den Vernehmungen von gewöhnlichen Verdächtigen die Vernehmungen von Personen, die der Ausübung terroristischer Aktivitäten verdächtigt und auf der Grundlage des „Prevention of Terrorism Act" inhaftiert waren, nicht aufgezeichnet wurden.[76] Die Behörden

Nordirlands wurden gebeten, ihre Position in diesem Bereich nochmals zu überdenken und Vernehmungen systematisch mit einer Audio- oder Videoanlage aufzunehmen.[77] Da der Gebrauch von Überwachungssystemen mit Monitoren im geschlossenen Netz innerhalb der Hafteinrichtungen der Stadtpolizei Londons zunahm, wünschte der Ausschuss 1997, darüber informiert zu werden, ob dieses Vorgehen auf das ganze Land ausgeweitet werden sollte.[78]

iv. Beschwerde- und Inspektionsverfahren

In Bezug auf die Verantwortlichkeit der Polizei hat der Ausschuss unterstrichen, dass „unangekündigte und regelmäßige, durch Staatsanwaltschaft oder Gericht ausgeführte Besuche der Orte, an denen Personen von der Polizei inhaftiert sind, bedeutsame Auswirkungen auf die Verhütung von Misshandlungen haben können".[79] Er hob ebenfalls hervor, dass „die Existenz wirksamer Mechanismen zur Bekämpfung unkorrekten polizeilichen Verhaltens auch eine wichtige Schutzvorkehrung gegen die Misshandlung von Personen ist, denen die Freiheit entzogen wurde".[80] Sein Interesse an diesen beiden Aspekten der Verantwortlichkeit hat sich mit der Zeit verstärkt. Der CPT sammelt jetzt systematisch in den besuchten Ländern Auskünfte über solche Mechanismen[81] und empfiehlt, dass entsprechende Systeme in den Ländern, die darüber noch nicht verfügen, ins Auge gefasst[82] und in Ländern, in denen es Beweise für Misshandlungen gibt, eingerichtet werden.[83] In den Ländern, in denen derartige Systeme schon vorhanden sind, soll die Garantie ihrer Objektivität und Unabhängigkeit überprüft werden.[84]

Besuche müssten von einem unabhängigen Organ durchgeführt werden. „Um wirklich effizient zu sein, sollten diese Besuche gleichzeitig regelmäßig und unangekündigt stattfinden und das Organ sollte des Weiteren dazu befugt sein, inhaftierte Personen ohne Zeugen zu befragen."[85] Der Ausschuss befürwortet außerdem, dass die Führungsverantwortung umfassend sichergestellt wird. Er fordert infolgedessen höhere Polizeibeamte auf, Hafteinrichtungen selbst zu besuchen, um sicherzustellen, dass die angemessenen Verfahren tatsächlich eingehalten werden.[86]

Die Verfahren zur Überprüfung von Beschwerden „müssen unabhängig und unparteiisch sein und auch als solche betrachtet werden". Daher ist es „vorzugswürdig, die entsprechende Untersuchungsarbeit einer offenkundig unabhängigen Dienststelle der Polizei zu übertragen".[87] Falls es Beweise für Fehlverhalten gibt, ist der Ausschuss der Ansicht, dass „das Ergreifen geeigneter Disziplinar- und/oder Strafmaßnahmen eine enorm abschreckende Wirkung auf Polizeibeamte haben kann, die anderenfalls in der Aussicht fehlender Konsequenzen zu Misshandlungen neigen könnten".[88] Eine Reihe von praktischen Vorschlägen soll es erleichtern, geeignete Sanktionen gegenüber den betroffenen Polizeibeamten zu verhängen. Der Ausschuss schlägt z. B. vor, dass die Beweislast in den polizeilichen Disziplinarverfahren der des Zivilrechts und nicht des Strafrechts entspricht,[89] und dass das Scheitern einer strafrechtlichen Verfolgung nicht die Durchführung von Disziplinarverfahren verhindert.[90] Die Disziplinarverfahren selbst müssen ebenfalls unabhängig und unparteiisch sein und als solche angesehen werden. Der Ausschuss „hält es für besser, dass das Element der „Unabhängigkeit in den Disziplinarkommissionen den Vorzug erhält".[91] Der Ausschuss hat vor kurzem angesichts seiner allgemeinen Besorgnis über die Untersuchung von Misshandlungen einen ergänzenden Ansatz entwickelt: „Auch wenn keine formelle Beschwerde vorliegt, sollte bei Vorliegen anderer Hinweise, die auf Misshandlungen schließen lassen (wie in einem gerichtsmedizinischen Bericht festgestellte Verletzungen oder das allgemeine Aussehen des Betroffenen), ein Verfahren eingeleitet werden."[92]

f) Haftbedingungen

Der CPT hat seine allgemeinen Ansichten über die Haftbedingungen der Personen, die sich in Polizeigewahrsam befinden, in seinem zweiten Tätigkeitsbericht vorgestellt.[93] Der Ausschuss weiß genau, dass in Hafteinrichtungen, die einer kurzen Verwahrung dienen, „nicht ebenso gute materielle Bedingungen [...] erwartet werden können wie in anderen Inhaftierungsorten, an den Personen für einen längeren Zeitraum inhaftiert sind".[94] Es hat sich aber schnell herausgestellt, dass Polizeiwachen, die für kurze Haftzeiten bestimmt und ausgestattet sind, auch für längere Haftzeiten benutzt werden. Der Ausschuss kam infolgedessen dazu, Polizeigebäude zu kritisieren, die als akzeptabel eingeschätzt worden wären, wenn man sie nur zum Zweck der anfänglichen Inhaftierung benutzt hätte. Der CPT hat gleichsam in Polizeigebäuden Haftbedingungen angetroffen, die nur als akzeptabel betrachtet werden können, wenn sie lediglich für Haftzeiten von nicht länger als ein oder zwei Tagen benutzt werden.[95] Diese Erfahrung ließ ihn die folgende Anmerkung fast systematisch in seine Berichte einzufügen:

„Alle Polizeizellen[96] sollten sauber und im Verhältnis zur Anzahl der normalerweise darin untergebrachten Personen von einer vernünftigen Größe sein sowie eine angemessene Beleuchtung (ausreichend, um außerhalb der Schlafzeiten lesen zu können) und eine Belüftung haben. Die Zellen sollten vorzugsweise dem Tageslicht ausgesetzt sein. Sie sollten außerdem so ausgestattet sein, dass sie über eine Sitzgelegenheit verfügen (z. B. ein Stuhl oder eine Sitzbank). Personen, die die Nacht in Haft verbringen müssen, sollten mit einer Matratze und sauberer Bettwäsche versorgt werden. Die Personen sollten in der Haft in der Lage sein, ihre natürlichen Bedürfnisse unter sauberen und ordentlichen Bedingungen verrichten sowie geeignete Waschgelegenheiten benutzen zu können. Sie sollten ständigen Zugang zu Trinkwasser haben und in regelmäßigen Abständen Nahrungsmittel einschließlich zumindest einer kompletten Mahlzeit (d. h. etwas Gehaltvolleres als nur einen Sandwich) täglich bekommen. Die Personen, die für eine längere Zeit in Haft bleiben (24 Stunden oder länger), sollten mit geeigneten persönlichen Hygieneartikel versorgt werden und soweit wie möglich die Erlaubnis erhalten, täglich körperliche Übungen an der frischen Luft machen zu können."[97]

Die Umsetzung vieler dieser Desiderate ist unvermeidbar nur in beschränktem Maß möglich, so dass es kaum lohnt, diese Richtlinien in allen Einzelheiten zu untersuchen. Vor allem ist es das Zusammenspiel aller dieser sinnvollen Erwägungen, das schließlich die Grundlage einer möglichen umfassenden Bewertung bildet. Je länger die Haftzeit dauert, desto schwieriger wird die Umsetzung der

Richtlinien. Es kann sich sogar die Frage nach der Versorgung mit Nahrungsmitteln stellen.[98]

Eine begrenzte Ausnahme zu diesen Kriterien betrifft die Größe der Zellen. Während der Ausschuss zugegeben hat, dass es sich um eine „schwierige Frage" handelt, hat er seit Aufnahme seiner Arbeiten die seiner Ansicht nach für einen Häftling vernünftige Größe einer Polizeizelle bei einem Aufenthalt von mehr als einigen Stunden bestimmt. Es ging eher darum, ein wünschenswertes Ziel zu beschreiben als einen Mindeststandard festzulegen. Anfang 1992 schätzte der CPT, dass eine solche Zelle „ungefähr 7 m², mit 2 Metern oder mehr Abstand zwischen den Wänden und 2,5 Metern Abstand zwischen Boden und Decke"[99] betragen sollte. Er erinnerte danach mehrmals an diese Erklärung.[100] Die Anwendung des Standards hat sich bei Häftlingen mit einer langen Haftdauer zur Verbüßung von Straftaten als schwierig erwiesen und sollte abgesehen vom Bereich des Polizeigewahrsams als ein Ideal betrachtet werden, das die Staaten auffordert, dieser Richtung zu folgen. Der Ausschuss hat infolgedessen erheblich kleinere Zelle akzeptiert. In der Vergangenheit befand sich scheinbar die Akzeptanzgrenze zwischen 4 und 4,5 m² für Aufenthalte mit Übernachtung.[101] Zellen mit einer Größe von weniger als 4 m² waren nur für Aufenthalte von „einigen Stunden"[102] akzeptabel. Der Ausschuss hat jedoch vor kurzem erklärt, dass Zellen mit einer Größe von 4,5 m² für einen Aufenthalt mit Übernachtung kaum akzeptabel sind[103] und dass sogar die Zellengröße von 5,5 m² für derartige Aufenthalte weit vom Ideal entfernt liegt.[104] Zellen mit einer Größe von 6 m² wurden als „geeignet"[105] und mit einer Größe von 6,5 m² als „annehmbar"[106] beschrieben. Zellen, in denen sich Personen in Gewahrsam befanden, wurden bei einer Größe unter 2 m² auch für extrem kurze Zeiträume als absolut unzulässig bewertet und der CPT empfiehlt regelmäßig, die Zellen mit einer Größe von weniger als 1,5 m² außer Betrieb zu nehmen.[107]

Ein vor kurzem veröffentlichter Bericht beinhaltet nützliche Richtlinien für die Größe von Polizeizellen, die von mehreren Personen belegt werden. Danach sind Zellen für zwei Personen mit einer Größe zwischen 9 und 14,7 m² und Zellen für drei Personen mit einer Größe von ungefähr 23 m² im Prinzip vernünftig.[108] Es wird empfohlen, soweit wie möglich zu vermeiden, dass mehr als eine Person die Nacht in einer Zelle mit einer Größe von weniger als 9 m² verbringt.[109]

Schließlich ist der CPT der Ansicht, dass die Gebäude, in denen Verdächtige inhaftiert sind, Tag und Nacht mit Personal besetzt sein müssen. Es reicht nicht aus, wenn die Häftlinge auf Anrufe angewiesen sind, um Hilfe vom Polizeipersonal, das sich in anderen Gebäuden befindet oder gerade einen Rundgang macht, erbitten zu können.[110]

„Immigrationshäftlinge"

Von Beginn an hat der Ausschuss erklärt, dass er sich unter anderem für die Personen einsetzt, denen die Freiheit aufgrund ausländerrechtlicher Vorschriften entzogen worden ist. Darunter fallen

„[...] Personen, denen die Einreise in das betreffende Land verweigert wurde; Personen, die illegal in das Land eingereist sind und anschließend durch die Behörde identifiziert wurden; Personen, deren Aufenthaltsgenehmigung abgelaufen ist; Asylsuchende, deren Inhaftierung durch die Behörden als notwendig angesehen wird".[111]

Der CPT hat infolgedessen Kontakte zu mehreren Organen, insbesondere dem Hohen Kommissar der Vereinten Nationen für Flüchtlinge[112] geknüpft. Seine ersten Besuche führten den Ausschuss zu Haftzentren an Flughäfen (unabhängig davon, ob diese Orte von der Polizei oder, wie es in vielen Ländern der Fall ist, in denen es kein spezielles Einwanderungsministerium gibt, von den jeweiligen Einwanderungsbehörden verwaltet werden).[113] Er hat außerdem seine Zufriedenheit über das Urteil des Europäischen Gerichtshofs für Menschenrechte *Amuur gegen Frankreich*[114] zum Ausdruck gebracht, da es seine Ansicht bestätigt, dass „der Aufenthalt in einer Transit- oder einer internationalen Zone je nach Umständen einer Freiheitsentziehung im Sinne von Artikel 5 Abs. 1 lit. f [EMRK] gleichstehen kann".[115] Der CPT sieht sich in seiner Sichtweise *bestätigt*,[116] nachdem er „mehrmals" mit dem Argument konfrontiert worden ist, „dass solchen Personen nicht die Freiheit entzogen ist" (und die Personen folglich nicht unter das Mandat des Ausschusses fallen), da es ihnen freisteht, diese Zone jederzeit mit einem internationalen Flug ihrer Wahl zu verlassen".[117] Nichtsdestotrotz ist es scheinbar so, dass der Ausschuss in seinen ersten Tätigkeitsjahren nur ein geringes Interesse für die Inhaftierung von Ausländern auf der Grundlage verwaltungsrechtlicher Bestimmungen gezeigt hat. Es gibt Anzeichen, dass sich dies geändert hat. 1996 kündigte der CPT an, dass er eine erhöhte Aufmerksamkeit den Haftzentren für Ausländer widmen wolle und dass er in einem seiner nächsten jährlichen Tätigkeitsberichte bestimmte wichtige Fragen, die sich die Delegationen während des Besuches von solchen Zentren stellen, aufnehmen wolle.[118] Dies tat er 1997.[119] Er führte 1998 außerdem auf alarmierende Berichte hin einen dreitägigen *Ad-hoc*-Besuch am Flughafen von Frankfurt am Main durch, ausschließlich um die Haftbedingungen der Immigrationshäftlinge zu überprüfen.[120]

Es gibt viele Fälle, in denen Immigrationshäftlinge tatsächlich für einen kurzen Zeitraum inhaftiert sind. Es handelt sich z. B. um Personen, denen die Einreise auf Grund eines technischen Problems (ungültiger Ausweis oder Visum, fehlende finanzielle Mittel für die von ihnen angegebene Aufenthaltsdauer, usw.) verweigert wurde. Sie werden dann gebeten, mit dem nächsten verfügbaren Flug, Zug, Schiff oder Bus zu ihrem Herkunftsort zurückzukehren. Dieses Verfahren kann oft in ein oder zwei Stunden erledigt werden, so dass die meisten Einreisestellen über Aufenthaltszonen verfügen, in denen sich die Personen, deren Einreise verweigert wurde, aufhalten können, sofern ihre Anwesenheit in den allgemeinen internationalen Warteräumen unerwünscht ist. Das Problem liegt darin, dass eine unmittelbare Rückkehr nicht immer möglich ist und dass die Aufenthaltszonen der Einreisestellen nach Ansicht des Ausschusses für längere Aufenthalte häufig ungeeignet sind.[121] Der CPT betont, dass die gleichen Standards, die in anderen Haftsituationen zur Anwendung gelangen, auch für Personen gelten, die sich an Einreisestellen aufhalten müssen:

„Es liegt auf der Hand, dass solchen Personen passende Schlafgelegenheiten zur Verfügung gestellt werden, dass ihnen Zugang zu ihrem Gepäck und zu angemessen ausgestatteten Sanitär- und Waschgelegenheiten gewährt wird, und dass ihnen gestattet wird, sich täglich an der frischen Luft zu bewegen. Darüber hinaus sollten sie mit Nahrungsmitteln versorgt werden und erforderlichenfalls medizinische Fürsorge erhalten."[122]

Wenn die unmittelbare Rückkehr für Personen, denen die Einreise verweigert wurde, unmöglich ist und wenn die Einreisestellen nicht über geeignete Aufenthaltszonen verfügen, können sie gegebenenfalls an andere Inhaftierungsorte gebracht werden. Wenn diese Inhaftierungsorte für längere Aufenthalte geeignet sind, können sie auch für andere Kategorien von Immigrationshäftlingen genutzt werden, wie z. B. für Asylbewerber, deren Anträge überprüft werden und die die Behörden aus welchem Grund auch immer nicht in die Freiheit entlassen wollen, oder für Personen, deren Aufenthaltsgenehmigung abgelaufen ist und die auf ihre Abschiebung warten. Der CPT besteht in allen diesen Fällen auf der Anwendung eines weiteren grundsätzlichen Haftprinzips, nämlich des der *Trennung*: Immigrationshäftlinge sollten nicht zusammen mit Personen, die unter dem Verdacht stehen, Straftaten begangen zu haben oder deswegen schon angeklagt oder verurteilt worden sind, inhaftiert werden. Sie sollten idealerweise „in speziell für diesen Zweck vorgesehenen Zentren untergebracht werden, in denen die materiellen Bedingungen und die Behandlungsweise ihrem rechtlichen Status angemessen sind und die über hinreichend qualifiziertes Personal verfügen".[123]

In der Praxis werden Immigrationshäftlinge häufig in Polizeiwachen oder in Gefängnissen untergebracht. Dies sollte nach Ansicht des Ausschusses nur *gelegentlich* passieren, wenn eine solche Maßnahme als geeignet oder notwendig erachtet wird. Wenn ein illegaler Einwanderer zum ersten Mal identifiziert wird, ist oft nur eine Polizeiwache verfügbar. Auch Gefängnisse können gelegentlich wegen der aktuellen oder angedrohten Gewaltbereitschaft der betroffenen Person einen geeigneten Ort darstellen. Dies gilt ebenso für den Fall, dass ein Immigrationshäftling einer stationären Behandlung bedarf und deswegen zeitweise in einer Gefängniskrankenstation untergebracht werden muss, „falls keine anderen sicheren Krankenhauseinrichtungen verfügbar sind".[124] Das Leitprinzip bleibt jedoch, dass ein solches Vorgehen „auf das absolute Minimum beschränkt" sein sollte, und falls darauf zurückgegriffen werden muss, ist es „untragbar", dass Immigrationshäftlinge die Zelle mit verdächtigen oder mit verurteilten Personen teilen müssen. Sie sollten getrennt inhaftiert sein.[125]

Zur Sicherheit muss eine Anmerkung über die oben genannten Standards gemacht werden. In vielen Ländern stellt das Überschreiten der Grenze ohne gültige Dokumente oder notwendige Genehmigungen eine Straftat dar. Wenn die Behörden eine Straftat dieser Art vermuten oder entdecken, haben sie die Möglichkeit, gegen den Täter ein Strafverfahren einzuleiten und ihn folglich zu inhaftieren. In diesem Fall ist die Anordnung einer administrativen Verwahrung die für den illegalen Einwanderer vorzugswürdigere Option.

Wie sollte die Inhaftierung von Immigrationshäftlingen an Einreisestellen (der CPT nimmt mit Befriedigung zu Kenntnis, dass diesem Ansatz in den Vertragsstaaten zunehmend gefolgt wird) aussehen?

„Offenkundig sollten solche Zentren über Unterbringungsmöglichkeiten verfügen, die ausreichend möbliert, sauber und in einem guten baulichen Zustand sind und genügend Wohnraum für die Zahl der Insassen bieten. Darüber hinaus sollte bei der Konzeption und der Gestaltung der Räumlichkeiten dafür Sorge getragen werden, dass, soweit wie möglich, jeder Eindruck einer Gefängnisumgebung vermieden wird. Zu den erlaubten Tätigkeiten sollte Bewegung an der frischen Luft gehören, ebenso der Zugang zu einem Tagesraum, zu Radio/Fernseher, zu Zeitungen/Zeitschriften sowie zu anderen geeigneten Freizeitartikeln (z. B. Brettspiele, Tischtennis). Je länger der Zeitraum ist, in dem Personen festgehalten werden, desto umfangreicher sollten die Betätigungsmöglichkeiten sein, die ihnen angeboten werden."[126]

Der CPT unterstreicht ebenfalls die Notwendigkeit, dass in diesen Einrichtungen die Immigrationshäftlinge von hinreichend qualifiziertem Personal betreut werden. Die Mitglieder des Personals sollten Qualitäten im Bereich zwischenmenschlicher Kommunikation besitzen sowie mit den verschiedenen Kulturen der Häftlinge vertraut sein und zumindest einige von ihnen sollten über einschlägige Sprachkenntnisse verfügen. Darüber hinaus sollten sie darin unterrichtet werden, mögliche Symptome von Stressreaktionen, die inhaftierte Personen zeigen, zu erkennen.[127]

Die vom CPT für Immigrationshäftlinge betonten verfahrensrechtlichen Schutzvorkehrungen sind dieselben wie für die Personen, die in Polizeigewahrsam genommen werden. Aber die besonderen Merkmale von Immigrationshäftlingen müssen durch gewisse Bestimmungen stärker hervorgehoben werden. Sie sollten insbesondere „ausdrücklich, ohne Verzögerung und in einer ihnen verständlichen Sprache über alle ihre Rechte und das für sie anwendbare Verfahren informiert werden".[128] Dokumente, die die relevanten Verfahren erklären, sollten in den „am häufigsten [von Einwanderern] gesprochenen Sprachen" verfügbar sein. Erforderlichenfalls können die Dienste eines Dolmetschers in Anspruch genommen werden.[129] Insbesondere Asylsuchende sollten Zugang zu medizinischer Fürsorge erhalten und das medizinische Personal „sollte dem physischen und psychischen Zustand [dieser Patienten] besondere Aufmerksamkeit schenken, „von denen einige gefoltert oder auf andere Weise misshandelt worden sein können". Im Allgemeinen sollten Immigrationshäftlinge berechtigt sein, „während ihrer Haft den Kontakt mit der Außenwelt aufrecht zu erhalten und insbesondere Zugang zu einem Telefon zu haben und Besuche von Verwandten und Vertretern relevanter Organisationen zu empfangen", zu denen der CPT zweifelsohne die Nichtregierungsorganisationen zählt, die in vielen Ländern Asylbewerber beraten und unterstützen.[130]

Schließlich zeigt sich der Ausschuss über zwei Aspekte besorgt, die wohl nur am Rand seines Mandats liegen. Erstens erfolgt die Inhaftierung der Einwanderer häufig vor ihrer Auslieferung, Abschiebung oder Ausweisung. Der CPT scheint sich zunehmend über die Möglichkeit Sorgen zu machen, dass ein Ausländer in ein Land zurückgeschickt werden soll, in dem er dem Risiko von Folter oder unmenschlicher oder erniedrigender Behandlung oder Strafen ausgesetzt ist. Diese Sorge beruht zweifelsohne auf dem in diesem Bereich gesicherten Fallrecht im Rahmen der EMRK.[131] Der Ausschuss stellt infolgedessen während seiner Besuche immer Fragen über die vorgesehenen Verfahren, um eine solche Tragödie zu vermeiden.¹³² Die Mitglieder der Besucherdelegationen wollen unter anderem sicherstellen, dass „die Beamten, die mit der Behandlung solcher Fälle betraut sind, angemessen ausgebildet wurden und Zugang zu objektiven und unabhängigen Informationen über die Menschenrechtssituation in anderen Ländern haben". Da diese beiden Fragen die Ausbildung des Personals und seine Anweisungen berühren, zeigen sie die fast unbegrenzte Weite des präventiven Mandats des CPT im Bereich der Ausarbeitung von Standards und deren Kontrolle. Hinsichtlich seiner Rolle in diesem Bereich scheint sich der Ausschuss tatsächlich zur Zeit nicht mehr sicher zu sein, da Beweise für Verfahrenverstöße nicht immer in den besuchten Ländern zu finden sind, sondern in den Ländern, in welche die Opfer des entsprechenden Verfahrenverstoßes zurückgeschickt wurden. Die zuletzt genannten Länder sind zudem nur selten Vertragsparteien des ECPT. Angesichts der besonderen Natur dieses Problems hat der CPT angemerkt, dass die im Rahmen der Europäischen Menschenrechtskonvention vorgesehenen Mechanismen „besser als der CPT in der Lage sind, solche Behauptungen zu untersuchen und gegebenenfalls präventive Maßnahmen zu ergreifen".¹³³ Es handelt sich hierbei insofern um eine interessante Umkehrung, als dass der CPT den „präventiven" Mechanismus, der im Rahmen des „justitiellen" Mandats der EMRK entwickelt worden ist, als besser geeignet ansieht, konkrete Ergebnisse im Bereich der Prävention zu erreichen, als seine von ihm selbst im Rahmen seines präventiven Mandats ausgearbeiteten Mechanismen.

Nichtsdestotrotz ist es offensichtlich, dass der Ausschuss diesen Problemen jetzt eine größere Aufmerksamkeit schenkt als früher. Im Juni 1998 hat er z. B. einen dreitägigen *Ad-hoc*-Besuch im Flughafen von Frankfurt am Main durchgeführt. Die Besucherdelegation hatte „ihre Aufmerksamkeit auf die Lage der Asylbewerber [...] am Flughafen während der Überprüfung ihres Antrages und auch auf die Bedingungen gerichtet, unter denen die Ausweisung von Ausländern vollzogen wurde".¹³⁴ Dies war der erste *Ad-hoc*-Besuch in einem Flughafen. Der Hintergrund von vorherigen kurzen und gezielten *Ad-hoc*-Besuchen weist darauf hin, dass dieser Besuch möglicherweise durch Berichte über „tatsächliche" Fälle von Misshandlungen¹³⁵ oder eine Reihe von Misshandlungen, die eine sofortige Ermittlung erfordern, ausgelöst worden ist.

Der zweite Punkt bezieht sich auf der Tatsache, dass die Ausweisung oder Abschiebung manchmal mittels Anwendung von Zwangsmitteln vollstreckt werden muss, falls sich der Ausländer der Abschiebung widersetzt. Der Ausschuss hat sich über die in diesem Kontext mutmaßlich verwendeten Zwangsmittel beunruhigt erklärt:¹³⁶

„Es sollte jedoch nicht mehr Gewalt als vernünftigerweise notwendig angewendet werden. Insbesondere wäre es völlig inakzeptabel, dass Personen, gegen die eine Abschiebungsanordnung besteht, physisch angegriffen werden als eine Form der Überzeugung, ein Transportmittel zu besteigen, oder als eine Bestrafung dafür, dass sie es nicht getan haben. Darüber hinaus muss der CPT hervorheben, dass die Knebelung einer Person eine sehr gefährliche Maßnahme ist.

Der CPT möchte gleichfalls betonen, dass jede Verabreichung von Medikamenten an Personen, gegen die eine Abschiebungsanordnung besteht, nur auf der Grundlage einer ärztlichen Entscheidung und in Übereinstimmung mit dem ärztlichen Berufsethos vorgenommen werden darf."[137]

Der Ausschuss hat sich ebenfalls über ein nicht erlaubtes Vorgehen der schwedischen Polizei im Flughafen von Arlanda, Stockholm, ablehnend geäußert. Dabei umfassten zwei Meter lange Ketten die Brust eines Abschiebungskandidaten an einem Ende und das Fußgelenk an dem anderen, so dass das betroffene Bein permanent halb gebeugt werden musste. Die schwedischen Behörden versicherten, dass dieses Verfahren in der Zukunft nie wieder benutzt wird.[138] Das in Deutschland erlaubte Vorgehen bei der Abschiebung von Ausländern per Flugzeug, erforderlichenfalls Plastik- oder Metallhandschellen, Fußketten, Klebeband und ausnahmsweise einen Motorradhelm (ohne Helmklappe) zu benutzen, damit der Häftling nicht absichtlich sich selbst oder die begleitenden Polizisten verletzt, wurde vom CPT nicht kritisch beurteilt, solange diese Zwangsmittel nur in absolut erforderlichen Fällen benutzt und in einem vollständigen Bericht erfasst werden.[139]

Untersuchungshäftlinge

Zusätzlich zur anfänglichen Phase des Polizeigewahrsams vor der Anklage und/oder vor Ladung eines Verdächtigen vor Gericht sehen alle strafrechtlichen Rechtsordnungen die Möglichkeit einer vorläufigen Haft für Personen vor, die auf ihren Prozess warten. Ihre Dauer kann auf wenige Tagen begrenzt sein, erstreckt sich jedoch normalerweise auf mehrere Wochen oder Monate bis zu einem Jahr oder länger in manchen Ländern. Es ist normal, dass eine solche Haft in einem Gefängnis stattfindet. Die Europäischen Gefängnisregeln gehen ebenfalls davon aus.[140] Wahrscheinlich auf der Grundlage der Vorstellung, dass Polizeiwachen nur bei kurzen Inhaftierungszeiträumen benutzt werden, begnügte sich der CPT mit einem niedrigerem Niveau an materiellen Haftbedingungen für die Fälle des Polizeigewahrsams als bei den für längere Aufenthalte vorgesehenen Gefängnissen.[141] Das Problem, das sich schon bei der Analyse der Inhaftierung von „Immigrationshäftlingen" angedeutet hat, besteht darin, dass in mehreren Ländern Polizeiwachen systematisch oder gelegentlich für eine längere Haftdauer als vorgesehen benutzt werden. Außerdem verwenden manche Länder ein System von Polizeigefängnissen, die von der Polizeiwache unabhängige Einrichtungen sind, aber für Inhaftierungszwecke zu schlecht ausgestattet sind.[142]

Der CPT hat Polizeiwachen besucht, in denen Häftlinge in Untersuchungs- oder administrativer Haft[143] zusammen mit Verurteilten untergebracht waren.[144] Der Ausschuss hat wiederholt diese Praxis verurteilt, da keine Polizeiwache oder kein Polizeigefängnis normalerweise den Standards entspricht, die die materiellen Haft- und Wohnbedingungen für Gefängnisse, in denen Personen in Untersuchungshaft untergebracht werden, bestimmen.

Der Ausschuss gibt zu, dass es offenkundig aufgrund der höheren Fluktuation von Häftlingen an solchen Inhaftierungsorten kaum eine „individuelle Behandlung [gibt], wie man sie in Strafvollzugsanstalten erwarten kann". Untersuchungshäftlinge sollten jedoch nicht einfach in der Haft „ihrem Schicksal überlassen werden". Ihnen sollte „ein angemessenes Programm an Aktivitäten (Arbeit, Bildung und Sport)" angeboten werden, das es ihnen ermöglicht, sich mit unterschiedlichen, sinnvollen Tätigkeiten zu beschäftigen und einen angemessenen Teil des Tages (acht Stunden oder mehr) außerhalb der Zelle zu verbringen.[145] Der CPT fordert außerdem, dass allen Häftlingen, ob bereits verurteilt oder noch in Untersuchungshaft, erlaubt werden sollte, sich für mindestens eine Stunde pro Tag an der frischen Luft zu bewegen.[146] Die dafür vorgesehenen Anlagen sollten eine angemessene Größe aufweisen, damit die Häftlinge „sich körperlich betätigen können[147]", und „wenn möglich Schutz vor schlechtem Wetter bieten".[148] Selbstverständlich fehlen derartige Anlagen und Programme überwiegend in den Polizeiwachen, so dass sich die Häftlinge prinzipiell untätig und beengt in ihren Zellen aufhalten und keine oder nur wenige Möglichkeiten haben, sich innerhalb oder außerhalb der Einrichtungen zu bewegen. Jedes Mal, wenn der Ausschuss auf solche Bedingungen trifft, hebt er hervor, dass Polizeiwachen nicht für eine längere Haftdauer geeignet sind. Er empfiehlt den Behörden, die es für unrealistisch halten, für ein angemessenes Programm an Aktivitäten und eine entsprechende Ausstattung dieser Gebäude zu sorgen, diese Gebäude außer Betrieb zu nehmen.[149]

Noch nicht verhandelten Häftlingen sollte erlaubt werden, ihre eigene Bekleidung zu tragen.[150] Zudem empfiehlt der CPT anscheinend, ihnen ein großzügigeres Besuchsrecht als den verurteilten Häftlingen zu gestatten.[151]

Ein weiterer, für den CPT besorgniserregender Aspekt der Untersuchungshaft betrifft die Einschränkungen hinsichtlich der Kontakte, die die Häftlinge unter sich und mit Dritten unterhalten. Die Einschränkungen dienen dazu, Beweise zu sichern und Einschüchterungen oder Absprachen zu verhindern, die die Ermittlung behindern könnten.[152] Der CPT hat implizit anerkannt, dass es berechtigt sein kann, die Kontakte von Untersuchungshäftlingen mit der Außenwelt einzuschränken, aber er betont zugleich, dass „die Isolationshaft unter bestimmten Umständen eine unmenschliche und erniedrigende Behandlung darstellen kann"[153] und dass „sie so kurz wie möglich sein [sollte]".[154] Es ist zudem klar, dass diese Einschränkungen in manchen Ländern von der Polizei oder der Staatsanwaltschaft benutzt werden, um psychischen Druck auf die Verdächtigen auszuüben und Geständnisse oder Informationen zu erlangen. Ein solches Vorgehen ist absolut inakzeptabel.[155] Um diesen Missbrauch soweit wie möglich zu begrenzen, hat der CPT die Annahme der folgenden Prinzipien und Verfahrensvorkehrungen empfohlen:
- Die Benutzung und die Verlängerung der Einschränkungen sind nur in „Ausnahmefällen" erlaubt, sollten strengstens auf die Anforderungen des Falles begrenzt[156] und zu den Bedürfnissen der Ermittlungen angemessen sein.[157]
- Jede besondere Einschränkung benötigt die Genehmigung eines Gerichts, ihre Begründung muss schriftlich niedergelegt und dem Häftling mitgeteilt werden, „es sei denn Erfordernisse der Ermittlungen sprechen dagegen".[158]
- Die Auferlegung der Einschränkungen bezüglich der Kontakte zu Dritten und die Begründung ihrer Aufrechterhaltung müssen regelmäßig vom Gericht überprüft werden.[159]

- Die Häftlinge, die den Einschränkungen unterliegen, haben das Recht, dagegen vor einem Gericht oder einem unabhängigen Organ Berufung einzulegen unter Beachtung der vom Staatsanwalt festgesetzten besonderen Einschränkungen.[160]

Auch wenn sie juristisch begründet sind, können solche Einschränkungen schädliche Folgen haben. Der CPT empfiehlt deswegen die Annahme der folgenden Schutzvorkehrungen und des folgenden ausgleichenden Grundsatzes, um die Wahrscheinlichkeit solcher Folgen zu verringern:
- Wann immer ein diesen Einschränkungen unterliegender Häftling (oder ein Gefängnisbeamter in dessen Auftrag) eine Untersuchung durch einen Arzt verlangt, sollte der Arzt ohne Verzögerung gerufen werden und die Untersuchung vornehmen. Die Ergebnisse dieser Untersuchung, einschließlich einer Beurteilung des physischen und psychischen Zustands des Häftlings, sowie, falls notwendig, die voraussehbaren Folgen einer fortgesetzten Isolation, sollten in einer schriftlichen Stellungnahme niedergelegt und an die zuständigen Stellen weitergeleitet werden.[161]
- „Jedem Häftling, der während einer längeren Zeit Einschränkungen unterliegt, sollte zusätzlich zu der Möglichkeit, sich an der frischen Luft zu bewegen und einen angemessenen menschlichen Kontakt pflegen zu können, auch die Gelegenheit zu weiteren Aktivitäten gegeben werden."[162]

Auch wenn es in manchen Fällen eindeutig gerechtfertigt ist, Untersuchungshäftlingen Kontakte mit anderen Häftlingen zu verweigern und ihnen Besuche und Telefonanrufe vorzuenthalten,[163] sollten sie daher doch Kontakt mit dem Gefängnispersonal im Rahmen von speziellen Aktivitäten innerhalb oder außerhalb ihrer Zellen unterhalten. Diese Aktivitäten sollen die Tatsache ausgleichen, dass sie keine normalen Beziehungen zu ihren Mithäftlingen unterhalten können. Derartige ausgleichende Aktivitäten innerhalb oder außerhalb der Zelle sollen im Verhältnis zu dem Grad an Einschränkungen stehen, denen der Häftling unterliegt.

Anmerkungen

[1] Siehe Amnesty International, *Torture in the eighties*.
[2] Siehe den sechsten Tätigkeitsbericht, Abs. 15: „Der CPT hebt hervor, dass in der Zeit unmittelbar nach dem Freiheitsentzug seiner Erfahrung nach das Einschüchterungs- und Misshandlungsrisiko am größten ist." Diese Erklärung wird in vielen Besuchsberichten wiederholt.
[3] Siehe z. B. der Bericht Switzerland 2 R 1, S. 101 und 103, in dem die Bundesbehörden den Standpunkt des CPT zum Recht des Gefangenen auf Zugang zu einem Rechtsanwalt und zu einem Arzt von Beginn des Polizeigewahrsams an scharf kritisiert. Dieser Vorbehalt hat das Urteil des EGMR *John Murray g. Vereinigtes Königreich* vom 8. Februar 1996 (*RJD*, 1996-I, S. 30, 22 EHRR 29) und die Vorarbeiten zum Entwurf eines Zusatzprotokolls zur EMRK bezüglich Personen, denen die Freiheit entzogen wird, beeinflusst. Kompromisse sind in diesem Bereich unabdingbar. So ist der EGMR in dem Urteil vom 6. Juni 2000 *Magee g. Vereinigtes Königreich*, Abs. 43, der Auffassung, dass „der Antragsteller „in den ersten Stadien der Vernehmung Zugang zu einem *Rechtsanwalt* hätte

erhalten müssen, um die einschüchternde Umgebung auszugleichen, die zur Überwindung seines Willens und zur Abgabe eines Geständnisses bestimmt war". Das Gericht gelangte zu dieser Schlussfolgerung teilweise auf Grundlage des Berichts des CPT über eine Hafteinrichtung in Castlereagh (Nordirland), in dem der Ausschuss die dortigen Haftbedingungen beschreibt und erklärt, dass „die Tatsache, dass ein derartiger, extrem starker psychischer Druck auf einen Gefangenen ausgeübt wird, um seinen Willen zu überwinden, einer unmenschlichen Behandlung entspricht" (UK 3, Abs. 109).

[4] Austria 1, Abs. 60.
[5] Zweiter Tätigkeitsbericht, Abs. 36.
[6] Bis zum Ende der 90er Jahren bezog sich diese Eingangserklärung auf die Rechte „der Personen, denen die Freiheit von der Polizei entzogen ist" und das dritte grundlegende Recht bezüglich des Zugangs zu einem Arzt war mit spezielleren Worten als „das Recht, von einem Arzt seiner Wahl untersucht zu werden" umschrieben. Für neuere Beispiele dieser Formulierung, die selbst aus älteren Versionen abstammen, siehe Bulgaria 1, Abs. 80 und 81 (angenommen im September 1995) und Poland 1, Abs. 45 und 46 (angenommen im Dezember 1996). Die letzten angenommenen Berichte verwenden den im Text wiederholten Wortlaut. Siehe z. B. Czech Republic 1, Abs. 25 (angenommen im Juni 1997); UK (Isle of Man) 4, Abs. 161 (angenommen im März 1998); Sweden 3, Abs. 15 (angenommen im Juli 1998); Iceland 2, Abs. 21 (angenommen im November 1998, der sich ungewöhnlicherweise auf das Recht der „Leute" [people] und nicht der Personen bezieht); Ireland 2, Abs. 20 (angenommen im März 1999); Finland 2, Abs. 26 (angenommen im März 1999); Moldova 1, Abs. 31 (angenommen im Juli 1999). Das Dokument „Wesentliche Grundfragen" von 1999, S. 7, Anmerkung 1, bestimmt, dass die neue Formulierung zusätzliche Details über das oben unter lit. c behandelte Recht auf Zugang zu einem Arzt beinhaltet, z. B. den Satzteil „einschließlich des Rechts von einem Arzt seiner Wahl untersucht zu werden, wenn die gefangene Person es wünscht (zusätzlich zu jeglicher Untersuchung eines von der Polizei ausgewählten Arztes)". Diese Anmerkung spiegelt zwar vielleicht die Substanz der heutigen einleitenden Erklärung, jedoch nicht ihren tatsächlichen Wortlaut wider, wie es die letzten verfügbaren Berichte belegen. Es könnte sein, dass der Ausschuss als wesentlichen Punkt den Zugang und nicht einen Aspekt dieses Zugangs, der in manchen Ländern von geringer, praktischer Bedeutung sein kann, herausstellen will.
[7] Sweden 3, Abs. 18-21.
[8] Zweiter Tätigkeitsbericht, Abs. 37.
[9] Siehe z. B.: Portugal 1, Abs. 41; Belgium 1, Abs. 40; Czech Republic 1, Abs. 28; Iceland 2, Abs. 24 und Sweden 3 Abs. 18.
[10] Siehe z. B. Sweden 3, Abs. 16.
[11] Spain 1, Abs. 47.
[12] Spain 1, Abs. 54.
[13] *Ibid.* und siehe hinsichtlich älterer Berichte Ireland 1. Abs. 40; Slovakia 1, Abs. 29 und Bulgaria 1, Abs. 83. Einige der älteren Berichte weisen darauf hin, dass dieses Recht von der inhaftierten Person ausgeübt werden sollte: siehe z. B. Greece 1, Abs. 27.
[14] Finland 2, Abs. 29.
[15] Spain 6, Abs. 22.
[16] Z. B. Spain 2, Abs. 60 und Finland 2, Abs. 29. Verzögerungen bis zu 36 und 48 Stunden hatten in UK 1, Abs. 217 und UK 2, Abs. 54, keine Kritiken hervorgerufen. Der CPT merkte außerdem in UK 4 (Abs. 60) an, dass er abgesehen von anderen, im Folgenden erörterten Fragen mit den in England und Wales beobachten formellen Schutzvorkehrungen zufrieden war.

[17] In Finland 2, Abs. 29 wurde die Bezeichnung „bedeutende Hinderung des Ablaufs der Ermittlung" als zu vage bewertet.
[18] Finland 2, Abs. 30 (Hervorhebung durch die Autoren). Diese Milderung könnte auf die ziemlich negative Reaktion der finnischen Behörden auf die in Finland 1 ausgedrückte Empfehlung zurückzuführen sein.
[19] Czech Republic 1, Abs. 30; Spain 6, Abs. 19; siehe auch Spain 6, Abs. 21 und Andorra 1, Abs. 19.
[20] Siehe z. B. Austria 2, Abs. 44; Slovakia 1, Abs. 41 und Czech Republic 1, Abs. 30.
[21] Siehe z. B. Sweden 3, Abs. 19-21.
[22] Turkey 7, Abs. 25.
[23] Ireland 2, Abs. 23 . Vgl. auch Ireland 1, Abs. 44, in dem der CPT die Erstellung von Listen von Rechtsanwälten empfiehlt, die den Häftlingen zur Verfügung stehen.
[24] Ireland 2, Abs. 24. Vgl. auch Germany 1, Abs. 35, in dem solche Maßnahmen „empfohlen" werden.
[25] Zweiter Tätigkeitsbericht, Abs. 38.
[26] Spain 6, Abs. 19. Siehe auch Poland 1, Abs. 50 und Finland 2, Abs. 32.
[27] Siehe z. B. Greece 1, Abs. 40 und France 3, Abs. 39.
[28] UK 2, Abs. 63.
[29] Z. B. Poland 1, Abs. 50; Finland 2, Abs. 33; Spain 6, Abs. 19 und Andorra 1, Abs. 19.
[30] Siehe auch Germany 3, Abs. 42, in dem der CPT empfiehlt, dass das Recht auf Zugang zu einem Rechtsanwalt auf alle Stadien des „Flughafenverfahrens" für Immigrationshäftlinge erweitert wird und nicht nur den Stadien nach der anfänglichen Anhörung vor dem Bundesamt vorbehalten ist.
[31] Dieser Satz, der z. B. in Finland 2, Abs. 34, zu finden ist, weist eine weitere, weniger zweideutigere Bedeutung auf als der vorher verwendete Ausdruck („eine in Polizeigewahrsam genommene Person"). Er spiegelt möglicherweise besser die gewöhnliche Verwendung wider, wenn auch die exakte Bezeichnung von der Rechtsordnung des betroffenen Lands abhängen kann. Deswegen haben wir ihn ausgewählt, um diesen Standard zu beschreiben, obwohl er in dieser Form in keinem uns bekannten Bericht erwähnt wird. Er wird erst recht auf Isolationshäftlinge angewendet, siehe Spain 6, Abs. 26.
[32] Siehe Anmerkung 31.
[33] Der CPT hat bezüglich des geeigneten Inhalts und Struktur dieser Formulare präzise Richtlinien bestimmt. Siehe z. B. Spain 6, Abs. 25.
[34] Czech Republic 1, Abs. 32 (siehe aber Anmerkung 28). Diese Stellungnahme ist der in den ersten regelmäßigen Berichten benutzten Stellungnahme inhaltlich ähnlich. Sie entstammt dem zweiten Tätigkeitsbericht (Abs. 38) mit Ausnahme des letzten Punktes im Bezug auf die Vertraulichkeit, der in dieser Form zum ersten Mal in einem Bericht erscheint.
[35] Spain 6, Abs. 26 und Andorra 1, Abs. 23.
[36] Siehe z. B. UK 1, Abs. 220; Ireland 1, Abs. 46, 47 und Spain 6, Abs. 26.
[37] Turkey 7, Abs. 26.
[38] Czech Republic 1 (Abs. 26) . Siehe auch Turkey 7, Abs. 26, in dem die Bedingungen als unbedingt erforderlich beschrieben werden.
[39] Siehe z. B. Iceland 2, Abs. 21 (angenommen im November 1998) und Finland 2, Abs. 26 (angenommen im März 1999). Siehe aber auch Moldova 1, Abs. 31 (angenommen im Juli 1999), in dem sich die Anmerkung befindet.
[40] Siehe Sweden 3, Abs. 15, in dem dieses Recht als „ebenso grundlegend" beschrieben wird und UK (Isle of Man) 4, Abs. 26, in dem diese Anmerkung dem Wortlaut der drei Grundrechte folgt.

⁴¹ Diese Empfehlung, die zum ersten Mal in Sweden 1, Abs. 29, gegeben wurde, ist seitdem mit geringeren Unterschieden wiederholt worden. Die aktuelle Formulierung, wie sie im Text zitiert ist, befindet sich unter anderem in Portugal 1, Abs. 47; Poland 1, Abs. 55 und Czech Republic 1, Abs. 33. Sie stellt einen Fortschritt dar im Vergleich zur vorherigen Formulierung (siehe z. B. Malta 2, Abs. 25), da die Rechte hier auf eine „offene und direkte" Weise dargestellt werden.

⁴² Turkey 7, Abs. 27.

⁴³ Siehe z. B. Italy 1, Abs. 48; Luxembourg 1, Abs. 34 und Liechtenstein 1, Abs. 32.

⁴⁴ Siehe Iceland 2, Abs. 25 und Spain 6, Abs. 27. Dort erwähnt das Formular das Recht auf Zugang zu einem Arzt nicht. Siehe auch Sweden 3, Abs. 26, in diesem Fall enthalten die Vorschläge für das Formular dieses Recht ebenfalls nicht.

⁴⁵ Siehe z. B. Netherlands 1, Abs. 48; Hungary 1, Abs. 49 und den sechsten Tätigkeitsbericht, Abs. 16.

⁴⁶ Siehe z. B. Germany 1, Abs. 41, 45.

⁴⁷ Siehe Sweden 3, Abs. 21; Finland 2, Abs. 39 und Ireland 2, Abs. 25.

⁴⁸ In Finland 2, Abs. 39, erklärt der CPT, dass er „mit Zufriedenheit anmerkt", dass dies in der Praxis schon der Fall war. Ein Grund dafür, dass sich der CPT im Fall Schwedens zurückhaltend gezeigt hat, besteht vielleicht darin, dass sich die schwedischen Behörden gegen die Einführung jeglichen Informationshefts sträubten. Siehe Sweden 3 R 1, S. 4.

⁴⁹ Siehe Spain 6, Abs. 21, in dem der Ausschuss das Argument ablehnt, dass das Recht auf Zugang zu einem Rechtsanwalt im Wesentlichen dem einer Straftat Verdächtigen die Möglichkeit gebe, seine Verteidigung vorzubereiten. Die mit diesem Recht verbundene präventive Rolle ist eindeutig von der Frage des Strafverfahrens zu trennen.

⁵⁰ So hat es Trevor Stevens, der geschäftsführende Sekretär des CPT, bei der Beantwortung einer Frage während einer Rede über die Arbeit des Ausschusses vor dem Kings College in London im September 1997 ausgedrückt. Es ist außerdem bemerkenswert, dass der Besuch im Vereinigten Königreich, der ungefähr zur selben Zeit durchgeführt wurde, sich u. a. auf die „Wirksamkeit (sic!) bestehender Rechtsbehelfe im Fall polizeilicher Misshandlungen konzentrierte. Unter den Personen, die die Besucherdelegation während dieses vierten Besuchs in dem Vereinigten Königreich getroffen hat, befanden sich unter anderem der Staatsanwalt und der stellvertretende Vorsitzende der Beschwerdekommission bei der Polizei (siehe Pressemitteilung Nr. 534a97).

⁵¹ Diese Formulierung befindet sich zuletzt unter anderem in Poland 1 (Abs. 60) und Czech Republic 1 (Abs. 35). Es handelt sich um die gekürzte Version einer längeren Formulierung, die ursprünglich im zweiten Tätigkeitsbericht (Abs. 40) und danach mit einigen geringeren Änderungen in verschiedenen älteren Berichten wie Malta 1, Abs. 92; Denmark 1, Abs. 132; Spain 1, Abs. 65; Sweden 1, Abs. 37 und Switzerland 1, Abs. 129 verwendet wurde. Die längere Version beinhaltete die folgende zusätzliche Anregung, die jetzt - wie es scheint - fallengelassen wurde: „Für verschiedene Fragen (z. B. Streitfragen hinsichtlich des Besitzes der Person, die Aufklärung über seine Rechte, ihre Geltendmachung oder Verzicht) wäre die Unterschrift des Häftlings zu erhalten und gegebenenfalls das Fehlen der Unterschrift zu erklären. Des Weiteren würde der Rechtsanwalt des Häftlings Zugang zu der Haftakte erhalten."

⁵² Siehe M. Evans und R. Morgan, *Preventing torture*, Kapitel 7.

⁵³ Zum ersten Mal im Juli 1990 vom CPT besucht.

⁵⁴ Für eine Debatte siehe R. Morgan, „Custody in the police station: How do England and Wales measure up in Europe?" in: *Policy Studies*, Nr. 17 (1), 1996, S. 55-72.

⁵⁵ Der Ausschuss stellte z. B. in Deutschland fest, dass die wichtigen Informationen über die Haft einer Einzelperson oft über mehrere Register verstreut sein können (Germany 1, Abs. 44 – siehe auch die Änderungen in Germany 2, Abs. 39). Ähnlich stellte die Delega-

tion des CPT in Portugal fest, dass „manche Aspekte der Haft einer Person nicht systematisch schriftlich niedergeschrieben waren und dass sich die aufgezeichneten Informationen in verschiedenen Registern und Dokumenten befand" (Portugal 2, Abs. 62).

[56] Siehe Slovenia 1, Abs. 41; Slovakia 1, Abs. 52; Bulgaria 1, Abs. 97; Romania 1, Abs. 48; Poland 1, Abs. 60 und Czech Republic 1, Abs. 35. Diese Praxis könnte auch in Westeuropa wieder auftauchen. Nach seinem Besuch in Belgien im September 1997 erinnerte der Ausschuss z. B. an seine vorherige Empfehlung, ohne sie formell als Empfehlung zu kennzeichnen (Belgium 2, Abs. 41). Diese Einstellung widerspricht dem Ansatz des Ausschusses zur Ausarbeitung eines Verhaltenskodex' für Vernehmungen (siehe den folgenden Abschnitt ii.), der seinen Status als Empfehlung behält (siehe Belgium 2, Abs. 39). Siehe auch Italy 2, Abs. 60, in dem diese Anmerkung 1995 auch in der Form einer Empfehlung zum Anlass des zweiten regelmäßigen Besuchs in diesem Land wiederholt wurde.

[57] Siehe Anmerkung 45.

[58] Siehe z. B. Ireland 2, Abs. 27, in dem einige Auslassungen in dem Register, das andernfalls „bis ins Detail vollständig gewesen wäre", eine Empfehlung begründeten, die zu einer „strengeren Kontrolle der Dokumentationsverfahren in einer Einrichtung in Finglas Garda aufforderte.

[59] Siehe den zweiten Tätigkeitsbericht, Abs. 39.

[60] Siehe Germany 2, Abs. 38.

[61] Siehe Poland 1, Abs. 57; Czech Republic 1, Abs. 34; Andorra 1, Abs. 25 und Spain 6, Abs. 32 mit unbedeutenden Unterschieden im Wortlaut.

[62] *Ibid.*

[63] Turkey 7, Abs. 74, in dem der CPT den Behörden empfiehlt, „ihre Bemühungen fortzusetzen", derartige Anlagen außer Betrieb zunehmen.

[64] Iceland 2, Abs. 26.

[65] Czech Republic 1, Abs. 15 . Der Ausschuss empfiehlt ebenfalls, dass „jedes Mal, wenn Gefängnisinsassen auf Verlangen der Polizei aus dem Gefängnis verlegt werden, der Grund für den Transfer und alle während des Aufenthalts in Polizeigebäuden getroffenen Maßnahmen (z. B. Befragungen, Identifizierungen) schriftlich niedergelegt werden".

[66] Siehe z. B. Poland 1, Abs. 58 und Andorra 1, Abs. 26.

[67] Andorra 1, Abs. 28.

[68] Austria 1, Abs. 67.

[69] Sweden 1, Abs. 34.

[70] UK 1, Abs. 221.

[71] Siehe z. B. Hungary 1, Abs. 52; Netherlands Aruba 1, Abs. 226; Slovenia 1, Abs. 40; Slovakia 1, Abs. 50 und Andorre 1, Abs. 26.

[72] Siehe z. B. Portugal 1 (auch wenn diese Möglichkeit in Portugal 2, Abs. 61 erwähnt wird), San Marino 1, Netherlands 1, Italy 1 und Czech Republic 1.

[73] Cyprus 1, Abs. 61.

[74] Cyprus 2, Abs. 45. Siehe auch Ireland 2, Abs. 26, in dem der Ausschuss über die Entwicklung von Pilotprojekten mit Audio- und Videoanlagen in sechs Einrichtungen in Garda auf dem Laufenden gehalten werden wollte.

[75] So stellte die CPT-Delegation während eines Besuchs 1995 in Bulgarien fest, dass „die bulgarische Strafprozessordnung ausdrücklich ausführliche Bestimmungen über die audio-visuelle Aufnahme von Vernehmungen auf Anfrage der betroffenen Person oder auf Initiative des für die Anfangsermittlungen zuständigen Richters enthält" . Der CPT begrüßte diese Bestimmungen, merkte jedoch an, dass sie noch nicht zur Anwendung kommen. Er empfahl den bulgarischen Behörden, Möglichkeiten in Betracht zu ziehen, um dies zu erreichen (siehe Bulgaria 1, Abs. 95). Siehe auch Poland 1, Abs. 58, in dem der

Ausschuss Informationen darüber begehrte, ob das Justizministerium die in der Strafprozessordnung vorgesehenen Befugnisse benutzt hatte, um ein Rundschreiben diesbezüglich zu veröffentlichen und ob gegebenenfalls diese Initiative in der Praxis erfolgreich umgesetzt wurde. Siehe auch Turkey 7, Abs. 74, in dem der Ausschuss die Bestätigung darüber „begehrte", ob die von der Antiterroreinheit der Polizeidirektion Istanbuls durchgeführten Vernehmungen audio-visuell aufgenommen wurden, wie es in einem Rundschreiben des Premierministers vom 3. Dezember 1997 vorgesehen war.

[76] Dies geschah nur, da nicht gewährleistet werden konnte, dass „solche Aufnahmen später nicht irgendwann von einer aus Rache motivierten Person gesehen oder gehört würden" (UK 2 R 1, Abs. 18).

[77] UK 2, Abs 82-90.

[78] UK 4, Abs. 60. Die Möglichkeit zur Benutzung von Überwachungssystemen mit Monitoren im geschlossenen Netz ist jedoch begrenzt. Der Ausschuss hat erklärt, dass er „nicht ganz von der Notwendigkeit des Einsatzes von Kameras innerhalb aller Zellen überzeugt" war, insbesondere wenn „die Türen der Zelle zum größten Teil aus Fensterscheiben bestehen, so dass die Überwachung vom Flur aus erleichtert wird" (siehe Andorra 1, Abs. 28).

[79] Diese Meinung ist in vielen Besuchsberichten zum Ausdruck gekommen, siehe z. B. France 1, Abs. 53; Italy 1, Abs. 54; Finland 1, Abs. 51 und Switzerland 2, Abs. 54.

[80] Siehe z. B. Iceland 2, Abs. 28; UK 4, Abs. 9 und Abs. 164 (Isle of Man) sowie Finland 2, Abs. 41, und mit ähnlichen, aber nicht identischen Worten in Sweden 3, Abs. 11, vgl. den zweiten Tätigkeitsbericht, Abs. 41, der die wichtige Bedeutung eines eher unabhängigen als effizienten Mechanismus' erwähnt.

[81] Z. B. Turkey 7, Abs. 41, 44-48.

[82] Z. B. Ireland 1, Abs. 57 und Andorra 1, Abs. 29.

[83] Spain 6, Abs. 8, 13.

[84] Z. B Turkey 7, Abs. 41 und Spain 6, Abs. 30. Die vollständigste Beschreibung eines Beschwerdesystems der Polizei findet sich in UK 4, Abs. 9-58. Dieser Bericht ist das Ergebnis eines 1997 durchgeführten *Ad-hoc*-Besuchs, der „die Wirksamkeit von Rechtsbehelfen in Fällen von behaupteten Misshandlungen durch die Polizei untersuchen sollte" (*ibid.*, Abs. 3).

[85] Andorra 1, Abs. 29 und Spain 6, Abs. 29.

[86] Ireland 2, Abs. 18; Spain 6, Abs. 8.

[87] Sweden 3, Abs. 27 . Auch wenn dies wünschenswert ist, scheint es in diesem Fall keine bedeutende Rolle zu spielen. Siehe Iceland 2, Abs. 28 und Finland 2, Abs. 42, in denen der Ausschuss erklärte, er begrüße Kommentare zu dem Argument, dass Beschwerden eher von einem unabhängigen Organ als von der Polizei selbst zu untersuchen seien, da letztere „über ihre eigene Mängel ermitteln würde". In UK 4, Abs. 27, bemerkt der Ausschuss, dass das Vertrauen der Öffentlichkeit in diesen Mechanismus nachlässt. Er vermeidet jedoch einmal mehr jegliche Empfehlung zur Schaffung eines unabhängigen Organs und erklärt lediglich, dass ein „vollständig unabhängiges Ermittlungsorgan eine sehr zufrieden stellende Entwicklung wäre" (*ibid.*, Abs. 55,). Dies weist zweifellos auf einen Rückschritt im Vergleich zu der im zweiten Tätigkeitsbericht eingenommenen Position hin.

[88] Sweden 3, Abs. 11 und UK 4 (Isle of Man), Abs. 164. Dieselbe Vorstellung ist mit anderen Worten in Turkey 7, Abs. 44; Spain 6, Abs. 14 und Italy 2, Abs. 24 ausgedrückt.

[89] UK 4 (Isle of Man), Abs. 164; dieser Vorschlag nimmt aber im Abs. 54 desselben Berichts die Form einer Empfehlung an.

[90] In Sweden 3, Abs. 29, merkt der CPT an, dass, „auch wenn es nicht genügend Beweise für eine strafrechtliche Verurteilung gibt, fast mit Sicherheit Fälle vorliegen, in denen be-

hauptete Misshandlungen einen legitimen Verdacht eines Fehlverhaltens des oder der betroffenen Polizeibeamten erwecken könnten". Siehe UK 4, Abs. 50, für eine Verteidigung der gegenteiligen These, wonach die verschiedenen Beweisstufen im Strafrecht keinen ausreichenden Grund darstellen, kein Strafverfahren „gegen Polizeibeamte einzuleiten, deren Verhalten im Rahmen eines Zivilverfahrens in Zweifel gezogen worden wäre". Im Falle einer durch ein Zivilgericht zugesprochenen Entschädigung oder außergerichtlichen Einigung „sollten die Auswirkungen während des Zivilprozesses festgestellter Beweise straf- oder disziplinarrechtlicher Art zumindest noch einmal unabhängig überprüft werden" (*ibid.*, Abs. 52). Der Ausschuss empfiehlt in diesem Bericht ebenfalls eine ausführliche Begründung der Ablehnung durch die Staatsanwaltschaft, ein Strafverfahren einzuleiten (*ibid.*, Abs. 57).

[91] UK 4, Abs. 56 . Im Abs. 164 desselben Berichts über die Insel Man ersucht der Ausschuss lediglich Kommentare zu seiner Meinung, nach der „es höchst wünschenswert sei, dass die Disziplinarkommission der Polizei zumindest eine qualifizierte und von der Polizei unabhängige Person einschließt". (Der Ausschuss zeigt sich infolgedessen in diesem Abschnitt über die Insel Man weniger anspruchsvoll als in dem Abschnitt über England und Wales [*ibid.*, Abs. 55], wo dieselbe Bemerkung die Form einer Empfehlung hat.)

[92] Turkey 7, Abs. 44 und Spain 6, Abs. 14 . Siehe auch Poland 1, Abs. 24.

[93] Diese Bedingungen, die ursprünglich als „elementare Voraussetzungen" qualifiziert wurden (zweiter Tätigkeitsbericht, Abs. 42 und z. B. Czech Republic 1, Abs. 18) werden jetzt als „allgemeine Kriterien, die [den CPT] in seiner Arbeit leiten" bezeichnet (siehe z. B. Finland 2, Abs. 15).

[94] Zweiter Tätigkeitsbericht, Abs. 42.

[95] Siehe z. B. Switzerland 2, Abs. 23, 28 sowie Finland 2, Abs. 16 (die Bedingungen wurden als angemessen für einen Aufenthalt von höchstens 96 Stunden beurteilt).

[96] In Finland 2, Abs. 15 wird die Formulierung erweitert, um auch „die Polizeizellen an den Grenzen" einzuschließen.

[97] Diese Formulierung scheint aus dem Jahre 1998 zu stammen und ist in Iceland 2, Abs. 14; Sweden 3, Abs. 12; Andorra 1, Abs. 9 und Ireland 2, Abs. 29 anzutreffen. Der Hinweis auf die geeignete Ausstattung für die persönliche Hygiene ist ein Zusatz zu der Formulierung, die in Slovakia 1, Abs. 24; Malta 2, Abs. 8; Poland 1, Abs. 25 und Czech Republic 1, Abs. 18, verwendet wird. Jene Formulierung war selbst eine Fortentwicklung der ursprünglichen Version (wie man sie im zweiten Tätigkeitsbericht, Abs. 42, finden konnte). Die grundlegenden Änderungen im Vergleich zur ursprünglichen Formulierung beziehen sich auf die Sauberkeit der Zellen, den Zugang zu Trinkwasser sowie die Bewegung an der frischen Luft. Siehe auch UK 4, Abs. 56, 166, in dem der CPT die Gelegenheit nutzte, an diese letzte Voraussetzung zu „erinnern" (die während seiner vorherigen Besuche nicht Teil seiner Standardaufzählung war).

[98] Siehe z. B. Finland 2, Abs. 16, in dem der Ausschuss erklärt, dass „diese Personen berechtigterweise eine bessere materielle Umgebung als die oben beschriebenen elementaren Voraussetzungen sowie eine angemessene Versorgung mit Nahrungsmitteln erwarten können" .

[99] *Ibid.*, Abs. 43.

[100] Siehe Switzerland 2, Abs. 19.

[101] Siehe z. B. Belgium 1, Abs. 26; Belgium 2, Abs. 21, 25 und Spain 1, Abs. 36.

[102] Siehe z. B. Spain 1, Abs. 38; Italy 1, Abs. 33; Belgium 1, Abs. 26; Belgium 2, Abs. 26 und Spain 6, Abs. 38.

[103] Belgium 2, Abs. 22. Siehe auch UK 4 (Isle of Man), Abs. 166, bezüglich 4,6 m² großen Zellen, deren Decke sehr niedrig war.

[104] Sweden 3, Abs. 13.

[105] Spain 6, Abs. 38.
[106] Turkey 7, Abs. 71.
[107] Siehe z. B. Sweden 1, Abs. 18; Belgium 1, Abs. 29; Belgium 2, Abs. 26; France 1, Abs. 25 und Romania 1, Abs. 55, 73, in denen die Bedingungen so beklagenswert sind, dass Vorschriften des Ausschusses als ein unrealistisches Ziel in einer schweren Lage betrachtet werden müssen; Turkey 1, Abs. 67. Siehe auch Turkey 7, Abs. 70, in dem der Ausschuss die Benutzung von 1,5 m² großer Zellen feststellt. Er besteht aber nicht auf der Aufforderung, sie sofort außer Betrieb zu setzen - wahrscheinlich, weil die türkischen Behörden versprochen hatten, die Situation in den Gebäuden kurzfristig zu verbessern (siehe auch *ibid.*, Abs. 65).
[108] In Finland 2, Abs. 21 wird eine Doppelzelle mit einer Größe von 13 m² als „absolut akzeptabel" beschrieben.
[109] Andorra 1, Abs. 11.
[110] Switzerland 2, Abs. 27, 28.
[111] Siebter Tätigkeitsbericht, Abs. 24.
[112] Erster Tätigkeitsbericht, Abs. 42.
[113] Siehe Austria 1, Abs. 89-93 und Denmark 1, Abs. 121.
[114] *Amuur g. Frankreich*, Urteil vom 25. Juni 1996, *RJD,* 1996-III, S. 827, Abs. 38-49.
[115] Siebter Tätigkeitsbericht, Abs. 25.
[116] *Ibid.* Dies wurde auch von Trevor Stevens, dem geschäftsführenden Sekretär des Ausschusses in einer 1997 gehaltenen Rede bestätigt (siehe Anmerkung 47).
[117] Siebter Tätigkeitsbericht, Abs. 25. Der CPT hat es wahrscheinlich absichtlich versäumt, die Aufmerksamkeit auf den Bericht der Kommission zu lenken, der seiner Position zu den Asylsuchenden zugestimmt hatte (siehe Bericht der Europäischen Kommission für Menschenrechte im Fall *Amuur g. Frankreich* vom 10. Januar 1996, Abs. 44-50). Der Ausschuss hat auch nicht die Aufmerksamkeit auf den vom Gericht betonten Unterschied zwischen „Freiheitsbeschränkungen" und „Freiheitsentzug" gelenkt (*Amuur g. Frankreich*, Urteil vom 25. Juni 1996, *RJD,* 1996-III, S. 827, Abs. 43). Da sich eine „Freiheitsbeschränkung" in „Freiheitsentzug" umwandeln kann, ist es nicht eindeutig, ob eine derartige Unterscheidung irgendeine praktische Relevanz für die Weite des CPT-Mandats hat.
[118] Sechster Tätigkeitsbericht, Abs. 3.
[119] Siebter Tätigkeitsbericht, Abs. 24-37. Während seines Besuchs in Belgien im September 1997 schenkte der CPT den für Ausländer bestimmten Inhaftierungsorten besondere Aufmerksamkeit. Sein im Juni 1998 veröffentlichter Bericht ist ein gutes Beispiel für eine ausführliche und konkrete Anwendung der in seinem Tätigkeitsbericht niedergelegten Prinzipien. Siehe Belgium 2, Abs. 44-79.
[120] Germany 3, Abs. 4.
[121] Siehe Greece 2, Abs. 80-87; Ireland 1, Abs. 173; Spain 1, Abs. 79-83, UK 3, Abs. 33, 34 und Belgium 2, Abs. 53, 54.
[122] Siebter Tätigkeitsbericht, Abs. 26.
[123] *Ibid.*, Abs. 29.
[124] *Ibid.*, Abs. 28.
[125] *Ibid.*, Abs. 27, 28.
[126] *Ibid.*, Abs. 29.
[127] *Ibid.*
[128] *Ibid.*, Abs. 30.
[129] *Ibid.*
[130] *Ibid.*, Abs. 31.
[131] Siehe M. Evans und R. Morgan, *Preventing Torture*, Kapitel 7.

[132] Siehe z. B: Greece 1, Abs. 51; Netherlands Antilles, Abs. 61 und Belgium 2, Abs. 20.
[133] *Ibid.*, Abs. 33.
[134] Pressemitteilung des Europarats Nr. 392a98 vom 3. Juni 1998.
[135] Der dreitägige Besuch in Spanien im Juni 1994 wurde z. b. unternommen, um bestimmte Personen zu vernehmen, die vor kurzem inhaftiert worden waren und die behauptet hatten, misshandelt worden zu sein (siehe Spain 3, sowie M. Evans und R. Morgan, *Preventing torture*, S. 173, 174); der Ausschuss kehrte im April 1997 nach Spanien zurück, um neue Berichte über Misshandlungen von illegalen Einwanderern und Asylsuchenden zu untersuchen (Spain 4, Abs. 4).
[136] „[…] insbesondere die Behauptung von Schlägen, Fesselung und Knebelung, sowie die Verabreichung von Beruhigungsmitteln gegen den Willen der betroffenen Personen […]" (siebter Tätigkeitsbericht, Abs. 35).
[137] *Ibid.*, Abs. 36.
[138] Sweden 3, Abs. 69.
[139] Germany 3, Abs. 12, 17.
[140] Die europäische Gefängnisregeln beinhalten einen Abschnitt (Regeln 91 bis 98) über Häftlinge, deren Fälle noch nicht verhandelt wurden. Dieser Abschnitt nimmt durchgehend an, dass diese Regeln von einer Gefängnisverwaltung mit einem qualifizierten Gefängnispersonal angewendet werden (siehe z. B. Regel 54).
[141] Siehe den Abschnitt „Immigrationshäftlinge" dieses Kapitels und den zweiten Tätigkeitsbericht, Abs. 42.
[142] Rumänien ist ein gutes Beispiel dafür (siehe Romania 1, Abs. 51-73).
[143] Siehe z. B. Hungary 1, Abs. 15; Bulgaria, Abs. 46-64; Finland 1, Abs. 52, 53; UK 3, Abs. 18-23 und Romania 1, Abs. 14.
[144] Z. B. wurde den Behörden nach einem Streik der Gefängnisaufseher und auf der Grundlage von Eilmaßnahmen, die 1980 von dem „Imprisonment (Temporary Provisions) Act vorgesehen waren, erlaubt, alle Kategorien von Häftlingen des *Home Office* (einschließlich Angeklagten und Verurteilten) vorübergehend in für diese Zwecke ausgestattete Polizeiwachen unterzubringen. Dies geschah in den 80er Jahren regelmäßig in beträchtlichem Umfang.
[145] Zweiter Tätigkeitsbericht, Abs. 47.
[146] *Ibid.*, Abs. 48.
[147] Dieser Satz wird regelmäßig vom Ausschuss zitiert, wenn er zu kleinen Anlagen für Übungen an der frischen Luft begegnet. Dies war z. B. der Fall in Sweden 1, Abs. 51, 52, für einen Hof mit der Fläche von 6 x 2,5 m in einem Gefängnis für Untersuchungshäftlinge in Stockholm, in Norway 1, Abs. 61, 66, für eine von Betonwänden umgrenzte Fläche von ungefähr 15 m² sowie in Romania 1, Abs. 118, für dreieckige Gänge – von 14 m Länge und 4 m Breite im Hauptteil – in dem Gefängnis von Gherla.
[148] Zweiter Tätigkeitsbericht, Abs. 48.
[149] Siehe Finland 1, Abs. 25. Siehe auch Romania 1, Abs. 70, in dem der CPT den rumänischen Behörden eine nochmalige, vollständige Überprüfung des Haftsystems für Untersuchungshäftlinge empfiehlt.
[150] UK 1, Abs. 78.
[151] Siehe im Folgenden und im Kapitel 5 die Abschnitte über die Kontakte der Häftlinge mit der Außenwelt.
[152] Siehe die Diskussion über „unmenschliche und erniedrigende" Behandlung in Kapitel 3: „Folter und unmenschliche oder erniedrigende Behandlung: Verwendung der Begriffe".
[153] Sachverständige im Bereich der Psychiatrie, die die Besucherdelegationen begleiteten, haben Beweise dafür gefunden, dass Untersuchungshäftlinge, die für einen längeren Zeit-

raum mehr oder weniger isoliert wurden, unter psychischen Störungen als Folge ihrer Isolation litten (siehe Norway 1, Abs. 64).

[154] Zweiter Tätigkeitsbericht, Abs. 56. Für eine allgemeinere Diskussion über die Isolationshaft und die Beurteilung, in wie weit sie als unmenschliche und erniedrigende Behandlung betrachtet werden kann, siehe Kapitel 3.

[155] Siehe z. B. Norway 3, Abs. 41, 42.

[156] Denmark 1, Abs. 29.

[157] Sweden 2, Abs. 27.

[158] Mit anderen Worten sollten diese Einschränkungen nicht von der Entscheidung durch Polizeibeamte oder den Staatesanwalts abhängig sein (*ibid.*).

[159] Es ist nicht klar, wie häufig der CPT eine Überprüfung als notwendig erachtet. In Dänemark findet eine solche Überprüfung alle acht Wochen statt (Denmark 1, Tabelle 2, Abs. 11) und in Schweden mindestens alle zwei Wochen (Sweden 2, Abs. 25). Der CPT hat aber keiner der beiden Intervalle kritisiert oder empfohlen zu ändern.

[160] In Schweden wird die Benutzung von Einschränkungen normalerweise durch das Gericht genehmigt, während hingegen der genaue Inhalt der Einschränkungen vollständig im Ermessen des für die Ermittlung verantwortlichen Staatsanwalts im Einzelfall steht (Sweden 2, Abs. 25-27).

[161] Denmark 1, Abs. 29. Es ist jedoch bemerkenswert, dass diese besondere Empfehlung nicht in der Zusammenfassung der medizinischen Standards in Gefängnissen, wie sie im dritten Tätigkeitsbericht enthalten ist, auftaucht. Dies hat den Ausschuss nicht daran gehindert, seine Empfehlung ein Jahr später in Norway 1, Abs. 65, zu wiederholen.

[162] Norway 1, Abs. 65; Sweden 2, Abs. 19, 20 und Norway 3, Abs. 37-40, 47.

[163] Siehe z. B. France 1, Abs. 135, in dem der CPT die Erforderlichkeit mancher Kontrollen anerkennt, aber auch die Behörden auffordert, ihre Entscheidung über das komplette Verbot von telefonischen Kontakten mit der Außenwelt für Untersuchungshäftlinge zu überdenken.

KAPITEL 5

DIE HÄFTLINGE IM ALLGEMEINEN

Der CPT hat auf der Grundlage der Hypothese, nach der alle Häftlinge – ob sie sich in Untersuchungshaft befinden, angeklagt sind und ihren Prozess erwarten oder schon verurteilt sind – normalerweise in einem Gefängnis inhaftiert sind, eine bestimmte Anzahl an Standards verkündet, die auf alle inhaftierten Personen angewendet werden. Diese Standards reichen von den elementaren materiellen Haftbedingungen über die Ernährung bis hin zu Inspektions- und Beschwerdeverfahren und werden jeweils in einem Abschnitt behandelt. Zunächst ist hervorzuheben, dass nach Ansicht des Ausschusses „die Entscheidung, jemandem die Freiheit zu entziehen, die entsprechende Pflicht des Staates umfasst, dieser Person angemessene Haftbedingungen zu gewähren" und dass in diesem Kontext „die Bedingungen der Unterkunft zu einem großen Teil die Lebensqualität im Gefängnis bestimmen".[1] Die verschiedenen Aspekte dieser Standpunkte werden später in diesem Kapitel ausführlicher behandelt, aber es ist schon an dieser Stelle sinnvoll, an die Essenz des Ansatzes des Ausschusses zu erinnern, wie sie in den folgenden Vorschlägen treffend zusammengefasst ist:

„[...] Alle Zellen sollten für die Zahl der für gewöhnlich untergebrachten Personen ausreichend groß sein, über eine angemessene Beleuchtung, vorzugsweise über natürliches Licht, und Belüftung verfügen aber auch mit einer künstlichen Beleuchtung und einer geeigneten Heizung ausgestattet sein. Sanitäreinrichtungen sollten den Personen in Haft erlauben, ihren natürlichen Bedürfnissen unter sauberen und ordentlichen Bedingungen nachzukommen; entweder sollte sich eine Toilette in der Zelle befinden (vorzugsweise in einem sanitären Annex) oder es sollte möglich sein, dass die Häftlinge zu jeder Zeit (auch nachts) ohne unnötige Verzögerung aus ihrer Zelle gelassen werden und eine Toilette aufzusuchen können. Es ist darüber hinaus wünschenswert, dass fließendes Wasser in den Zellen verfügbar ist; die Häftlinge sollten ebenfalls angemessenen Zugang zu Dusch- und Badeeinrichtungen haben. Die Zellen sollten angemessen möbliert sein (Bett, Tisch, Stuhl/Hocker, Stauraum) und alle Ausstattungen/Anlagen sollten in einem baulich guten Zustand sein. Man sollte den Häftlingen ermöglichen, ihre Zellen in einem angemessenen Zustand der Sauberkeit zu halten."[2]

Unterkunft und Überfüllung

Für den CPT sind die Größe der Zellen und die Anzahl der Belegungen pro Zelle von großer Bedeutung. Wie wir es schon gesehen haben,[3] betrachtet der CPT die Überfüllung eines Gefängnisses ab einem bestimmten Niveau als eine unmenschliche oder erniedrigende Behandlung - entweder die Überfüllung allein[4] oder in Verbindung mit anderen Haftbedingungen.[5] Die maßgeblichen Richtlinien für die minimale Größe einer Gefängniszelle sind dieselben wie die einer Polizeizelle.[6] Der CPT hat empfohlen, dass der grundsätzliche Standard für Häftlinge beider Geschlechter mindestens 6 m² pro Häftling betragen soll.[7] Einzelzellen mit einer Größe von 6 m² wurden als „eher klein" aber akzeptabel bewertet, falls ihr Insasse nur eine geringe Zeit seines Tages innerhalb dieser Zelle verbringen musste.[8] Der CPT empfahl außerdem, Zellen, die kleiner als 6 m² sind, nicht mehr für die Unterbringung von Häftlingen zu benutzen.[9]

Der zweite Tätigkeitsbericht des Ausschusses enthielt keine Richtlinie für die Unterbringung mehrerer Häftlinge in einer Zelle, einem Raum oder Schlafsaal. Der CPT hat dies jedoch in mehreren Berichten nachgeholt und scheint eine Toleranzgrenze von ungefähr 9 m² für Zwei-Personen-Zellen angenommen zu haben. Zellen mit einer Größe von 7 bis 9 m² werden als „beengt" bewertet[10] und unter 7 m² schlicht als untauglich für die Unterbringung von mehr als einem Häftling angesehen.[11] Zellen mit einer Größe von 8,5 m² werden „im Prinzip" als nur für einen Insassen geeignet angesehen.[12] Die Formulierung deutet an, dass dieser Standard eher ein Ziel als eine „Messlatte" ist. Der Ausschuss hat außerdem Zellen mit einer Größe zwischen 8 und 8,5 m² als einen „beengten Lebensraum für zwei [Personen]" beschrieben.[13] Im Zusammenhang mit der Türkei hat der Ausschuss empfohlen, dass die Zellen mit einer Größe von 7,7 m² niemals für die Unterbringung von mehr als zwei Häftlingen benutzt werden sollten, und dass „ernsthafte Bemühungen" angestellt werden müssten, damit Zellen dieses Ausmaßes nur für die Unterbringung eines Häftlings benutzt werden.[14] In dem Bericht über die Slowakei finden sich weitere Richtlinien für die Unterbringung mehrerer Häftlinge in einer Zelle. Dort waren in 9 bis 10 m² großen Zellen zwei Insassen, in ungefähr 12 m² großen Zellen drei Insassen und in 16 bis 17 m² großen Zellen vier Insassen untergebracht. Diese Zellenbelegung wurde als „einschränkend" aber akzeptabel beurteilt; eine darüber hinausgehende Zellenbelegung wurde dagegen als „inakzeptabel" angesehen.[15] Der Bericht über Rumänien zeigte in ähnlicher Weise für Zellen in polizeilicher Hafteinrichtungen an, dass diese bei einer Größe von 10 und 16 m² für die Unterbringung von jeweils zwei[16] und vier[17] Personen nicht für einen längeren Zeitraum benutzt werden sollten.

Aufgrund mangelnder Privatsphäre und des steigenden Risikos an Gewalt unter Häftlingen ist der CPT der Auffassung, dass große Schlafsäle, ob überfüllt oder nicht, für Gefängnisse ungeeignet sind.[18] Räume mit einer Größe von 21 m² wurden nichtsdestotrotz für die Unterbringung von fünf Häftlingen als akzeptabel beurteilt (auch wenn der Ausschuss die Unterbringung von nur vier Häftlingen bevorzugt hätte).[19] Der Ausschuss hat erklärt, dass 25 m² große Räume für die Unterbringung von nicht mehr als sechs Häftlingen[20] und Räume zwischen 35 und 60 m² Fläche für die Unterbringung von jeweils nicht mehr als sieben und zwölf Häftlingen benutzt werden sollten.[21] Der Ausschuss hat an anderer Stelle auch niedrigere Schwellen, zumindest vorübergehend, toleriert. Die offizielle Anzahl an Belegungen pro Zelle in einem slowakischen Gefängnis war wie folgt:

„bis zu drei Häftlinge für Zellen zwischen 11 und 22 m²; sechs oder sieben Häftlinge für Zellen zwischen 21 und 29 m²; zehn Häftlinge für Zellen zwischen 31 und 35 m²; zwölf

Häftlinge für ungefähr 40 m² große Zellen und sechszehn Insassen für 51 m² große Zellen".[22]

Selbst dieser offizielle Belegungssatz wurde nicht beachtet und der CPT akzeptierte, dass sie einem „begrenzten Wohnraum" entsprachen. Er bevorzugte dennoch die Empfehlung, dass „die offiziellen Belegungssätze [...] nicht überschritten und Maßnahmen ergriffen werden sollten, um diese Sätze zu senken".[23] Auf diese Weise forderte er die slowakischen Behörden auf, mit der Zeit akzeptablere Sätze festzulegen.

Große Räume könnten daher trotz der allgemeinen Vorbehalte des Ausschusses als akzeptabel beurteilt werden, wenn für jede Person 3 bis 3,5 m² vorgesehen sind, auch wenn sogar weniger Wohnraum tolerabel sein könnte. Der Ausschuss war angesichts einer Hafteinrichtung für Jugendliche in der Türkei, in der 28 Häftlinge in einem 76 m² großen Schlafsaal untergebracht waren, der Auffassung, dass „es sich wohl kaum um eine großzügige Raumzuweisung handelt" und dass „es wünschenswert ist, die Anzahl der Insassen einigermaßen zu reduzieren".[24] Diese Schlafsäle wurden jedoch ausschließlich zum Schlafen benutzt und wären anderenfalls vermutlich als inakzeptabel bewertet worden.

Hygiene

Der CPT schenkt der Hygiene besondere Aufmerksamkeit und erklärt, dass „ungehinderter Zugang zu sauberen Toiletten und die Einhaltung gewisser Hygienestandards wesentliche Komponenten einer menschenwürdigen Umgebung [sind]".[25]

Wir haben schon gesehen, dass der Ausschuss die Praxis des „slopping out" (Entleeren des Toiletteneimers) „missbilligte",[26] und dass er die Tatsache als erniedrigend ansieht, dass die Häftlinge ihre Notdurft in einem Eimer oder in einem Topf in Anwesenheit ihrer Mithäftlinge in ihrer Zelle verrichten müssen (was unvermeidlich dem „slopping out" vorausgeht).[27] Der CPT ist der Ansicht, dass „sich entweder eine Toilette in der Zelle selbst befinden sollte (vorzugsweise in einem sanitären Annex) oder dass es möglich sein sollte, dass die Häftlinge zu jeder Zeit (auch nachts) ohne unnötige Verzögerung aus ihrer Zelle gelassen werden und eine Toilette aufzusuchen können".[28] Für den Fall, dass kein sanitärer Annex vorhanden ist, sollten die Toiletten vom Rest der Zelle abgetrennt sein.[29] Anderenfalls könnte man sagen, dass „die Häftlinge in Toiletten leben".[30] Deswegen bevorzugt der CPT, dass sanitäre Anlagen in einem Zellenblock, in denen es keine Toiletten gibt, nach der „drei-in-eins" Methode installiert werden, d. h. die Zwischenzelle wird in einen sanitären Annex für die beiden benachbarten Zellen umgewandelt. Diese Methode wird gegenüber der „einfachen Sanitär-Lösung" bevorzugt, bei der Sanitäranlagen in allen Zellen installiert werden.[31] Die Häftlinge, die in Zellen ohne Toiletten untergebracht sind, sollten nicht zu einer Wartezeit von mehr als zehn bis zwanzig Minuten gezwungen sein, um anderswo Toiletten benutzen zu können.[32]

Was die Waschmöglichkeiten betrifft „sollten Häftlinge angemessenen Zugang zu Dusch- oder Badeeinrichtungen haben. Es ist wünschenswert, dass fließendes Wasser in den Zellen zur Verfügung steht."[33] Der Ausschuss hat ferner den Bestimmungen der europäischen Gefängnisregeln[34] in diesem Bereich zugestimmt und erläutert, dass „der Zugang zu Dusch- und Badeeinrichtungen zumindest ein Mal pro Woche absolutes Minimum ist" und dass „eine wöchentliche Dusche in Einrichtungen, in denen die Häftlinge keinen ständigen Zugang zu Wascheinrichtungen oder fließendem Wasser haben, nicht als ausreichend betrachtet werden kann".[35] Bei sehr heißem Wetter könnten auch zwei Duschen pro Woche, vor allem für arbeitende Häftlinge,[36] nicht ausreichend sein.[37] Nach Ansicht des Ausschusses sollten besondere Bemühungen angestellt werden, damit die Häftlinge, die vor einem Richter erscheinen müssen, dies „auf eine die Menschenwürde achtende Weise tun können",[38] d. h. sauber und ordentlich. Es ist erstaunlich, dass dieser Standard nicht auch auf Unterkünfte in Polizeigebäuden angewendet wurde, in denen die Umsetzung sicherlich notwendiger ist.

In manchen Einrichtungen hielt der Ausschuss die sanitären Anlagen angesichts der extrem hohen Anzahl an Häftlingen pro Dusche für unangemessen.[39] Allgemein wird es als zufrieden stellend angesehen, wenn nicht arbeitende Häftlinge zwei Mal pro Woche und arbeitende Häftlinge ein Mal pro Tag duschen können.[40]

Die Häftlinge sollten unbedingt saubere Bettwäsche (Laken und Decke) und Seife aber auch andere für die persönliche Hygiene[41] unverzichtbare Produkte wie z. B. Zahnbürste und Zahnpaste,[42] erhalten. Die Bettwäsche sollte regelmäßig gewechselt und gewaschen werden. Ein Wechsel der Bettwäsche alle vierzehn Tage wurde vom Ausschuss als unzureichend angesehen.[43] Falls die Gefängnisse nicht das Waschen der Kleidung der Häftlinge übernehmen, sollten sie es ihnen ermöglichen, ihre Kleidung selber zu waschen und zu trocknen.[44] Alle neuen Häftlinge sollten bei ihrer Ankunft zwei saubere Decken und danach „zwei frische Bettlaken sowie mindestens ein sauberes Handtuch wöchentlich erhalten".[45] Den Häftlingen sollten zudem die notwendigen Mittel zur Verfügung gestellt werden, um ihre Zellen sauber und in einem ordentlichen Zustand zu halten.[46] Die Kontrolle der allgemeinen Hygienestandards in den Gefängnissen sollte dem Gesundheitsdienst des Gefängnisses im Rahmen der Gesundheitsvorsorge obliegen.[47]

Beleuchtung, Heizung, Belüftung und Zellenausstattung

Alle Zellen sollten mit einer Rufanlage ausgestattet sein, die vorzugsweise mit einer ständig besetzten, zentralen Aufsicht verbunden ist.[48] Es reicht nicht aus, wenn Häftlinge nur die Aufmerksamkeit des Gefängnispersonals auf sich ziehen können, indem sie schreien oder gegen ihre Zellentüren schlagen.[49] Außer einem Bett und Bettwäsche sollten sich in den Zellen auch eine angemessene Ausstattung mit Möbeln (Tisch, Stuhl und Schrank) befinden, die in einem guten Zustand gehalten werden.[50] Der CPT betont, dass diese Voraussetzung nur in wenigen Ländern erfüllt wird.

Der CPT schreibt keine ideale Temperatur (oder Temperaturbereich) in den Zellen vor. Er hat jedoch deutlich zum Ausdruck gebracht, dass eine Heizung vor winterlichen Bedingungen schützen sollte. Jedoch sollte eine zu intensive (künstliche oder natürliche) Beheizung vermieden werden. In den Zellen sollte des Weiteren ordentlich gelüftet werden können. Im Gefängnis von Linhó in Sindra (Portugal) stellte die Besucherdelegation im Januar 1992 fest, dass zwei Zellenblöcke über keine Heizung verfügten und dass die Hälfte der Fenster keine Scheiben hatte, so dass die Temperatur in den Zellen in der Mittagszeit nicht mehr als 9° C betrug. Der Ausschuss empfahl dringend, die Fensterscheiben wieder einzusetzen und eine Heizung für die Wintermonate zu installieren.[51] Im Gefängnis von Basauri (Spanien) bewertete die Besucherdelegation im April 1991 Temperaturen von 14 und 16° C im Eingangs- und Zellentrakt als zu niedrig und empfahl, entweder die vorhandene Heizungsanlage zu reparieren oder eine neue Anlage zu installieren.[52] Temperaturen von 16° C zur Mittagszeit wurden im Gefängnis von Spoleto (Italien) im Oktober/November 1995 als unangemessen beurteilt.[53]

Alle Unterkünfte für Häftlinge sollten natürlichem Licht ausgesetzt sein und über Beleuchtung (mittels Lichtschalter in der Zelle) und Belüftung (durch Öffnen und Schließen der Fenster und Fensterläden) verfügen.[54] Die schwedischen Behörden wurden dafür kritisiert, dass es den Häftlingen des Gefängnisses von Stockholm nicht möglich war, die Jalousien vor den Fenstern zu betätigen, „wodurch sich das Gefühl der Beklemmung verstärkte".[55] In Island erklärte sich der Ausschuss darüber besorgt, dass die Häftlinge dazu „gezwungen waren, die Belüftungsgitter in ihren Zellen abzudecken", um zu verhindern, dass Wind und Sand in ihre Zellen eintraten.[56] Die Angemessenheit von Beleuchtung, Heizung und Belüftung in den Gefängnisgebäuden unterfällt der Zuständigkeit des Gesundheitsdienstes des Gefängnisses als wichtiger Aspekt der Gesundheitsvorsorge.[57]

Nahrung und Getränke

Der CPT schenkt der Quantität und der Qualität der Nahrungsmittel, mit denen die Häftlinge versorgt werden, große Aufmerksamkeit. Obwohl er nicht - wie die Gefängnisverwaltung im neunzehnten Jahrhundert - die Einhaltung genauer Kalorienwerte im Rahmen eines angemessenen Ernährungsplans verlangt hat, kommentierte er gelegentlich die in einigen Hafteinrichtungen getroffenen Maßnahmen.[58] Mehrmals hat er die Quantität der Ernährung als nicht ausreichend erachtet.[59] Der Ausschuss beschäftigt sich ebenfalls mit der Frage, ob das Essen den Häftlingen zu einer „geeigneten" Tageszeit angeboten wird. Es sollten in der Tat zu lange Abstände zwischen den Mahlzeiten vermieden werden. Die Tatsache, dass die letzte Mahlzeit um 16 Uhr eingenommen wird, ohne dass weitere Speisen oder Getränke bis 7.30 Uhr des nächsten Tages angeboten werden, wurde als „unangebracht" bezeichnet.[60] Der CPT hat ebenfalls empfohlen, dass Untersuchungshäftlinge ständig über Zugang zu Trinkwasser verfügen sollten.[61] Unklar bleibt, warum dieser Standard nicht auf Gefängnisse erweitert wurde.

Der Ausschuss überprüft ebenfalls die Art und Weise, in der die Mahlzeiten zubereitet und ausgegeben werden. Die Küchen der Gefängnisse sollten ordentlich belüftet werden und über getrennte Zubereitungsräume und Vorratskammern verfügen, um hygienische Bedingungen in den Küchen zu gewährleisten, die keine ansteckenden Krankheiten entstehen lassen.[62] Warme Mahlzeiten sollten in wärmekonservierenden Behältern transportiert werden, damit sie mit der gewünschten Temperatur ankommen.[63] Die Verteilung der Mahlzeiten sollte ordentlich überwacht werden, damit jeder Häftling die gleiche Portion erhält und zum Verzehr der Mahlzeit über ausreichend Zeit verfügt.[64] In Gefängnissen, in denen Zellen über keine integrierte Sanitäranlagen verfügen, sieht es der CPT als „zugleich unhygienisch und unzivilisiert" an, wenn die Praxis des „slopping out" (Entleerung des Toiletteneimers) an der gleichen Stelle wie die Verteilung des Essens stattfindet.[65] Teller, Tassen und Besteck sollten den Häftlingen bereitgestellt werden, da es nicht als ideal angesehen wird, dass sie unmittelbar aus den wärmekonservierenden Behältern oder mit den Fingern essen müssen.[66] Der Ausschuss ist ebenfalls der Auffassung, dass es den Häftlingen ermöglicht werden sollte, ihre Teller und Bestecke zu waschen und zu trocknen, ohne die Wascheinrichtungen und -utensilien benutzen zu müssen, die für ihre persönliche Hygiene vorgesehen sind. Infolgedessen sollten sie über Spülschüsseln und Geschirrtücher verfügen.[67]

Der Ausschuss sieht einen Ernährungsplan als einen der wichtigsten Aspekte der Gesundheitsvorsorge an. Er ist daher der Meinung, dass der Gesundheitsdienst des Gefängnisses dafür zuständig ist, die Angemessenheit des Ernährungsplans der Häftlinge zu überprüfen.[68] Dieser Ansatz sollte auch die Einstellung des Ausschusses zu speziellen Diätplänen für Häftlinge beeinflussen. Auch wenn er häufig diese Fragestellung angesprochen hat, ist nicht ganz klar, ob er Diätpläne nur für Häftlinge unterstützt, die aus medizinischen Gründen ihre Ernährung umstellen müssen, oder auch auf diejenigen erweitern will, die aus anderen Gründen bestimmte Nahrungsmittel ablehnen wie z. B. Vegetarier oder Anhänger bestimmter Glaubensrichtungen.[69]

Haftregime

In seinem zweiten Tätigkeitsbericht erklärte der Ausschuss, dass „ein zufriedenstellendes Programm an Aktivitäten (Arbeit, Bildung, Sport, usw.) von herausragender Bedeutung für das Wohlbefinden der Häftlinge ist. Dies gilt für alle Arten an Einrichtungen [...]."[70] Der Ausschuss ist, wie wir es schon gesehen haben, insbesondere über die im Allgemeinen ungünstigeren Bedingungen für Untersuchungshäftlinge besorgt. Er empfahl, dass diese Häftlinge einen angemessenen Teil des Tages (mindestens acht Stunden) außerhalb ihrer Zellen verbringen sollen und sich „mit unterschiedlichen, sinnvollen Aktivitäten beschäftigen" können. Schließlich fügt er noch an, dass „das Haftregime in Einrichtungen für verurteilte Häftlinge noch günstiger sein [sollte]".[71] Diese Erwartungshaltung kann als sehr ehrgeizig bezeichnet werden, da sie voraussetzt, dass die Werkstätten und anderen Ausbildungsprogramme über eine ausreichende Anzahl an Plätzen für alle Häftlinge verfügen. Der Ausschuss stellt regelmäßig fest, dass dies nicht der Fall ist, woraufhin er Maßnahmen zur Verbesserung dieses Zustandes anmahnt.[72]

In den Gefängnissen, in denen Häftlinge mit langen Haftstrafen untergebracht sind, sollten die Aktivitäten in „individualisierte Haftpläne" integriert sein, um den Häftlingen die Resozialisierung zu erleichtern.[73] Diese Empfehlung scheint darauf hinzuweisen, dass Ausbildungsprogramme für Häftlinge, die eine lange Haftstrafe verbüßen, mehr als lediglich Grundkurse umfassen sollten. Gleichzeitig sollten sie die „anfänglichen Bedürfnisse [dieser Häftlinge] und deren Entwicklung berücksichtigen.[74]

Schließlich betont der Ausschuss, wie wir es schon in Bezug auf Untersuchungshäftlinge gesehen haben,[75] die Bedeutung von körperlichen Aktivitäten: Alle Häftlinge (einschließlich derjenigen, die als Sanktion in Einzelhaft untergebracht sind) sollten sich „zumindest eine Stunde täglich an der frischen Luft bewegen" und das in einer Umgebung, die ihnen ausreichend Platz für körperliche Aktivitäten bietet.[76]

Kontroll- und Zwangsmittel

Alle Inhaftierungsorte, ob unter Gefängnis- oder Polizeiaufsicht, beinhalten ihrer Natur nach ein Element des Zwangs. Der CPT hat von Beginn an erkannt, dass „das Gefängnispersonal gelegentlich Gewalt anwenden muss, um gewalttätige Häftlinge zu kontrollieren, und dabei in Ausnahmefällen sogar auf Mittel körperlichen Zwangs zurückgreifen muss".[77] Der Ausschuss hätte diese Aussage auch über Polizeibeamte in Bezug auf die Verhaftung oder Festnahme und den anschließenden Gewahrsam treffen können. Anfangs äußerte sich der Ausschuss nicht dazu, welche Arten von Gewalt- und Zwangsmittel akzeptabel und welche unakzeptabel waren. Seiner Meinung nach ist die beste Garantie gegen Misshandlungen von Häftlingen die Anwesenheit von qualifiziertem Personal, das sich während der Ausbildung mit der Entwicklung von Fertigkeiten in zwischenmenschlicher Kommunikation vertraut gemacht hat, damit es seine Pflichten erfolgreich erfüllen kann, „ohne auf Misshandlungen zurückzugreifen".[78] Der Besitz derartiger Fertigkeiten wird das Personal häufig dazu befähigen, „eine Situation zu entschärfen, die anderenfalls zur Anwendung von Gewalt führen könnte".[79] Dadurch wird auch gewährleistet, dass der eventuelle, begründete Rückgriff auf Gewalt nicht das unbedingt erforderliche Maß an Intensität überschreitet, um die körperliche Unversehrtheit des Gefängnispersonals und der anderen Häftlinge zu schützen und um schwere materielle Schäden zu verhindern.[80]

In manchen Ländern hat der CPT festgestellt, dass das Personal auf unprofessionelle Weise auf Gewalt zurückgreift[81] und hat Maßnahmen wie die Ausbildung in „Techniken der Kontroll- und Zwangsmaßnahmen" empfohlen, um dieser Situation Abhilfe zu schaffen. Die Techniken erhöhen das Sicherheitsgefühl des Personals und ermöglichen ihm „die geeigneteste Maßnahme zu ergreifen, wenn es schwierigen Situationen gegenübersteht".[82] Diese Techniken spielen daher eine bedeutende Rolle bei der Verringerung des Verletzungsrisikos für die Häftlinge,[83] insbesondere wenn es darum geht, einen sich widersetzenden Häftling in einen anderen Teil der Einrichtung zu verlegen.[84]

Der CPT hat dennoch Zweifel über den Gebrauch gewisser Kontrolltechniken und -instrumente geäußert und sie in wenigen Fällen unmissverständlich verurteilt. In der Tschechischen Republik z. B. hat der Ausschuss festgestellt, dass nationale Gesetze die Verwendung folgender Praktiken erlaubten, um Häftlinge gefügig zu machen: Schlagstöcke, Selbstverteidigungstechniken, Ketten, die während des Transports um die Handgelenke gelegt werden, Handschellen, Sicherheitsgürtel mit oder ohne Handschellen, zu vorübergehender Lähmung führende Gase, Stromstoßgeräte, Wasserwerfer, zu vorübergehender Erblindung führende Sprengstoffe, das Schlagen mit einem Waffengriff, die Androhung des Gebrauchs einer Waffe sowie Warnschüsse.[85] Der Ausschuss hat erklärt, dass Schläge mit einem Waffengriff und Stromstoßgeräte „niemals in einem Gefängnis benutzt werden sollten". Der Gebrauch von zu vorübergehender Lähmung bzw. Erblindung führenden Gasen bzw. Sprengstoffen könne nur in „Ausnahmefällen" begründet sein.[86] Die Anwendung von Handschellen kann in vielen Situationen legitim sein. Andererseits stellt es eine „inakzeptable Vorgehensweise" dar, wenn Häftlinge mit Handschellen an ihr Bett oder an einen an der Wand hängenden Ring gefesselt werden.[87] Dies gilt ebenfalls für das Fesseln eines weiblichen Häftlings an ihr Krankenbett vor oder während der Geburt ihres Kindes. Dies stellt „ein offenkundiges Beispiel für eine unmenschliche und erniedrigende Behandlung" dar.[88] Des Weiteren hat es der CPT als nicht gerechtfertigt angesehen, wenn ein aggressiver Häftling mit Wasser abgespritzt wurde, obwohl er nicht mit anderen Mithäftlingen zusammen gehandelt hat.[89]

Diese Formulierungen spiegeln einen allgemeinen Standpunkt wider. Kontrollmittel, die in bestimmten Lagen als akzeptabel bewertet werden, können es bei Vorliegen anderer Umstände nicht sein. Außerdem kann ein Mittel ausnahmsweise zulässig sein, wenn es nicht regelmäßig benutzt wird.[90] Aus diesem Grund fordert der CPT die zuständigen Gefängnisbehörden bei der Benutzung zweifelhafter Techniken oder Instrumente auf, die Umstände, in denen dem Gefängnispersonal der Gebrauch gestattet wird, und die Ausbildung, die es für den Gebrauch erhalten hat, genauer darzulegen.[91]

Der CPT hat bei mehreren Gelegenheiten seine Besorgnis über die Risiken mancher, insbesondere von der Polizei angewendeter Zwangsmittel zum Ausdruck gebracht. Er zeigte sich z. B. 1996 in Dänemark über die Verwendung von Fußschellen („leg locks") durch die Polizei beunruhigt. Das „übereifrige Anlegen" dieser Fußschellen soll „angeblich zu schweren Verletzungen führen" können. Der Ausschuss erhielt auch Beschwerden über dänische Polizeibeamte, die festgenommene Personen gelegentlich an ihren gefesselten Handgelenken ohne jegliche Unterstützung der Arme und Schultern gezogen haben sollen. Eine solche Behandlung „kann auf Dauer erhebliche Schäden im peripheren Nervensystem verursachen".[92] Ebenfalls zeigte sich der CPT 1997 im Vereinigten Königreich über Gerüchte besorgt, nach denen die städtische Polizei Londons Halsketten benutzt haben soll, die in einigen Fällen zum Tod durch Ersticken geführt haben. Der CPT merkte an, dass die Ausbildung dieser Polizeieinheit nicht die Benutzung solcher Ketten einschließe und dass der Einsatz dieses Zwangsmittels nicht verboten sei, wenn auch das Personal infolge der Gefährlichkeit des Zwangsmittels nicht zu dessen Gebrauch ermutigt werde. Die Entscheidung, ob der Einsatz „angesichts der Umstände vernünftig" war, stand im Ermessen der Polizeibeamten. Der Ausschuss, bei dem eine solche Formulierung keinen Enthusiasmus ausgelöst hat, forderte eine Kopie der überarbeiteten Richtlinien und Ausbildungsprogramme für den Gebrauch von Zwangsmitteln.[93]

Bei jeder Anwendung eines Zwangsmittels besteht für Häftlinge ein erhöhtes Misshandlungsrisiko und sie bedarf deswegen spezifischer Schutzvorkehrungen:

„Ein Häftling, gegen den irgendein Zwangsmittel eingesetzt worden ist, sollte das Recht haben, sofort von einem Arzt untersucht und erforderlichenfalls behandelt zu werden. Diese Untersuchung sollte außerhalb der Hörweite und vorzugsweise auch nicht unter den Augen des nichtmedizinischen Personals stattfinden. Das Ergebnis der Untersuchung (einschließlich etwaiger relevanter Äußerungen des Häftlings und der Schlussfolgerungen des Arztes) sollte formell dokumentiert und dem Häftling zugänglich gemacht werden. In den seltenen Fällen, in denen es erforderlich ist, auf Mittel körperlichen Zwangs zurückzugreifen, sollte der betroffene Häftling unter ständige und angemessene Überwachung gestellt werden. Darüber hinaus sollten diese Mittel so schnell wie möglich wieder entfernt werden. Zum Zweck der Bestrafung sollten sie niemals angewendet oder ihre Anwendung verlängert werden. Schließlich sollte jeder Fall von Gewaltanwendung gegen Häftlinge dokumentiert werden."[94]

Da eine solche Ermahnung von der Polizei wahrscheinlich als unrealistisch angesehen würde, hat sie der CPT nur in Bezug auf Gefängnisse ausgesprochen. Die Anwendung dieser Standards auf Häftlinge, die Disziplinar- oder Hochsicherheitsmaßnahmen unterliegen, wird in Kapitel 6 dargestellt.

Kontakte der Häftlinge mit der Außenwelt, Achtung der Privatsphäre und Vertraulichkeit

Der CPT erkennt die Notwendigkeit an, alle Kontakte zwischen den Häftlingen und der Außenwelt systematisch zu kontrollieren. Diese Kontrolle sollte jedoch verhältnismäßig sein und die Besuche sollten so „offen" und entspannt wie möglich veranstaltet werden.[95] Der Ausschuss ist der Auffassung, dass es den Häftlingen ermöglicht werden muss, die Beziehungen zu ihren Familien und ihren engen Freunden aufrecht zu erhalten. Für die Gefängnisleitung sollte es das Grundprinzip sein, die Kontakte mit der Außenwelt zu fördern und „jede Begrenzung derartiger Kontakte sollte ausschließlich aufgrund beachtlicher Sicherheitsbedenken oder aus Gründen begrenzter Ressourcen erfolgen".[96] Außerdem sollte die Ablehnung eines Besuchs aus Sicherheitsbedenken regelmäßig überprüft werden.[97]

Die folgenden Beispiele zeigen, welche Einschränkungen vom CPT als angemessen angesehen werden. In einem Briefwechsel hat der Ausschuss die Gefängnisleitung von Aruba kritisiert, da sie den Häftlingen kein Papier, Bleistifte und Briefmarken zur Verfügung stellte, so dass diese keine Briefe schreiben konnten.[98] An anderer Stelle betonte der Ausschuss, dass die Post der Häftlinge umgehend zu verteilen sei.[99] Nach Meinung des Ausschusses sollte das Gefängnispersonal die Briefe eher untersuchen anstatt sie zu lesen. Wenn es sich als notwendig erweist, einen Brief zu lesen, sollte dies in der Gegenwart des betroffenen Häftlings geschehen.[100]

Hinsichtlich der Benutzung des Telefons sah der Ausschuss 1991 in Spanien und 1995 auf Malta ein einziges Telefongespräch pro Monat für ausländische Häftlinge als unzureichend an und bat die Behörden, die Anzahl zu erhöhen.[101] In

Spanien kritisierte er eine unflexible Regel, nach der es den gerade angekommenen Häftlingen untersagt wurde, ihre Familien während der ersten 15 Tage anzurufen. Der Ausschuss empfahl, ihnen so schnell wie möglich nach ihrer Ankunft in der Einrichtung die Gelegenheit zu einem Telefongespräch zu geben.[102] Wenn keine Telefonanlage vorhanden ist, empfiehlt der Ausschuss, Maßnahmen zu ergreifen, damit Häftlinge Telefongespräche tätigen und entgegennehmen können.[103] Wie schon erwähnt wurde, hat der CPT ein vollständiges Verbot von telefonischen Kontakten für Untersuchungshäftlinge wiederholt kritisiert.[104]

Hinsichtlich der Besuche betrachtete der Ausschuss 1991 die französische Praxis als angemessen, einem verurteilten Häftling wöchentlich einen 30 Minuten langen Besuch und einem Untersuchungshäftling wöchentlich drei 30 Minuten lange Besuche zu gestatten.[105] In einem anderen Land wurde ein einziger 30 Minuten langer Besuch pro Monat für Untersuchungshäftlinge als unzureichend angesehen, „um gute Beziehungen mit der Familie und engen Freunden aufrechtzuhalten". Daraufhin wurde eine Empfehlung zur Erhöhung der Anzahl der Besuche ausgesprochen.[106] 1995 wurde in der Slowakei der Anspruch, an dem grundsätzlich festgehalten wurde, auf einen dreißigminütigen Besuch pro Monat für erwachsene Untersuchungshäftlinge und auf einen ebenso langen Besuch alle zwei Wochen für minderjährige Untersuchungshäftlinge als unangemessen bezeichnet. Der Ausschuss empfahl daher die Häufigkeit der Besuche in beachtlicher Weise zu erhöhen.[107] In Slowenien wurde ebenfalls der Anspruch auf einen wöchentlichen fünfzehnminütigen Besuch als unzureichend erachtet.[108]

Eine gewisse Flexibilität ist bei der Anwendung der Regeln über Besuche und Telefonkontakte von Häftlingen, deren Familienangehörige weit entfernt leben, notwendig. Es könnte solchen Häftlingen erlaubt werden, Besuchszeiten anzusammeln und/oder Telefonkontakte als Ersatz für Besuche anzusehen.[109] Der CPT hat ebenfalls empfohlen, in derartigen Fällen Sondervereinbarungen zu treffen, um Besuchern Reisen zum Gefängnis zu ermöglichen.[110]

Die Besucherräume sollten freundlich,[111] ausreichend ruhig und gut ausgestattet sein, um es den Häftlingen zu ermöglichen, sich mit ihren Besuchern zu unterhalten, ohne schreien zu müssen (das betrifft insbesondere geschlossene Sprechkabinen, in denen der Häftling von seinen Besuchern durch eine Glas- oder Plastikscheibe getrennt ist).[112] Die anwesenden Personen müssten alle über eine Sitzgelegenheit verfügen.[113] Der Häftling sollte sich mit seinem Rechtsanwalt unter solchen Bedingungen unterhalten können, die die Vertraulichkeit des Gespräches gewährleisten,[114] d. h. in einem geeigneten Raum ohne Abhöranlagen.[115]

Der Ausschuss hat längere „Familien- oder Ehebesuche" empfohlen, die unter Achtung der Menschenwürde stattfinden sollen.[116] Er hat oftmals festgestellt, dass dies nicht immer der Fall war.[117] Die Besuche sollten in Räumlichkeiten stattfinden, die eine private Atmosphäre schaffen. Dies trägt dazu bei, die Beziehungen zwischen den Häftlingen und ihren Eltern, Ehegatten oder Lebensgefährten und Kindern aufrechtzuhalten.[118]

Der CPT schenkt schließlich den Verfahren bei der Ankunft am Inhaftierungsort und insbesondere der Vertraulichkeit der personenbezogenen Daten des Häftlings erhöhte Aufmerksamkeit. Die nach der Ankunft geführten Gespräche beziehen sich oft auf die Natur des vom Häftlings begangenen Gesetzverstoßes, seine

Ängste hinsichtlich der anderen Häftlinge oder auf die medizinische Versorgung in der Einrichtung und seine eigene Krankengeschichte, die einige vertrauliche Aspekte enthalten kann. Diese Gespräche sollten infolgedessen außerhalb der Hörweite und des Blickfeldes der anderen Häftlinge stattfinden, unabhängig davon ob die Mithäftlinge auch neu angekommen oder in dem Ankunftsabschnitt beschäftigt sind. Darüber hinaus sollten Mithäftlinge keinen Einblick in die vom Personal gemachten Anmerkungen sowie in die Haftakte einschließlich der medizinischen Daten erhalten.[119] Der CPT hat in diesem Bereich schon mehrfach Mängel festgestellt.[120] Dies gilt ebenso für die Achtung der Privatsphäre der Häftlinge, insbesondere bei Durchsuchung ihrer Person und ihrer Zelle.[121]

Personal der Hafteinrichtungen

Der CPT schreibt dem Teil der Ausbildung des Gefängnispersonals große Bedeutung zu, der eine Sensibilisierung in Fragen der Menschenrechte und die Befähigung zur erfolgreichen Erfüllung der Pflichten ohne Rückgriff auf Misshandlungen umfasst. Der Ausschuss ist davon überzeugt, dass auch die Fähigkeit zur Kommunikation eine wichtige Komponente bei der Rekrutierung des Personals sein sollte.[122] Der CPT hat daher in einer Vielzahl seiner Besuchsberichte kritische Kommentare über folgende Aspekte abgegeben: die mangelnde Bereitschaft des Personals zu einem „konstruktiven Dialog" mit den Häftlingen,[123] provozierendes Verhalten gegenüber Häftlingen,[124] eine „gleichgültige" Berufseinstellung,[125] eine militaristische oder misstrauische Einstellung gegenüber Häftlingen[126] oder der Gebrauch privilegierter Häftlinge als Puffer zwischen den Häftlingen und dem Personal.[127] Jedes Verhalten, das Respektlosigkeit gegenüber den Häftlingen andeutet, sollte vermieden werden. Diesbezüglich hat der CPT mindestens in einem Fall das Entfernen von Zeichnungen oder Schildern aus Personalbüros oder allgemein zugänglichen Räumen gefordert.[128] Der Ausschuss hat sich darüber hinaus wiederholt für die Einstellung weiblichen Personals in den Gefängnissen für männliche Häftlinge ausgesprochen, da eine derartige Maßnahme die allgemeine Atmosphäre in den Hafteinrichtungen verbessert.[129]

Es ist für den CPT auch von herausragender Bedeutung, dass die Gefängnisverwaltung oder die Gefängnisdirektoren alle Teile der Einrichtung, für die sie verantwortlich sind, regelmäßig besuchen[130] und dass sie die Bereitschaft zeigen, den Häftlingen in einer vertraulichen Atmosphäre für ein Gespräch zur Verfügung zu stehen.[131] Da manche Gefängnisbeamte zu Misshandlungen neigen - eine Tatsache, die Gefängnisdirektoren nicht leugnen, aber nach ihren Angaben auch nicht verhindern können[132]-, ist der Ausschuss der Auffassung, dass die Direktoren über die notwendigen Mittel und Befugnisse verfügen sollten, um ihre Einrichtungen besser leiten zu können[133] und das Personal besser im Griff zu haben.

Ein Aspekt der Fürsorgepflicht, den die Gefängnisbehörden den Häftlingen schulden und der den Ausschuss im Laufe seiner Inspektionsbesuche beschäftigt hat, ist eine angemessene Personalausstattung. Der Ausschuss hat sich oft angesichts des Personalmangels besorgt gezeigt. Obwohl er nie ein ideales Verhältnis zwischen Personal und Häftlingen bestimmt hat, kritisierte er häufig Einrichtungen, in denen das Verhältnis für ihn zu niedrig oder sogar „gefährlich" unangemessen war. Während eines Besuchs 1993 in dem Männer-Gefängnis von Korydallos (Griechenland) hat der CPT z. B. seine Skepsis darüber zum Ausdruck gebracht, wie drei oder vier Aufseher einen ganzen Flügel, in dem 350 Häftlinge den größten Teil des Tages frei umherliefen, in zufrieden stellender Weise kontrollieren sollten.[134] Im Gefängnis von Linhó (Portugal) äußerte der CPT 1992 sein Unverständnis darüber, dass drei Nachtwächter 500 Häftlinge in angemessener Weise beaufsichtigen sollten. Er empfahl eine Aufstockung des Personals.[135] Während eines Besuchs 1994 in Spanien war der Ausschuss der Auffassung, dass vier Aufseher für die Überwachung eines Flügels des Gefängnisses Madrid 1 mit 600 Insassen nicht ausreichend waren, um ein „vernünftiges Programm an Aktivitäten" anbieten zu können.[136] In Portugal war der CPT 1996 anlässlich des Gefängnisses von Oporto der Meinung, dass drei Gefängnisbeamte zur Überwachung eines Flügels mit 400 Insassen, die sich zudem tagsüber frei bewegen konnten, nicht ausreichten. Der Ausschuss war insbesondere durch das (wohl verständliche) Verhalten der Aufseher geschockt, die nur selten den Flügel betraten, im Falle von Unruhen nicht eingriffen und privilegierte Häftlinge ausnutzten, um ihre Autorität gegenüber anderen Mithäftlingen auszuüben. Dies ließ starken Häftlingen freie Hand, ihre schwächeren Mithäftlinge auszubeuten.[137] In Aruba zeigte sich der CPT 1994 angesichts der Häufigkeit des Fernbleibens des Personals besorgt und empfahl die Aufstellung eines Programms zur Beseitigung derartiger Mängel.[138] Die Anzahl des Personals im Gefängnis von Gherla (Rumänien) im Jahr 1995 hat ihm ebenfalls Sorge bereitet. 2672 Häftlingen standen damals lediglich 252 Beamte in Uniform und 14 zivile Beschäftigte gegenüber.[139]

Es scheint unmöglich, aus diesen unterschiedlichen Erklärungen irgendwelche genaueren Richtlinien über das Verhältnis zwischen der Anzahl des Personals und der Anzahl der Häftlinge zu bestimmen, wie es bei der Zellengröße gelungen ist. Der CPT hat keinerlei Anstalten gemacht, Lösungsvorschläge für diese Problemstellung entwickeln zu wollen. Darüber hinaus handelt es sich nicht um ein politisches Problem, über das die Bemerkungen, die der Ausschuss in den oben genannten Beispielen gemacht hat, Aufschluss geben, da sie zwei unterschiedliche Referenzen beinhalteten. Im Falle des Gefängnisses von Gherla bezogen sich die Einwände des Ausschusses auf die Gesamtanzahl des Personals, wohingegen sie sich in den anderen Fällen nur auf das Verhältnis Aufseher/Häftling für einen bestimmten Teil einer Hafteinrichtung und zu einer bestimmten Tageszeit (tagsüber oder nachts) bezogen. Es ist schwer, eine Größe in die andere umzurechnen. Nach einer empirischen Regel ist nur ein Viertel des Personals im Dienst (ganz gleich wie hoch der Personalstand in der Einrichtung oder in den Teilen der Hafteinrichtung ist). Diese These resultiert aus der Verteilung der Arbeit auf vier Schichten, von denen drei sich mit jeweils acht Stunden auf einen Tag verteilen, während die vierte Schicht nicht arbeitet. Alternativ arbeitet ein Teil des Personals mehrere Tage ohne Unterbrechung durch und nimmt dann Ausgleichsurlaub (was zu demselben Ergebnis führt). Nicht zu vergessen sind auch die Krankheitsurlaube, Fortbildungen und andere Gründe für eine Abwesenheit. Mit anderen Worten haben im Gefängnis von Gherla 63 Beamte Dienst, die für 2672 Häftlinge zuständig sind, d. h. das Verhältnis Aufseher/Häftlinge beträgt 1:42,4. Es *scheint*, dass die Anzahl des diensthabenden Personals höher ist als bei dem Verhältnis Aufseher/Häftlinge in den anderen Beispielen (zwischen 1:87 und 1:167). In der Realität beträgt jedoch das Verhältnis Aufseher/Häftlinge im Gefängnis von Gherla 1:10, was angesichts des internationalen Standards erstaunlich niedrig ist (in den meisten westeuropäischen Einrichtungen liegt es durchschnittlich zwischen 1:1 und 1:3 in Abhängigkeit vom Sicherheitsniveau des Gefängnisses). Wäre dem Ausschuss die Gesamtanzahl des Personals in den betroffenen Einrichtungen mitgeteilt worden, wäre sie wahrscheinlich viel günstiger als im Gefängnis von Gherla gewesen. Daher ist entweder auf die Gesamtanzahl des Personals, die Anzahl der Beamten, die für einen bestimmten Teil der Einrichtung verantwortlich sind, oder gleichzeitig auf die Gesamtzahl des Personals und seine jeweilig Verteilung im Dienst abzustellen, wobei letztere durch erstere eingeschränkt wird.

Der CPT scheint jeden Kommentar über das Verhältnis Aufseher/Häftlinge abzulehnen, es sei denn dieses ist so niedrig, dass das Personal offensichtlich unzureichend ist, um die Anwesenheit in allen Situationen zu gewährleisten. Der Ausschuss äußert sich jedoch darüber, ob eine ausreichende Anzahl an Personal besonderen Situationen zugeteilt ist, in denen die Sicherheit der Häftlinge gefährdet wird. Welche Lösung anschließend gewählt wird, ist eine politische Entscheidung: Entweder wird mehr Personal eingestellt, die Anzahl der Häftlinge reduziert oder die Zuteilung des Gefängnispersonals wird wirksamer organisiert.

Schließlich hat der CPT bei mehreren Gelegenheiten Haftzentren - insbesondere Gefängnisse - besucht, in denen das Personal im Widerspruch zu den durch die europäischen Gefängnisregeln[140] vorgegebenen Richtlinien in Anwesenheit von Häftlingen Feuerwaffen trug. Der Ausschuss betrachtet diese Praxis als gefährlich und unerwünscht.[141] Er hat auch in Gefängnissen – z. B. in Bulgarien - die Gewohnheit von Gefängnispersonal beobachtet, in den Gefängnistrakten „Schlagstöcke drohend vor den Häftlingen zu schwingen". Der Ausschuss sieht diese Praxis nicht als dienlich an für die Förderung positiver Beziehungen zwischen Aufsehern und Häftlingen und empfiehlt, dass Schlagstöcke möglichst nicht sichtbar sind, sofern die Notwendigkeit für das Gefängnispersonal besteht, sie überhaupt mitzuführen.[142]

Medizinische Versorgung

Der CPT hat immer einen wichtigen Teil seiner Inspektionsberichte den Fragen der medizinischen Versorgung gewidmet. Sein dritter Tätigkeitsbericht erläutert ausführlich seine Erwartungshaltung in diesem Bereich. Da sich die Grundprinzipien, die der Ausschuss dafür ausgearbeitet hat, teilweise mit seinen Bestimmungen über die Schutzmaßnahmen zugunsten verletzbarer Häftlinge mit allgemeinmedizinischen oder psychiatrischen Leiden überschneiden, werden diese Fragen in Kapitel 6 behandelt.[143]

Beschwerde - und Inspektionsverfahren

Die Empfehlungen des CPT über die Beschwerde - und Inspektionsverfahren bezüglich des Polizeigewahrsams sind bereits in Kapitel 4 beschrieben worden. Die Anforderungen an Beschwerde und Berufung im Zusammenhang mit einem Disziplinarverfahren werden in Kapitel 6 aufgezählt.

Hinsichtlich der Gefängnisse empfiehlt der CPT, dass zusätzlich zur Dokumentierung jeglicher Anwendung von Gewalt[144] alle Gefängnisse über „wirksame Beschwerde- und Inspektionsverfahren" verfügen. Das Verfahren zur Untersuchung von Beschwerden sollte auf zwei Ebenen, innerhalb und außerhalb der Einrichtung, stattfinden. Der CPT unterstützt unabhängige Inspektionsverfahren, die von einem Strafrichter oder einem mit Laien besetzten Gremium - wie die englischen Boards of Visitors - durchgeführt werden. Diese „sind dazu befugt, die Beschwerden von Häftlingen zu empfangen (und ggf. darauf zu reagieren) sowie Besuche in Räumen der Hafteinrichtungen durchzuführen".[145]

Hinsichtlich der Laien-Gremien wünscht sich der CPT, dass ihre Mitglieder eine geeignete Schulung bekommen und dass sie so ausgewählt werden, dass „alle unterschiedlichen Elemente der Gemeinschaft vertreten sind".[146] Um ihre Unabhängigkeit und Unparteilichkeit zu fördern und zu betonen, sollten sie von einer anderen Behörde als der Gefängnisverwaltung ernannt werden.[147] Diese Behörde wird wahrscheinlich keine Mitglieder der Gefängnisverwaltung für ein solches Gremium ernennen; anderenfalls droht es seinen Charakter als „Laien"-Gremium zu verlieren. Um eine gewisse Kontinuität zu wahren, sollten die Mitglieder über mehr als nur ein einjähriges Mandat verfügen.[148] Zudem sollten derartige Gremien einen jährlichen Tätigkeitsbericht veröffentlichen.[149] Nach Angaben des CPT sollten zur Wahrung der Unabhängigkeit keine Mitglieder des Gefängnispersonals in diesem Gremium mit Verwaltungsaufgaben beschäftigt sein.[150]

Die Personen, die für die Durchführung der Inspektionen und Besuche im Rahmen der Untersuchung einer Beschwerde zuständig sind, sollten die betroffenen Einrichtungen regelmäßig besuchen, „vorzugsweise ein Mal pro Woche oder zumindest ein Mal pro Monat".[151] Sie müssen deshalb über ausreichende Mittel verfügen, um ihre Aufgabe zu erfüllen.[152] Sie sollten ebenfalls „sichtbar" sein, d. h. „sie sollen sich nicht nur damit begnügen, Personen zu treffen, die ausdrücklich darum gebeten haben, sondern auch selbst die Initiative ergreifen und andere Teile von Einrichtungen besuchen sowie spontan mit Häftlingen Kontakte knüpfen".[153] Es ist außerdem wichtig, dass sich die Häftlinge mit ihnen vertraulich unterhalten können.[154] Für den Ausschuss ist es ebenfalls von Bedeutung, dass „es diesen Personen erlaubt wird, mit Ansprechpartnern auf Regierungs- und Parlamentsebene unmittelbare Kontakte aufnehmen zu können. In manchen Situationen müssen sie sich, um [ihre] Aufgaben effizient zu erfüllen, direkt an eine andere Stelle als den Direktor der betroffenen Einrichtung wenden können."[155]

Nach Ansicht des Ausschusses haben sich die Tätigkeiten der Beamten, die für die Inspektion der Gefängnisse und die Vernehmung von Häftlingen verantwortlich waren, mehrmals als unzulänglich erwiesen. Er hat den Behörden unter diesen Umständen empfohlen, die Aufgabe einem unabhängigen Organ zu übertragen.[156]

Anmerkungen

[1] Andorra 1, Abs. 39.
[2] *Ibid.*
[3] Siehe den Abschnitt „Ablauf der Besuche" in Kapitel 2.
[4] Zweiter Tätigkeitsbericht, Abs. 46.
[5] Siehe den Abschnitt „Andere Verfahrensgarantien" in Kapitel 4.
[6] Siehe z. B. UK 1, Abs. 57.
[7] Poland 1, Abs. 70. Dieser Standard bezieht sich auf die gewöhnlichen Gefängniszellen. Der CPT zeigt sich weitaus weniger anspruchsvoll bei Schlafsälen.
[8] Sweden 1, Abs. 46, 73.
[9] Finland 1, Abs. 81; Poland 1, Abs. 70 und Czech Republic 1, Abs. 47. Siehe aber auch Iceland 2, Abs. 56, in dem der CPT empfiehlt, dass 4,5 m² große Zellen nicht für Zeiträume von mehr als ein oder zwei Tagen benutzt werden (obwohl er der Ansicht ist, dass derartige Zellen vollständig außer Betrieb genommen werden sollten). 5 m² große Zellen in Irland wurden als für einen Insassen „kaum geeignet" bezeichnet (Ireland 2, Abs. 52) und „bewegliche Zellen" in Finnland (die für den Transfer von Häftlingen zwischen Gefängnissen benutzt werden) wurden als „gerade noch für die Unterbringung einer Person für eine Nacht geeignet" bezeichnet (Finland 2, Abs. 112).
[10] UK 2, Abs. 119. Vgl. aber Slovenia, Abs. 63, in dem eine Zelle dieses Typus' als eng und unakzeptabel für die Unterbringung von zwei Personen beschrieben wird.
[11] Hungary 1, Abs. 97 und France 3, Abs. 107.
[12] Italy 2, Abs. 115.
[13] UK 4, Abs. 73. Obwohl diese Fläche auch eine nicht abgetrennte Toilettenecke einschließt, war der Ausschuss schließlich der Auffassung, dass dieser Zellentyp nur für die Unterbringung einer einzigen Person geeignet ist.
[14] Turkey 7, Abs. 97.
[15] Slovakia 1, Abs. 75. Siehe aber UK 4, Abs. 111, in dem eine 11,5 m² große Fläche als „nur mittelmäßiger" Wohnraum für die Unterbringung von drei Personen beschrieben wurde.
[16] In Ireland 2, Abs. 61 zeigte sich der Ausschuss über die Einführung von (gemäß den Bauplänen) 10, 65 m² großen Zellen für die Unterbringung von drei Personen besorgt.
[17] Romania 1, Abs. 55. Siehe auch Belgium 2, Abs. 116, in dem eine 9 m² große Fläche für die Unterbringung von zwei Personen und eine 14 m² große Fläche für die Unterbringung von drei Personen als kaum akzeptabel bewertet wird. Siehe auch Spain 6, Abs. 72, in dem die Unterbringung von drei oder vier Personen in 10 m² großen Zellen als „inakzeptabel" bezeichnet wurde. In France 3, Abs. 102 wurde eine 13 m² große Fläche für die Unterbringung von nicht mehr als drei Personen als geeignet beurteilt.
[18] Spain 1, Abs. 122 und Turkey 7, Abs. 80.
[19] Greece 1, Abs. 117.
[20] Austria 2, Abs. 66.
[21] Slovenia 1, Abs. 63.
[22] Slovakia 1, Abs. 86; Romania 1, Abs. 56, in dem eine 36 m² große Fläche für die Unterbringung von vierzehn weiblichen Häftlingen als nicht zufrieden stellend beurteilt wird; Turkey 7, Abs. 106, in dem ein 55 m² großer Schlafsaal mit vierundzwanzig Frauen und vier Kindern als „überfüllt" beurteilt wurde.
[23] Slovakia 1, Abs. 90.
[24] Turkey 7, Abs. 127.
[25] Zweiter Tätigkeitsbericht, Abs. 49.
[26] Siehe z. B. Finland 2, Abs. 73.

[27] Siehe Kapitel 3 und unter den neueren Berichten UK 4, Abs. 112.
[28] Zweiter Tätigkeitsbericht, Abs. 49 und z. B. Andorra 1, Abs. 39 und Finland 2, Abs. 73.
[29] UK 4, Abs. 115; in Poland 1, Abs. 79 wird von einer „angemessenen Trennung" gesprochen.
[30] UK 3, Abs. 80 und Portugal 2, Abs. 99.
[31] Denmark 2, Abs. 88 und UK 3, Abs. 398.
[32] Sweden 1, 47 und Netherlands 1, Abs. 39.
[33] Zweiter Tätigkeitsbericht, Abs. 49.
[34] § 18 der Europäischen Gefängnisregeln.
[35] UK 1, Abs. 74.
[36] France 1, Abs. 112.
[37] Romania 1, Abs. 110.
[38] France 3, Abs. 105, 107.
[39] Im Gefängnis von Oporto (Portugal) wurde ein zentraler Waschraum mit 32 Duschen für 1200 Häftlinge als „absolut ungeeignet" bezeichnet (Portugal 3, Abs. 17). Im Gefängnis von Gherla (Rumänien) benutzten mehr als 2600 Häftlinge denselben Waschraum, was zu ernsthaften Problemen führte (Romania 1, Abs. 110). In dem Gefängnis von Buca (Izmir, Türkei) wurden die sanitären Annexe, die aus zwei Toiletten, zwei Waschbecken und einer Dusche bestanden, als „offenkundig ungeeignet" für 70 bis 80 Häftlinge bezeichnet (Turkey 1, Abs. 91).
[40] Italy 2, Abs. 111.
[41] Austria 2, Abs. 68.
[42] Turkey 7, Abs. 110.
[43] Bulgaria 1, Abs. 118, 125.
[44] Austria 1, Abs. 37 und Turkey 7. Abs. 109, in dem die Wäscherei, die nur mit einem nicht funktionierendem Wäschetrockner ausgestattet war, als „kärglich ausgestattet" beschrieben wurde. Die Häftlinge hatten sogar in den zwei Wochen vor dem Besuch des CPT kein Waschmittel erhalten.
[45] Spain 1, Abs. 181.
[46] Netherlands Antilles 1, Abs. 78, 96 und Romania 1, Abs. 71.
[47] Dritter Tätigkeitsbericht, Abs. 53.
[48] Cyprus 1, Abs. 78; siehe auch San Marino 1, Abs. 43.
[49] Wie es auch im Gefängnis von Corradino (Malta) 1990 der Fall war (Malta 1, Abs. 37).
[50] Netherlands Antilles 1, Abs. 96.
[51] Portugal 1, Abs. 84. Die Bemerkung des CPT soll für Verwunderung gesorgt haben, da auch Privatwohnungen nur selten mit einer Zentralheizung ausgestattet sind.
[52] Spain 1, Abs. 183.
[53] Italy 2, Abs. 118. Es kam erst später ans Licht, dass die Heizung ab dem 15. November eingeschaltet wurde. Der Besuch des CPT fand aber schon einige Tage vorher statt.
[54] Denmark 1, Abs. 40, 83, 118. Derartige Entwicklungen wurden vom CPT ebenfalls in France 3, Abs. 83 begrüßt.
[55] Sweden 1, Abs. 44.
[56] Iceland 2, Abs. 55.
[57] Dritter Tätigkeitsbericht, Abs. 53.
[58] Siehe Romania 1, Abs. 75, 121.
[59] Z. B. Netherlands Antilles 1, Abs. 100 und France 3, Abs. 93.
[60] Netherlands Antilles 1, Abs. 87. Siehe auch Romania 1, Abs. 75, in dem der CPT Abstände von mehr als 24 Stunden zwischen den Mahlzeiten feststellte.
[61] Switzerland 2, Abs. 32.

[62] Netherlands Aruba 1, Abs. 249, 250. Siehe auch Turkey 7, Abs. 108, in dem die Küche „kärglich ausgestattet" war, da weder warmes Wasser für die Spüle noch Thermometer in dem Kühlraum vorhanden waren.
[63] Netherlands Aruba 1, Abs. 248, 250; France Martinique 1, Abs. 49; France 1, Abs. 168; France 3, Abs. 91-93; Italy 2, Abs. 118 und Poland 1, Abs. 103.
[64] Vgl. Poland 1, Abs. 89, 91, in dem der Ausschuss die polnischen Behörden aufforderte, den Häftlingen zumindest eine Viertelstunde zu gönnen.
[65] UK 1, Abs. 75.
[66] Netherlands Antilles, Abs. 88, 100.
[67] UK 1, Abs. 75, 76.
[68] Dritter Tätigkeitsbericht, Abs. 53.
[69] Der Ausschuss war z. B. 1992 auf Zypern der Auffassung, dass die Bestimmungen bezüglich „spezieller Diätpläne" ungeeignet waren, ohne zu erwähnen, ob diese Diäten aus medizinischen, religiösen oder sonstigen Gründen von den Häftlingen ausdrücklich gewünscht wurden (Cyprus 1, Abs. 82).
[70] Zweiter Tätigkeitsbericht, Abs. 47.
[71] *Ibid.*
[72] Siehe z. B. Denmark 2, Abs. 80, 81; Finland 1, Abs. 90, 91, 95, 96; Greece 1, Abs. 105, 109; Slovakia 1, Abs. 80-85, 91-101; France 1, Abs. 108 und France 3, Abs. 89, 106, 107.
[73] Denmark 2, Abs. 91.
[74] Slovenia 1, Abs. 70 und Czech Republic 1, Abs. 53.
[75] Siehe den Abschnitt „Untersuchungshäftlinge" in Kapitel 4.
[76] Andorra 1, Abs. 39. Der CPT hat außerdem mehrmals festgestellt, dass die Häftlinge, die Disziplinar- oder besonderen Sicherheitsmaßnahmen unterlagen, körperliche Aktivitäten in Gefängnissen oder Höfen ausüben mussten, die diesem Kriterium nicht genügen und in einem Fall gar keine Möglichkeit dazu bestand (siehe Portugal 2, Abs. 35).
[77] Zweiter Tätigkeitsbericht, Abs. 53.
[78] *Ibid.*, Abs. 59.
[79] *Ibid.*, Abs. 60.
[80] Czech Republic 1, Abs. 41.
[81] Siehe z. B. Italy 2, Abs. 69-75 und Ireland 2, Abs. 36-45.
[82] Spain 5, Abs. 59.
[83] Und das Personal, siehe Spain 5 (*ibid.*).
[84] Ireland 1, Abs. 75, 76 und Ireland 2, Abs. 41, 42.
[85] Czech Republic 1, Abs. 78.
[86] *Ibid.*
[87] Spain 5, Abs. 53, 60.
[88] France 1, Abs. 90.
[89] Finland 2, Abs. 53.
[90] Dieser Punkt wird angesichts des Gebrauchs von Schutzanzügen sowie Handschellen im Abschnitt „Häftlinge, die Disziplinar- oder Hochsicherheitsmaßnahmen unterliegen" in Kapitel 6 behandelt.
[91] Z. B. Czech Republic 1, Abs. 78.
[92] Denmark 2, Abs. 13, 14.
[93] UK 4, Abs. 64-66.
[94] Zweiter Tätigkeitsbericht, Abs. 53.
[95] Siehe z. B. Spain 1, Abs. 169 und Slovakia 1, Abs. 129.
[96] Siehe z. B. France 1, Abs. 130.
[97] Spain 1, Abs. 172.
[98] Netherlands Aruba 1, Abs. 258.

[99] Spain 1, Abs. 177 und Spain 2, Abs. 141.
[100] *Ibid.*, Abs. 75.
[101] Spain 1, Abs. 175, 176 und Malta 2, Abs. 76.
[102] Spain 1, Abs. 175, 176.
[103] Bulgaria 1, Abs. 159.
[104] France 1, Abs. 135 und France 3, Abs. 149.
[105] France 1, Abs. 131.
[106] Bulgaria 1, Abs. 157.
[107] Slovakia 1, Abs. 49.
[108] Slovenia 1, Abs. 79.
[109] Zweiter Tätigkeitsbericht, Abs. 51; siehe auch z. B: France 1, Abs. 131 und France Martinique 1, Abs. 78.
[110] Siehe z. B. Finland 1, Abs. 135.
[111] Germany 1, Abs. 171.
[112] Spain 1, Abs. 169.
[113] Portugal 1, Abs. 147.
[114] Greece 1, Abs. 128, 129 und Portugal 2, Abs. 144.
[115] Netherlands Antilles 1, Abs. 107.
[116] Portugal 1, Abs. 149.
[117] Siehe z. B. France 1, Abs. 133. In Norwegen stellte der Ausschuss fest, dass die Besuchsräume für Eheleute viel zu spärlich möbliert waren (Norway 1, Abs. 109), in Spanien, dass sie schlecht beheizt waren und dass die Duschen nicht in einem befriedigenden Zustand waren. Der Ausschuss empfahl deswegen, es den Häftlingen und ihren Ehepartnern zu ermöglichen, ihre eigene Bettwäsche und Handtücher mitzubringen (Spain 1, Abs. 171).
[118] Austria 2, Abs. 134 und Belgium 2, Abs. 185.
[119] Siehe auch den Abschnitt „Verletzbare Häftlinge mit allgemein-medizinischen oder psychiatrischen Leiden" in Kapitel 6.
[120] Siehe z. B. UK 1, Abs. 102-106 und Cyprus 1 Abs. 37.
[121] Siehe z. B. Cyprus 2, Abs. 60.
[122] Zweiter Tätigkeitsbericht, Abs. 59, 60.
[123] Bulgaria 1, Abs. 153.
[124] Netherlands 1, Abs. 85, 88.
[125] Netherlands Aruba 1, Abs. 252.
[126] *Ibid.*; Slovakia 1, Abs. 123.
[127] Netherlands Aruba 1, Abs. 252.
[128] UK 1, Abs. 82.
[129] Bulgaria 1, Abs. 155.
[130] Spain 6, Abs. 64.
[131] UK 4, Abs. 151.
[132] Siehe z. B. Ireland 1, Abs. 65 und Ireland 2, Abs. 36.
[133] Ireland 2, Abs. 39.
[134] Greece 1, Abs. 107.
[135] Portugal 1, Abs. 100.
[136] Spain 2, Abs. 181.
[137] Portugal 3, Abs. 13.
[138] Netherlands Aruba 1, Abs. 254.
[139] Romania 1, Abs. 101 (unter diesen Beamten in Uniform befanden sich 21 Offiziere und 231 Unteroffiziere).
[140] Regel 63 Abs. 3.

[141] Finland 1, Abs. 145 und Portugal 2, Abs. 148, 149.
[142] Bulgaria 1, Abs. 108.
[143] Siehe den Abschnitt „Verletzbare Häftlinge mit allgemein-medizinischen oder psychiatrischen Leiden" in Kapitel 6.
[144] Wie in den Kapiteln 4 und 6 erwähnt.
[145] Zweiter Tätigkeitsbericht, Abs. 54.
[146] Cyprus 1, Abs. 105-107.
[147] Germany 1, Abs. 166 und Netherlands Aruba 1, Abs. 276.
[148] Malta 2, Abs. 79.
[149] Cyprus 1, Abs. 107.
[150] Ireland 2, Abs. 78.
[151] Austria 2, Abs. 93. Während seines Besuchs in Spanien 1991 empfahl der CPT dagegen den Richtern, die für die Untersuchung verantwortlich waren, die Orte mindestens ein Mal pro Woche zu besuchen, „unabhängig davon, ob ein Häftling einen Besuch erbeten hat oder nicht" (Spain 1, Abs. 189).
[152] Der Ausschuss stellte in Finnland z. B. fest, dass der Ombudsman nicht über ausreichende Mittel verfügte, um jedes Gefängnis regelmäßig zu besuchen (Finnland 1, Abs. 131 und Finland 2, Abs. 107, 108).
[153] Bulgaria 1, Abs. 175 und Romania 1, Abs. 143.
[154] UK 4, Abs. 151.
[155] Bulgaria 1, Abs. 175 und Romania 1, Abs. 143.
[156] Siehe z. B. Czech Republic 1, Abs. 77.

KAPITEL 6

BESONDERE KATEGORIEN VON HÄFTLINGEN

Die in den Kapiteln 3, 4 und 5 beschrieben Standards setzen Maßstäbe, die auf alle Häftlinge in dem Maße angewendet werden, in dem diese Maßstäbe für sie relevant sind. Es gibt gewisse Kategorien von Häftlingen, von denen einige im Folgenden untersucht werden, die besondere Bedürfnisse haben und die Gegenstand spezieller Kommentare des Ausschusses gewesen sind. Diese Bemerkungen ergänzen die allgemeinen Standards und müssen parallel dazu gelesen werden. In vielen Fällen ist die Ausarbeitung spezieller Standards nicht notwendig. Eine verständnisvolle Anwendung der existierenden, allgemeinen Standards der besonderen Umstände des einzelnen Häftlings kann sich als ausreichend erweisen.

Häftlinge, die Disziplinar- oder Hochsicherheitsmaßnahmen unterworfen sind

Ein Sonderregime, dem manche Häftlinge in einem Gefängnis unterworfen sind, kann unterschiedliche Ursachen haben - insbesondere interne disziplinarische Sanktionen oder Gründe, die mit dem Verbrechen zusammenhängen, das sie begangen haben. In letzterem Fall kann das Regime eine Folge des Verbrechens selbst sein oder es soll den Häftling vor Gewalttätigkeiten anderer Mithäftlinge schützen. Dies trifft vor allem auf Verurteilungen wegen Sexualdelikten zu.[1]

Die Anwendung von Disziplinarmaßnahmen folgt oft auf den Einsatz eines gewissen Maßes an Gewalt durch das Gefängnispersonal. Dieser Einsatz kann manchmal selbst als disziplinarische Sanktion betrachtet werden. Deswegen fordert der CPT, dass jegliche Anwendung von Gewalt oder anderen körperlichen Zwangsmitteln sowie das Verhängen von Strafen vollständig dokumentiert wird.[2]

In diesem Kontext wird die Benutzung von speziellen Zellen (unter unterschiedlichen Namen im Gefängnisjargon bekannt), die aus disziplinarischen oder Überwachungsgründen zur Anwendung kommen, von der Definition des „Einsatzes von Gewalt" umfasst. Infolgedessen muss jeder Fall der Benutzung solcher Zellen dokumentiert werden.[3]

Wenn eine Disziplinarmaßnahme gegen einen Häftling ergriffen wird, hat der CPT ausdrücklich gefordert, dass alle Gefängnissysteme über „klare Disziplinarverfahren" verfügen, die dem Häftling unter anderem „das Recht auf Anhörung über den Gegenstand der Vergehen geben, derer sie beschuldigt werden, sowie das Recht, gegen etwaige verhängte Sanktionen eine höhere Instanz anzurufen."[4] Obwohl der CPT nicht verlangt hat, dass diese höhere Instanz unabhängig ist, sollte dies wohl der Fall sein. Der Ausschuss hat dennoch deutlich zum Ausdruck gebracht, dass die Häftlinge über ein Recht zum Einspruch gegen alle Sanktionen und nicht nur gegen die schwerste Form wie z. B. Isolationsmaßnahmen verfügen sollten.[5] Er empfiehlt auch, dass sich der Häftling während der Disziplinarverfahren auf Zeugen zu seiner Verteidigung berufen und Belastungszeugen vernehmen kann. Falls er als schuldig verurteilt wird soll er sich auf mildernde Umstände berufen können.[6] Während der Verhandlung sollte sich der Häftling hinsetzen, Notizen nehmen und sich von einem Rechtsbeistand unterstützen lassen können.[7] Da ein Häftlinge von dem Moment an isoliert werden kann, an dem Anklage gegen ihn erhoben wurde, betont der Ausschuss, dass diese Fälle unverzüglich innerhalb von 48 Stunden behandelt werden sollten.[8]

Der CPT hat sich gelegentlich zum Inhalt der Disziplinarvergehen und der entsprechenden Sanktionen geäußert. Er lehnt z. B. die Formulierung falscher oder böswilliger Behauptungen als Disziplinarvergehen ab, weil eine derartige Praxis dazu führen könnte, dass Häftlinge vor der Einlegung begründeter Beschwerden zurückschrecken.[9] Bezüglich der Strafen hat der Ausschuss seine „Vorbehalte" zum Ausdruck gebracht, insbesondere im Zusammenhang mit der Möglichkeit der „Boards of Visitors" der Insel Man, eine Isolationshaft von bis zu 56 Tagen anzusetzen. Er empfahl, die Höchstdauer zu verringern.[10] Jedes Mal wenn der Ausschuss davon überzeugt war, dass es um die *de jure*-Anwendung von körperlichen Strafen ging (in dem bestimmten Fall ging es offensichtlich nicht um eine *de facto*-Anwendung), hat er überdies empfohlen, dass die betroffene Bestimmung formell außer Kraft gesetzt wird.[11]

Der Ausschuss erkennt die Notwendigkeit an, dass Häftlinge aus administrativen Gründen ohne förmliche Anhörung (im Interesse der „öffentlichen Ordnung") abgesondert werden. Er ist aber der Auffassung, dass auch eine solche Praxis von wirksamen Schutzvorkehrungen begleitet werden sollte. Die Häftlinge sollten über die Gründe für die gegen sie ergriffenen Maßnahmen schriftlich informiert werden, „falls nicht Sicherheitserwägungen Gegenteiliges gebieten".[12] Sie sollten Gelegenheit erhalten, ihre Ansichten über die Isolationsmaßnahmen und ihre Verlängerung vor der jeweils endgültigen Entscheidung vorzutragen. Im Falle der Verlängerung sollten sie Anspruch auf eine vollständige Überprüfung einschließlich einer psychiatrischen Begutachtung in Abständen von mindestens drei Monaten haben.[13] Sie sollten auch gegen die Isolationsmaßnahme und ihre Verlängerung Einspruch einlegen können.[14]

Der Ausschuss hat insbesondere folgende Vorgehensweisen gegenüber Häftlingen, die einer Absonderung aus disziplinarischen oder administrativen Gründen unterworfen wurden, verurteilt: dass Häftlinge nackt bleiben[15] und nachts ohne Matratze schlafen müssen[16] sowie sich nicht an der frischen Luft bewegen dürfen[17]. Stattdessen sollten die Betroffenen lesen dürfen[18] und alle Isolationszellen sollten mit einer Rufanlage ausgestattet sein. Es sollte sich immer ein Gefängnisbeamter in dem Isolationstrakt aufhalten und somit erreichbar sein.[19] Die Fenster der Isolationszellen sollten nicht durch Metallläden verschlossen sein.[20]

Die Häftlinge, die derartigen Sicherheitsmaßnahmen unterworfen sind, werden oft als „gefährlich" oder „schwierig" beschrieben und das Regime, dem sie ausgesetzt sind, kann erhebliche Einschränkungen beinhalten, die gelegentlich einer Isolationshaft gleichkommen können. Der CPT ist der Meinung (wie bereits im Kapitel 3 erwähnt), dass Isolationshaft unter bestimmten Umständen eine „unmenschliche und erniedrigende Behandlung" sein kann. Angesichts dieser Risiken sollte eine derartige Absonderung so kurz wie möglich sein und die entsprechende Entscheidung regelmäßig (mindestens alle drei Monate) - erforderlichenfalls auf der Grundlage eines medizinisch-sozialen Gutachtens - vollständig überprüft werden".[21]

Der CPT wendet im Bezug auf ein Haftregime, das Absonderungsmaßnahmen oder die Verlegung in Hochsicherheitstrakte vorsieht, den Grundsatz der Verhältnismäßigkeit an. Es muss ein Ausgleich „zwischen den Anforderungen des Einzelfalls und der Anwendung des Regimes der Isolationshaft" geschaffen werden.[22] Der Ausschuss hat diesen Grundsatz ausgeweitet, so dass die Einschränkungen mittels Privilegien kompensiert werden. Wie schon in Kapitel 3 erwähnt, ist er der Auffassung, dass Häftlinge, denen jegliche Kontakte mit anderen Häftlingen verweigert werden, stattdessen Kontakte mit dem Gefängnispersonal unterhalten sollten. Der gleiche Ansatz wird in Bezug auf Häftlinge verfolgt, die aus Gründen der Überwachung oder der Sicherheit einer Isolationsmaßnahme unterliegen:

„Die Häftlinge, die in einem Hochsicherheitstrakt untergebracht sind, sollten als Ausgleich zu den strengen Haftbedingungen einem *relativ gelockertem Regime* ausgesetzt sein (mit der Möglichkeit, die geringe Anzahl an Mithäftlingen in dem Trakt frei zu treffen und sich unbeschränkt in dem oft [...] kleinen Raum zu bewegen und innerhalb eines breiten Angebots an Beschäftigungen zu wählen, usw.)."[23]

Nach Ansicht des Ausschusses müssen besondere Bemühungen unternommen werden, um eine „angenehme Atmosphäre" in diesen Teilen des Gefängnisses zu entwickeln.[24] Dies setzt voraus, dass das Personal speziell für die Arbeit im Hochsicherheitstrakt ausgebildet wurde, d. h. „Fertigkeiten in zwischenmenschlicher Kommunikation besitzt und die Bereitschaft zeigt, seine Fähigkeiten in einer Umgebung einzusetzen, deren Anforderungen erheblich höher als gewöhnlich sind".[25]

Der Ausschuss erkennt an, dass Sicherheitsbedenken das gewöhnliche Angebot an Arbeitstätigkeiten einschränken, betont jedoch, dass dieses Argument dazu ausgenutzt wird, nur monotone Beschäftigungen anzubieten.[26] In diesem Kontext hat der CPT die Aufmerksamkeit auf die Empfehlungen des Ministerkomitees des Europarats über die Behandlung gefährlicher Häftlinge gerichtet. (Diese enthalten Beispiele abwechselungsreicher und sinnvoller Beschäftigung, die ein niedriges Risiko aufweisen und auch in Hochsicherheitstrakten durchgeführt werden können.)[27]

Der CPT hat mehrmals gravierende Mängel in Hochsicherheitstrakten von Gefängnissen festgestellt. 1992 wurde das Haftregime im Hochsicherheitstrakt des Gefängnisses von Demersluis (Niederlande) als übertrieben eingeschränkt beurteilt. Der Zeitraum, den die Häftlinge außerhalb ihrer Zellen verbringen durften, war viel zu kurz. Die angebotenen Beschäftigungen waren in der Anzahl gering und wenig motivierend; die Beziehungen Aufseher-Häftlinge waren mangelhaft.[28] Der CPT empfahl daraufhin, das Haftregime dieser Einrichtung zu überdenken. Als er 1997 in die Niederlande zurückkehrte, zeigte sich der Ausschuss aber nochmals über die in den dortigen Hochsicherheitstrakten herrschenden Bedingungen besorgt.[29] In Finnland stellte der CPT 1992 fest, dass die meisten Häftlinge, die einer Isolationsmaßnahme ausgesetzt waren, fast die ganze Zeit allein und ohne jegliche Beschäftigung in ihren Zellen verbrachten. Er bezeichnete diese Situation als inakzeptabel und empfahl, dieses Regime zu überdenken und insbesondere sinnvolle Beschäftigungen und geeignete (d. h. anregende) menschliche Kontakte vorzusehen, um die Auswirkungen der Absonderung zu mildern.[30] Ähnliche Kritiken wurden 1994 in Bezug auf einen Gefängnistrakt geäußert, in dem eine geringere Anzahl an zu lebenslanger Haft verurteilten Häftlingen untergebracht war. Obwohl sie in gewisser Weise privilegiert waren, wurden die Zellen als extrem klein und die Ausstattung als unzureichend bezeichnet. Der Ausschuss hat deshalb ihre Gesamtsituation „als unmenschlich erachtet", da sehr schädliche Folgen für die psychische Gesundheit der Betroffenen drohten.[31]

In Spezialsicherheitstrakten des Gefängnisses von Peterhead (Schottland) stellte der Ausschuss 1994 ebenfalls mehrere Mängel fest. In einem Trakt befanden sich die Häftlinge in Isolationshaft, einer Situation, die man als „unmenschlich" bezeichnen könnte. Als erschwerender Umstand kam hinzu, dass die Aufseher bei ihren täglichen Kontakten mit den Häftlingen Schutzanzüge trugen. Diese Praxis begünstigt eine aggressive Haltung sowohl auf Seiten der Häftlinge wie auch auf Seiten des Personals.[32] 1998 besuchte der CPT ebenfalls einen Spezialtrakt des Gefängnisses von Portlaoise (Irland), in dem Häftlinge einem sog. „barrierhandling regime" ausgesetzt waren: Jedes Mal wenn die Häftlinge direkten Kontakt mit einem Aufseher hatten, wurden den Häftlingen Handschellen angelegt und die Aufseher trugen vollständige Schutzanzüge mit Helm und Visier.[33] Der Trakt war beengt und den Häftlingen wurde „offenbar keine sinnvolle Tätigkeit angeboten und sie hatten nur beschränkt menschliche Kontakte". Der Ausschuss urteilte, dass dieses Regime schädliche Auswirkungen auf die Psyche der Häftlinge hat und zu angespannten Beziehungen im Verhältnis Aufseher/Häftlinge führen könnte.[34] Er empfahl den „unverzüglichen Verzicht" auf die systematische Verwendung der Schutzanzüge und stimmte dem Vorhaben der irischen Regierung zu, dieses sog. „barrier-handling regime" umgehend zu überdenken, äußerte sich aber nicht zu dem systematischen Gebrauch von Handschellen.[35] Der Ausschuss hat jedoch 1997 in Bezug auf die Insel Man die systematische Praxis, den Häftlingen Handschellen anzulegen, sobald sie die Zelle verlassen, als unakzeptabel bezeichnet. Er betonte, dass andere Mittel gefunden werden sollten und könnten, um Fluchtrisiken zu begegnen.[36]

Viele dieser Mängel wurden auch in italienischen Einrichtungen angetroffen. Anlässlich dieser Besuche betonte der Ausschuss, dass die strengen Maßnahmen, die zur Bekämpfung des organisierten Verbrechens manchmal erforderlich sind, nicht eine Form annehmen dürfen, die zu einer unmenschlichen und erniedrigenden Behandlung ausarten. Der CPT forderte eine umfassende Überprüfung des italienischen Systems für die Hochsicherheitshaft, das er als eines der strengsten bezeichnete, denen er je begegnet ist. Es sah weder verfahrensrechtliche Garantien noch ein Angebot an Aktivitäten oder menschliche Kontakte vor. In Kombination dieser Merkmale könnte es der Isolationshaft gleichgestellt werden.[37] Der CPT musste sich auch mit Hinweisen auseinandersetzen, dass Häftlinge regelmäßig von einem Gefängnis zum nächsten verlegt werden. Er hat diese Praxis angesichts ihrer schädlichen Auswirkungen auf das psychische und physische Wohlbefinden der Betroffenen sowie der Schwierigkeiten, ausreichende Kontakte zu ihren Familien und Rechtsanwälten aufrechtzuerhalten, in Frage gestellt.[38]

Selbstverständlich stellen nicht nur gefährliche Häftlinge Sicherheitsprobleme dar. Der CPT hat klar zum Ausdruck gebracht, dass sein Mandat sich nicht nur auf Misshandlungen von Häftlingen durch Gefängnisbeamte beschränkt ist, sondern sich auch auf die allgemeine Sorgepflicht erstreckt, die die Gefängnisleitung gegenüber allen Personen in ihrer Hafteinrichtung einhalten muss. Diese Aufgabe schließt unter anderem die Pflicht ein, die Häftlinge allgemein vor Gewalttaten von Mithäftlingen zu schützen. Dieser Punkt gab in vielen Ländern Anlass zur Besorgnis, vor allem im Hinblick auf Sexualverbrecher. Es handelt sich hier um eine besonders verletzbare Gruppe von Häftlingen. Nach seinem Besuch in Belgien lenkte der CPT 1997 die Aufmerksamkeit auf verschiedene Trennungs- und Integrationsstrategien und beschrieb ihre jeweiligen Vor- und Nachteile: Trennung impliziert gewöhnlich ein einschränkendes Regime, Integration hingegen die Bereitschaft zur Vermeidung des Auftretens jeglicher Einschüchterungs- oder Gewaltakte. Der Ausschuss zeigte diesbezüglich keine Präferenz und überließ die Entscheidung den nationalen Behörden, er betonte aber die Notwendigkeit einer entsprechenden Ausbildung des Personals für diese Kategorie von Häftlingen.[39]

Frauen im Freiheitsentzug

In einem seiner Tätigkeitsberichte hat der CPT seine Standards vorgestellt, die speziell auf die Situation von Frauen im Freiheitsentzug ausgerichtet sind.[40] Der Ausschuss hat zwar hervorgehoben, dass alle seine Standards auf Männer sowie Frauen Anwendung finden. Jedoch machen Frauen im Freiheitsentzug

„[…] in allen Mitgliedstaaten nur einen relativ geringen Prozentsatz aller [Häftlinge] aus[…]. [...] Es kann sich für die Staaten als sehr kostspielig erweisen, eigene Infrastrukturen für inhaftierte Frauen vorzusehen. Daraus folgt, dass Frauen oftmals in einigen, wenigen Einrichtungen untergebracht werden (mit dem Risiko, weit weg von ihrem Zuhause und ihren Kindern zu sein), die zudem ursprünglich für Männer konzipiert sind (und die sie oftmals auch mit Männern teilen). Unter diesen Umständen ist besonders darüber zu wachen, dass Frauen im Freiheitsentzug in einer sicheren und annehmbaren Umgebung untergebracht sind."[41]

Der CPT ist der Auffassung, dass Gefängnispersonal, dass sich aus beiden Geschlechtern zusammensetzt (wie es der Ausschuss im Allgemeinen auch fordert),[42] den Vorteil „einer geeigneten Verteilung sensibler Aufgaben wie z.B. Leibesvisitationen" hat.[43]. Weibliche Häftlinge sollten nur von Personal desselben Geschlechts untersucht werden und jede Leibesvisitation, die das Ablegen der Kleidung erfordert, sollte außerhalb des Blickfeldes des männlichen Personals durchgeführt werden.

Der Ausschuss sieht es als eine „Grundsatzfrage" an, Frauen im Freiheitsentzug „in Unterkünften unterzubringen, die von den Unterkünften der Männer in der gleichen Einrichtung räumlich getrennt sind". Er betont, dass diese Vorsichtsmaßnahme von herausragender Bedeutung ist, da die Anschuldigungen hinsichtlich

Misshandlungen inhaftierter Frauen (insbesondere sexuelle Belästigung einschließlich Beleidigungen mit sexuellem Inhalt) typischerweise Männer betreffen. Sie treten vor allem auf, „wenn es ein Staat unterlässt, für Frauen spezielle Unterkünfte in der Haft vorzusehen, deren Überwachung in entscheidendem Maße durch weibliches Personal sichergestellt wird".[44] Der Ausschuss hat eine Ausnahme von diesem Grundsatz zugelassen. Er begrüßt die Initiative einiger Staaten, für Ehepaare (von denen beide Ehepartner sich im Freiheitsentzug befinden) eine gemeinsame Unterkunft vorzusehen und/oder die gemeinsame Teilnahme an gefängnisinternen Aktivitäten zu ermöglichen. Der CPT zeigt sich erfreut über solche fortschrittlichen Maßnahmen „unter dem Vorbehalt, dass die betroffenen Häftlinge einverstanden sind, sorgfältig ausgewählt und angemessen überwacht werden".[45]

Der Ausschuss betont, dass weibliche Häftlinge „die Möglichkeit haben sollten, die gleichen Aktivitäten (Arbeit, Bildung, Studien, Sport, usw.) wie ihre männlichen Mithäftlinge auszuüben", und dass er leider zu häufig weiblichen Häftlingen begegnet, denen „anscheinend „geeignete" Aktivitäten angeboten werden (Näh- oder Handarbeiten), während männliche Häftlinge Angebote zur beruflichen Aus- oder Fortbildung erhalten".[46] Dies war unter anderem der Fall in dem Gefängnis von Nikosia (Zypern), als der CPT 1992 feststellte, dass weibliche Häftlinge nicht in den Werkstätten beschäftigt werden konnten, weil sie nach Angaben der Gefängnisbehörde „aufgrund ihres niedrigen Niveaus an beruflicher Ausbildung" keine Interesse an entsprechenden Aktivitäten zeigten. Sie mussten sich infolgedessen mit Strickarbeiten, Stickerei und Gartenarbeit begnügen. Die Besucherdelegation bekam jedoch Beschwerden der weiblichen Häftlinge über das geringe Angebot an Aktivitäten insbesondere im sportlichen Bereich, über das Fehlen jeglicher berufsbildenden Einrichtungen und über die fehlende Möglichkeit, die Bibliothek zu besuchen (sie befand sich nämlich in dem für die Männer vorgesehen Teil des Gefängnisses). Der Ausschuss empfahl den zypriotischen Behörden, für die weiblichen Häftlinge Einrichtungen zur Beschäftigung, Ausbildung und für sportliche Aktivitäten „von einem vergleichbaren Niveau wie für die männlichen Häftlinge" anzubieten.

Die allgemeine Erklärung des CPT über das Haftregime für weibliche Häftlinge sowie die verschiedenen Anmerkungen in seinen Berichten (wie in dem Zypernbericht)[47] deuten auf einen wichtigen Punkt hin, ohne ihn ausdrücklich anzusprechen. Die Haftbedingungen für Frauen sollten mit denen der Männer *vergleichbar* sein, was nicht unbedingt bedeutet, dass sie die *gleichen* sind. Daher ist es Ansichtssache, ob die Unterschiede im Haftregime gering sind und auf den besonderen *Bedürfnissen* der weiblichen Häftlinge beruhen oder ob sie eine *Diskriminierung* darstellen, „die veraltete Klischees über die soziale Rolle der Frau nur verstärken". Nach Ansicht des CPT kann „die Ablehnung des gleichen Zugangs zu Aktivitäten für Frauen als erniedrigende Behandlung qualifiziert werden".[48]

Der CPT hat auch bei mehreren Gelegenheiten die Aufmerksamkeit auf andere Unterschiede in der Behandlung zwischen den Geschlechtern gerichtet, die er als diskriminierend beurteilt hat. 1992 war der Abschnitt für Frauen des Gefängnisses von Korydallos (Athen, Griechenland) erheblich überfüllt, da eine kleine Gruppe gefährlicher männlicher Häftlinge in einen der Trakte, die eigentlich den weiblichen Häftlingen vorbehalten waren, untergebracht wurden. Zusätzlich waren die Bedingungen für diese Gruppe „an der Grenze zum Luxus" im Vergleich zu denen der weiblichen Mithäftlinge.[49] Der Ausschuss empfahl die Errichtung eines neuen Hochsicherheitstraktes für Männer an anderer Stelle, um die Haftbedingungen der Frauen zu verbessern. Er erklärte, dass „es inakzeptabel ist, dass eine so bedeutende Anzahl an weiblichen Häftlingen unter unzureichenden Haftbedingungen litt, um einer Handvoll anderer Häftlinge eine Sonderbehandlung zu gewähren".[50] Von der Herstedvester Anstalt (einem dänischen psychiatrischen Gefängnis) wurde dem Ausschuss berichtet, dass nur Männer aber keine Frauen in einen Abschnitt mit halboffenem Vollzug verlegt werden konnten. Er empfahl, die Möglichkeit gleichen Zugangs zugunsten der Frauen zu überprüfen.[51] In Spanien erhielt der Ausschuss 1991 Beschwerden darüber, dass Frauen häufiger als Männer von Disziplinarmaßnahmen betroffen waren. Eine Untersuchung der statistischen Daten durch den Ausschuss zeigte, dass diese Beschwerde begründet war, so dass die spanischen Behörden um eine Erklärung gebeten wurden.[52]

Nach Auffassung des Ausschusses unterscheiden sich die Bedürfnisse der Frauen und der Männer insbesondere im Bereich der Hygiene und der Gesundheit.[53] Es ist z. B. von außerordentlicher Wichtigkeit, dass Frauen „zu jeder gewünschten Zeit Zugang zu sanitären Einrichtungen und Waschräumen haben, dass sie sich gegebenenfalls während der Menstruation umziehen können und dass sie über die nötigen Hygiene-Artikel (Monatsbinden oder Tampons) verfügen". Das Fehlen angemessener Möglichkeiten zur Befriedigung dieser „Grundbedürfnisse" - ein Fall, der nach Ansicht des Ausschusses 1995 in Rumänien im Bereich der Untersuchungshaft vorgelegen hatte[54] - „kann für sich allein schon eine erniedrigende Behandlung darstellen".[55] Der Grundsatz der gleichwertigen Gesundheitsfürsorge in Haft und in der Freiheit (manchmal auch Normalisierung genannt) verlangt nach Auffassung des Ausschusses von den Ärzten und den Krankenschwestern, dass sie über eine spezielle Ausbildung für die Gesundheitsfürsorge von Frauen einschließlich der Gynäkologie verfügen. Im Übrigen sind verfügbare, spezifische Vorsorgeuntersuchungen (z. B. Erkennung von Brust- und Gebärmutterkrebs) auch den Frauen im Freiheitsentzug anzubieten.[56] Ebenso sollten weibliche Häftlinge genauso wie nicht inhaftierte Frauen über die Möglichkeiten zur Einnahme der sog. „Pille danach" und anderer Formen des Schwangerschaftsabbruchs verfügen. Für den CPT beinhaltet die Gleichwertigkeit der Gesundheitsfürsorge auch das Recht der Häftlinge, die eine medizinische Behandlung vor ihrer Inhaftierung begonnen haben, diese in der Haft fortführen zu können. In diesem Kontext weist der CPT die Gefängnisbehörden darauf hin, dass die Anti-Baby-Pille „auch aus anderen medizinischen Gründen als nur zur Schwangerschaftsverhütung verschrieben werden kann (z. B. zur Linderung von Menstruationsschmerzen). Die Tatsache, dass die Inhaftierung einer Frau an sich die Möglichkeiten einer Schwangerschaft erheblich reduziert, ist noch kein genügender Grund, eine solche Behandlung zu verweigern."[57]

Der CPT widmet einen großen Teil seiner Bemühungen der schwierigen Frage der prä- und postnatalen Behandlung sowie den Beziehungen zwischen den Müttern und ihren jungen Kindern. Für ihn „versteht es sich von selbst, dass Kinder das Licht der Welt nicht im Gefängnis erblicken sollten". Er stimmt deshalb der in den Mitgliedstaaten angeblich gängigen Praxis implizit zu, nach der schwangere Häftlinge in externe Krankenhäuser verlegt werden, wenn der Moment dafür gekommen ist.[58] Der CPT führt nicht aus, warum „es sich von selbst versteht", dass die Geburt nicht im Gefängnis stattfinden sollte. Es gibt jedoch Argumente für diese These. So ist es z. B. zweifelhaft, ob die medizinische Abteilung eines Gefängnisses über geeignete und spezielle Anlagen zu diesem Zweck verfügen. Außerdem wäre eine Geburtsurkunde, die ein Gefängnis als Ort der Geburt erwähnt, für das geborene Kind sicherlich nicht von Vorteil. Wo auch immer die Geburt stattfindet, ist der CPT davon überzeugt, dass es „absolut inakzeptabel" und „einer unmenschlichen und erniedrigenden Behandlung" gleichzustellen ist, „wenn schwangere Frauen während der gynäkologischen Untersuchung und/oder der Niederkunft mit Handschellen oder auf andere Art und Weise ans Bett gefesselt [sind]".[59]

Die Beziehung zwischen einer Mutter und ihrem Neugeborenen in einem Gefängnis stellt ein kontrovers diskutiertes Thema dar, das auch den CPT dazu veranlasste, mehrere widersprüchliche Betrachtungen anzustellen. Einerseits „stellen die Gefängnisse offensichtlich kein geeignetes Umfeld für Babys und Kleinkinder dar, andererseits ist eine erzwungene Trennung der Mütter von ihren Kleinkindern aber höchst unerwünscht".[60] Deswegen hat der Ausschuss im Zusammenhang mit einem Vorfall in Luxemburg, bei dem ein Neugeborenes kurz nach der Geburt seiner Mutter weggenommen und bei Pflegeeltern untergebracht wurde, betont, dass eine derartige Praxis „ein offenkundiges Beispiel einer unmenschlichen und erniedrigenden Behandlung für die Beziehung Mutter-Kind [darstelle]. Die Mutter und das Kind sollen die Möglichkeit haben, zumindest für eine gewisse Zeit zusammenzubleiben."[61] Dagegen hat der Ausschuss darauf hingewiesen, dass nach Meinung von Experten der Aufenthalt eines Kindes in einem Gefängnis über das Alter von zwei oder drei Jahren hinaus negative Auswirkungen auf seine Entwicklung haben könnte.[62]

Aufgrund der gegenteiligen Ansichten ist der CPT gegen die Praxis, einen bestimmten Zeitraum festzusetzen, innerhalb dessen die Mütter ihre Kinder bei sich behalten dürfen.[63] Er vermeidet selbst jegliche präzise Empfehlung eines Zeitraums. Das „Grundprinzip muss in allen Fällen das Wohl des Kindes sein".[64]

„Das bedeutet insbesondere, dass jegliche prä- und postnatale Pflege im Gefängnis derjenigen entsprechen muss, die außerhalb der Gefängnismauern zur Verfügung steht. Solange Babys und Kleinkinder in Hafteinrichtungen leben, sind sie unter die Obhut von Spezialisten in sozialer Arbeit und der Entwicklung von Kindern zu stellen. Ziel ist es, ein kinderzentriertes Umfeld zu schaffen, in welchem offensichtliche Zeichen der Inhaftierung, wie Uniformen und Schlüsselrasseln, auszuschließen sind. Es sind auch Vorkehrungen zu treffen, damit die motorische und kognitive Entwicklung der Babys im Gefängnis normal verläuft. Sie müssen insbesondere über geeignete Spiel- und Lernmöglichkeiten innerhalb des Gefängnisses verfügen und wenn immer möglich die Einrichtung verlassen und Erfahrungen im gewöhnlichen Leben außerhalb der Gefängnismauern machen können."[65]

Mit anderen Worten sollte den Kindern „ein günstiges soziales und erzieherisches Umfeld" geschaffen werden, wenn es den Müttern erlaubt wird, sie bei sich zu behalten. Es sollten u. a. ein eigener Abschnitt für Mütter und Kinder[66] und eine angemessen ausgestattete Krippeneinrichtung geschaffen werden und die Unterstützung von Kinderpflegerinnen und spezialisierter medizinischer Fürsorge garantiert werden[67] (Säuglings- und Kinderpflege[68]). Solange das Kind mit seiner Mutter in einer Hafteinrichtung lebt, ist es von außerordentlicher Wichtigkeit, dass das Haftregime es ihnen ermöglicht, genügend Zeit gemeinsam zu verbringen.[69] Wenn es den Frauen darüber hinaus erlaubt wird, mit ihrem Kind in der Hafteinrichtung zu leben, „sollte über die Verlegung des Kindes außerhalb des Gefängnisses im Einzelfall und in seinem Interesse entschieden werden."[70]

Der Ausschuss unterstreicht ebenfalls, dass „das Erleichtern der Aufnahme des Kindes in der Familie außerhalb des Gefängnisses (z. B. durch den Vater des Kindes) auch ermöglichen kann, die Belastung der Kindererziehung aufzuteilen,[71] und dass solche Maßnahmen einen besseren Übergang der Beziehungen zwischen der Mutter, dem Kind und dem Rest der Familie nach der Entlassung ermöglichen.

Jugendliche im Freiheitsentzug

Der CPT hat in seinem neunten Tätigkeitsbericht die Standards dargestellt, die er für Jugendliche im Freiheitsentzug als geeignet erachtet.[72] Der Ausschuss bezeichnet die Personen, die jünger als 18 Jahre sind, als Jugendliche und sieht sie als „von Natur aus verletzbarer gegenüber Erwachsenen" an. Folglich „ist besondere Wachsamkeit vonnöten, um sicherzustellen, dass ihr körperliches und seelisches Wohlbefinden adäquat geschützt ist".[73] Alle grundsätzlichen Standards, die auf die Erwachsenen in Haft anwendbar sind, gelten auch für Jugendliche.[74] Jedoch kommen manche Themen in den Besuchsberichten öfter ans Licht und diese bauen auf eine vom Ausschuss im dritten Tätigkeitsbericht veröffentlichte Erklärung auf:

> „Die Jugendzeit wird von einer Art Neuordnung der Persönlichkeit begleitet und erfordert besondere Anstrengungen, um das Risiko einer langfristigen sozialen Fehlanpassung zu mindern. Es sollte den Jugendlichen während der Haft ermöglicht werden, in einem stabilen Umfeld mit persönlichen Gegenständen und innerhalb einer günstigen sozialen Gruppierung zu leben. Das Haftregime sollte auf einer intensiven Beschäftigung, sozialerzieherischen Begegnungen, sportlichen Aktivitäten, Bildung, Ausbildung, begleiteten Ausgängen sowie der Möglichkeit zur Auswahl weiterer, geeigneter Aktivitäten beruhen."[75]

Der CPT hat erklärt, dass er nur selten feststellen konnte, dass Jugendliche absichtliche Misshandlungen erlitten. Der CPT hat dagegen bei mehr als einer Gelegenheit glaubhaftes Beweismaterial gesammelt, wonach Jugendliche eher Gefahr laufen, wie es bei Erwachsenen auch der Fall ist, in Polizeieinrichtungen absichtlich misshandelt zu werden. Angesichts der besonderen Verletzbarkeit der Jugendlichen ist der Ausschuss der Auffassung, dass zusätzliche Vorsorgemaßnahmen ergriffen werden sollten (siehe Kapitel 4). Zu diesen gehört es, „Polizeibeamte formell zu verpflichten, selbst sicherzustellen, dass eine geeignete Person über die Tatsache verständigt wird, dass ein Jugendlicher festgenommen worden ist (unabhängig davon, ob der Jugendlicher darum ersucht hat)". Der Ausschuss betont folglich, dass „die Lage auch so sein kann, dass Polizeibeamte nicht berechtigt sind, einen Jugendlichen zu vernehmen, wenn nicht eine geeignete Person und/oder ein Rechtsanwalt anwesend ist". Der CPT begrüßt diesen Ansatz.[76]

Darüber hinaus hat der Ausschuss festgestellt, dass Misshandlungen von Jugendlichen, wenn sie auftreten, häufiger aus dem Fehlen adäquaten Schutzes der betroffenen Personen resultieren als aus einer bewussten Absicht, Leid zuzufügen. Ein wichtiges Element jeder Strategie zur Verhütung solcher Übergriffe ist deshalb die Beachtung des Prinzips, dass inhaftierte Jugendliche in der Regel getrennt von Erwachsenen untergebracht werden sollten.[77] Der Ausschuss räumt in einem seiner Besuchsberichte ein, dass es eine einzige Ausnahme gibt, in der die Kohabitation eindeutig im Interesse des betroffenen Jugendlichen ist.[78] Der Ausschuss erkennt an, dass außergewöhnliche Umstände zur Inhaftierung von ganzen Familien (Kinder und Eltern) als Immigrationshäftlinge führen können, wenn „es eindeutig im besten Interesse der Jugendlichen ist, nicht von bestimmten Erwachsenen getrennt zu werden. Jedoch bringt die gemeinsame Unterbringung von Jugendlichen mit nicht verwandten Erwachsenen unvermeidlich die Möglichkeit von Machtausübung und Ausbeutung mit sich".[79] Die Vorsorgemaßnahme sollte auch für den Fall des Transports und der Verlegung der jugendlichen Häftlinge übernommen werden.[80]

Diese allgemeinen Gebote zeigen, dass die Überwachung und die Behandlung von Jugendlichen eine „besondere Herausforderung" darstellt. Das Personal zur Erfüllung dieser Aufgaben sollte sorgfältig ausgewählt werden „im Hinblick sowohl auf die persönliche Reife als auch auf die Fähigkeit zur Bewältigung von Herausforderungen". Insbesondere sollten sie sich „der Arbeit mit jungen Menschen verpflichtet fühlen und fähig sein, die Jugendlichen in ihrer Obhut anzuleiten und zu motivieren". Sie sollten ansonsten „sowohl in der Anfangsphase als auch später auf einer dauerhaften Grundlage fachlich ausgebildet werden und bei der Ausübung ihrer Pflichten geeignete externe Unterstützung und Aufsicht erhalten". Überdies sollte die Leitung solcher Einrichtungen, in der Jugendliche untergebracht werden, „Personen mit großem Führungsgeschick anvertraut werden, die über die Fähigkeit verfügen, wirksam auf die komplexen und konkurrierenden Ansprüche einzugehen, die ihnen sowohl von den Jugendlichen als auch vom Personal entgegengebracht werden".[81] Es wurde schon erwähnt,[82] dass der CPT ein Befürworter von Personal ist, das sich aus beiden Geschlechtern zusammensetzt. Er ist der Meinung, dass diese Methode für die Überwachung von Jugendlichen besonders geeignet ist: „Die Anwesenheit sowohl von männlichem als auch von weiblichem Personal kann sich sowohl im Hinblick auf die Gesinnung positiv auswirken als auch einen Grad an Normalität in den Hafteinrichtungen begünstigen."[83] Die Zusammensetzung des Personals in den Hafteinrichtungen für Jugendliche sollte ebenfalls „einen fachübergreifenden Ansatz [widerspiegeln], der sich auf die Fertigkeiten einer Reihe von Berufsgruppen stützt (darunter Lehrern, Ausbildern und Psychologen), um auf die individuellen Bedürfnisse von Jugendlichen innerhalb einer gesicherten erzieherischen und sozialtherapeutischen Umgebung einzugehen".[84]

Nach Ansicht des CPT sollten alle Jugendlichen, denen die Freiheit entzogen ist, in Hafteinrichtungen festgehalten werden, die speziell für Personen dieses

Alters vorgesehen sind, und die ein Haftregime bieten, das auf ihre Bedürfnisse zugeschnitten ist. Das Fehlen sinnvoller Aktivitäten ist für die Häftlinge schädlich.

„Besonders schädlich ist es für Jugendliche, die ein besonderes Bedürfnis nach körperlichen Aktivitäten und intellektueller Anregung haben. [Ihnen] sollte ein volles Programm an Bildung, Sport, Berufsausbildung, Freizeit und anderer sinnvoller Aktivitäten angeboten werden. Körperliche Erziehung sollte einen wichtigen Teil dieses Programm bilden."[85]

Obwohl der Ausschuss von dem Haftregime und den Anlagen des Haftzentrums für Jugendliche Alexandra (Almelo, Niederlande) 1992 beeindruckt war, hat er betont, dass das Fehlen von Möglichkeiten zu sportlichen Aktivitäten (in dem Zentrum befanden sich trotz seiner großen Grundfläche weder ein Spielplatz im Freien noch eine Sporthalle) „einen ernsthaften Mangel [...] angesichts der Altersgruppe [14 bis 16 Jahre] der Häftlinge" bildete.[86] In dem Diagnostischen Institut für Kinder in Brno-Hlinky (Tschechische Republik) wurden 1997 die Sportanlagen als angemessen bewertet, jedoch hat der Ausschuss an der Möglichkeit des Zugangs der Jugendlichen zu einigen dieser Einrichtungen gezweifelt.[87]

Es ist auch wichtig, dass den Jugendlichen genug anregende Aktivitäten angeboten werden. Der Ausschuss hat das Haftregime in der Einrichtung für jugendliche Straftäter und im Untersuchungsgefängnis von Feltham (Vereinigtes Königreich) 1994 kritisiert: Der „weitaus überwiegende Teil" der Häftlinge verbrachte zwar zwischen vier und acht Stunden am Tag außerhalb der Zellen, doch diese Zeit wurde häufig durch Aktivitäten wie Fernsehen oder Spielen vergeudet. Darüber hinaus waren viele Häftlinge, die gearbeitet haben, nicht mit beruflich orientierten Aufgaben beschäftigt.[88] Der CPT zeigte sich dagegen vom Personal und dem Haftregime des Haftzentrums für Jugendlichen von Studlar (Island) 1998 positiv beeindruckt. Das Personal hat

„[...] ein medizinisches, soziales, psychologisches und erzieherisches Profil von jedem Jugendlichen gezeichnet und daraus ein *individuelles erzieherisches und psychosoziales Programm* erstellt, das sich auf die Grundsätze der kognitiven Verhaltenstherapie stützt [...]. [Jeder] Jugendliche wurde ständig von Erziehern betreut und seine Lage wurde bei jeder wöchentlichen Sitzung des gesamten Personals besprochen [...]. Darüber hinaus bot die Einrichtung ein umfangreiches und abwechselungsreiches Freizeitprogramm an."[89]

Der Bericht über das besuchte Haftzentrum für Jugendliche in Island erwähnte einen anderen Anlass zur Besorgnis für den CPT. Eine Reihe der besuchten Jugendhafteinrichtungen „setzen allgemeine Methoden ein, wonach Anreize es den Jugendlichen erlauben, als Gegenleistung für erwünschtes Verhalten zusätzliche Privilegien zu erhalten". Der Ausschuss hat nicht seine Meinung „über den sozialerzieherischen Wert derartiger Methoden" geäußert, achtet jedoch in besonderem Maße darauf, dass „der Inhalt der Methode" für Jugendliche angemessen ist und dass das Setzen der Anreize „geeignete Schutzvorkehrungen gegen willkürliche Entscheidungen des Personals" einschließt.[90] Der Ausschuss war der Auffassung, dass dieses Verfahren in Island ordentlich verläuft. Die Grundlage der Methode war liberal, die Programme für die unterschiedlichen Häftlinge hatten einige gemeinsame Merkmale und die Entscheidungsverfahren waren standardisiert.[91] Der Ausschuss ist sich dennoch der Risiken dieser Methode bewusst.

Der CPT misst den Kontakten der jugendlichen Häftlinge mit der Außenwelt enorme Bedeutung zu, da viele von ihnen „Verhaltensstörungen infolge des Entzugs emotionaler Bindung oder einen Mangel an Sozialkompetenz" aufweisen. Diese Kontakte sollten deshalb „niemals als Disziplinarmaßnahme eingeschränkt oder verweigert werden" oder „aufgrund beachtlicher Sicherheitsbedenken oder aus Gründen verfügbarer Ressourcen begrenzt werden".[92] Dies bedeutet, dass Jugendlichen derartige Kontakte in bedeutend großzügigerem Maße als Erwachsenen gewährt werden sollten. In der Slowakei z. B. durften Jugendliche alle zwei Wochen Besuch empfangen im Gegensatz zu Erwachsenen, die dies nur einmal im Monat durften. Der Ausschuss empfahl sogar die Häufigkeit der Besuche für Jugendliche deutlich zu erhöhen.[93]

Der Ausschuss erkennt an, dass Haftzentren für Jugendliche Bestimmungen über disziplinarische Sanktionen vorsehen. Er zeigt sich aber „über die Unterbringung von Jugendlichen in isolationsähnlicher Haft" besonders besorgt, da er sie als „eine Maßnahme [ansieht], die die körperliche und/oder seelische Unversehrtheit der Jugendlichen beeinträchtigen kann". Nach Auffassung des Ausschusses muss der Rückgriff auf eine solche Maßnahme als

„[...] eine große Ausnahme [betrachtet werden]. Falls Jugendliche von anderen Mithäftlingen getrennt untergebracht sind, sollte [dies] für den kürzestmöglichen Zeitraum geschehen und ihnen sollte auf alle Fälle ausreichend menschlicher Kontakt sowie die Möglichkeit, zu lesen und sich jeden Tag mindestens eine Stunde an der frischen Luft zu bewegen, gewährt werden."[94]

Jegliche Disziplinarmaßnahmen sollten darüber hinaus von verfahrensrechtlichen Garantien begleitet (mit der Möglichkeit des Einspruchs zu einer höheren Behörde) und ordnungsgemäß schriftlich dokumentiert werden.

Vor diesem Hintergrund schien die Reaktion des Ausschusses auf die während eines Besuchs 1995 im Jugendhaftzentrum von Padre Antonio de Oliveira (Portugal) empfangene Mitteilung, dass ein „pädagogischer Klaps für Jugendliche nicht unüblich war",[95] erstaunlich zurückhaltend zu sein. Nach Ansicht des Ausschusses „muss jede Form körperlicher Züchtigung im Interesse der Verhütung von Misshandlungen sowohl formell verboten als auch in der Praxis ausgeschlossen werden".[96] Diese Äußerung deutet an, dass der Ausschuss diese Art von Züchtigung nicht einer Misshandlung per se gleichstellen will, da dies auch zur Verwirrung führen könnte. Eine energischere Position schien der Ausschuss anlässlich eines Besuchs 1995 in der Slowakei eingenommen zu haben. So bewertete er den Einsatz der „Scottish shower" als unakzeptabel (eine Praxis, bei der Jugendliche zur Beruhigung drei bis zehn Minuten lang mit kaltem Wasser besprizt werden, nachdem sie aggressives Verhalten zur Schau gestellt haben). Der Ausschuss empfahl diese Praxis von der Liste der erlaubten Zwangsmittel zu streichen.[97] In seinem neunten Tätigkeitsbericht scheint er seine Ansicht gefestigt zu haben, dass es auch „in anderen besuchten Einrichtungen für das Personal nicht unüblich war, Jugendlichen gelegentlich einen „pädagogischen Klaps" zu geben".

„Der Ausschuss ist der Auffassung, dass im Interesse der Verhütung von Misshandlungen jede Form körperlicher Züchtigung sowohl formell verboten als auch in der Praxis vermieden werden muss. Insassen, die sich ungebührlich benehmen, sollten nur in Übereinstimmung mit den vorgeschriebenen Disziplinarverfahren behandelt werden."[98]

Verletzbare Häftlinge mit allgemein-medizinischen und psychiatrischen Leiden

Der CPT hat in seinem dritten Tätigkeitsbericht ausführlich seine Ansichten zu der medizinischen Versorgung der Häftlinge dargestellt und hat seitdem einen beträchtlichen Teil eines jeden Besuchsberichts dieser Frage gewidmet. Der Ausschuss wendet den Grundsatz der „Gleichwertigkeit" (auch Normalisierung genannt)[99] an, ohne diesen Begriff ausdrücklich zu verwenden. Dies bedeutet für ihn, dass die Gesundheitsdienste in den Gefängnissen in der Lage sein sollten, unter vergleichbaren Bedingungen, wie sie Patienten in Freiheit genießen, medizinische Behandlung und Pflegedienste, „ebenso wie geeignete Diäten, Physiotherapie, Rehabilitationsmaßnahmen oder andere notwendige besondere Behandlungsmethoden zur Verfügung zu stellen".[100] In der Praxis ist es jedoch nicht einfach, diesen Grundsatz auszulegen. Abgesehen von den Schwierigkeiten (insbesondere für den CPT), die Standards zu bestimmen, die „Patienten in Freiheit genießen", bleibt die Frage, was geschieht, wenn diese Patienten nur minimale oder gar keine medizinischen Fürsorge „genießen". Der Ausschuss scheint der Meinung zu sein, dass Behandlungen, die für den Großteil der Bevölkerung in Freiheit zur Verfügung stehen, auch von den Häftlingen in Anspruch genommen werden dürfen. Angesichts der Tatsache, dass die Personen in Freiheit arbeiten, Geld verdienen und die Dienste, die vom Staat nicht angeboten werden, bezahlen können, verlangt die Sorgfaltspflicht des Staates gegenüber inhaftierten Personen lediglich eine minimale Versorgung.[101]

Der Ausschuss empfiehlt, dass alle neu eingetroffenen Häftlinge „gründlich befragt" und „gegebenenfalls von einem Arzt – so schnell wie möglich nach der Ankunft – körperlich untersucht werden. Diese medizinische Eingangsuntersuchung kann auch von einer voll ausgebildeten Krankenschwester vorgenommen werden"[102] und sollte „innerhalb von 24 Stunden" nach Ankunft im Gefängnis geschehen.[103] Diese Aufnahmeuntersuchung sollte elementare Vorgänge wie das Wiegen umfassen.[104] Während der Haft sollte außerdem jeder Häftling jederzeit Zugang zu einem Arzt haben und an das medizinische Personal auf vertraulicher Basis herantreten können. Das Ersuchen um die Konsultation eines Arztes sollte nicht durch Gefängnisbeamte überprüft werden.[105] Mit anderen Worten sollte *jede* ärztliche Untersuchung von Häftlingen außer Hörweite und – wenn der betroffene Arzt nichts anderes verlangt – nicht vor den Augen der Gefängnisbeamten durchgeführt werden.[106] Diese Regel gilt auch für Häftlinge, die innerhalb der Einrichtung besonderen Sicherheitsmaßnahmen ausgesetzt sind.[107]

Für jeden Häftling sollte eine für diesen Zweck vorgesehene standardisierte Krankenakte[108] angelegt werden, die ihn im Falle einer Verlegung begleitet. Außerdem sollte das Arztgeheimnis im Gefängnis in gleicher Weise beachtet werden wie außerhalb des Gefängnisses. Die Führung der Krankenakte sollte in der Verantwortung des Arztes liegen.[109] Diesbezüglich hat der Ausschuss bei mehreren Gelegenheiten die Beschäftigung von Häftlingen als Hilfskräfte durch das medizinische Personal des Gefängnisses kritisiert, da diese infolgedessen Zugang zu den Krankenakten ihrer Mithäftlinge haben.[110]

Der CPT setzt sich insbesondere für die Wahrung des Rechts des Häftlings auf Einwilligung ein: „Jeder Patient mit Urteilsvermögen ist frei, die Behandlung oder jeden anderen medizinischen Eingriff abzulehnen. Jede Abweichung von diesem grundlegenden Prinzip sollte sich auf eine gesetzliche Grundlage stützen und sich auf klar und eng definierte Ausnahmefälle beziehen, die auch für die Gesamtbevölkerung gelten." Die Schwierigkeit liegt in diesem Fall darin, dass die Regeln über den Hungerstreik z. B. von Land zu Land unterschiedlich sind.[111]

Eine der Fragen, die in den Besuchsberichten oft gestellt wird, bezieht sich auf das Fehlen von ausreichendem medizinischem Personal, um den oben genannten Standards zu entsprechen. Nach Beschwerden von Häftlingen über Schwierigkeiten, Zugang zu medizinischem Personal zu erhalten, hat der CPT häufig - manchmal auch ausführlich - die Erhöhung der Anzahl oder der Qualität des medizinischen Personals empfohlen.[112] Wie für das Verhältnis Aufseher/Häftlinge hat der Ausschuss jedoch keine allgemeinen Empfehlungen für ein genaues Verhältnis medizinisches Personal/Häftlinge gegeben.[113] Er hat dennoch erläutert, welche Personen er als zum medizinischen Personal gehörig betrachtet und das Bedürfnis nach angemessen qualifiziertem Personal betont. Infolgedessen lehnt er die Anwesenheit von Hilfskräften als Ersatz für qualifizierte Krankenschwestern oder Ärzte ab, „die eine zentrale Rolle für die somatische und präventive Gesundheitsfürsorge sowie für die Beaufsichtigung des nicht qualifizierten Gesundheitspersonals spielen".[114] Außerdem ist der Ausschuss der Auffassung, dass „im Gefängnis jederzeit eine Person anwesend sein sollte, die erste Hilfe leisten kann, [...] vorzugsweise jemand mit einer anerkannten Ausbildung als Krankenschwester".[115]

Der CPT empfiehlt, dass Informationen über übertragbare Krankheiten (wie z. B. Hepatitis, AIDS, Tuberkulose, dermatologische Infektionen und Tuberkulose) sowohl an Häftlinge als auch an das Gefängnispersonal regelmäßig zur Kenntnisnahme verteilt werden. Es sollte auch eine ärztliche Kontrolle der Personen stattfinden, die regelmäßigen Kontakt zu betroffenen Häftlingen haben.[116] Häftlinge, die mit dem AIDS-Virus infiziert sind, sollten „sowohl vor und gegebenenfalls auch nach jeder Untersuchung psychologische Betreuung erhalten".[117] Der CPT betont, dass „es keine medizinische Rechtfertigung für die Absonderung eines Häftlings gibt allein aus dem Grund, dass er HIV-positiv ist".[118] Daher sollte das Gefängnispersonal kontinuierlich über notwendige Präventionsmaßnahmen und den Umgang mit HIV-Positivität unter Wahrung der Grundsätze der Nichtdiskriminierung und Vertraulichkeit fortgebildet werden.[119]

In den meisten Gefängnis-Systemen werden sowohl Häftlinge mit psychiatrischen Krankheiten als auch Häftlinge mit psychiatrischen Störungen untergebracht. Dabei ist der Unterschied bedeutsam. Der CPT möchte die Rolle hervorheben, „die die Gefängnisleitung bei der frühzeitigen Erkennung von Häftlingen mit einer psychiatrischen Krankheit (z. B. Depressionen, reaktiver Zustand, usw.)

einnimmt, um gegebenenfalls geeignete Anpassungen in ihrer Umgebung vornehmen zu können. Geeignete medizinische Fortbildungsmaßnahmen für einige der Mitglieder des Gefängnispersonals können diese Initiative unterstützen."[120] Da psychiatrische „Krankheiten" in der Umgebung des Strafvollzugs vorhersehbar sind, sollten die Behörden Maßnahmen treffen, um diese zu behandeln. Die Frage, ob das Gefängnis einen geeigneten Ort für die Unterbringung von Häftlingen mit psychiatrischen „Störungen" darstellt, ist schwieriger zu beantworten. Wie auch immer man die Frage beantwortet, steht fest, dass in den meisten Hafteinrichtungen Häftlinge beider Gruppen untergebracht sind. Deswegen empfiehlt der CPT, dass jedem Gefängnis ein Psychiater zugeteilt ist und dass einige der Krankenschwestern auch auf diesem Gebiet ausgebildet wurden.

Der Ausschuss erkennt an, dass bei der Frage, ob geisteskranke Häftlinge im Gefängnis oder in spezialisierten Krankeneinrichtungen behandelt werden sollten, die Meinungen geteilt sind. Welche Richtung auch immer eingeschlagen wird, sollte die Verlegung der betroffenen Personen mit höchster Priorität behandelt werden und die Qualität der Betreuung adäquat sein (d. h. vergleichbar mit der Qualität, die der Bevölkerung außerhalb der Gefängnismauern erbracht wird).[121] In diesem Kontext erscheint die Auslegung des Grundsatzes der „medizinischen" Gleichwertigkeit am schwierigsten, da die Qualität der Betreuung während eines langfristigen Aufenthalts in einer psychiatrischen Einrichtung in vielen Ländern, wie es der CPT in mehreren Berichten erwähnt hat, sehr beklagenswert ist.[122]

Der CPT erkennt ebenfalls an, dass sich in einem Gefängnis immer „ein gewisser Anteil" von Häftlingen mit „Persönlichkeitsstörungen" befindet. Auch wenn die Bedürfnisse dieser Häftlinge „nicht wirklich medizinischer Art" sind, kann nach Meinung des Ausschusses „der Gefängnisarzt für sie sozialtherapeutische Programme in Gefängnisabschnitten entwickeln, die nach den Grundsätzen der Gemeinschaft organisiert sind und sorgfältig überwacht werden".[123]

Die Suizidprävention ist ein weiteres Thema, das oft in den Berichten des CPT auftaucht. Die Bedeutung einer medizinischen Eingangsuntersuchung der neu angetroffenen Häftlinge ist nach Ansicht des Ausschusses unter diesem Gesichtspunkt erheblich. Der Ausschuss empfiehlt, dass eine Person, bei der ein Suizidrisiko festgestellt worden ist, so lange wie erforderlich unter besondere Beobachtung gestellt wird. Darüber hinaus dürfen solche Personen nicht leicht mit Gegenständen in Berührung kommen, mit denen sie sich töten könnten (Fenstergitter, zerbrochenes Glas, Gürtel oder Krawatten, usw.).[124] Unter dem Gefängnispersonal sollte auch eine offene Verständigung über die als selbstmordgefährdet identifizierten Häftlinge erfolgen. Diese sollten über eine psychologische Betreuung, Unterstützung und Kontaktmöglichkeiten mit den anderen Häftlingen verfügen.[125] Sie sollten innerhalb des Gefängnisses nicht stigmatisiert werden.[126] Schließlich empfiehlt der CPT regelmäßig der Gefängnisbehörden, Präventionsprogramme zu erstellen und die Verantwortung für die Suizidprävention dem gesamten Gefängnispersonal und nicht nur dem medizinischen Personal zu übertragen.[127]

Der Ausschuss hat seine Aufmerksamkeit nicht nur auf das gerichtet, was zur Suizidprävention getan werden sollte, sondern auch auf das, was nicht getan werden sollte. Dieses Problem wurde insbesondere während eines Besuchs 1997 auf der Insel Man hervorgehoben. Dort erfuhr der CPT, dass es mehrere Fälle von Selbstmord durch Erhängen gegeben hatte. Nachdem eine Ermittlungskommission daraufhin einen Bericht verfasst hatte, blieb dieses Problem in den Köpfen des Gefängnispersonals. Die Besucherdelegation fand zwei junge Häftlinge, die aufgrund eines erhöhten Suizidrisikos nackt in leeren Zellen eingesperrt waren. Der Ausschuss erfuhr, dass sie sich seit Wochen in diesem Zustand befanden und dass ihnen auch ihre Matratzen vor einiger Zeit weggenommen worden waren. Diese Maßnahme wurde durch zwei sehr unterschiedliche Argumente begründet. Zum einen hätte ihnen die Matratze einen Selbstmordversuch erleichtern können. Zum anderen sollte die Wegnahme der Matratze sie zur Rückkehr in ihre gewöhnlichen Zellen veranlassen, nachdem einer Verlegung zugestimmt worden war. Der Ausschuss erklärte, dass die Unterbringung von suizidgefährdeten Personen in leeren Zellen eine Maßnahme ist,

„die [...] kaum positive Auswirkungen auf den Gesundheitszustand dieser Personen haben dürfte. [...] Einer suizidgefährdeten Person, die in einer leeren Zelle untergebracht ist, auch noch ihre Matratze zu entziehen, kann die schädlichen Auswirkungen dieser Maßnahme nur verschlimmern. [...] Vom medizinischen Standpunkt aus ist eine solche Maßnahme unträgbar. [...] Sie kann nur in Notfällen gerechtfertigt sein und sollte nur so kurz wie möglich andauern."[128]

Es mag Fälle geben, in denen die Anwendung eines eingeschränkten Haftregimes für Häftlinge dieser Art vorstellbar ist. Es ist z. B. wünschenswert, dass sie freiwillig ohne Anwendung von Zwangsmitteln in ihre gewöhnliche Zelle zurückkehren. „Elementarere Gegenstände, die einen angenehmen Schlaf ermöglichen, sollten nicht Spielball einer derart zweifelhaften Methode werden." Der CPT empfahl infolgedessen den Behörden der Insel Man, ihre Politik der Suizidprävention neu zu überdenken.[129] Abgesehen davon, dass Suizidprävention in der Verantwortung des gesamten Personals liegt, sollte nach Ansicht des Ausschusses jedoch auch „die schnellstmögliche Lösung der Probleme der Überfüllung, des Fehlens von sanitären Anlagen und angemessener Haftregime" zentraler Bestandteil der Präventionsprogramme sein.[130]

Anmerkungen

[1] Siehe z. B. Belgium 2, Abs. 93, 94.
[2] Zweiter Tätigkeitsbericht, Abs. 53.
[3] UK 3, Abs. 354.
[4] Zweiter Tätigkeitsbericht, Abs. 55.
[5] Portugal 1, Abs. 135.
[6] Ireland 2, Abs. 81.
[7] Ireland 1, Abs. 148.
[8] Austria 2, Abs. 142.
[9] UK 4, Abs. 151.
[10] *Ibid.*, Abs. 153.

[11] So auf der Insel Man (siehe UK 4, Abs. 154). Tatsächlich irrte sich der CPT. Die Antwort der britischen Regierung zeigt eindeutig, dass die Regeln über körperlichen Strafen 1989 außer Kraft getreten sind (UK 4 R 1, Abs. 123).
[12] Siehe „Wesentliche Grundfragen", 1999, S. 10, Anmerkung 3. Diese Formulierung ändert den Wortlaut des zweiten Tätigkeitsberichts (Abs. 55): „Der Häftling sollte über die Begründung der Maßnahmen, die gegen ihn ergriffen worden sind, benachrichtigt werden, wenn keine Sicherheitsbedenken bestehen."
[13] Finland 1, Abs. 74.
[14] Finland 2, Abs. 98 und UK 4, Abs. 157.
[15] Austria 2, Abs. 147.
[16] Hungary 1, Abs. 132, 133.
[17] Germany 2, Abs. 159.
[18] Bulgaria 1, Abs. 162-166 und Germany 2, Abs. 160, in dem erwähnt wird, dass das einzige verfügbare Buch die Bibel (in deutscher Übersetzung) war.
[19] Greece 1, Abs. 140.
[20] Finland 2, Abs. 100.
[21] Belgium 1, Abs. 99 und Bulgaria 1, Abs. 169.
[22] Zweiter Tätigkeitsbericht, Abs. 56.
[23] Netherlands 1, Abs. 90.
[24] Ireland 2, Abs. 89.
[25] UK 3, Abs. 330.
[26] Netherlands 2, Abs. 61.
[27] Empfehlung 17 (1982), Abs. 87, zitiert in Ireland 2, Abs. 89.
[28] Netherlands 1, Abs. 91.
[29] Netherlands 2, Abs. 58-77.
[30] Finland 1, Abs. 72, 73.
[31] Netherlands Antilles 1, Abs. 92.
[32] UK 3, Abs. 331.
[33] Ireland 2, Abs. 86.
[34] *Ibid.*, Abs. 90, 91.
[35] *Ibid.*, Abs. 92.
[36] UK 4, Abs. 107.
[37] Italy 2, Abs. 90. Siehe allgemein die Abs. 74-94 desselben Berichts sowie Italy 1, Abs. 132-148.
[38] Italy 2, Abs. 88.
[39] Belgium 2, Abs. 93, 94.
[40] Zehnter Tätigkeitsbericht, Abs. 21-33.
[41] *Ibid.*, Abs. 21.
[42] Siehe den Abschnitt „Personal der Hafteinrichtungen" in Kapitel 5.
[43] Zehnter Tätigkeitsbericht, Abs. 23.
[44] *Ibid.*, Abs. 24.
[45] *Ibid.*
[46] *Ibid.*, Abs. 25.
[47] Cyprus 1, Abs. 87.
[48] Zehnter Tätigkeitsbericht, Abs. 25.
[49] Greece 1, Abs. 111.
[50] *Ibid.*, Abs. 113.
[51] Denmark 1, Abs. 86.
[52] Spain 1, Abs. 196.
[53] Zehnter Tätigkeitsbericht, Abs. 30.

[54] Romania 1, Abs. 71 (im Zusammenhang mit Polizeigewahrsam).
[55] Zehnter Tätigkeitsbericht, Abs. 31.
[56] *Ibid.*, Abs. 32.
[57] *Ibid.*, Abs. 33.
[58] *Ibid.*, Abs. 27.
[59] *Ibid.* Eine solche Praxis wurde 1991 in Frankreich festgestellt: siehe France 1, Abs. 225 und auch in Kapitel 5 den Abschnitt „Kontroll- und Zwangsmittel".
[60] Zehnter Tätigkeitsbericht, Abs. 28.
[61] Luxembourg 1, Abs. 44.
[62] Spain 2, Abs. 136.
[63] Siehe z. B. France 1, Abs. 120.
[64] Zehnter Tätigkeitsbericht, Abs. 29.
[65] *Ibid.*
[66] Spain 1, Abs. 127.
[67] Greece 1, Abs. 115.
[68] Netherlands Antilles 1, Abs. 152.
[69] Belgium 1, Abs. 108.
[70] *Ibid.*, Abs. 153 und auch France 1, Abs. 120.
[71] Zehnter Tätigkeitsbericht, Abs. 29.
[72] Neunter Tätigkeitsbericht, Abs. 20-41.
[73] *Ibid.*, Abs. 20.
[74] Siehe z. B. Italy 2, Abs. 157.
[75] Dritter Tätigkeitsbericht, Abs. 67.
[76] Neunter Tätigkeitsbericht, Abs. 23.
[77] *Ibid.*, Abs. 25.
[78] Slovenia 1, Abs. 76.
[79] Neunter Tätigkeitsbericht, Abs. 25.
[80] Finland 1, Abs. 138.
[81] Neunter Tätigkeitsbericht, Abs. 33.
[82] Siehe den Abschnitt „Personal der Hafteinrichtungen" in Kapitel 5.
[83] *Ibid.*, Abs. 26.
[84] *Ibid.*, Abs. 28.
[85] *Ibid.*, Abs. 31.
[86] Netherlands 1, Abs. 111.
[87] Czech Republic 1, Abs. 90.
[88] UK 3, Abs. 148.
[89] Iceland 2, Abs. 126-133 .
[90] Neunter Tätigkeitsbericht, Abs. 32.
[91] Iceland 2, Abs. 128-131.
[92] Neunter Tätigkeitsbericht, Abs. 34.
[93] Slovakia 1, Abs. 127, 128.
[94] Neunter Tätigkeitsbericht, Abs. 35.
[95] Portugal 2, Abs. 153.
[96] *Ibid.*, siehe auch Italy 2, Abs. 159 und 160, in dem der Ausschuss ebenfalls die Praxis eines „pädagogischen Klaps'" feststellte, doch angesichts der ihm vorliegenden Informationen sich nicht dazu in der Lage sah, es als eine Misshandlung zu bewerten.
[97] Slovakia 1, Abs. 153.
[98] Dritter Tätigkeitsbericht, Abs. 24.
[99] Siehe R. King und R. Morgan, *The future of the prison system*, S. 34-37. Siehe auch die europäische Gefängnisregel 65 a.

[100] Dritter Tätigkeitsbericht, Abs. 38.

[101] Mindestens bei einer Gelegenheit (obgleich im Zusammenhang mit Polizeigewahrsam) hat eine Regierung betont, dass das vom Ausschuss geforderte Niveau der Dienste auch nicht für die Bevölkerung in der Freiheit gewährt sind. Als Antwort auf die Standardempfehlung, wonach alle Personen, die in Polizeigewahrsam gehalten werden, von einem Arzt ihrer Wahl untersucht werden sollten, hat die isländische Regierung erwidert, dass „es in Island keinen Arzt gibt, der der Polizei zugeteilt ist." Zur Situation, dass eine festgenommene Person medizinische Versorgung benötigt, antwortete sie, dass „ein isländischer Bürger, der dringend ärztliche Hilfe benötigt, diese nicht von einem Arzt seiner Wahl erhält, sondern sich mit der Untersuchung durch einen diensthabenden Arzt begnügen muss. Die isländische Behörde erklärte, dass sie keine Einwände gegen die Konsultation eines vom Häftling gewünschten Arztes unter der Bedingung habe, dass dies möglich und praktikabel ist (was implizierte, dass es dies in der Praxis nicht ist). Vergleichbare Betrachtungen könnten zweifelsohne für die Verfügbarkeit anderer Gesundheitsdienste angestellt werden, vor allem in Ländern mit nicht ausreichenden Finanzmitteln (Iceland 1 R 1, S. 8). Der irische Direktor eines Gefängnisgesundheitsdienstes gab 1993 dagegen zu, dass die Zeit, die die Gefängnisärzte den inhaftierten Patienten widmeten, zu kurz war und die Behandlung von einer zweifelsohne niedrigeren Qualität im Vergleich zu der, die die Bevölkerung in der Freiheit genießt. Der Ausschuss stellte auch fest, dass ein Teil der medizinischen Aufgaben von unqualifiziertem Personal übernommen wurde (Ireland 1, Abs. 125-127).

[102] Dritter Tätigkeitsbericht, Abs. 33.

[103] Bulgaria 1, Abs. 146 und Romania 1, Abs. 39 (bezüglich Personen in Polizeigewahrsam).

[104] Bulgaria 1, Abs. 189.

[105] Dritter Tätigkeitsbericht, Abs. 34.

[106] Czech Republic, Abs. 59.

[107] Netherlands 2, Abs. 76.

[108] Im Gegensatz z. B. zu gelegentlichen Notizen, die in einem „rudimentären Register" niedergeschrieben werden: siehe Ireland 2, Abs. 70.

[109] *Ibid.*, Abs. 50.

[110] Siehe z. B. Slovakia 1, Abs. 120.

[111] Dritter Tätigkeitsbericht, Abs. 47.

[112] 1993 wurde z. B. die Anwesenheitszeit der Ärzte im Gefängnis von Mountjoy (Dublin, Irland) als „offensichtlich unzureichend" im Verhältnis zur Anzahl an Häftlingen bezeichnet (Ireland 1, Abs. 117). Der Ausschuss registrierte 1997 in Belgien eine ganze Reihe von Mängeln in allen besuchten Gefängnissen (Belgium 2, Abs. 135-160). In Österreich hat der Ausschuss 1994 das Fehlen einer angemessenen medizinischen Betreuung an polizeilichen Inhaftierungsorten scharf kritisiert (Austria 2, Abs. 80-87). 1995 war der CPT in Bulgarien der Meinung, dass die Anzahl der Mitglieder des Gesundheitsdienstes in den Gefängnissen von Pazardjik und Stara Zagora viel zu gering war. Er machte daher ausführliche Empfehlungen zur Einstellung von Krankenschwestern, *feldshers* (medizinische Assistenten, die in der Praxis dieselben Aufgaben erledigen wie Ärzte) und Ärzten und lud darüber hinaus die Behörden dazu ein, das Schichtensystem des medizinischen Personals am Wochenende neu zu überdenken (Bulgaria 1, Abs. 136-141).

[113] Siehe den Abschnitt „Personal der Hafteinrichtungen" in Kapitel 5.

[114] Ireland 2, Abs. 63.

[115] Dritter Tätigkeitsbericht, Abs. 35.

[116] Dritter Tätigkeitsbericht, Abs. 54.

[117] *Ibid.*, Abs. 55.
[118] Siehe „Wesentliche Grundfragen", 1999, S. 16, Anmerkung 9, die den Wortlaut des dritten Tätigkeitsberichts (Abs. 56) wie folgt ändert: „Es gibt keine medizinische Rechtfertigung für die Absonderung von HIV-positiven Häftlingen, bei denen die Krankheit noch nicht ausgebrochen ist."
[119] Dritter Tätigkeitsbericht, Abs. 55, 56.
[120] *Ibid.*, Abs. 42.
[121] *Ibid.*, Abs. 43. S. o. die Diskussion über den Grundsatz der „Normalisierung".
[122] Siehe z. B. Greece 1, Abs. 224-237; Bulgaria 1, Abs. 178-223 und Romania 1, Abs. 167-182). Die Mängel in der Betreuung in den psychiatrischen Einrichtungen werden allgemein in dem achten Tätigkeitsbericht des Ausschusses angesprochen, der ebenfalls einige Standards in diesem Bereich aufzählt (Abs. 25-58).
[123] Dritter Tätigkeitsbericht, Abs. 68-69.
[124] *Ibid.*, Abs. 58-59.
[125] Finland 1, Abs. 109.
[126] Siehe Belgium 2, Abs. 175, 176.
[127] UK 1, Abs. 169.
[128] UK 4, Abs. 134-136.
[129] *Ibid.*, Abs. 137-139.
[130] *Ibid.*, Abs. 140.

KAPITEL 7

IN PSYCHIATRICHEN ANSTALTEN VERWAHRTE PATIENTEN

Ob eine geistig kranke Person, deren Verhalten als anti-sozial angesehen wird, mit dem Gesetz in Konflikt gerät und zu einer Haftstrafe verurteilt wird oder in eine psychiatrische Anstalt zwangsweise eingewiesen wird, ist in vielen Ländern dem Zufall überlassen. Ebenso hängt häufig die Entscheidung zwischen Gefängnis und psychiatrischer Anstalt eher von administrativen Erwägungen als von therapeutischen Gesichtspunkten ab. Deswegen hat der CPT Folgendes betont:

„Es wird einerseits häufig vorgebracht, dass es aufgrund ethischer Gesichtspunkte angemessen sei, dass geisteskranke Häftlinge außerhalb des Strafvollzugssystems in Einrichtungen des staatlichen Gesundheitssystems untergebracht werden. Auf der anderen Seite wird argumentiert, dass innerhalb des Strafvollzugssystems die Betreuung in psychiatrischen Einrichtungen unter optimalen Sicherheitsvorkehrungen stattfinden kann und die Aktivitäten der medizinischen und sozialen Dienste intensiviert werden können."[1]

Der Ausschuss spricht keine Empfehlung für eine der beiden Wege aus. Er möchte dennoch Folgendes klarstellen:

„Welche Richtung auch immer eingeschlagen wird, die Unterbringungskapazität der fraglichen psychiatrischen Einrichtung sollte angemessen sein; häufig ist die Wartezeit bis eine notwendige Verlegung vorgenommen wird, zu lang. Die Verlegung der betroffenen Person in eine psychiatrische Einrichtung sollte höchste Priorität haben."[2]

Die Meinung des Ausschusses über die Behandlung von geistig kranken Häftlingen in gewöhnlichen Hafteinrichtungen wurde schon in Kapitel 6 erläutert. Von Beginn an besuchte der Ausschuss aber auch Einrichtungen, in die geistig kranke oder behinderte[3] Personen aufgrund eines zivil- oder strafgerichtlichen Verfahrens zum Zweck ihrer psychiatrischen Behandlung oder zum Schutz der Öffentlichkeit zwangsweise eingewiesen worden sind. Diese Einrichtungen werden überwiegend als Klinik bezeichnet. Da sie prinzipiell (aber nicht immer)[4] von den Gesundheitsministerien verwaltet werden, stützt sich ein Teil der in diesem Kapitel erwähnten Beispiele auf die Beobachtungen des Ausschusses über die Gefängniskrankenhäuser. Der größte Teil dieses Kapitels widmet sich jedoch den psychiatrischen Einrichtungen. Die entsprechenden Standards sind in dem achten Tätigkeitsbericht des Ausschusses zusammengefasst worden.[5]

Vorbemerkungen

Auch wenn die Festlegung der organisatorischen Struktur der Gesundheitsfürsorge für Personen mit psychischen Störungen sicherlich Sache eines jeden Staates ist, möchte der CPT dennoch die Aufmerksamkeit auf die in einer Reihe von Ländern bestehende Tendenz lenken, die Bettenanzahl in großen psychiatrischen Anstalten zu senken und gemeinschaftsbezogene Einheiten zur Pflege der geistigen Gesundheit zu entwickeln. Der Ausschuss stimmt dieser Tendenz zu.

„Es ist nunmehr weithin anerkannt, dass große psychiatrische Einrichtungen ein signifikantes Risiko der Institutionalisierung für den Patienten und das Personal darstellen, und dies umso mehr, wenn sie sich an isolierten Orten befinden. Dies kann einen nachteiligen Effekt auf die Behandlung der Patienten haben. Betreuungsprogramme, die sich auf die gesamte Bandbreite psychiatrischer Behandlung stützen, sind leichter in kleinen Einheiten umzusetzen, die nahe an städtischen Zentren gelegen sind."[6]

Als die griechischen Behörden 1993 dem CPT mitteilten, dass sie nunmehr der Entlassung chronischer Patienten, die in psychiatrischen Anstalten behandelt wurden, und der Errichtung von offenen Anstalten den Vorzug gaben, begrüßte der CPT diese Initiative und hoffte gleichzeitig, dass diese offenen Anstalten einen entscheidenden Schritt in Richtung einer Abkehr von den großen psychiatrischen Einrichtungen bedeuten würde.[7] Im Gegensatz dazu wollte der Ausschuss 1991 in seinem Bericht über Deutschland wissen, ob die deutschen Behörden die Schaffung von kleinen Pflegeeinheiten nahe den städtischen Zentren vorsahen.[8]

Einweisungs-, Überprüfungs- und Entlassungsverfahren

Der CPT betont, dass alle Entscheidungen über Zwangseinweisungen auf Verfahren beruhen sollten, die „Garantien für Unabhängigkeit, Unparteilichkeit sowie objektive ärztliche Fachkenntnisse bieten".[9] Hinsichtlich der zivilen Zwangseinweisungen erkennt der Ausschuss an, dass die Entscheidungsverfahren von einem Land zu dem anderen variieren. Während in vielen Ländern die Entscheidung zur Einweisung durch ein Gericht getroffen oder bestätigt wird (auf der Grundlage eines psychiatrischen Gutachtens), hängt diese Entscheidung in anderen Ländern nur von der Meinung qualifizierter Gutachten ab. Der Ausschuss hat keiner der beiden Alternativen den Vorzug gegeben. Er verwies aber auf die Empfehlung der Parlamentarischen Versammlung, nach der Entscheidungen über Zwangseinweisungen von einem Richter getroffen werden sollten.[10] Er hat ergänzt, dass die Möglichkeit gegeben sein muss, die Rechtmäßigkeit aller Entscheidungen von Zwangseinweisungen in psychiatrische Einrichtungen unverzüglich durch ein Gerichtsverfahren überprüfen zu lassen.[11] Der Ausschuss hat bedauerlicherweise festgestellt, dass diesbezüglich die gesetzlichen Rahmenbedingungen nicht vorliegen oder die Umsetzung in der Praxis in einigen Ländern mangelhaft ist.

In Finnland hat der Ausschuss z. B. beobachtet, dass es möglich ist, Patienten nur auf der Grundlage der schriftlichen Erklärung eines Arztes, der nicht unbedingt Psychiater sein muss, zur Beobachtung in einer psychiatrischen Anstalt unterzubringen. In dieser Zeit wird dann überprüft, ob alle Voraussetzungen für eine Zwangseinweisung vorliegen. Dieses Verfahren wird vom Ausschuss als mangelhaft beurteilt und könne höchstens in Notfällen zur Anwendung gelangen. Jedoch bleibt der CPT der Auffassung, dass in den anderen Fällen jede Einweisung auf der Grundlage der Empfehlung mindestens eines Psychiaters (vorzugsweise von zwei) getroffen und die formelle Entscheidung zur Einweisung von einem Gremium beschlossen werden sollte, das von den vorherigen Gutachtern unabhängig ist.[12]

Der Ausschuss stellte 1993 in Griechenland fest, dass die ein Jahr zuvor verkündeten Gesetze alle vom CPT geforderten Garantien umfassten. Jedoch entdeckte er während der Besuche einiger psychiatrischer Einrichtungen, dass die Verantwortlichen diese Gesetze entweder nicht anwendeten oder überhaupt nicht kannten. Im Gegensatz zu den in Kraft getretenen Bestimmungen waren Patienten auf der Grundlage eines gewöhnlichen Attests, das von einem einzigen Psychiater verfasst worden war, eingewiesen worden.[13] Dem Ausschuss wurde außerdem mitgeteilt, dass die Gerichte die Verlängerung der Unterbringung der Patienten automatisch anordneten, obwohl keine der für die Aufrechterhaltung der Unterbringung erforderlichen Bedingungen vorhanden waren (nach Ansicht des medizinischen Gutachters war die Unterbringung nicht länger erforderlich und die Patienten zeigten keine Anzeichen einer geistigen Krankheit oder eines gefährlichen Verhaltens.)[14] Der Ausschuss entdeckte 1998 in Spanien, dass die gerichtliche Überprüfung der Zwangseinweisungen nicht in dem gesetzlich vorgesehenen halbjährlichen Abstand durchgeführt wurde. In der Praxis betrug der Abstand zwischen den Überprüfungen bis zu zwölf Monaten.[15]

In Griechenland wurde dem Ausschuss mitgeteilt, dass sowohl das medizinische Personal als auch das Verwaltungspersonal auf Richtlinien zur Umsetzung der neuen Gesetze wartete. Auf Zypern konnte der Ausschuss 1992 das Fehlen jeglicher Verfahren zur Überprüfung der Notwendigkeit der Verlängerung einer Unterbringung feststellen. Dabei war das medizinische Personal der psychiatrischen Einrichtung von Athalassa (der größten auf der Insel) der Meinung, dass für einen Großteil der Patienten keine Notwendigkeit mehr für einen längeren Aufenthalt gegeben war. Viele der Patienten hätten von Altersheimen, die von sozialen Wohlfahrtsorganisationen betrieben werden, aufgenommen werden können.[16] Die angeblich unbegründete Verlängerung der Unterbringung von Patienten in psychiatrischen Einrichtungen ist ein Phänomen, das dem Ausschuss in mehreren Ländern begegnet ist.[17] Der Ausschuss hat den folgenden Satz zum Grundprinzip erklärt: „Die unfreiwillige Unterbringung in einer psychiatrischen Einrichtung sollte enden, sobald der Geisteszustand des Patienten es nicht mehr erfordert."[18] Der Ausschuss hält folglich die regelmäßige Überprüfung der Notwendigkeit einer derartigen Unterbringung für bedeutsam, insbesondere wenn die ursprüngliche Anordnung keine bestimmte Zeitdauer festgesetzt hat. Der Ausschuss ist der Meinung, dass „der Patient die Möglichkeit haben sollte, selbst in angemessenen Zeitabständen darum ersuchen zu können, dass die Notwendigkeit der Unterbringung durch ein Gericht geprüft wird".[19] Auch wenn die Unterbringung von Patienten nicht mehr erforderlich ist, können sie gleichwohl einer Behandlung oder einer

„geschützten Umgebung" bedürfen. Deswegen sollten angemessene Einrichtungen für eine anschließende Betreuung existieren.[20]

Der Bericht über Irland aus dem Jahr 1998 stellt ein gutes Beispiel für eine Gesetzgebung dar, die der CPT als unzureichend bewertet. Das irische Recht erlaubt die Verlegung eines strafrechtlich verurteilten Patienten von einer zivilen psychiatrischen Einrichtung zu der zentralen Nervenheilanstalt von Irland, in der er zeitlich unbeschränkt inhaftiert sein kann, ohne dass die Verlängerung seines Aufenthalts automatisch überprüft wird.[21] Das irische Strafrecht sieht ebenfalls vor, dass eine Jury ein „besonderes" Urteil fällen kann, wenn sie der Meinung ist, der Angeklagte habe zwar die Straftat begangen, war jedoch geistesgestört. Der Verurteilte kann dann in die zentrale Nervenheilanstalt verlegt und dort zeitlich unbeschränkt inhaftiert werden, ohne dass die Verlängerung seiner Unterbringung regelmäßig überprüft wird, da sie gänzlich im Ermessen des Justizministers steht.[22] Die Personen, die „parteiunfähig" sind, können auch „bis auf weitere Anordnungen" in diese Einrichtung eingewiesen werden. Die Folge ist, dass gewisse Patienten selbst nach Meinung der Psychiater der zentralen Nervenheilanstalt „geistig vollkommen gesund" sind, das Justizministerium aber ihre Entlassung aus im Wesentlichen politischen Gründen ablehnt. Ein Patient, der in seinem Verfahren 1937 „parteiunfähig" war, verbrachte 61 Jahre in der Anstalt. Der Betroffene und Patienten in ähnlichen Fällen waren so abhängig von dieser Anstalt geworden, dass ihre Entlassung folglich unwahrscheinlich schien.[23] Der CPT hatte „Bedenken" hinsichtlich dieser Situation und begrüßte die Entscheidung der irischen Behörde, neue Gesetze in diesem Bereich zu verabschieden, die eine automatische Überprüfung der Unterbringung von Patienten vorsah. Der Ausschuss wollte daraufhin wissen, ob diese neue Gesetzgebung auch eine Bestimmung enthalten würde, die den Patienten selbst das Recht gibt, eine gerichtliche Überprüfung in vernünftigen Zeitabständen einzuleiten.[24]

Schließlich hat der CPT an der Angemessenheit und Qualität, mit der die Patienten während der Verfahren zur Überprüfung ihrer Unterbringung vertreten und geschützt werden sollten, gezweifelt. Der Ausschuss kritisierte z. B. 1991 während eines Besuchs in Schweden das Fehlen von Garantien, die in gewöhnlichen Gerichtsverfahren gewährt werden. So wurden die betroffenen Patienten nicht durch einen Rechtsanwalt oder eine andere Person vertreten. Ihnen wurden auch nicht die Beweise vorgelegt, die die Überprüfungskommission von dem Psychiater der Anstalt erhielt. Außerdem war die Besucherdelegation der Auffassung, dass „die Kommission sehr subjektive Urteile auf der Grundlage von Eindrücken und Einschätzungen zu fällen schien". Obwohl sich der CPT prinzipiell nicht mit der Natur des Verfahrens befasst, hat er betont, dass das in diesen Fällen durch die Kommission benutzte Verfahren, juristisch betrachtet, unbefriedigend war.[25]

Personal der psychiatrischen Einrichtungen

Aufgrund seiner Erfahrung ist der CPT zu der Schlussfolgerung gekommen, dass die seltenen absichtlichen Misshandlungen von Psychiatriepatienten eher dem nicht ärztlichen Hilfspersonal von psychiatrischen Einrichtungen,[26] d. h. Personen ohne ärztliche Ausbildung oder jegliche Qualifikation als Krankenschwester, zur Last zu legen sind.[27] Der Ausschuss erkennt die Notwendigkeit an, dass auf dieses Hilfspersonal zurückgegriffen werden muss. Er möchte dennoch betonen, dass die Mitglieder dieses Hilfspersonals sorgfältig auszusuchen sind und über eine angemessene Ausbildung verfügen sollten. Darüber hinaus sollten sie bei der Durchführung ihrer Aufgaben durch qualifiziertes ärztliches Personal genau beaufsichtigt werden. Er möchte auch „ernsthafte Bedenken" gegenüber der in einigen Ländern begegneten Praxis anmelden,[28] bestimmte Patienten oder Insassen benachbarter Gefängniseinrichtungen als Hilfskräfte für psychiatrische Einrichtungen einzusetzen. Dieser Ansatz sollte nur „als letzter Ausweg" angesehen werden, wenn solche Anstellungen „unvermeidbar" sind.[29] Die tolerante Haltung ist umso überraschender, weil der CPT an anderer Stelle, insbesondere bezüglich eines portugiesischen Gefängnisses, erklärt hat, dass das Vertrauen des Personals auf die Dienste „privilegierter Häftlinge" als „Aufhebung der Verantwortung für Sicherheitsaufgaben (über die normalerweise das Gefängnispersonal die Aufsicht hat)" bezeichnet werden kann. Ein derartiges Vertrauen könnte zur Ausbeutung von Häftlingen durch Mithäftlinge führen, wie es im portugiesischen Beispiel offensichtlich der Fall war.[30] Es ist davon ausgehen, dass der Ausschuss die Anstellung von Häftlingen in psychiatrischen Einrichtungen nicht eindeutig verurteilt, da ihm die „ernste wirtschaftliche Lage" bewusst ist, mit der sich die Gesundheitsbehörden in vielen Ländern auseinandersetzen müssen.[31] Nichtsdestotrotz könnte man dasselbe auch über viele Strafvollzugssysteme sagen. Genau wie die Anzahl an Häftlingen hängt die Anzahl an Patienten, die in psychiatrische Einrichtungen zwangsweise eingewiesen wurden, und damit folglich die entsprechenden staatlichen Ausgaben im Endeffekt von einer politischen Entscheidung ab. Manche betonen infolgedessen, dass die CPT-Standards auf diese beiden Typen von Einrichtungen nicht derart unterschiedlich angewendet werden sollten.

Der CPT hat sich wiederholt über die Inhaftierung von geisteskranken Straftätern in der psychiatrischen Abteilung eines Gefängnisses oder in psychiatrischen Anstalten besorgt gezeigt, da die Mehrheit des Personals aus Gefängniswächtern besteht, deren Ausbildung für die Erfüllung der anspruchsvollen Aufgaben unangemessen sein kann. Der Ausschuss musste sich schon während eines seiner ersten Besuche 1990 im Vereinigten Königreich mit diesem Problem auseinandersetzen. In dem Flügel F des Gefängnisses von Brixton in London waren damals 163 Häftlinge untergebracht, darunter waren viele ernsthaft gestört. Die Überwachung und Pflege der betroffenen Insassen wurde durch die Aufseher des Gefängniskrankenhauses sichergestellt, deren überwältigende Mehrheit über keine Krankenpflegeausbildung verfügte, sondern nur einen kurzen Einführungskurs im Gefängnis besucht hatte.[32] Der Ausschuss bewertete die Gebäude und das Personal als unangemessen und empfahl eine eilige Überprüfung. Er unterließ es jedoch, den Aufsehern die festgestellten Mängel vorzuwerfen, da ihnen einfach die Ausbildung und die für diese Aufgaben notwendige Ausstattung fehlten.[33]

1997 war die Lage in der EDS von Paifve[34] (Belgien) anders aber ebenso ernst. Das Personal, das sich um die vierzig geisteskranken, zu langen Haftstrafen verurteilten Häftlinge kümmern sollte, bestand hauptsächlich aus Gefängnisbeamten, die „ganz im Gegensatz zu ihren gewöhnlichen Aufgaben einen ausgleichenden und therapeutischen Ansatz in einer fürsorglichen Umgebung verfolgen sollten".[35] Die Anstaltsleitung hatte keine Befugnisse zur Auswahl des Überwachungspersonals, welches selbst nicht zur Erfüllung von Aufgaben in einer Anstalt ausgebildet worden war. Außerdem schien es, dass die meisten Gefängnisbeamten, die nach Paifve versetzt wurden, „Anpassungsschwierigkeiten in den traditionellen Hafteinrichtungen gehabt hatten". Sie wiesen „eine psychische Labilität auf, die sich in Alkoholismus oder sogar in unangemessenem Verhalten gegenüber Patienten niederschlug". Sie waren angespannt und unter Stress, so dass der Krankenstand die erstaunliche Quote von 30% erreichte.[36] Einmal mehr freute sich der Ausschuss zu sehen, dass die verantwortlichen Behörden dieses Problem erkannt hatten und sowohl einen höheren Anteil an qualifizierten Krankenpflegern als auch eine verstärkte Ausbildung des übrigen Personals anstrebte.[37]

Obwohl der Ausschuss sich oft während seiner Besuche in Gefängnissen über die Angemessenheit des medizinischen Personals und des Pflegepersonals geäußert hat, zeigt er sich manchmal auch über die Arbeitsbedingungen des Personals in den psychiatrischen Einrichtungen und insbesondere über die Übereinstimmung zwischen diesen Bedingungen und den Aufgaben der Mitarbeiter besorgt. Während eines Besuchs im Krankenhaus von Rampton (England) z. B. beobachtete der Ausschuss 1994, dass das Pflegepersonal tagsüber zwölfeinhalb Stunden und nachts elfeinhalb Stunden ohne Pause arbeitete:

„Derartige Arbeitszeiten begünstigen kaum eine hohe Professionalität bei der Arbeit, da das Personal einen Sättigungspunkt erreicht. Am Ende des Tages ist es für die Patienten zwangsläufig weniger ansprechbar und ihren Bedürfnissen gegenüber weniger empfänglich, so dass es hochgradig gereizt reagieren kann. Derartige Arbeitszeiten führen zu einer bloßen Überwachung der Patienten und stehen im Widerspruch zu der Absicht, eine fürsorgliche Beziehung zu ihnen aufzubauen."[38]

Der Ausschuss empfiehlt jedoch wie schon bei den Gefängnisaufsehern kein idealen Prozentsatz für das Verhältnis zwischen Personal und Patienten.[39]

Lebensbedingungen

Der Ausschuss wendet auf die psychiatrischen Abteilungen der Gefängnisse und die psychiatrischen Anstalten Standards für sich körperlich auswirkende und andere Lebensbedingungen an, die denen ähnlich sind, die auf Gefängnisse angewendet werden (siehe Kapitel 5). Er berücksichtigt jedoch einige Unterschiede, die aus den besonderen Behandlungsbedürfnissen von geisteskranken Patienten resultieren. So legt er insbesondere Folgendes fest:

„Besondere Aufmerksamkeit [sollte] der Dekoration der Patientenzimmer und Aufenthaltsräume geschenkt werden, um den Patienten eine visuelle Stimulation zu geben. Nachttische und Kleiderschränke sind sehr wünschenswert. Den Patienten sollte es gestattet sein, bestimmte persönliche Gegenstände zu behalten (Fotos, Bücher, usw.). Es sei ebenfalls betont, dass es sehr wichtig ist, den Patienten abschließbare Orte zur Verfügung zu stellen, in denen sie ihre Gegenstände aufbewahren können. Das Fehlen eines solchen Einrichtungsgegenstands kann sich auf das Gefühl der Sicherheit und Autonomie eines Patienten auswirken."[40]

Das Fehlen eines persönlich gestalteten Raums für die Patienten und insbesondere der Möglichkeit eines abschließbaren Schranks wird systematisch in vielen Berichten des CPT über geschlossene psychiatrische Abteilungen beklagt.[41]
Der Ausschuss hat besondere Kommentare über die Sanitäreinrichtungen in psychiatrischen Abteilungen gegeben. Sanitäreneinrichtungen sollten den Patienten ein gewisses Maß an Privatsphäre gestatten. Toiletten, die es dem Benutzer nicht ermöglichen, sich zu setzen, werden insbesondere für ältere und behinderte Patienten als ungeeignet betrachtet.[42] Leider hat der Ausschuss in manchen Ländern gravierende Mängel im Bereich der Einrichtungen für die Pflege der körperlichen Hygiene feststellen müssen.[43] Er empfand es als notwendig, in seinem achten Tätigkeitsbericht die Bereitstellung von persönlichen Hygienemitteln für bettlägerige Patienten hervorzuheben, da diese ansonsten „in erbärmlichen Zuständen" leben müssen.[44] Der Ausschuss hat vereinzelt auch Einrichtungen, darunter Gefängnisse, besucht, in denen die Anzahl der Patienten höher als die der Betten war.[45]
Die Standards für Räumlichkeiten, die vom Ausschuss auf Krankeneinrichtungen angewendet werden, ähneln denen für Gefängnisse. Der CPT hat ebenfalls „seine Unterstützung für den in einigen Ländern zu beobachtenden Trend zugesichert, große Schlafsäle in psychiatrischen Einrichtungen zu schließen. Solche Räumlichkeiten sind mit den Standards der modernen Psychiatrie kaum vereinbar."[46] Diese Formulierung hat der Ausschuss in fast allen seinen Berichten[47] (jedoch nicht ausnahmslos)[48] auf kritische Weise verwendet. Der CPT befürwortet ebenfalls, „den Patienten, die es wünschen, tagsüber Zugang zu ihrem Zimmer zu gestatten und sie nicht zu verpflichten, gemeinsam mit anderen Patienten in Gemeinschaftsbereichen wie Tageszimmern zu verbleiben".[49]
Der Ausschuss lehnt die in vielen Ländern[50] beobachtete Praxis ab, Patienten tagsüber im Pyjama oder Nachthemd gekleidet zu lassen, da dies „für die Stärkung der Persönlichkeit und des Selbstbewusstseins nicht förderlich ist. Individualisierung der Bekleidung sollte einen Teil des therapeutischen Prozesses ausmachen."[51]
Bedauernswerterweise leiden in manchen Ländern die Anstalts- und Gefängnisleitungen unter finanziellen Schwierigkeiten, wodurch die Versorgung mit Nahrungsmitteln oftmals unzureichend ist. Nach Ansicht des Ausschusses muss das Essen nicht nur angemessen in Quantität und Qualität sein, sondern auch unter zufrieden stellenden Bedingungen angeboten und eingenommen werden können[52] (die Möglichkeit der Vornahme von Handlungen des täglichen Lebens – wie das Essen mit richtigem Besteck an einem Tisch - stellt in diesem Zusammenhang einen integralen Bestandteil der Programme für die psychosoziale Rehabilitation von Patienten dar). In der Praxis entsprechen Verpflegung und Essensbedingungen nur selten diesen Standards. Der CPT stellt z. B. 1995 in Rumänien fest, dass die Verpflegung der psychiatrischen Patienten extrem kalorienarm war, so dass sich die Patienten über dauerhafte Hungergefühle beschweren und der Tod vieler Patienten laut Krankenakte auf eine „erhebliche Unterversorgung an protein- und

kalorienreicher Nahrung" zurückzuführen war.[53] Der Ausschuss betont aus diesem Grund, dass - wie es auch in den Gefängnissen der Fall ist - die medizinische Anfangsuntersuchung von neu eingetroffenen Patienten die Messung und Aufzeichnung des Gewichts umfassen sollte.[54]

Behandlungen, Einwilligung und Regime

Der Ausschuss ist der Auffassung, dass alle in eine psychiatrische Abteilung zwangsweise eingewiesenen Patienten die für ihre Krankheit entsprechende Behandlung auf der Grundlage eines individualisierten Behandlungsplans erhalten sollten:

„[Die Behandlung] sollte ein großes Angebot rehabilitativer und therapeutischer Aktivitäten enthalten, darunter Zugang zu Beschäftigungstherapie, Gruppentherapie, Einzelpsychotherapie, Kunst, Drama, Musik und Sport. Die Patienten sollten regelmäßig Zugang zu entsprechend eingerichteten Aufenthaltsräumen haben und täglich die Möglichkeit, sich an der frischen Luft zu bewegen. Gleichfalls wünschenswert sind Angebote im Bereich der Ausbildung und passender Arbeit."[55]

„Therapeutische Behandlung" ist nicht nur eine Option. Nach Meinung des Ausschusses stellt sie einen „unabdingbaren" Bestandteil der psychiatrischen Behandlung dar.[56] Viele Länder haben anscheinend den Standpunkt eingenommen, dass geisteskranke Patienten unheilbar seien und folglich nicht behandelt werden oder dass ihnen mangels finanzieller oder anderer Ressourcen keine ernsthafte oder überhaupt keine therapeutische Behandlung angeboten werden kann.[57]

Der CPT hat auch seine Ansichten über Sonderbehandlungen mitgeteilt. Es muss gewährleistet sein, dass verordnete Medikamente auch tatsächlich verabreicht werden und „eine regelmäßige Versorgung mit den geeigneten Medikamenten sichergestellt ist".[58] Eine solche Ermahnung würde selbstverständlich überflüssig erscheinen, wenn der Ausschuss in manchen Ländern nicht Medikamentenknappheit[59] und die unkontrollierte (oder falsche) Abgabe von Medikamenten beobachtet hätte.[60] Der Ausschuss hat in der Tat betont, dass das Fehlen geeigneter Medikamente kombiniert mit dem Mangel an „Grundbedürfnissen des Lebens" - Verpflegung, Heizung, usw. - „schnell zu Zuständen führen kann, die eine „unmenschliche und erniedrigende Behandlung" darstellen".[61] Desgleichen achtete der CPT auf eine „Überversorgung mit Medikamenten" und erwähnt regelmäßig in seinen Besuchsberichten, ob er Anzeichen für dieses Phänomen gefunden hat.[62]

Der Ausschuss kritisiert ebenfalls die ablehnende Haltung mancher Gesundheitsbehörden, psychiatrische Phänomene anzuerkennen. In der psychiatrischen Abteilung des Gefängnisses von Straubing (Deutschland) stellte der Ausschuss 1991 z. B. fest, dass der leitende Psychiater „die Bedeutung von Depressionen im Gefängnis bagatellisierte" und „nur selten Antidepressiva verordnete". Seiner Ansicht nach würden viele Häftlinge lediglich simulieren. Der Ausschuss stimmte dem nicht zu:

„Depressionskrankheiten sind im Gefängnis leider nicht selten. Jegliches Unterlassen in der Diagnose einer solchen Krankheit und in seiner Behandlung kann dramatische Folgen haben, u. a. das Suizidrisiko erhöhen. [...] Viele von der Besucherdelegation angetroffenen Häftlinge hätten eine Behandlung gegen Depressionen benötigt."[63]

Der CPT hat sich besonders besorgt gezeigt über Einsatz der Elektrokonvulsivtherapie (ECT) in „unmodifizierter Form", auch wenn sie eine anerkannte Form der Behandlung von Psychiatriepatienten, die unter bestimmten Störungen leiden, darstellt. Jedoch sollte dafür Sorge getragen werden, dass ECT in den Behandlungsplan des Patienten passt, und dass ihre Vornahme von angemessenen Schutzvorkehrungen begleitet wird. Der CPT ist der Auffassung, dass diese Methode in „unmodifizierter" Form (d. h. ohne Anästhesie und Muskelrelaxans)

„[...]in der modernen psychiatrischen Praxis nicht länger als akzeptabel angesehen werden [kann]. Abgesehen von dem Risiko von Frakturen und anderer ungünstiger medizinischer Folgen ist das Verfahren als solches schon erniedrigend sowohl für die Patienten als auch für das betroffene Personal. Folglich sollte ECT immer in modifizierter Form eingesetzt werden."[64]

Der Ausschuss hat mehrere Fälle des regelmäßigen Einsatzes der ECT in unmodifizierter Form angetroffen und verurteilt.[65] Was ECT in der modifizierten Form angeht, soll die Behandlung

„[...] außerhalb des Sichtfeldes anderer Patienten (vorzugsweise in einem Raum, der für diesen Zweck reserviert und ausgestattet ist) durch Personal, das für diese Behandlung besonders ausgebildet worden ist [vorgenommen werden]. Darüber hinaus sollte der Einsatz von ECT in einem besonderen Register detailliert festgehalten werden."[66]

Der CPT hat ebenfalls eindeutig erklärt, dass die unfreiwillige Einweisung einer Person in eine psychiatrische Einrichtung

„[...] nicht als Ermächtigung verstanden werden sollte, sie ohne ihre Einwilligung zu behandeln. Daraus folgt, dass jedem kompetenten Patienten, ob freiwillig oder unfreiwillig eingewiesen, die Möglichkeit gegeben werden sollte, die Behandlung oder jeden anderen medizinischen Eingriff abzulehnen. Jede Abweichung von diesem grundlegenden Prinzip sollte sich auf eine gesetzliche Grundlage stützen und auf klar und eng definierte Ausnahmefälle beziehen."[67]

Diese Formulierung scheint mit den Begriffen „kompetenter Patient" und „die Möglichkeit gegeben werden sollte" eine Reihe von Auslegungsmöglichkeiten zu eröffnen und stellt die Frage nach dem Umfang der Sorgfalt und den Bemühungen des Personals, um sich von der Kompetenz des Patienten zur Abgabe einer Einwilligung zu überzeugen:

„Selbstverständlich kann von einer freien Einwilligung zu einer Behandlung nach einer sorgfältigen Aufklärung nur gesprochen werden, wenn sie auf vollständigen, richtigen und verständlichen Informationen über den Zustand des Patienten und die vorgeschlagene Behandlung basiert [...]. Folglich sollten allen Patienten systematisch einschlägige Informationen über ihren Zustand und die für sie vorgeschlagene Behandlung zur Verfügung gestellt werden."[68]

Die Beschreibung von ECT als eine „Schlaftherapie" ist ein Beispiel für eine „unvollständige und unrichtige" Auskunft über die Natur der Behandlung.[69]
Der CPT hat in mehreren Ländern feststellen können, dass die Einwilligung geisteskranker Patienten zu verschiedenen Formen von Behandlungen entweder nicht erteilt worden oder gesetzlich nicht erforderlich ist.[70] Die damit verbundenen möglichen Dilemma werden insbesondere in Bezug auf Häftlinge, die gleichzeitig auch als Patienten gelten, durch einen Sonderbericht des Ausschusses veranschaulicht. Dieser Bericht behandelt Aspekte des Behandlungsprogramms der Herstedvester Anstalt, einer therapeutischen Gemeinschaft von internationalem Ansehen, die von der für den Strafvollzug zuständigen Abteilung des Justizministeriums geleitet wird. Entscheidungen werden beim Institut jedoch einstimmig zwischen dem Direktor, einem Beamten der Gefängnisleitung, und einer Gruppe von Psychiatern getroffen.[71] Der CPT beobachtete 1996, dass sich manche Sexualverbrecher für eine Behandlung freiwillig gemeldet hatten (die die Verabreichung eines Hormons der Hirnanhangsdrüse und/oder von Substanzen, die angeblich die Libido unterdrücken, beinhaltete), ohne dass vor Beginn der Behandlung eine von ihnen unterzeichnete Einwilligung vorlag. Einige der möglichen Nebenwirkungen der Behandlung wurde ihnen mitgeteilt (Gewichtszunahme, Brustvergrößerung und Hitzewellen), andere wurden ihnen verschwiegen (diese werden vom Ausschuss nicht aufgezählt). Des Weiteren berichteten einige Häftlinge, dass ihre Bereitschaft zur Teilnahme an der Behandlung durch die Aussicht auf eine Entlassung oder Verlegung motiviert war.[72] Es wird nicht gesagt, ob ihnen dies vom Personal vorgeschlagen worden war oder ob es ihnen als logische Folge erschien. Der Ausschuss schlug den dänischen Behörden vor, die schriftliche Einwilligung der Patienten vor der Behandlung einzuholen und ihnen ausführlich und in schriftlicher Form zu erklären, welche unerwünschten Nebenwirkungen die Libidohemmer haben könnten. Da es sich bei der Patientengruppe um „Häftlinge" handelte – die insbesondere zu einer langen oder unbefristeten Haftstrafe verurteilt wurden –, sollte es ergänzende Schutzvorkehrungen geben, einschließlich des Rechtsbeistands durch Rechtsanwälte oder Laien, um sicherzustellen, dass die Einwilligung der Patienten „aus freiem Willen und gut informiert" erfolgte.[73] Auch wenn es nicht „Sache des Ausschusses ist, seine Meinung über den klinischen Wert des in Herstedvester verabreichten Libidohemmers zu äußern", brachte er klar zum Ausdruck, dass diese Frage „regelmäßig von einer externen und kompetenten Behörde überprüft werden sollte".[74] Da der Ausschuss, wie schon erwähnt, sich nicht davor scheute, seine Meinung über klinische Themen in anderen Berichten zu äußern,[75] und da er normalerweise keine Kommentare über wissenschaftliche Bewertungsverfahren abgibt, kann man davon ausgehen, dass der klinische Wert dieser bestimmten Behandlung - sowie sie in Herstedvester durchgeführt wurde - Zweifel hervorruft (zumindest seitens des Ausschusses und seiner medizinischen Berater). Auch wenn die dänischen Behörden in ihrem Antwortschreiben die Verfahren erläutern, nach denen in Zukunft der medizinischen Behandlung von Sexualverbrechern zugestimmt wird und wie die Behandlung von Patienten mit Libido-

hemmern weiterverfolgt wird, gehen sie nicht auf die angebliche Wirksamkeit dieser Behandlungsmethode ein.[76]

Der Bericht des Ausschusses aus dem Jahr 1990 über den Flügel F des Gefängnisses von Brixton (London) veranschaulicht das Problem der Einwilligung von Patienten zu Behandlungsmethoden aus einem anderen Blickwinkel. In dem Gefängnisabschnitt waren zu dieser Zeit viele Häftlinge – Untersuchungshäftlinge wie Verurteilte – untergebracht, die einer psychiatrischen Betreuung oder Beobachtung bedurften. Diese Aufgabe konnte mangels geeigneter Ausstattung und Personals nicht erfüllt werden. Viele Häftlinge waren schwer geistesgestört. Der Ausschuss zeigte sich über die Behandlung von Häftlingen besorgt, die „die Medikamenteneinnahme ablehnten oder in einem solchen Maße geistesgestört waren, dass sie nicht zur Erteilung einer Einwilligung fähig waren". Da das Gefängnis im Sinne der entsprechenden nationalen Gesetzgebung kein Krankenhaus war, wurde dem CPT mitgeteilt, dass es „rechtlich unzulässig war, einem Patienten eine Behandlung gegen seinen Willen zukommen zu lassen".[77] Folglich wurden die schwer gestörten Patienten auf eine Weise behandelt, die der Ausschuss als unangemessen ansah. Sie wurden in einem fast leeren, „speziell zu medizinischen Zwecken eingerichteten Raum" mit einer Matratze auf dem Boden untergebracht, anstatt eine „intensive Überwachung und Betreuung sowie gegebenenfalls die notwendige Verabreichung von Beruhigungsmitteln" zu erfahren.[78] Der Ausschuss war der Ansicht, dass dieser Zustand inakzeptabel war und nicht länger geduldet werden konnte. Er empfahl eine Überprüfung des Flügels F und die Durchführung von Maßnahmen, wie die Verlegung der Patienten in eine externe Einrichtung oder die Erlaubnis zur Behandlung ohne Einwilligung der Patienten. Ein derartiges Vorgehen sollte eine wirksame Betreuung von schwer gestörten Patienten, die jegliche Behandlung ablehnen, ermöglichen.[79]

In Bezug auf die Häftlinge, die nicht in einem solchen Maße geistesgestört sind, dass sie nicht ihre Einwilligung zu einem medizinischen Eingriff erteilen können, hat der Ausschuss die Tatsache hervorgehoben, dass diese Einwilligung „ohne Drohungen und übertriebenen Druck" erteilt werden sollte. Während seines Besuchs im Gefängnis von Straubing (Deutschland) teilten Häftlinge und andere externe Organen dem CPT 1991 mit, dass die psychiatrische Abteilung des Gefängnisses einen „unheilvollen Ruf" hatte und dass sich die Häftlinge vor ihrer Verlegung dorthin fürchteten. Der Ausschuss zeigte sich überrascht darüber zu erfahren, dass der leitende Psychiater der Abteilung diesen Ruf begrüßte, da er seine Aufgabe erleichterte. Der Ausschuss fand es „völlig inakzeptabel", dass das Bestehen solcher Ängste gefördert werde. Es sei unvereinbar mit der Erteilung einer freien Einwilligung auf der Grundlage umfassender Informationen sowie mit der Idee, Häftlinge zu ermutigen, sich für die von ihnen benötigte psychiatrische Behandlung selbst einzusetzen.[80]

Zwangsmittel und Absonderung

Geisteskranke Patienten können, wie Häftlinge, manchmal gewalttätig werden, so dass sie wieder beruhigt werden müssen. Der CPT erkannt dies an, fordert jedoch, dass die entsprechenden Zwangsmaßnahmen Gegenstand eindeutig definierter Grundsätze sind, um das Risiko von Misshandlungen in diesen Situationen gering zu halten. Die Grundsätze sollten deutlich machen, dass erste Versuche, gewalttätige Patienten zurückzuhalten, soweit wie möglich nicht körperlicher Art sein sollten. Wenn körperlicher Zwang notwendig wird, sollte er nur prinzipiell „auf manuelle Kontrolle" begrenzt sein.[81] Der Ausschuss ist außerdem der Auffassung, dass der Rückgriff auf Mittel körperlichen Zwangs (Riemen und Zwangsjacken) „nur sehr selten gerechtfertigt ist und stets entweder ausdrücklich von einem Arzt angeordnet oder diesem zwecks Zustimmung sofort mitgeteilt werden sollte".[82] Körperliche Zwangsmittel sollten nur so kurz wie möglich und niemals „zur Bestrafung" angewendet werden. Gelegentlich sind dem CPT Psychiatriepatienten begegnet, bei denen Mittel körperlichen Zwangs über Tage hinweg angewendet wurden. Dem Ausschuss hob hervor, dass dies unter keinen Umständen zu rechtfertigen sei und nach seiner Auffassung einer Misshandlung gleichkomme.[83]

Der CPT ist in vielen Ländern auf Mittel körperlichen Zwangs gestoßen, deren Anwendung er verurteilt. Während eines Besuchs in Bulgarien 1995 erfuhr er z. B., dass Patienten der psychiatrischen Anstalt von Radnevo, die gewalttätiges oder gestörtes Verhalten aufwiesen, mit ihren Handgelenken und gegebenenfalls Fußgelenken an die Betten gefesselt wurden. Ein Arzt wurde danach so schnell wie möglich angerufen, um die körperlichen Zwangsmaßnahmen zu überprüfen (diese wurden nie länger als einige Stunden angewendet) und Medikamente zu verschreiben.[84] Zu diesem Zweck vorgesehene Riemen aus weichem Leder wurden auch in anderen Einrichtungen dieses Landes gefunden. Solange begleitende Schutzvorkehrungen des Ausschusses beachtet wurden, nahm dieser an der Praxis keinen Anstoß. In dem Gefängniskrankenhaus von Lovetch entdeckte die Besucherdelegation jedoch, dass das Personal manchmal während der Verlegung von Patienten Hand- und Fußschellen aus Eisen verwendete. Der Ausschuss empfahl, die Instrumente zu entfernen.[85] Während eines Besuchs in Griechenland 1993 sah der CPT in der staatlichen Nervenheilanstalt von Attika (Athen), wie Patienten mittels Riemen zurückgehalten wurden, die um einen Arm und das entgegen gesetzte Bein gelegt und per Vorhängeschloss gesichert wurden. Er bewertete diese Methode als gefährlich, da „Bemühungen des erregten Patienten, sich zu befreien, zu einer sehr schmerzhaften Verrenkung führen".[86] In der staatlichen Nervenheilanstalt für Kinder von Attika wurden Mullbinden verwendet, um die Glieder eines Mädchens an ihr Bett zu fesseln. Diese Vorgehensweise hatte Blutkreislaufprobleme verursacht (Zyanhose und Hypothermie), deren schädlichen Folgen sich das Personal nicht bewusst war.[87] Der Ausschuss erfuhr ebenfalls 1996 während eines Besuchs im neuropsychiatrischen Krankenhaus von Mendrisio (Schweiz), dass Patienten einer Kombination von Sicherheitsmaßnahmen, darunter die Ankettung ans Bett, ausgesetzt waren.[88] Eine ähnliche Methode hatte der Ausschuss 1997 in der EDS von Les Marroniers (Belgien) entdeckt. Die Ausrüstung und Methoden sah er per se als gefährlich an und verurteilte sie.[89] Die 1998 im Gefängnis von Las Palmas auf Gran Canaria (Spanien) beobachtete Praxis, erregte Psychiatriepatienten zur Beruhigung tagelang mit Handschellen an ihre Betten zu fesseln, bezeichnete er als „absolut inakzeptabel" und empfahl, Handschellen nicht länger zu verwenden.[90]

Wenn die körperliche Beherrschung von Patienten durch erlaubte Methoden erforderlich ist, betont der CPT, dass dies in einer Weise geschehen soll, die in größtmöglichem Umfang die Würde aller betroffenen Personen achtet. Die Besucherdelegation hat z. B. 1993 in der staatlichen Nervenheilanstalt von Attika (Athen) feststellen können, dass ein Patient, der von der Polizei ins Krankenhaus gebracht wurde, mit Riemen bewegungsunfähig gemacht wurde. Er musste seine Kleidung einschließlich des Regenmantels anbehalten und wurde vor den Augen der anderen Patienten in den Abschnitt eingesperrt. Der CPT bewertete diese Situation als „schikanierend und erniedrigend für den Patienten sowie für die andere Betroffenen, die sich dieses Spektakel widerwillig ansahen".[91]

Großräumige Einrichtungen greifen seit langem bei „nicht kontrollierbaren" Patienten (oder Häftlingen) auf die Absonderung dieser Personen in einem Zimmer oder einer Zelle für einen längeren Zeitraum zurück. Der CPT ist von einer derartigen Absonderung nicht begeistert und nimmt erfreut zur Kenntnis, dass es „einen klaren Trend in der modernen psychiatrischen Praxis gibt, diese Maßnahme in vielen Ländern auslaufen zu lassen".[92] Solange aber Absonderung noch angewendet wird, ist er der folgenden Meinung:

„[Sie] sollte Gegenstand detaillierter Grundsätze sein, die insbesondere festlegen, in welchen Fällen sie angewendet werden kann, welche Ziele durch sie angestrebt werden, die Dauer und die Notwendigkeit regelmäßiger Überprüfungen, die Existenz von angemessenem, menschlichem Kontakt sowie die Notwendigkeit der besonderen Aufmerksamkeit des Personals. Jeder Fall von Absonderung sollte in einem speziellen Register, das extra für diesen Zweck einzurichten ist, (sowie in der Krankenakte des Patienten) aufgezeichnet werden. Der Eintrag sollte den Zeitpunkt des Beginns und der Beendigung der Maßnahme, die Umstände des Falles, die Beweggründe für den Rückgriff auf diese Maßnahme, den Namen des Arztes, der sie anordnete und genehmigte, sowie eine Liste jeglicher Verletzungen, die der Patient oder das Personal erlitt, beinhalten. Absonderung sollte niemals als Bestrafung eingesetzt werden."[93]

Demnach kann es als zulässig angesehen werden, Patienten mit einem zerstörerischen (oder selbst-zerstörerischen) Verhalten vorläufig und für eine kurze Zeit zu isolieren. Programme zur Veränderung des Verhaltens, die auf dem systematischen Entzug menschlicher Kontakte für den Patienten beruhen, gelten als inakzeptabel.

Die Ermahnung, jeden Fall körperlicher Zwangs gegen einen Patienten detailliert aufzuzeichnen, betrifft die Absonderungsmaßnahmen ebenso wie jeden Vorfall, in dem Gewalt oder Zwangsmittel zur Anwendung kommen. Dies wird „den Umgang mit solchen Vorkommnissen und den Überblick über das Ausmaß ihres Auftretens stark erleichtern".[94]

Der CPT hat sich oft mit der Art und Weise, in der die Absonderung angewendet und genehmigt wird, unzufrieden gezeigt. In der Nervenheilanstalt für Häftlinge von Turku (Finnland) stellte er z. B. 1992 fest, dass die neu eingetroffenen Patienten regelmäßig in baufälligen Isolationsräumen, deren Rufanlagen nicht funktionierten, untergebracht wurden. Der Ausschuss hatte zwar Verständnis dafür, dass die neuen Psychiatriepatienten beobachtet würden, lehnte aber die systematische Unterbringung in Isolationsräumen zu diesem Zweck ab.[95] In der

EDS von Paifve (Belgien) beobachtete der CPT 1997, dass unqualifiziertes Gefängnispersonal die Entscheidung über die Unterbringung in der Isolationshaft traf. Obwohl diese Entscheidungen zwar von einem Arzt in einem Hauptregister gegengezeichnet wurden, gab es keine spezielle Aufzeichnung der Umstände der Maßnahme. Das Gefängnispersonal, das für den Umgang mit Psychiatriepatienten nicht ausgebildet war, „verfügte über einen großen Ermessensspielraum bei der Entscheidung über Isolationsmaßnahmen".[96] Dies war schon in einigen anderen Ländern festgestellt worden.[97] In Rumänien waren es 1995 die Begründung und die Modalitäten der Isolation, die den CPT dazu veranlassten, den rumänischen Behörden eine sofortige Beobachtung gemäß Artikel 8 ECPT zukommen zu lassen.[98] Der Ausschuss entdeckte z. B. in der psychiatrischen Klinik von Poiana Mare Isolationsräume ohne Glas in den Fenstern. Sie waren mit Toiletteneimern als einzige Sanitäreinrichtung ausgestattet, hatten weniger Betten als Insassen und ihre Decken und Matratzen waren mit Urin und Exkrementen verschmutzt. Der Ausschuss fand Hinweise darauf, dass einzelne Patienten in diese Zimmer, die grundsätzlich als Bestrafung für Diebstahl oder Fluchtversuche oder zur entsprechenden Abschreckung benutzt wurden, für einen Zeitraum von bis zu vier Monaten untergebracht waren.[99]

Der CPT ist wie beim Gefängnispersonal[100] der Auffassung, dass das gesamte Personal in den psychiatrischen Einrichtungen oder Abteilungen in der Anwendung sowohl nicht körperlicher als auch körperlicher Techniken ausgebildet werden sollte, um aufgeregte oder gewalttätige Patienten kontrollieren zu können. Dadurch wäre nach Ansicht des Ausschusses das Personal befähigt, „in schwierigen Situationen die angemessene Antwort auszuwählen, wodurch das Risiko von Verletzungen für Patienten und Personal signifikant vermindert wird".[101]

Beschwerde- und Inspektionsverfahren

In Anbetracht der Probleme, die die unfreiwillige Unterbringung von Geisteskranken begleiten, und deren Unfähigkeit, ihre tatsächlichen Interessen zu verteidigen, legt der CPT auf die Einführung ergänzender Schutzvorkehrungen in diesem Bereich großen Wert. Eine einführende Broschüre „über die Abläufe der Einrichtung und die Rechte der Patienten sollte sowohl jedem Patienten bei seiner Ankunft [in der Einrichtung] als auch seiner Familie übergeben werden. Alle Patienten, die die Broschüre nicht verstehen können, sollten geeigneten Beistand erhalten."[102] Darüber hinaus sollten wirksame Beschwerdeverfahren in psychiatrischen Einrichtungen – wie an jedem Ort einer Freiheitsentziehung – und regelmäßige Besuche durch ein unabhängiges, externes Gremium vorgesehen werden. Dieses Gremium sollte „insbesondere ermächtigt sein [...], vertrauliche Gespräche mit den Patienten zu führen, ihre gegebenenfalls vorhandenen Beschwerden entgegenzunehmen und alle notwendigen Empfehlungen auszusprechen."[103] Es sollte idealerweise jedes Jahr einen Tätigkeitsbericht veröffentlichen, um eine größere Offenheit zu gewährleisten und eine öffentliche Debatte über die psychiatrischen Einrichtungen in Gang zu bringen.[104] Der Ausschuss hat nicht erwähnt, welches unabhängige Gremium in welchen Zeitabständen die Besuche durchführen soll. Er hat jedoch gelegentlich die Anzahl der Besuche als nicht ausreichend bezeichnet. Auf Zypern z. B. hat der Ausschuss 1992 erfahren, dass die Mitglieder der Kommission für psychiatrische Einrichtungen, die zur Untersuchung der Unterbringungsbedingungen und zur Entgegennahme von Beschwerden jederzeit die Nervenheilanstalt von Athalassa besuchen durften, nur sieben Besuche im Jahre 1990 durchgeführt hatten. Zwischen Januar und November 1992 (Ankunftsdatum der Besucherdelegation) hatte es sogar nur drei Mal die Einrichtung besucht. Der Ausschuss empfahl, die Kommission zu häufigeren Besuchen zu ermutigen.[105] Dieser Wunsch ging aber nicht in Erfüllung. Während seines zweiten Besuchs auf der Insel 1996 stellte der Ausschuss fest, dass die Kommission für psychiatrische Einrichtungen nicht mehr tätig war und dass kein externes Organ auf Zypern diese Rolle übernommen hatte.[106]

Anmerkungen

[1] Dritter Tätigkeitsbericht, Abs. 43.
[2] *Ibid.*
[3] „Behindert" ist der vom CPT verwendete Begriff (siehe den achten Tätigkeitsbericht, Abs. 30).
[4] Der CPT besuchte z. B. 1995 in Bulgarien drei Einrichtungen:
Die psychiatrische Anstalt von Radnevo mit 620 Betten beherbergte eine Mischung aus freiwilligen und unfreiwilligen Patienten, die auf „geschlossene" und „offene" Abteilungen verteilt waren. Die zwangsweise eingewiesenen Patienten wurden wegen ihrer Geisteskrankheit und wegen ihrer mit Alkoholismus oder Drogensucht verbundenen Krankheiten behandelt.
Die neuropsychiatrische Klinik von Lovetch mit 445 Betten umfasste einen sog. „Gefängnistrakt" mit 60 Betten für „strafrechtlich schuldunfähige" Patienten, die gemäß den Bestimmungen der Strafprozessordnung untergebracht waren.
Das Gefängniskrankenhaus von Lovetch (eine von zwei Einrichtungen dieser Art in Bulgarien) verfügte über 110 Betten einschließlich einer psychiatrischen Abteilung mit 60 Betten für verurteilte Häftlinge oder Untersuchungshäftlinge.
Die beiden ersten Einrichtungen unterstehen dem Gesundheitsministerium und die dritte gemeinschaftlich dem Gesundheits- und dem Justizministerium (Bulgaria 1, Abs. 178-181).
[5] Achter Tätigkeitsbericht, Abs. 25-58.
[6] Achter Tätigkeitsbericht, Abs. 58.
[7] Greece 1, Abs. 200.
[8] Germany 1, Abs. 202.
[9] Achter Tätigkeitsbericht, Abs. 52.
[10] Empfehlung 1235 (1994); zitiert *ibid.*
[11] *Ibid.*
[12] Finland 2, Abs. 139.
[13] Greece 1, Abs. 217-221.
[14] *Ibid.*, Abs. 223.
[15] Spain 6, Abs. 119.
[16] Cyprus 1, Abs. 141, 142.
[17] Der CPT besuchte z. B. 1997 in Belgien die beiden EDS' (Einrichtungen des „sozialen Schutzes") Les Marronniers und Paifve, in denen „anormale und gewöhnliche Straftäter" untergebracht waren und die dem wallonischen Minister für Gesundheit bzw. dem belgi-

schen Justizminister unterstehen. Die Direktoren teilten dem Ausschuss mit, dass bei mehr als 10% der Patienten die Voraussetzungen für eine andauernde Inhaftierung nicht mehr vorlagen. Ihr Verbleib beruhte nur auf dem Fehlen externer Aufnahmemöglichkeiten (ob familiärer oder institutioneller Art, Belgium 2, Abs. 242). Siehe auch Ireland 2, Abs. 119.

[18] Achter Tätigkeitsbericht, Abs. 111.
[19] *Ibid.*, Abs. 56.
[20] *Ibid.*, Abs. 57.
[21] „Mental Treatment Act" von 1945, Art. 207 (siehe Ireland 2, Abs. 112).
[22] „Trial of Lunatics Act" von 1883, Art. 2 (siehe Ireland 2, Abs. 115).
[23] Ireland 2, Abs. 116.
[24] *Ibid.*, Abs. 118.
[25] Sweden 1, Abs. 146.
[26] Die meisten psychiatrischen Einrichtungen beschäftigen viele Spezialisten, die keine medizinische Ausbildung vorweisen können: Klinikpsychologen, Psychotherapeuten, Beschäftigungstherapeuten, soziale Mitarbeiter und andere. Die Andeutung des CPT richtet sich natürlich nicht an diese Kategorien von Berufen.
[27] Dies war u. a. der Fall im Krankenhaus von Radnevo (Bulgarien), in dem Krankenpfleger ohne Ausbildung Patienten geohrfeigt haben sollen, die nicht ihre Medikamente einnehmen wollten oder anderweitig ungehorsam waren. (Bulgaria 1, Abs. 183).
[28] Der Ausschuss stellte in Bulgarien z. B. fest, dass die psychiatrische Anstalt von Radnevo und das Gefängniskrankenhaus von Lovetch jeweils „gesunde" Patienten bzw. Mithäftlinge als Hilfskräfte beschäftigten. In Radnevo wurden außerdem alkoholabhängige Patienten beschäftigt, um das Personal bei der Behandlung gestörter Patienten aus anderen Abteilungen zu unterstützen (Bulgaria 1, Abs. 211, 212).
[29] Achter Tätigkeitsbericht, Abs. 29.
[30] Im Gefängnis von Oporto stellte der CPT 1996 fest, dass *faxinas* (privilegierte Häftlinge) die Entscheidungen über die Verteilung der Zellen und die Verlegungen trafen sowie darüber Register führten (Portugal 3, Abs. 13).
[31] Achter Tätigkeitsbericht, Abs. 33; siehe auch Bulgaria 1, Abs. 192.
[32] UK 1, Abs. 158.
[33] *Ibid.*, Abs. 161-165. Der Flügel F wurde danach geschlossen (UK 1 R).
[34] Siehe Anmerkung 17.
[35] Belgium 2, Abs. 224.
[36] *Ibid.*, Abs. 224, 225.
[37] *Ibid.*, Abs. 227.
[38] UK 2, Abs. 246.
[39] Siehe Kapitel 5.
[40] Achter Tätigkeitsbericht, Abs. 34.
[41] Siehe z. B.: Finland 1, Abs. 115; Malta 2, Abs. 94; Ireland 2, Abs. 102, 103 und Turkey 7, Abs. 206.
[42] Achter Tätigkeitsbericht, Abs. 34; siehe z. B. Greece 1, Abs. 233.
[43] Für einen besonders Besorgnis erregenden Bericht siehe: Greece 1, Abs. 229 und Romania 1, Abs. 131.
[44] Achter Tätigkeitsbericht, Abs. 34.
[45] Siehe z. B. Romania 1, Abs. 114.
[46] Achter Tätigkeitsbericht, Abs. 36.
[47] Siehe z. B.: Cyprus 1, Abs. 128; Germany 1, Abs. 194 und Greece 1, Abs. 229.
[48] In Belgien wurden z. B. 1997 die Bedingungen für die Unterbringung in den Schlafsälen, in denen sich 15 bis 20 Betten befanden, als „an Armut grenzend" beschrieben, ohne dass

jedoch die Praxis der Schlafsäle selbst als für die psychiatrische Behandlung schädlich betrachtet wurde (Belgium 2, Abs. 218).

[49] Achter Tätigkeitsbericht, Abs. 36.
[50] Siehe z. B. Bulgaria 1, Abs. 200; Turkey 7, Abs. 254 und Spain 2, Abs. 175.
[51] Achter Tätigkeitsbericht, Abs. 34.
[52] Achter Tätigkeitsbericht, Abs. 35.
[53] Romania 1, Abs. 132.
[54] Bulgaria 1, Abs. 189.
[55] Achter Tätigkeitsbericht, Abs. 37.
[56] Bulgaria 1, Abs. 196.
[57] Siehe z. B. Romania 1, Abs. 138; Belgium 2, Abs. 213; Greece 1, Abs. 238; Bulgaria 1, Abs. 196-200; Spain 2, Abs. 175 und Italy 2, Abs. 139, 140.
[58] Achter Tätigkeitsbericht, Abs. 38.
[59] Romania 1, Abs. 177 und Bulgaria 1, Abs. 192.
[60] Greece 1, Abs. 238.
[61] Bulgaria 1, Abs. 195.
[62] Die meisten Berichte erwähnen auch die Tatsache, dass der Ausschuss keine Beweise für eine Überdosierung von Medikamenten gefunden hat. Es gibt dennoch Ausnahmen. Im Gefängnis von Neapel (Italien) musste der CPT z. B. 1995 einen „bemerkenswerten Gebrauch von Beruhigungsmitteln" und „einen Mangel an individualisierender Betreuung der Psychiatriepatienten" feststellen. In der psychiatrischen Justizeinrichtung von Neapel entdeckte die Besucherdelegation darüber hinaus, dass die einzige Behandlung für Patienten aus Medikamenten bestand, dass die verordnete Dosis von Beruhigungsmitteln oft „beträchtlich" war und dass mehrere Patienten offensichtlich unter Nebenwirkungen litten, die mehr oder weniger mit Substanzen, die für die Bekämpfung der Parkinsonschen Krankheit vorgesehen sind, korrigiert wurden (Italy 2, Abs. 139, 177).
[63] Germany 1, Abs. 129.
[64] Achter Tätigkeitsbericht, Abs. 39.
[65] Bulgaria 1, Abs. 186 und Turkey 7, Abs. 178-182. Der Ausschuss traf in der Türkei, in der ECT verbreitete Anwendung fand, Ärzte, die davon überzeugt waren, dass die modifizierte Form dieser Behandlung nicht so wirksam wie die unmodifizierte Form sei. Der Ausschuss begnügte sich mit dem Kommentar, dass sich diese Auffassung nach seinen Kenntnissen auf keinen wissenschaftlichen Beweis stützen könne.
[66] Achter Tätigkeitsbericht, Abs. 39.
[67] *Ibid.*, Abs. 41.
[68] *Ibid.*
[69] *Ibid.*
[70] Der Ausschuss wies z. B. 1991 in Deutschland auf der Grundlage der Beobachtungen einer internen Ermittlung darauf hin, dass der medizinischen Akte der Häftlinge des Gefängnisses von Straubing nicht zu entnehmen war, ob sie ihre Einwilligung zur Einnahme von Neuroleptiken erteilt hatten. Der leitende Psychiater empfand es trotz entsprechender Bestimmungen des deutschen Rechts als „nicht angemessen oder sogar unmöglich, diese Einwilligung systematisch einzuholen" (Germany 1, Abs. 130). Siehe auch Finland 2, Abs. 132.
[71] Denmark 2, Abs. 72-79.
[72] *Ibid.*, Abs. 113, 114.
[73] *Ibid.*, Abs. 115.
[74] *Ibid.*, Abs. 116.
[75] Siehe Anmerkungen 62, 65.
[76] Denmark 2 R 1, 48, 49.

[77] UK 1, Abs. 162.
[78] *Ibid.*, Abs. 163.
[79] *Ibid.*, Abs. 165.
[80] Germany 1, Abs. 135.
[81] Achter Tätigkeitsbericht, Abs. 47.
[82] *Ibid.*, Abs. 48.
[83] *Ibid.*
[84] Bulgaria 1, Abs. 213.
[85] *Ibid.*, Abs. 215, 218.
[86] Greece 1, Abs. 253.
[87] *Ibid.*
[88] Switzerland 2, Abs. 111.
[89] Belgium 2, Abs. 233, 234.
[90] Spain 8, Abs. 89, 90.
[91] Greece 1, Abs. 253.
[92] Achter Tätigkeitsbericht, Abs. 49.
[93] Ireland 2, Abs. 105.
[94] Achter Tätigkeitsbericht, Abs. 50.
[95] Finland 1, Abs. 120.
[96] Belgium 2, Abs. 235.
[97] Siehe z. B. Finland 1, Abs. 121, 122 und Greece 1, Abs. 252.
[98] Siehe Kapitel 1.
[99] Romania 1, Abs. 141-145.
[100] Siehe Kapitel 5.
[101] Achter Tätigkeitsbericht, Abs. 47.
[102] *Ibid.*, Abs. 53.
[103] *Ibid.*, Abs. 53, 55.
[104] Bulgaria 1, Abs. 222.
[105] Cyprus 1, Abs. 140.
[106] Cyprus 2, Abs. 96.

TEIL III

SCHLUSSFOLGERUNGEN

UND AUSSICHTEN

Einleitung

Die Analysen in den ersten beiden Teilen haben deutlich gemacht, dass die Arbeit des Ausschusses vor allem ein dynamischer Prozess ist, der sich auf mindestens drei Ebenen abspielt.

Zunächst einmal gibt es den Ausschuss selbst. Als der CPT 1989 errichtet wurde, mussten er und sein Sekretariat buchstäblich herausarbeiten, wie eine Aufgabe erfüllt werden konnte, die bis dahin noch von keiner zwischenstaatlichen Menschenrechtsorganisation wahrgenommen worden war: Wie können systematisch und regelmäßig Besuche an Inhaftierungsorten konkret durchgeführt werden und welche Standards müssen angewendet werden, um Folter und andere Formen von Misshandlung zu verhüten? In seiner Anfangsphase war der CPT gezwungen, erst einmal Fuß zu fassen. Während der anschließenden Konsolidierungsphase musste er entscheiden, welche Aspekte seiner Funktionsweise und seiner wesentlichen Standards einer Änderung oder Weiterentwicklung bedürfen. Dieser Prozess erwies sich als unerlässlich, da sich der „Corpus of Standards" des Ausschusses, wie es in dem einzigen Kapitel des dritten Teils dargestellt werden wird, von den bekannten Kodexen über Haftstandards, die früher von den Vereinten Nationen und dem Europarat verkündet wurden, in beachtlicher Weise unterscheidet. Der CPT ist kein Ausschuss, der in einem Elfenbeinturm in Straßburg sitzt und dann auseinander geht, um – je nach Mitglied - andere Verantwortungen zu übernehmen. Es handelt sich um ein Organ, das sich ständig dafür einsetzt, unmittelbar an den Inhaftierungsorten Beweise zu sammeln, um anschließend die von ihm beobachteten Praktiken beurteilen zu können. Mit anderen Worten ist die Arbeit des Ausschusses ihrer Natur nach dynamisch.

Welche Wünsche und Erwartungen auch immer die Mitglieder des Ausschusses hinter verschlossenen Türen in Vollversammlungen zum Ausdruck gebracht haben, mussten sie, zweitens, notwendigerweise auf Veränderungen innerhalb des Europarats reagieren – in erster Linie ist der Beitritt der vielen neuen Mitgliedstaaten nach dem Fall der Berliner Mauer und dem Zusammenbruch der Sowjetunion zu nennen. Einige der neuen Vertragsstaaten des Übereinkommens wie die Russische Föderation oder die Ukraine sind geographisch gesehen riesig und haben eine Haftbevölkerung, welche die der ursprünglichen Mitgliedstaaten bei weitem übertrifft. Außerdem mussten sich viele der neuen Mitgliedstaaten mit tief greifenden politischen, administrativen und wirtschaftlichen Problemen auseinandersetzen (und müssen es immer noch). Der Ausschuss war infolgedessen gezwungen, diese neuen Herausforderungen anzugehen und dies mit einem Haushalt, der - wenn auch erhöht - noch lange nicht den Wünschen des Ausschusses entsprach.

Drittens waren die Veränderungen in Europa, die zu einem Anstieg der Mitgliederzahl des Europarats führten, mit einem Wechsel des politischen und wirtschaftlichen Klimas verbunden. Dieser Wechsel hatte auch Auswirkungen auf die Größe und den Charakter der Haftbevölkerung sowie auf die von den Politikern verfolgten Strategien. In vielen Ländern hat sich noch keine gefestigte Zivilgesellschaft herausgebildet. Zudem ist dort aufgrund der Zunahme des organisierten Verbrechens die Furcht vor Verbrechen, aber auch die Intoleranz gegenüber den Straftätern ausgeprägt. Die Migrationsströme sind größer geworden und die Anzahl an Asylsuchenden ist erheblich gestiegen. Der Ausschuss musste sich diesen Veränderungen anpassen und führte daher seine Inspektionsbesuche der verschiedenen Haftsysteme unter neuartigem Druck aus. Obwohl die Regierungen der meisten Vertragsparteien sich daran gewöhnt haben, die Berichte des Ausschusses zu erhalten, sehen sie diese nun in einem anderen Licht als vor zehn Jahren.

Aus all diesen Überlegungen folgt, dass sich der CPT neuen, bemerkenswerten Herausforderungen gegenüber gestellt sieht. Dies wird auch für die Zukunft gelten. In Kapitel 8 wird kurz auf das bisher vom Ausschuss Erreichte eingegangen, dann werden die Probleme zusammengefasst, gegen die er ankämpfen muss, und schließlich werden einige Optionen vorgeschlagen, die sich dem Ausschuss in der Zukunft bieten.

KAPITEL 8

SCHLUSSFOLGERUNGEN: GEGENWÄRTIGE DILEMMA UND
ZUKÜNFTIGE ENTWICKLUNG

Dieses Schlusskapitel verfolgt zwei Ziele:
- Erstens sollen die Auswirkungen des Ausschusses auf die Situationen, zu denen er in seinen Berichten Stellung nimmt, eingeschätzt werden.
- Zweitens sollen einige allgemeine Fragen von aktueller und zukünftiger Bedeutung für den Ausschuss angesprochen werden, die aus der Interpretation seines Mandats resultieren und die seine Beziehungen zu anderen Organen beeinflussen.

Einschätzung der Auswirkungen des CPT

Das europäische Übereinkommen zur Verhütung von Folter und unmenschlicher oder erniedrigender Behandlung oder Strafe (ECPT) stellt einen größeren Erfolg dar, als es seine Verfasser hätten vorsehen können oder zu hoffen gewagt hätten. Dieser Erfolg beruht im Wesentlich auf folgenden Aspekten:
- Die meisten Vertragsstaaten haben dem Ministerkomitee des Europarats Personen vorgeschlagen (die das Ministerkomitee auch zu Mitglieder des Ausschusses ernannte), die den erforderlichen Sachverstand und die notwendige Zeit für diese Aufgabe mitbringen.
- Das Ministerkomitee hat den CPT mit einem fähigen Sekretariat und einem akzeptablen Haushalt ausgestattet, um die Beachtung und Umsetzung des Übereinkommens kontrollieren zu können.
- Der CPT hat sich einen ehrgeizigen Terminplan zur Durchführung der Besuche gesetzt und niemand hat ernsthaft die Ausgeglichenheit der Besuchsprogramme in Frage gestellt.
- Die Besucherdelegationen des Ausschusses haben Zugang zu den erwünschten Inhaftierungsorten und Häftlingen, mit denen sie sprechen wollten, erhalten. Auch wenn der CPT von Zeit zu Zeit Mitgliedstaaten an ihre Verpflichtung erinnern muss, diesen Zugang unverzüglich zu gewähren, gab es keinen ernsthaften Vorfall, bei dem die Befugnisse und die Autorität des Ausschusses in Frage gestellt wurden.
- Obwohl der CPT seinen eigenen Zeitplan nicht immer einhalten konnte, hat er kontinuierlich eine Fülle an Berichten verfasst und innerhalb einer angemessenen Zeitspanne auch von den betroffenen Regierungen Antworten erhalten, die zum weitaus überwiegenden Teil veröffentlicht wurden.
- Die Berichte des Ausschusses genießen hohes Ansehen. Das bedeutet nicht, dass alle Interpretationen und Schlussfolgerungen des Ausschusses bei Regie-

rungsbeamten und öffentlichen Kommentatoren immer auf ungeteilte Zustimmung stoßen. Nichtsdestotrotz wird anerkannt, dass seine Berichte in der überwiegenden Anzahl auf ordentlich recherchierten Tatsachen beruhen, die fachmännisch, präzise und objektiv dokumentiert und daher absolut verlässlich sind.

All dies stellt eine bemerkenswerte Leistung dar und ließ den CPT innerhalb eines Jahrzehnts einen Hauptakteur auf der internationalen Bühne der Menschenrechte werden. Einige nüchterne Beobachter stellen aber dennoch zu Recht folgende Frage: „Erreicht die Arbeit des Ausschusses tatsächlich die Ziele des Übereinkommens? Hat sie wirklich das Risiko von Folter und Misshandlungen von Häftlingen verringert?" Auch wenn diese Fragen legitim sind, ist es nicht immer einfach, sie zu beantworten bzw. eine eindeutige Antwort zu finden. Die Schwierigkeiten ergeben sich aus den folgenden Gründen.

Die Regierungen geben nur sehr selten zu, dass Häftlinge, für die sie verantwortlich sind, Misshandlungen ausgesetzt sind. Seitdem Folter nicht mehr als legitimes Mittel angesehen wird, um Beweise zu sammeln und Verdächtige zu vernehmen (d. h. seit dem 18. oder Anfang des 19. Jahrhunderts in Westeuropa),[1] ist die typische Reaktion aller Regierungen, in deren Ländern Hinweise auf Folter gefunden wurden, dass sie deren Existenz leugnen. Da die Urheber solcher Anschuldigungen (einer Straftat oder des Terrorismus Verdächtige, sozial Benachteiligte) im Allgemeinen über kein moralisches, soziales oder politisches Gewicht verfügen, und da die Misshandlungen oft an Orten geschehen, zu denen unabhängige Ermittler keinen Zugang haben (Polizeiwachen, Haftzentren, Kasernen, Gefängnisse, usw.), stellt sich das Unterfangen, derartige Anschuldigungen zu erheben, als sozial gefährlich und praktisch äußerst schwierig dar.[2] Darüber hinaus sind die Opfer von Misshandlungen, insbesondere wenn sie inhaftiert bleiben, häufig der Auffassung, dass öffentliche Beschwerden ihren Interessen nicht dienen. Daher ist es extrem schwierig festzustellen, wie weit verbreitet Misshandlungen sind. Schätzungen werden umgehend bestritten und die nachgewiesenen Vorfälle stellen wahrscheinlich nur die Spitze des Eisbergs dar. Wenn man die Reduzierung der Fälle von Folter als entscheidenden Gradmesser für die Wirksamkeit der Arbeit des Ausschusses ansieht, kann das Ergebnis somit nur schwer eingeschätzt werden.

Dennoch ist die Folter, wie schon im Kapitel 3 erwähnt, nicht die Hauptsorge des Ausschusses. Er beschäftigt sich überwiegend mit Misshandlungen anderer Art. Dabei kann es sich um absichtliche körperliche oder seelische Gewalt, die hinter Folter zurückbleibt, oder um umstandsbedingte Gewalt handeln (d. h. im Zusammenhang mit den Bedingungen, in denen Häftlinge oder zwangsweise eingewiesene Patienten inhaftiert sind, und die Art und Weise, in der sie allgemein behandelt werden). Auch wenn die Vorfälle absichtlicher Misshandlungen, die hinter Folter zurückbleiben, genau so schwer zu beurteilen sind wie die der Folter selbst, stellt sich die Situation bei umstandsbedingten Misshandlungen anders dar. In diesem Bereich ist der erste Schritt nicht festzustellen, ob eine Misshandlung vorliegt, sondern was man unter einer Misshandlung versteht. Dies ist, wie wir in den Kapiteln 3 bis 7 gesehen haben, Gegenstand eines dynamischen Prozesses, in dessen Verlauf der Ausschuss die Standards herausarbeitet und weiterentwickelt, auf deren Grundlage das Vorliegen einer Misshandlung beurteilt wird. Vier Fragen können somit herausgearbeitet werden, die für die Einschätzung der Wirksamkeit der Arbeit des Ausschuss, von Bedeutung sind.

a) Wird der vom CPT angenommene Ansatz hinsichtlich umstandsbedingter Misshandlungen allgemein beachtet?

Wir kennen keine Regierung eines Mitgliedstaats und keinen unabhängigen Kommentator, die den vom CPT angenommenen Ansatz, wonach auch Haftbedingungen eine Form von Misshandlung umfassen können, jemals in Frage gestellt haben. Einige bezweifelten sicherlich die Schlussfolgerungen, die aus den festgestellten Tatsachen gezogen wurden.[3] Möglicherweise pflichtet auch der Europäische Gerichtshof für Menschenrechte nicht immer den Einschätzungen des Ausschusses bei.[4] Anscheinend werden jedoch seine Arbeiten und Ergebnisse im Rahmen der Untersuchungen der Haftbedingungen als ein Aspekt seiner präventiven Aufgaben weit und breit anerkannt.

b) Werden die vom CPT verkündeten Standards zur Bekämpfung körperlicher und umstandsbedingter Misshandlungen allgemein akzeptiert?

Uns sind wiederum keine Regierung eines Mitgliedstaats und kein unabhängiger Kommentator bekannt, die den allgemeinen Präventionsansatz, der sich in dem „Corpus of Standards" des Ausschusses widerspiegelt, als inakzeptabel ansehen. Der Wert dieser Arbeit ist unbestritten. Es ist aber viel schwieriger einzuschätzen, ob die Standards selbst im Allgemeinen akzeptiert werden. Es überrascht nicht, dass einzelne Regierungen diesen oder jenen Standard des Ausschusses nicht anerkennen, weil er prinzipiell unerwünscht oder als kaum machbar betrachtet wird,[5] auch wenn die umstrittenen Punkte sich oftmals auf Aspekte der Praktikabilität oder Priorität beziehen.

Die Akzeptanz der Standards in ihrer Gesamtheit – als ein Kodex betrachtet – ist insofern problematisch, als dass die große Mehrheit der Leser der CPT-Berichte Beamte oder Mitglieder einer Nichtregierungsorganisation sind, d. h. Personen, die keine Berichte über andere Länder als Vergleichsmöglichkeit haben. Eine Einschätzung scheint daher nur möglich, wenn die Gesamtheit der CPT-Standards größere Bekanntheit erlangt hat. Dies ist bisher noch nicht gelungen, aber die Studie soll einen wichtigen Schritt auf dem Weg zu diesem Ziel darstellen. Was an dieser Stelle gesagt werden kann, ist, dass die CPT-Standards über die im Rahmen der Europäischen Menschenrechtskonvention bereits erarbeiteten Standards hinausgehen und dass die Regierungen es anscheinend im Allgemeinen nicht wagen, die vom Ausschuss verfassten Empfehlungen abzulehnen, auch wenn sie oft bei deren Umsetzung keine Eile zeigen. Ob die vom CPT von Zeit zu Zeit verkündeten Standards in ihrer Gesamtheit als gemeinsamer einheitlicher Standard für alle Mitgliedstaaten akzeptiert werden, kann - oder sollte - eine Frage sein, die allein die Zukunft beantworten wird.

c) Wendet der Ausschuss seine Standards einheitlich an?

Der Überblick in den Kapiteln 3 bis 7 hat einige geringfügige Unterschiede bei der Anwendung der Standards aufgezeigt.[6] Der CPT hat z. B. grundlegende Schutzvorkehrungen für in Polizeigewahrsam genommene Verdächtige auf eine bemerkenswert beständige Weise angewendet; ob dies Länder betrifft, in denen Misshandlungen offenkundig nicht ungewöhnlich sind,[7] oder Länder, in denen die Polizei sich offenbar um die Beachtung strenger beruflicher und ethischer Regeln bemüht, um das in sie gesetzte Vertrauen nicht zu enttäuschen.[8] Wir haben keine Hinweise dafür finden können, dass der CPT irgendeinen seiner Standards nicht einheitlich angewendet hat, weil in einem der besuchten Länder besondere Ansichten und Einstellungen hinsichtlich der Behandlung von Frauen, Kindern oder einer bestimmten rassischen Minderheit herrschen oder der Privatsphäre oder der körperlichen Unversehrtheit weniger Bedeutung beigemessen wird. Die wenigen Unstimmigkeiten, die wahrgenommen werden, beruhen zudem auf politischen Prozessen und Erwägungen. So werden Beurteilungen oder Begriffe, die der Ausschuss in den schriftlichen Berichten – ob in den unmittelbaren Beobachtungen am Ende eines Besuchs oder den späteren Besuchsberichten – angesichts der vorliegenden Beweise hätte verwenden können, manchmal aufgrund der Haltung der betroffenen Regierung oder seiner Bereitschaft zu Reformen abgeändert.

Infolge der Beachtung des Grundsatzes der Vertraulichkeit kann nur spekuliert werden, in welcher Häufigkeit die gerade genannte Praxis vorkommt. Falls der CPT manche seiner schriftlichen Erklärungen abschwächt, um die Bereitschaft von Regierungen nicht zum Erliegen zu bringen, wäre dies eine absolut vernünftige Einstellung für einen Ausschuss, der sich der Prävention und somit der Zukunft zuwendet im Gegensatz zum EGMR, der sich selbstverständlich mit Urteilen wegen Rechtsverletzungen und folglich mit der Vergangenheit befasst. Deswegen achtet der CPT sehr auf die Art und Weise, in der ein Staat auf die Behauptungen und Feststellungen der Besucherdelegation oder in den Briefwechseln vor der Ausarbeitung der Besuchsberichte antwortet. Die vom CPT gebrauchte Terminologie kann in der Tat als politisch beeinflusst angesehen werden. Sie spiegelt die Beurteilung der Bereitschaft der betroffenen Behörden durch den Ausschuss wider, Fehlverhalten zu korrigieren und geeignete Maßnahmen zu treffen, um die Wahrscheinlichkeit für das Auftreten derartiger Fehlverhalten in der Zukunft zu reduzieren. Diese Praxis erschwert jedoch die Identifizierung der wesentlichen Elemente des „Corpus of Standards" des Ausschusses sowohl für den betroffenen Staat, der nicht unbedingt genau weiß, was der CPT von ihm erwartet, als auch für die anderen Staaten und Beobachter, die ohne die Hilfe des Ausschusses selbst nicht wissen, ob die festgestellten Unterschiede eine tatsächliche Weiterentwicklung andeuten oder ob sie nur dazu dienen, den besuchten Staat bei seinen guten Vorsätzen zu unterstützen.

d) Haben die Tätigkeiten des Ausschusses zur Reduzierung von Misshandlungen beigetragen?

Es ist unmöglich, diese Frage mit absoluter Sicherheit zu beantworten – positiv wie negativ. Bei sozialwissenschaftlichen Untersuchungen gilt es als selbstverständlich, dass sich ein besonderes Ergebnis nur selten in eindeutiger Weise auf eine besondere Initiative zurückführen lässt. Ereignisse geschehen ähnlich einer Folge subjektiver Wahrnehmungen. Sie sind vielschichtig, umfassen viele ineinander greifende Anreize und führen zu einer Vielzahl an Ergebnissen. Diese Beschreibung trifft insbesondere auf die Welt zu, in der sich der CPT befindet. Wie schon in Kapitel 2 erwähnt, hängt jeder Besuch und die Wahl der einzelnen besuchten Inhaftierungsorte von vielen Ereignissen ab. Es kann an der Gewohnheit oder an den Auskünften liegen, die der Ausschuss von lokalen Nichtregierungsorganisationen erhalten hat (z. B. über bestimmte Verdächtige, die von den Behörden gefoltert wurden).[9] Es können Berichte internationaler Medien sein, die den CPT dazu veranlassen, selbst zu ermitteln[10] oder eine Einladung an den Ausschuss, in eine öffentlichkeitswirksame Situation einzugreifen.[11] In vielen verschiedenen Fällen dieser Art leistet der CPT einen - gewiss privilegierten und beachteten – Beitrag, der sich anderen Beiträgen hinzufügen mag. Falls die Veröffentlichung eines Berichts nicht gestattet wird, wird dieser Beitrag natürlich nur von der Behörde des betroffenen Landes zur Kenntnis genommen.

Es ist daher unvermeidbar, dass die Zusammenhänge zwischen den Empfehlungen des Ausschusses und den abschließenden Ergebnissen in einer gewissen Weise geheimnisumwittert sind. Auch wenn ein Staat berichtet, dass er eine Empfehlung des Ausschusses umsetzt, kann man sich nicht sicher sein, dass er dies letztlich tut, weil der CPT es im empfahl. Seine Entscheidung kann in der Tat von viel bedeutenderem internem Druck beeinflusst werden, obwohl diese Begründung wohl kaum in der Stellungnahme an den Ausschuss auftaucht. Dies bedeutet, dass eine ganze Anzahl grundlegender Kriterien der Analyse – die zeitliche Abfolge aber auch der Inhalt und die Anzahl der wechselseitigen Mitteilungen und Entscheidungen – normalerweise für den externen Beobachter nicht einzusehen sind.

Auch wenn die Bereitschaft des betroffenen Staates zu einer positiven Antwort auf die Empfehlungen des Ausschusses vorliegt, lässt diese manchmal lange auf sich warten. Gewiss kann ein Teil der Empfehlungen schnell umgesetzt werden, viele verursachen jedoch hohe Kosten oder erfordern eine zeitaufwändige Anpassung der Gesetzgebung. Auch wenn die schnelle Ausführung der Empfehlungen oberste Priorität für den CPT hat, kann man kaum erwarten, dass sie sofort die Spitze der nationalen Agenda erklimmen. In vielen Fällen folgt die Ausführung wahrscheinlich erst nach einem langen Zeitraum, der die Identifizierung des Zusammenhangs zwischen Empfehlung und nationaler Reaktion weiter erschwert. Selbst nach über zehn Jahren Ausschusstätigkeit ist es wohl immer noch zu früh, die Wirksamkeit des Systems in seiner Vollständigkeit zu beurteilen.

Man muss sich allerdings auch vergegenwärtigen, dass das mögliche Fehlen von Fortschritten in der Gesamtsituation der Häftlinge nicht unbedingt zu bedeuten hat, dass die Arbeit des Ausschusses überhaupt keine positiven Auswirkungen gehabt hat. Es kann durchaus sein, dass er dazu beigetragen hat, eine Verschlechterung dieser Lage zu vermeiden. Angesichts der in vielen europäischen Ländern beobachteten Tendenz einer zunehmenden Gefängnisbevölkerung veranlasst die Kritik des Ausschusses an der Gefängnisüberfüllung die Behörden zweifelsohne dazu, die Unterbringungskapazitäten zu erhöhen, anstatt sich damit zu begnügen, noch mehr Häftlinge in den vorhandenen Anlagen unterzubringen. Ebenso ist die Aufmerksamkeit, die der CPT der Behandlung von inhaftierten Ausländern schenkt, angesichts der steigenden Anzahl an Flüchtlingen und Asylsuchenden in Europa von besonderer Bedeutung. Auch wenn sich die Lage eher verschlimmert hat, anstatt sich zu verbessern oder zumindest gleich zu bleiben, wäre sie vielleicht ohne die Arbeit des CPT noch weitaus schlimmer.

Es muss ebenfalls daran erinnert werden, dass einer der positiven Effekte der Übermittlung eines CPT-Berichts darin besteht, einen Anstoß zur Überprüfung der existierenden Praktiken zu geben, so dass nationale Diskussionen über Themen geführt werden, die vorher nie kritisch gesehen worden sind. Auch wenn daraus keine unmittelbaren Veränderungen resultieren, stellt ein solcher Verlauf selbst ein positives Ergebnis dar, das den Samen für eine zukünftige Entwicklung in sich trägt. Die Bedeutung der Anregung, traditionell akzeptierte Denkweisen zugunsten einer kritischen Begutachtung aufzugeben, sollte nicht unterschätzt werden.

Letztlich muss man anerkennen, dass zu viele Unwägbarkeiten eine endgültige Einschätzung der Auswirkungen des Ausschusses nicht erlauben. Es steht jedoch fest, dass viele Empfehlungen des Ausschusses über die Haftbedingungen umgesetzt wurden und somit unzweifelhaft positive Auswirkungen hatten. In den meisten Fällen kann man sich jedoch fragen, ob dies Beispiele für eine Verringerung von Misshandlungen sind. Desgleichen wurden viele Empfehlungen nicht umgesetzt. Es erscheint deswegen fast unmöglich, beurteilen zu können, ob die Garantien, die Häftlinge in der Anfangsphase ihrer Haft schützen sollen, tatsächlich zu einer Verringerung von Misshandlungen beigetragen haben.

Die Stellung des CPT in der Welt der Menschenrechte

Das ECPT und der CPT erscheinen immer mehr in Berichten über die internationalen Übereinkünfte zum Schutz der Menschenrechte und der Standards über die Haftbedingungen. Führend sind jedoch immer noch die Organe der Vereinten Nationen,[12] trotz ihrer vergleichbar schwachen Stellung im Bereich der Prävention.[13] Dies ist nicht überraschend angesichts des Ansehens dieser Organe. Das sichert auch den Vorrang der Mindeststandards der Vereinten Nationen für die Behandlung von Gefangenen (UNSMR). Diese Regeln wurden seit ihrem Erlass 1975 kaum aktualisiert.[14] Sie können in vielerlei Hinsicht verallgemeinert werden, so dass sie nur wenig praktische Bedeutung für Gefängnisleitungen in vielen Ländern haben. Ihre Wurzeln, ihre Universalität und ihre Langlebigkeit verleihen ihr einen Status, den Spezialisten auf dem Gebiet der Menschenrechte zwangsläufig anerkennen.[15]

Zudem ist der CPT, wie schon in Kapitel 1 erwähnt, kein justitielles Organ und das ECPT schafft keine neuen rechtlichen Normen. Dies erklärt vermutlich auch, warum der CPT als nicht ebenso wichtig wie der Europäische Gerichtshof für Menschenrechte, der ein justitielles Organ ist, angesehen wird. Dies gilt ebenso für das Übereinkommen der Vereinten Nationen gegen Folter und andere grausame, unmenschliche oder erniedrigende Behandlung oder Strafe (UNCAT), das rechtliche Normen und Pflichten erzeugt sowie eine Bandbreite an Ausführungsmechanismen vorsieht. Sie stützen sich also beide auf Texte und erzeugen ein Fallrecht, das fester Bestandteil der Arbeit mancher Rechtsexperten geworden ist, auf das sie sich im Rahmen einer klassischen juristischen Analyse berufen.

Da der CPT ein praktischer Präventionsmechanismus ist, hat er sich bisher fast vollständig seiner Hauptaufgabe, d. h. der Durchführung von Inspektionsbesuchen, gewidmet. Der Ausschuss hat bislang nur relativ wenig Wert gelegt auf die Verbreitung der von ihm erarbeiteten und angewendeten Standards in einer ausführlichen und der Öffentlichkeit zugänglichen Form.[16] Gleichsam hat der Europarat bis zur Veröffentlichung dieses Werks die Lücke im Bereich der Öffentlichkeitsarbeit nicht geschlossen. Den externen Beobachtern, nationalen Beamten und Mitgliedern von Nichtregierungsorganisationen stand somit bis jetzt kein vollständiges Werk zur Verfügung, das die Gesamtheit der Standards umfasst, die vom CPT systematisch auf die Situationen und Institutionen, auf die er während seiner Besuche trifft, angewendet werden.[17]

Es ist außerdem offenkundig, dass die CPT-Standards viel schwieriger zu erfassen sind als andere Kodexe in diesem Bereich. Erstens sind sie ausführlicher und nuancierter als z. B. die Mindeststandards der Vereinten Nationen für die Behandlung von Gefangenen (UNSMR) und die Europäischen Gefängnisregeln (EPR). Dieser Unterschied resultiert aus der Dynamik der CPT-Standards. UNSMR und EPR sind das Ergebnis von Verhandlungen zwischen Delegierten, die nach der Erfüllung ihrer Aufgabe keine Rolle mehr bei der Anwendung und Entwicklung dieser Normen gespielt haben. Dagegen sehen, hören und riechen (!) die Mitglieder des Ausschusses fortwährend die Realitäten in der Haft, die sie kommentieren und beurteilen sollen. Sie führen einen kontinuierlichen Dialog mit den Behörden, die für die Politik verantwortlich sind, deren konkrete Ergebnisse der Ausschuss dann beobachtet. In diesem Sinn ähneln die CPT-Standards eher den Gefängnis-Standards der ACA (American Correctional Association), bei denen es sich wahrscheinlich um das detaillierteste praktische Regelwerk weltweit in diesem Bereich handelt.[18] Auch hier ist die Ähnlichkeit wiederum nur äußerlich. Die ACA-Standards sind nämlich das Ergebnis der Bemühungen einer Berufsvereinigung, die sich für die Verteidigung von Häftlingen vor Gericht einsetzen. Die Bemühungen führten zu einem Akkreditierungsverfahren, bei dem amerikanischen Institutionen[19] einer Liste von Maßnahmen förmlich zustimmen.[20] Das Verfahren, das vom CPT durchgeführt wird, ist völlig anders. Der Ausschuss besucht viele Länder mit extrem unterschiedlichen Hoheitsgewalten: stabile und fortgeschrittene Demokratien aber auch von Krieg, internen und ethnischen Konflikten oder politischen Spannungen als Folge tiefgründiger politischer Veränderungen gebeutelte Länder, charakterisiert durch extremen Wohlstand oder Armut sowie Verwaltungen, die sich im Bereich Integrität und Kompetenz erheblich unterscheiden. Das Personal in einigen der besuchten Einrichtungen hatte (auch wenn es dafür nicht unmittelbar verantwortlich ist) häufig wenig oder gar keine Kenntnisse von den

Standards, die der CPT anwendet. Möglicherweise sieht es die Intervention des Ausschusses auch nicht als positiv an, unabhängig davon, welche Rhetorik die Vorgesetzten oder politisch Verantwortlichen im Rahmen der Kontakte mit dem CPT benutzen.

Zweitens ist der Status der CPT-Standards unsicherer als jeder der anderen genannten Kodexe. UNSMR und EPR sind rein konsultative Texte. Sie sind nicht verbindlich und werden angesichts ihres gewöhnlich sehr allgemeinen Charakters kaum von den Praktikern beachtet - trotz des Ansehens, das sie in politischen und wirtschaftlichen Kreisen sowie bei Aktivisten genießen. Dem ACA werden dagegen auf der Grundlage der von den Landes- und Bundesgerichten entschiedenen Urteile die Verstöße mitgeteilt, gegen die er einen überall akzeptierten Schutzwall bildet. Die von ihm ausgearbeiteten Standards gelten deshalb inzwischen als die Bibel der amerikanischen Gefängnisleitungen, von denen die meisten die UNSMR als irrelevant betrachten. Im Gegensatz dazu scheint die Bedeutung der CPT-Standards ambivalent zu sein. Sie besitzen keine justitielle Autorität, können diese jedoch entleihen. Obwohl der Ausschuss penibel darauf achtet, die Schlüsselbegriffe „Folter" und „unmenschliche oder erniedrigende Behandlung" vollkommen im Einklang mit der Rechtsprechung des Europäischen Gerichtshofs für Menschenrechte zu verwenden, kann er nicht auf Leitlinien des Gerichtshofs bei seinen Untersuchungen in anderen Bereichen zählen, wie z. B. bei vielen Aspekten der Haftbedingungen. Häufig hatten die Richter aus Straßburg noch nicht die Gelegenheit, diese Fragen anzusprechen. Daher kann die Leitung einer Hafteinrichtung nicht wissen, inwieweit der Gerichtshof, sollte er sich mit einem gleichen oder ähnlichen Fall irgendwann in der Zukunft auseinandersetzen, die Ansichten des Ausschusses ausdrücklich oder implizit bestätigen würde. Auch wenn die CPT-Standards aufgrund ihrer Herkunft nicht einmal als „soft law" bezeichnet werden können, haben sie trotzdem größere Chancen verbindlich zu werden als manches „soft law". Die Beziehungen zwischen dem CPT und dem Gerichtshof sind, wie es schon in Kapitel 1 erwähnt wurde, wechselseitig.

Die Standards des CPT

Die Überprüfung des Inhalts der CPT-Standards und der Art und Weise ihrer Anwendung führt zu folgenden allgemeinen Schlussfolgerungen:
 - Von Beginn an hat der CPT gewisse grundlegende Schutzvorkehrungen und Standards ausgearbeitet, die er seitdem kontinuierlich angewendet hat, auch wenn einige der ersten Äußerungen leicht abgeändert wurden. Der Ausschuss hat ihnen auch eine Reihe von akzessorischen Standards in von manchen als nebensächlich angesehenen Gebieten hinzugefügt. Diese Entwicklung beruht auf mehreren Faktoren. Der Ausschuss schenkt bestimmten Haftsituationen von nun an mehr Aufmerksamkeit als er dies während des ersten Besuchszyklus' tun konnte – z. B. der Lage der Jugendlichen oder der Ausländer im Freiheitsentzug. Nachdem er nun über zehn Jahre lang Erfahrung in Ländern mit unterschiedlichen kulturellen und wirtschaftlichen Hintergründen gesammelt hat, ist der Ausschuss außerdem heut-

zutage eher in der Lage, seine Standards einzuschätzen und zu beurteilen, welche von ihnen höchste Priorität verdienen.[21]

- Der Ausschuss fügt jetzt in seinen alljährlichen Tätigkeitsberichten eine kurze Zusammenfassung der meisten Gebiete an, in denen er seine Standpunkte weiterentwickelt hat. Jedoch wird auf zwei Gebiete nicht eingegangen. Das erste betrifft die Art und Weise, in der der CPT die Schlüsselbegriffe „Folter" und „unmenschliche oder erniedrigende" Behandlung verwendet. Es folgt daraus, dass Beobachter zu einer Art sprachwissenschaftlicher Analyse, ähnlich wie wir sie in Kapitel 3 durchgeführt haben, gezwungen sind, um die Verwendung der Begriffe verstehen zu können. Es ist höchst unwahrscheinlich, dass der CPT dieses Thema selbst ansprechen wird.[22] Die zweite Frage bezieht sich auf Fragen der Verantwortlichkeit in Hafteinrichtungen: Durchführung von Inspektionen, Verfahren zur Einleitung von Beschwerden, Möglichkeiten, gegen eine Entscheidung Berufung einzulegen, Veröffentlichung von Statistiken, usw. Hierzu macht der Ausschuss regelmäßig Kommentare in den Besuchsberichten. Dieses Thema ist aber nie Gegenstand einer kurzen Zusammenfassung in einem jährlichen Tätigkeitsbericht geworden, in dem es aber aufgrund seiner Bedeutung auftauchen sollte.

- Mit Ausnahme der ACA-Standards, die sich auf Gefängnisse beziehen, bilden die CPT-Standards bei weitem die ausführlichste Sammlung von Standards in Hafteinrichtungen, die je auf universeller, regionaler oder nationaler Ebene ausgearbeitet worden sind. Die schon erwähnte dynamische Natur dieser Standards und die Tatsache, dass sie aus vor Ort gesammelten konkreten Erfahrungen der Haftrealitäten resultieren, führen dazu, dass sie zunehmend gegenüber Regelwerken wie UNSMR oder EPR an Bedeutung gewinnen.[23] Diese Entwicklung würde beschleunigt, wenn die Standards besser bekannt wären.

- Obwohl der CPT seine wesentlichen Standards mehr oder weniger unterschiedslos anwendet,[24] deuten manche Hinweise darauf hin, dass er einigen Mitgliedstaaten bei der Anwendung der Standards mehr Freiheit einräumt als anderen. Er hat einen Ansatz gewählt, den manche als „Ansatz der variablen Geometrie" beschreiben. Die Standards bleiben gleich, das Tempo für ihre Ausführung kann aber unterschiedlich sein.[25] Ländern, deren Standards für die Haftbedingungen bescheiden sind, deren finanzielle Mittel aber auch begrenzt sind, wird ein größerer Spielraum eingeräumt. Dies ist unvermeidbar. Der Ausschuss bemüht sich außerdem, die ärmsten Länder bei der Erhöhung ihrer Standards auch auf anderem Wege finanziell zu unterstützen.[26]

- Der CPT ist bereit und willens, in einem gewissen Maße Haftstandards zu bestimmen, die sich in den breiteren Rahmen der Strafpolitik einordnen, ohne jedoch zu konkretisieren, welcher Bereich dafür angemessen ist.[27]

Wäre es angesichts dieser Schlussfolgerungen für den CPT weiser, die Ausarbeitung von ausführlicheren Haftstandards weiterzuführen? Mehrere Punkte spielen hier eine Rolle. Zunächst müssen wir bestimmen, wann ein besonderer Standard fast einer Definition von Misshandlung gleichkommt. Die meisten Experten wären z. B. damit einverstanden, eine Misshandlung dann anzunehmen, wenn eine Person in einer Zelle eingesperrt ist, deren Fläche unterhalb einer gewissen Grenze liegt. Die Beachtung eines Standards für eine Mindestraumgröße könnte somit zweifelsohne dazu beitragen, eine Form der Misshandlung zu verhüten. Aus demselben Grund kann die Formulierung eines Mindeststandards als ein Beitrag zur Definition des Begriffs Misshandlung ausgelegt werden. Andere Standards ähneln jedoch eher Schutzvorkehrungen, die indirekt zur Prävention beitragen. Die Anwesenheit eines Rechtsanwalts während polizeilicher Vernehmungen bildet z. B. nicht per se eine Schutzvorkehrung gegen Misshandlungen, möglicherweise ganz im Gegenteil: Zusammen mit zynischen Polizeibeamten wird die Anwesenheit eines korrupten Rechtsanwalts, der mit ihnen unter einer Decke steckt, überhaupt keine präventive Rolle spielen. Wenn sich die Polizeikräfte dagegen an einen gut entwickelten Verhaltenskodex hielten, könnte die Anwesenheit eines Rechtsanwalts als überflüssig angesehen werden.[28] Nichtsdestotrotz sind sich die meisten Experten darüber einig, dass ein integrer und unabhängiger Rechtsanwalt, der vom Verdächtigen ausgewählt wird, eine der besten Schutzvorkehrungen gegen Misshandlungen darstellt.

Schutzvorkehrungen können ebenfalls auf einem Kontinuum dargestellt werden: An einem Ende finden sich diejenigen, die sich in der Nähe von Misshandlungen befinden und wesentlich für ihre Prävention sind; an dem anderen Ende finden sich diejenigen, die nur in einem weiten Zusammenhang mit Misshandlungen stehen und deshalb die Prävention lediglich am Rande beeinflussen. Diese Einordnung könnte aber unendliche Kontroversen darüber auslösen, welche Standards und Schutzvorkehrungen eine wesentliche Rolle spielen und welche nicht. Dies zeigt, warum die meisten Haftkodexe es sorgfältig vermeiden, die Standards der Priorität nach zu ordnen.[29] Sie begnügen sich damit, für ein umfassendes „Schutznetz" zu sorgen.

Je ausführlicher ein Kodex von Haftstandards wird, desto größer wird das Risiko, dass er sich auf kontroversen Gebieten verliert. Beobachter werfen ein, dass manche Bestimmungen entweder überflüssig sind oder überhaupt keinen Zusammenhang damit aufweisen, was vernünftigerweise als Misshandlung definiert werden kann. In diesem Fall könnte die regelmäßige Bezugnahme auf eine große Anzahl an Standards in Berichten, die sich kritisch über die Zustände in Staaten äußern, deren Gesamtheit an Standards nicht so sehr entwickelt ist, der tatsächlichen Prävention eher entgegenarbeiten als sie unterstützen. In der Tat besteht die Gefahr, dass die Legitimation des gesamten „Corpus of Standards" durch das Hinzufügen umstrittener Standards in Frage gestellt wird. Die Tatsache, dass die Standards nicht nach Prioritätskriterien geordnet sind, verhindert darüber hinaus, den Gefängnisleitungen ein klares Ziel vorzugeben. Diese Schwierigkeit könnte wiederum den CPT, der - wie wir gesehen haben – sehr aufmerksam gegenüber der Durchführbarkeit von Änderungen ist, dazu bringen, den Ansatz der „variablen Geometrie" zu verfolgen. Dies darf aber nicht so weit führen, dass man dem Ausschuss „Relativismus" in der Anwendung der Standards vorwerfen könnte. Aus diesem Grund lehnt der Ausschuss selbst diesen Gedankengang streng ab. Je ausführlicher die Standards entwickelt sind, desto schwieriger ist es, zwischen progressiver Ausführung und Relativität zu unterscheiden. Sollte sich diese Tendenz fortsetzen, könnte es notwendig werden, die „wesentlichen" Standards von den „wünschenswerten" klarer zu unterscheiden.[30]

Den Befürwortern der Erarbeitung zusätzlicher Standards kann demnach entgegenhalten werden, dass dieser Prozess schon weit genug vorangeschritten ist. Mit anderen Worten wäre es wünschenswert, die routinemäßige Wiederholung einer langen Reihe von Standards in den Besuchsberichten zu verringern und den Berichten eher pointiertere Richtlinien für die grundlegenden Probleme beizufügen, an denen die betroffenen Behörden ihre Reformbemühungen orientieren können. Nicht jeder Besuch sollte für den CPT zum Anlass genommen werden, seine Ansichten über die gesamte Bandbreite an Problemen darzustellen, die in den besuchten Hafteinrichtungen angetroffen wurden. Solche allgemeinen Darstellungen könnten auch in einer Veröffentlichung erfolgen, die für ein breiteres Publikum bestimmt ist. Die Besuchsberichte sollten sich auf die unmittelbaren, drängenden Probleme konzentrieren. Sollte diese Praxis angenommen werden, wäre der Vorwurf der „Relativität" hinfällig. Jeder Bericht würde die Reaktion des Ausschusses auf eine konkret angetroffene Situation widerspiegeln und auch alle ihre Dimensionen (juristische, politische, finanzielle, usw.) berücksichtigen. Es würde nicht mehr um die Frage gehen, ob der CPT einen bestimmten „Standard" als auf eine bestimmte Situation anwendbar ansieht. Die allgemeine Relevanz des „Corpus of Standards" würde einfach vermutet. Insgesamt ginge es darum, nicht die abstrakten Standards weiter zu präzisieren, sondern sich mehr auf ihre praktische Anwendung zu konzentrieren.

Die praktische Unterstützung des CPT für Strafvollzugsbehörden

Ein Großteil der im vorangegangenen Abschnitt geführten Debatte dreht sich um die Tatsache, dass sich der Europarat nach der Erweiterungswelle in den neunziger Jahren aus – in jeder Hinsicht – zunehmend heterogenen Mitgliedstaaten zusammensetzt. Wie groß oder wie klein auch immer der „Corpus of Standards" des Ausschusses sein mag, so sind seine tatsächlichen Auswirkungen auf die Haftbedingungen innerhalb des vom Europarat abgedeckten Territoriums heutzutage sehr ungleich. In Europa befinden sich Polizei- und Strafsysteme, die zu den professionellsten, kultiviertesten und am besten ausgestattetsten in der ganzen Welt gehören. Man findet dort allerdings auch Systeme, die unter Berücksichtigung aller Kriterien als jämmerlich und unangemessen bezeichnet werden müssen und in einem politisch instabilen Umfeld operieren. Genauso dramatisch sind die Unterschiede in der Haftbevölkerungsrate, die gewöhnlich mit der Anzahl an Häftlingen je 100 000 Einwohner berechnet wird: Manche Mitgliedstaaten haben proportional zwanzigmal mehr Häftlinge als andere Mitgliedstaaten. Erstere können es sich typischerweise finanziell am wenigsten leisten, den Häftlingen anständige Haftbedingungen zu gewähren.[31]

Der CPT ist sich auch den Problemen bewusst, mit denen sich manche Staaten bei der Umsetzung seiner Empfehlungen auseinandersetzen müssen:[32]

„[...] die in zumindest manchen Ländern herrschende wirtschaftliche Lage [...] erschwert trotz des guten Willens der betroffenen Behörden die Beachtung aller Anforderungen des Ausschusses. Der CPT ist darauf bedacht, dass dieser Zustand nicht zu einer Unterbrechung des Prozesses der Bekämpfung von Misshandlung führt. In den geeigneten Fällen könnten günstige Maßnahmen, die Staaten bei der Umsetzung der Empfehlungen des Ausschusses unterstützen sollen, dieses Problem lösen."[33]

Der Ausschuss hat drei mögliche Formen von „günstigen Maßnahmen" hervorgehoben:
- Erstens „könnte es in manchen Bereichen, wie bei der Ausbildung der für den Gesetzesvollzug verantwortlichen Personen, der Gefängnisbeamten und des Gesundheitspersonals in den Haft- und psychiatrischen Einrichtungen, zu einer notwendigen Verstärkung der Schnittstelle zwischen der Tätigkeiten des Ausschusses und den existierenden Programmen des Europarats zur Unterstützung der Entwicklung und Konsolidierung der demokratischen Stabilität (ADACS) kommen".
- Zweitens „möchte der CPT die Idee der Entwicklung von Kanälen verfolgen, durch die finanzkräftigen internationalen Organisationen Empfehlungen mit bedeutenden finanziellen Auswirkungen - insbesondere hinsichtlich der Infrastruktur eines Landes - zur Prüfung vorgelegt werden könnten".
- Drittens „möchte der CPT Verfahren entwickeln, durch die den zuständigen Organisationen „Situationen gemeldet werden, die eine humanitäre Reaktion verlangen, welche der Ausschuss selbst nicht geben kann (wie die Notversorgung mit Nahrungsmitteln oder Medikamenten an Personen, denen die Freiheit entzogen wurde)".[34]

Auch wenn er sich wünscht, dass bestimmten Mitgliedstaaten Hilfe zukommt oder er sich Situationen vorstellen kann, in denen Hilfe notwendig wäre, hat der CPT es dennoch eindeutig abgelehnt, die Versorgerrolle in diesem Bereich zu übernehmen:

„[...] obwohl der CPT in der Lage ist [...], Bedürfnisse zu identifizieren, die nicht unbedingt erkennbar sind, hat der Ausschuss weder das Mandat noch die logistischen Fähigkeiten und Ressourcen, diese Hilfe zu leisten. Es sollten Verfahren entwickelt werden, mit deren Hilfe die zuständigen Organisationen erforderlichenfalls unverzüglich und gemäß den Grundsätzen der Zusammenarbeit und Vertraulichkeit über die Lage informiert werden können."[35]

Hinter diesen Äußerungen kommen anspruchsvolle Fragen zum Vorschein, die wir nur oberflächlich anschneiden können. Was soll erstens der unglückliche Ausdruck „Verstärkung der Schnittstelle" zwischen den Tätigkeiten des CPT und den vorhandenen Programmen des Europarats bedeuten? Er unterstellt zweifelsohne, dass bestimmte Teile des Europarats nicht so kooperativ zur Erreichung der vorgesehenen Ziele zusammenarbeiten, wie sie es könnten. Wenn es tatsächlich so sein sollte, ist die Lage offensichtlich unberuhigend. Es macht keinen Sinn, dass der CPT einen Teil seiner knappen Ressourcen darauf verwendet, die Öffentlichkeit zu mobilisieren, Bildungsprogramme im Bereich der Menschenrechte auszuarbeiten, Organisationen mit Richtlinien für die Zuwendung ihrer Ressourcen zu versorgen oder Aufgaben zu übernehmen, die anderen Organen des Europarats unmittelbar obliegen. Es wäre ebenso unsinnig, wenn der Ausschuss den Grundsatz der Vertraulichkeit derart streng auslegt, dass jede sinnvolle Kommunikation mit anderen betroffenen Dienststellen des Europarats dadurch verhindert würde.

Zweitens stellt sich die Frage, inwieweit sich der CPT in Tätigkeiten verwickeln sollte, die daraus bestehen, wirtschaftlich starken Mitgliedstaaten zu empfehlen, anderen Mitgliedstaaten Hilfe zu gewähren – auch mittels Investitionen. Unserer Ansicht nach sollte sich der Ausschuss in diesen Prozess nicht zu weit hineinziehen lassen. Das gilt definitiv für den Bereich der Zuteilung von Finanzmitteln. Betrachten wir die Folgen: Der CPT wählt die Einrichtungen, die er besuchen will, teilweise auf der Grundlage von Berichten über Misshandlungen aus. Es wurde immer implizit vorausgesetzt, dass die Staaten ein persönliches Interesse besitzen, die schlimmsten Auswüchse ihrer jeweiligen Strafvollzugssysteme jeglicher Kontrolle zu entziehen. Falls jedoch der CPT zu einem Versorgungskanal für Ressourcen werden sollte, hätten die Staaten vielleicht nicht nur ein Interesse, den Ausschuss auf ihre unterprivilegierten Inhaftierungsorte hinzuweisen, sondern diese sogar als noch ärmer darzustellen, als sie es ohnehin schon sind. Es würde die Erwartungen der Verfasser des Übereinkommens auf eine merkwürdige Art auf den Kopf stellen, wenn Staaten die schlimmsten Missstände ihrer Strafvollzugssysteme zum eigenen Vorteil nutzen könnten. Dies geschieht vielleicht zurzeit schon. Der CPT wird möglicherweise unfreiwillig von Staaten dazu benutzt, Sympathien zu ihren Gunsten zu erzeugen (indem die Staaten ernsthafte Mängel vorweisen, anschließend ihren guten Willen zu Reformen zeigen, aber ihre großen finanziellen Schwierigkeiten erwähnen). Solch ein Szenario könnte wahrscheinlicher werden, wenn sich der CPT in den Prozess der Zuteilung von Finanzmitteln ziehen lässt.

Inwiefern sollte, drittens, der CPT in die Entwicklung der Infrastrukturen eines Systems eingebunden werden? Was für Aufgaben mag eine solche Rolle umfassen? Einige Aspekte könnten relativ unstrittig sein,[36] aber andere könnten sich als problematischer herausstellen. Der CPT ist sicherlich um überfüllte und baufällige Hafteinrichtungen besorgt, die kein Beschäftigungsprogramm oder angemessene Gesundheitsdienste anbieten. Doch falls er zur Verstärkung der Infrastrukturen in diesem Bereich beitragen würde – Bau besser ausgestatteter Gebäude, Verstärkung des Personals und Verbesserung seiner Ausbildung, Ausarbeitung von individualisierten und qualitativ höherwertigen Programmen, usw. – würde er unvermeidlich als Befürworter der letztlich politischen Entscheidung erscheinen, Personen einzusperren oder zu inhaftieren. Solche Empfehlungen könnten dann leicht den eigenen Warnungen gegenüber den von manchen Regierungen unternommenen Versuchen, das Problem der Überfüllung der Gefängnisse durch eine Erhöhung der Unterbringungskapazität zu lösen, widersprechen.[37] Alle Spezialisten sind sich bei der Feststellung einig, dass es keinen eindeutigen Zusammenhang zwischen der Strafpolitik eines Landes und seiner Kriminalitätsrate gibt. Wenn der CPT wünscht, sich der leidenschaftlichen Debatte weiter zu enthalten (und dies auch in den Augen der Länder der Fall so sein soll), wie er es bis jetzt geschafft hat, wäre es infolgedessen für ihn oder sein Sekretariat nicht sinnvoll, investitionsbereite Organe bei der Finanzierung von Infrastrukturenprogrammen für Haftsysteme unmittelbar zu beraten.

Der CPT sollte sich neben den Bemühungen, eine sinnvolle Zusammenarbeit der verschiedenen Organe des Europarats zur Erreichung der gemeinsamen Ziele zu sichern, diesen beiden Kernaufgaben widmen:
- Er sollte in seinen Berichten so ausführlich wie möglich die verschiedenen Formen von Misshandlung beschreiben, die er bei seinen Besuchen angetroffen hat.
- Soweit es ihm möglich ist, sollte er die Beziehung zwischen den festgestellten Misshandlungen und den Bedingungen der jeweiligen Umgebung, die entweder in einem direkten Kausalitätsverhältnis oder zumindest in einem engen Zusammenhang stehen, analysieren.

Außerdem sollte der Ausschuss sicherstellen, dass seine Berichte ein möglichst einflussreiches Publikum erreichen. Wenn dies angestrebt wird, sollten sich seine Mitglieder oder die Mitglieder seines Sekretariats bei Sitzungen oder anderen Foren bereit zeigen, ihre Beobachtungen darzustellen und die entsprechenden Fragen zu beantworten. Dies sollte auch aus den Gründen geschehen, dass die Mitglieder einflussreicher Organe häufig leider nicht die Zeit haben, die ausführlichen Besuchsberichte des Ausschusses zu lesen, und eine mündliche Darstellung oft überzeugender als ein trockener Bericht ist. Letztlich können dem Leser eines Berichts selbst bei gutem Willen gelegentlich einige Stellen unklar bleiben, die der Aufklärung bedürfen. Hier muss jedoch betont werden, dass der Ausschuss nicht über seine in den veröffentlichten Berichten vorgestellten Beobachtungen hinausgehen darf. Solch eine Werbung würde jedoch zur Verbreitung und Sensibilisierung der Botschaft des CPT beitragen.

Unsere wesentliche Schlussfolgerung, der viele nicht zustimmen mögen, lautet, dass der CPT nicht über das Mandat verfügt, Reformprogramme durchzuführen. Würde er sich in Exekutiventscheidungen über die Finanzierung oder die Ausführung von Reformen verstricken, bestünde für ihn die Gefahr, seine Rolle als unparteiischer Ermittler, der mehr oder weniger universelle Standards ausarbeitet und anwendet, zu schwächen. Die Annahme oder Ablehnung der Standards obliegt anderen.

Die Funktionsweise des CPT

Dieses Werk hat sich grundsätzlich mit den Standards des Ausschusses beschäftigt. Daher sollen hier die Arbeitsmethoden des Ausschusses nicht detailliert untersucht werden. Es existiert jedoch, wie bereits in Kapitel 1 erwähnt, eine enge Beziehung zwischen dem *Modus Operandi* des Ausschusses und den von ihm ausgearbeiteten Standards. Gerade weil seine Arbeit vollständig auf die Inspektionsbesuche ausgerichtet ist und er sich mit den konkreten, täglichen Realitäten der Haftregime auseinandersetzt, hat der Ausschuss ausführlichere und umfassendere Standards erarbeiten können als Organe, deren Mandat und Arbeitsweise nicht vergleichbar sind. Es scheint deshalb angemessen, dieses Kapitel mit einigen allgemeinen Überlegungen über die Arbeitsweise des Ausschusses zu beenden.

Um den Rahmen dieser Überlegungen festzulegen, muss daran erinnert werden, dass der CPT kein selbständiges Organ ist. Er handelt im politischen und finanziellen Umfeld des Europarats und kann nicht vollständig immun gegen diese Einflüsse sein. Die Jahresberichte des Ausschusses umfassen oft Bitten um zusätzliche Ressourcen zur Erfüllung seines Mandats.[38] Er hat sogar vor kurzem ein Angebot eines Staats über eine finanzielle Unterstützung angenommen. Im Gegenzug erhält der Staat eine Beratung in polizeilichen Fragen.[39] Derartige Angebote sind zu begrüßen, soweit sie eine Chance bieten, die Ressourcen des CPT zu unterstützen. Es wird jedoch auch davor gewarnt, dass der Ausschuss sich zu sehr an einen Mitgliedstaat bindet, um sich nicht von seinen Praktiken und Ansichten beeinflussen zu lassen oder ihm zu viele Informationen über seine interne Arbeitsweise zukommen zu lassen.

Der Ausschuss ist auch hinsichtlich der Festsetzung seines Besuchsprogramms nicht ganz selbständig. Wie schon erwähnt, hat er von Beginn an versucht, alle Mitgliedstaaten regelmäßig zu besuchen. Auch wenn sich der Zeitabstand zwischen zwei aufeinander folgenden Besuchen mit der Zeit vergrößert hat, beruht seine Philosophie immer noch im Wesentlichen darauf, dass er seine Arbeit rigoros in allen Mitgliedstaaten verfolgt. Dieses Ziel spiegelte sich bis jetzt in dem System der *Ad-hoc*-Besuche als Ergänzung zu den regelmäßigen Besuchen wider. Es ist jedoch offenkundig, dass mit der Ausdehnung des Ausschusses nach Osteuropa dieses System an seine Grenzen stößt. Die russische Föderation empfängt z. B. zurzeit jährlich regelmäßige Besuche, was angesichts der riesigen Fläche und der großen Zahl an Häftlingen zweifelsohne legitim erscheint. Es ist aber ebenso offenkundig, dass die Arten von Problemen, mit denen sich die Russische Föderation und andere neue Mitgliedstaaten auseinandersetzen müssen, sich von denen der Mehrheit der alten Mitgliedstaaten erheblich unterscheiden. Diese hatten in der Tat die Gelegenheit, die Empfehlungen des Ausschusses zu verschiedenen Anlässen zu empfangen, zu prüfen und zu beantworten. Im Lichte dieser Ereignisse und angesichts der beschränkten finanziellen Möglichkeiten des Ausschusses (auf die er bei jedem Anlass hinwies) gab es Vorschläge zur Änderung seiner Arbeitsweise. Man kann sich in der Tat fragen, ob der CPT nicht in engerer Übereinstimmung mit dem Wesen seines Mandats handeln würde, wenn er z. B. vorläufig die Anzahl seiner Besuche in Ländern, die schon vor langer Zeit das ECPT ratifiziert haben, heruntersetzte, um sich auf die neuen Mitgliedstaaten, denen noch keine vergleichbare Aufmerksamkeit geschenkt worden ist, zu konzentrieren.

Eine andere Möglichkeit zur Freisetzung von Ressourcen bestünde darin, sich auf regelmäßige Besuche und *Ad-hoc*-Besuche in den Ländern oder Regionen zu konzentrieren, in denen die Hinweise über körperliche Misshandlung besonders zahlreich sind. Der Ausschuss verfügt über eine Vielzahl an Befugnissen, die er in einem praktischer orientierten Ansatz hinsichtlich seiner Präventionspolitik einsetzen könnte. Wenn ernsthafte Hinweise vorliegen, dass Folter und Misshandlungen stattfinden, sollte sich der CPT nicht entschlossener der Prävention widmen, anstatt sich weiter mit der Entwicklung von Schutzvorkehrungen zu beschäftigen, die sowieso mehr oder weniger auf einer bestimmten Ebene unbekannt sind?

Manche politische Erwägungen möchten es vielleicht ausschließen, dass der Ausschuss einen so energischen Ansatz zur Festlegung seiner Prioritäten verfolgt.

Es kann aber kaum überzeugend argumentiert werden, dass der Text des Übereinkommens gegen einen solchen Ansatz spricht, zumal die heutige Praxis des Ausschusses einige schüchterne Schritte in diese Richtung zu machen scheint. Da die allgemeinen Standards des Ausschusses jetzt vollständig vorliegen und größere Bekanntheit erlangen, wird das Bedürfnis für regelmäßige Besuche in allen Staaten zunehmend in Frage gestellt. Ein transparenterer, an den tatsächlichen Bedürfnissen ausgerichteter Ansatz des Ausschusses könnte mehr Unterstützung erhalten. Alle Studien des Ausschusses lenken zudem die Aufmerksamkeit auf die entscheidende Rolle der nationalen Zivilgesellschaft bei dem Entfachen einer nationalen Debatte über Fragen, die sich auf der Agenda des Ausschusses befinden. Die kontinuierliche Überwachung der Haftbedingungen ist *per se* eine Aufgabe, die nur von lokalen Akteuren übernommen werden kann. Es ist wichtig für den Ausschuss, solche Initiativen zu fördern. Die Art und Weise, auf die der Ausschuss zu diesem Zweck die Nichtregierungsorganisationen besser informieren und ermutigen kann, wurde bereits in Kapitel 2 erläutert. Falls diese Aufgabe schon erfolgreich erfüllt worden ist – oder falls ein dichtes Netzwerk geeigneter Gruppen und Nichtregierungsorganisationen schon besteht –, verringert sich die Notwendigkeit für eine herausragende Rolle des Ausschusses. Der CPT sollte sicherlich die sorgfältige Überwachung der Fortschritte eines jeden Mitgliedstaats fortführen, aber Routinearbeiten in Form von kompletten Besuchsprogrammen könnten sich in diesen Fällen als überflüssig erweisen. Besuche können, wie der Ausschuss es selbst zugibt, viele Formen annehmen und billigere Besuche (weil kürzer, mit wenigen Formalitäten und Delegationsmitgliedern) könnten sich in vielen Ländern als genauso effizient erweisen, um erforderliche Hinweise zu erhalten.

Der CPT sollte das innerstaatliche System erschüttern und nicht ein Teil dessen werden. Vor diesem Hintergrund ist es beunruhigend festzustellen, dass in den Mitgliedstaaten die Routinekontrollen der Haftbedingungen von Personen, die von dem internationalen Strafgerichtshof für das ehemalige Jugoslawien verurteilt wurden, an den Ausschuss „vergeben" wurden (siehe Kapitel 1). Auch wenn der finanzielle Aufwand dieser Dienste vollständig erstattet wird, legt dennoch solch eine Mission einen Teil der ohnehin begrenzten Personalmittel des Ausschusses „trocken". Zugegebenermaßen werden die in diesem Rahmen durchgeführten Besuche und die entsprechenden Berichte kurz oder gar oberflächlich sein. Der CPT scheint jedoch im Prinzip für so eine Verwendung ungeeignet zu sein. Diese Vereinbarung stützt nur die Theorie, nach der der Ausschuss sein Schicksal nicht selbst in der Hand hat, was zweifelsohne gegen die Annahme eines energischeren Ansatzes zur Natur und Funktion der Besuchsprogramme innerhalb des erweiterten Europarats spricht.

Im Endeffekt wird die Glaubwürdigkeit des Ausschusses als Mechanismus zur Verhütung von Folter unvermeidbar in Frage gestellt werden, falls sich der Ausschuss ebenso sehr für relative Randfragen (wie Inspektions- und Beschwerdeverfahren) interessiert, wie er es für die Grausamkeiten tut, denen Häftlinge in Ländern ausgesetzt sind, in denen der Rechtsstaat instabil oder gar nicht vorhanden ist. Das dem ECPT ursprünglich zugrunde liegende Konzept beruhte auf der These, dass Folter in den Mitgliedstaaten des Europarats nicht existiert. Dies ist niemals wahr gewesen und heute offensichtlich falsch. Ein Europäischer Ausschuss zur Verhütung von Folter, der es ablehnen würde, sich an die Realität anzupassen, würde das Risiko eingehen, sich zu verlaufen.

Diese abschließenden Kommentare sollten nicht als eine Kritik an der laufenden Arbeit und der Funktionsweise des Ausschusses ausgelegt werden. Er hat sich bereit dafür gezeigt, flexibel auf neue Herausforderungen zu reagieren, denen er sich im Laufe seiner relativ kurzen Existenz gegenübersah. Da die Zeit der Definition der wesentlichen Standards endet, diese Standards gleichzeitig besser artikuliert und verbreitet werden (z. B. durch die Veröffentlichung dieses Werks) und die Bedeutung der Prävention in den Mitgliedstaaten mehr und mehr anerkannt wird, sollte der Ausschuss darüber nachdenken, welche Rolle er bei der Verhütung von Folter und Misshandlung innerhalb eines weiter anwachsenden Europas spielen kann. Der Ausschuss muss sich überlegen, wie er seine Arbeit am wirksamsten fortführen kann in der Gewissheit, dass die bereits von ihm ausgearbeiteten Standards als wesentliche Maßstäben für die Einschätzung der Haftbedingungen und der Behandlung von Häftlingen zählen, die in Europa und darüber hinaus von ihm selbst aber auch von anderen angewendet werden.

Anmerkungen

[1] Siehe E. Peters, *Torture*, sowie M. Evans und R. Morgan, *Preventing torture*, Kapitel 1.

[2] Aus diesem Grund trägt der Staat die Beweislast dafür, die Behauptungen zu widerlegen, dass die Verletzungen eines Klägers auf die Behandlung während des Polizeigewahrsams zurückzuführen sind. Siehe z. B. das Urteil *Ribitsch g. Österreich* vom 4. Dezember 1995, Serie A, Nr. 336, Abs. 34. In anderen Systemen zum Schutz von Menschenrechten gibt es eine Vermutung zugunsten des Beschwerdestellers. Siehe z. B. den Fall *Velasquez Rodrigues*, Interamerikanischer Gerichtshof für Menschenrechte, Serie C, Nr. 4, 1988, Abs. 138, sowie C. Cerna, „The Inter-American Commission on Human Rights: Its Organization and Examination of Petitions and Communication" in: D. Harris und S. Livingston, *The Inter-American system for the protection of human rights*, S. 64, 98, 99.

[3] Die britische Regierung akzeptierte z. B. nicht, dass die vom CPT 1990 in drei Gefängnissen angetroffenen Bedingungen (zwei oder drei Häftlinge wurden täglich für einen Zeitraum von bis zu 23 Stunden in Einzelzellen ohne sanitäre Anlagen eingesperrt) einer unmenschlichen und erniedrigenden Behandlung gleichkommen (UK 1, Abs. 57). Ihrer Ansicht nach waren die Bedingungen „erheblich verbesserungswürdig", aber „nicht so erbärmlich", dass sie diese Qualifizierung verdienten (UK 1 R 1, Abs. 7). Ähnliche Haftbedingungen sind aber bereits früher von dem damaligen Generaldirektor der englischen Strafvollzugsbehörde als „einen Affront gegenüber einer zivilisierten Gesellschaft" beschrieben worden (Home Office, *Annual Report of the Prison Department 1980*, Cmnd 8228, HMSO, 1981, S. 2). Eine gerichtliche Untersuchung der Unruhen in den englischen Gefängnissen, die sich zur Zeit des Besuchs des Ausschusses abspielten, bestätigte die Beurteilung des leitenden Inspektors für Strafvollzug in England. Er hatte die Überfüllung und die (vom CPT festgestellte) Praxis, nach der die Häftlinge ihre natürlichen Bedürfnisse in einem Eimer erledigen und diesen ausleeren müssen („slopping out"), als unzivilisiert, unhygienisch und erniedrigend bezeichnet (Woolf-Bericht, *Prison Disturbances, April 1990: Report of an Inquiry*, Cmnd 1456, HMSO, 1991, Abs. 1.101). Da die britische Regierung und die englischen Strafvollzugsbehörden seit 1990 drastische Maßnahmen getroffen haben, um die Überfüllung, den Mangel an Sanitäranlagen in den Zel-

len und die Untätigkeit der Häftlinge zu verringern (Mängel, die der CPT verurteilt hatte), kann man vernünftigerweise annehmen, dass sie sich nicht über die Substanz der Beurteilung durch den Ausschuss stritten.

[4] Siehe die Urteile *Aerts g. Belgien* vom 30. Juli 1998, RJD, 1998-V, 29 (EHRR 50) und *Peers g. Griechenland* vom 19. April 2001, 2001 (33 EHRR 51).

[5] Alle drei grundlegenden Schutzvorkehrungen des Ausschusses zugunsten von Personen, die sich in Polizeigewahrsam befinden, haben z. B. oft eine negative Reaktion ausgelöst. Sie beruhte manchmal auf einem prinzipiellen Einwand, aber resultierte meistens daraus, dass die Schutzvorkehrungen als nicht praktikabel oder allgemein überflüssig empfunden wurden. Das Recht zur Benachrichtigung einer dritten Partei ist die am wenigsten bestrittene Schutzvorkehrung, aber selbst diese wurde von manchen Ländern als unnötig qualifiziert: Slovakia 1 R 1, Abs. 16; Bulgaria 1 R 1, Abs. 109 und Liechtenstein 1 R 1, Abs. 3. Die Notwendigkeit des Zugangs zu einem Rechtsanwalt von Beginn der Haft an wurde sehr in Frage gestellt; siehe z. B. Germany 1 R 1, Abs. 7; Germany 2 R 1, Abs. 86, 87; Denmark 1 R 1, Abs. 66, 67; Netherlands 1 R 1, Abs. 23, 24; Netherlands 2 R 1, Abs. 11; Switzerland 1 R 1, Abs. 11; Belgium 1 R 1, Abs. 15; Belgium 2 R 2, Luxembourg 1 R 1, Abs. 5 und France 1 R 2, Abs. 22. Die dritte Schutzvorkehrung bezüglich des Zugangs zu einem vom Häftling ausgewählten Arzt hat auch zu gewissen Vorbehalten geführt; siehe z. B. Switzerland 1 R 1, Abs. 11; Germany 1 R 1, Abs. 8, 9; Slovakia 1 R 1, Abs. 17; Hungary 1 R 1, Abs. 85; Slovenia 1 R 1, Abs. 16; France 1 R 2, Abs. 21; Iceland 1 R 1, Abs. 8; Iceland 2 R 1, Abs. 11 und Germany 2 R 1, Abs. 88.

[6] Der Ausschuss hat sich manchmal auch auf einige unbedeutendere Aspekte der Haftbedingungen in den wohlhabenderen Ländern konzentriert, obwohl er diesen Fragen sicherlich nicht in anderen Ländern, die viel schwerwiegendere Mängel aufweisen, so viel Aufmerksamkeit geschenkt hätte. Es wäre z. B. schwer vorstellbar, dass der CPT einem weniger begünstigten Land als Schweden (1991) vorwirft, dass es den Häftlingen nicht erlaubt, die Jalousien vor ihren Fenstern selbst zu betätigen, was zu einer „Verstärkung ihres Gefühls der Beklemmung beiträgt" (Sweden 1, Abs. 44).

[7] Das ist unter anderem der Fall in der Türkei; siehe im Allgemeinen S. Gemalmaz, „The CPT and Turkey", in: R. Morgan und M. Evans, *Protecting prisoners*, S. 235-263.

[8] Das ist unter anderem der Fall in den Niederlanden, siehe P. Van Reenan, „Inspection and quality control: The CPT in the Netherlands", in: R. Morgan und M. Evans, *Protecting prisoners*, S. 223-225.

[9] Siehe z. B. den in Spanien durchgeführten Besuch im Januar 1997 (siehe Spain 4).

[10] Siehe z. B. den im Nordkaukasus durchgeführten Besuch im Februar und April 2000.

[11] Siehe z. B. die in der Türkei durchgeführten Besuche im August 1996 und von Dezember 2000 bis Januar 2001.

[12] Siehe z. B. N. Rodley, *The treatment of prisoners under international law*, der nur 5 seiner 388 Seiten dem ECPT, aber 9 Seiten dem Ausschuss der Vereinten Nationen gegen Folter (UNCAT) und 27 Seiten den Mindeststandards der Vereinten Nationen über die Behandlung von Gefangenen (UNMSR) widmet. Der Bericht „*Take a step to stamp out torture*" von Amnesty International erwähnt kaum den CPT, widmet aber mehrere Seiten dem UNCAT.

[13] Für eine vergleichende Analyse mit dem CPT, siehe R. Morgan, „Preventing Torture and Protecting Prisoners", *Interights Bulletin*, Nr. 11.4, S. 178-180; R. Bank, „International Efforts to Combat Torture" in: EJIL, Nr. 8, 1997, S. 570; W. Suntinger, „CPT and other International Standards", in: R. Morgan und M. Evans, *Protecting prisoners*, S. 137-166; R. Bank, „Country-Oriented procedures under the Convention Against Torture: towards a new dynamism", in: P. Alston und J. Crawford (Hrsg.), *The future of UN human rights treaty monitoring*, S. 145-174.

¹⁴ ECOSOC Res 663 C (XXIV) vom 21. Juli 1957. Sie wurden teilweise 1977 aktualisiert (siehe ECOSOC Res 2076 (LXII) vom 13. Mai 1977). Anzumerken ist, dass manche dieser Standards nach Meinung eines Teils der Lehre durch andere Kodexe wie den Grundsätzen der Vereinten Nationen zum Schutz aller Personen, die einer jeglichen Form der Haft oder der Inhaftierung ausgesetzt werden, abgelöst wurden (in der Resolution 43/173 von der Vollversammlung am 9. Dezember 1988 verabschiedet).

¹⁵ Siehe z. B. Penal Reform International, *Making standards work: an international handbook on good prison practice*. Dort werden die UNSMR als Leitmotive angesehen. Dasselbe gilt in einem geringeren Maß für die Europäischen Gefängnisregeln, welche die UNSMR als Vorbild haben.

¹⁶ Die Hauptbemühungen des Ausschusses in diesem Bereich bezogen sich auf eine 1999 geschaffene Sammlung, die Auszüge über Standards im Zusammenhang mit den „Wesentlichen Grundfragen" aus den jährlichen Tätigkeitsberichten enthielt, CPT/Inf/E (99) 1.

¹⁷ Die Werke von M. Evans und R. Morgan, *Preventing torture,* Kapitel 6 bis 8, und R. Morgan und M. Evans, *Protecting prisoners*, Kapitel 2, füllten teilweise diese Lücke, auch wenn beide Werke nur privilegierten Lesern zugänglich erscheinen. Diese Studien können außerdem nicht als unfassend betrachtet werden, da sie Themen wie die Kontroll- und Zwangsmittel sowie die Zwangseinweisung von Patienten in psychiatrische Einrichtungen nicht behandeln.

¹⁸ American Correctional Association, *Standards for adult correctional institutions.*

¹⁹ Auch Einrichtungen, die sich außerhalb des Territoriums der Vereinigten Staaten befinden (meistens in der Karibik oder Kanada) können die Akkreditierung anstreben.

²⁰ Für einen ausführlicheren Vergleich der jeweiligen Ansätze von ACA und CPT, siehe, R. Morgan, „Developping prison standards compared", in: *Punishment and Society*, Nr. 2, S. 325-342; siehe auch H. S. Van Duin und P. Van Reenan, „Humanity as a System Requirement: National Oversight Committees, Quality Control and the Committee for the Prevention of Torture", NQHR 2002 (erscheint in Kürze).

²¹ Es betrifft unter anderem die elektronische Aufnahme der polizeilichen Vernehmungen, die von einer *Empfehlung* zu einer *Einladung,* die *berücksichtigt* werden sollte, herabgestuft worden ist. Der CPT beharrt ebenfalls immer weniger darauf, dass die Haftakten einer besonderen Form entsprechen müssen. Für mehr Details siehe Kapitel 4.

²² Der Erläuternde Bericht zum ECPT betont, dass der Ausschuss „zur Auslegung rechtlicher Sachverhalte keinerlei Stellung [nimmt]". Jeder Versuch dieser Art würde auf die Zuständigkeiten des Europäischen Gerichtshofs für Menschenrechte übergreifen. Seine Aufgabe ist infolgedessen „rein präventiver Natur", Erläuternder Bericht (Abs. 25 zu Artikel 1 ECPT). Für eine gegensätzliche These siehe M. Evans, und R. Morgan, „Hidden Secrets at the Heart of the CPT?: the "T" and "ID" Words", in: APT, *Some reflections for the 10th anniversary of the European Committee for the Prevention of Torture*, CPT/Inf/E (99) 5, S. 7-18.

²³ Siehe J. Murdoch, „CPT Standards within the Context of the Council of Europe", in: R. Morgan und M. Evans, *Protecting prisoners,* S. 103-135, sowie R. Morgan, *Developing prison standards compared.*

²⁴ Siehe den Abschnitt lit. c dieses Kapitels. Eigentlich hat der Ausschuss einen relativistischen Ansatz kategorisch abgelehnt. Siehe R. Morgan und M. Evans, *Preventing torture,* S. 349, Anmerkung 114.

²⁵ Die Beschreibung der Polizei- und anderer Hafteinrichtungen in Bulgarien 1995 durch den Ausschuss zählt z. B. zu den schlimmsten, die je in einem Bericht erwähnt wurde. Die bulgarischen Behörden haben „konstruktiv" auf diesen Bericht reagiert: Sie haben zugegeben, dass die Beobachtungen objektiv korrekt waren, wiesen aber darauf hin, dass

die Möglichkeiten zur Verbesserung der Lage „durch die finanziellen Schwierigkeiten des Landes begrenzt waren". Der Ausschuss hat anerkannt, dass „die aktuelle Lage nicht von einem Tag auf den anderen grundlegend verändert werden kann" und schlug eine Reihe von Maßnahmen vor, „die keinen großen finanziellen Aufwand erfordern" (Bulgaria 1, Abs. 62). Ein ähnlich sensibler Ansatz wurde bezüglich der bulgarischen Gefängnisse angenommen, in den Haftbedingungen herrschten, „die als unmenschlich und erniedrigend angesehen" werden konnten (Bulgaria 1, Abs. 113). Angesichts der Beobachtungen des Ausschusses erschien es um so erstaunlicher, dass der CPT erst im April 1999 nach Bulgarien zurückkehrte, den bulgarischen Behörden also mit einer vierjährigen Frist für die Verbesserung der Zustände entgegen gekommen war.

Der letzte Besuchsbericht über Moldawien enthielt eine genauso alarmierende Beschreibung von Foltertaten, Misshandlungen und „erbärmlichen" Lebensbedingungen. Der CPT betonte aber, dass die Behörden dieses Landes die Probleme erkannt und Bereitschaft zu ihrer Lösung gezeigt hatten, aber gleichzeitig von „schweren wirtschaftlichen und sozialen Sorgen" geplagt wurden. Dieser Satz ist bereits fester Bestandteil ihrer Antworten geworden. Der Ausschuss hat diese Schwierigkeiten anerkannt und bestimmte Ziele festgesetzt, die - sofern es die wirtschaftlichen Bedingungen erlauben - zu erreichen sind (Moldova 1, Abs. 9, 10, 64-67, 85, 102, 116, 140, 141, 180).

[26] Siehe für mehr Details den folgenden Abschnitt.

[27] So hat der Ausschuss z. B. bei mehreren Gelegenheiten seine Skepsis darüber zum Ausdruck gebracht, dass manche Länder das Problem der Gefängnisüberfüllung mit einer Vergrößerung der Gefängniskapazitäten lösen wollen. In seinem siebten Tätigkeitsbericht hat der Ausschuss überdies die folgende Warnung formuliert: „Der CPT ist seinerseits nicht davon überzeugt, dass die Erweiterung der Unterbringungskapazitäten alleine eine dauerhafte Lösung darstellt. [...] Mehrere europäische Länder haben in der Tat riesige Bauprogramme für Hafteinrichtungen in Gang gesetzt und gleichzeitig festgestellt, dass ihre Gefängnisbevölkerung ebenso weiter anwuchs. Im Gegensatz dazu hat die von manchen Ländern verfolgte Politik, die Zahl der zu inhaftierenden Personen zu begrenzen oder zu anzupassen, wesentlich dazu beigetragen, die Gefängnisbevölkerung auf einem kontrollierbaren Niveau zu halten." (siebter Tätigkeitsbericht, Abs. 14).

[28] Das ist im Wesentlichen die Stellung der Niederlande gegenüber der Position des Ausschusses. Jede Person, der die Freiheit entzogen ist, kann sich von Beginn des Polizeigewahrsams an von einem Rechtsanwalt unterstützen lassen (Netherlands 1 R 1, Abs. 23-24; Netherlands 2 R 1, Abs. 11). Für mehr Details siehe M. Evans und R. Morgan, *Preventing torture*, S. 166-174.

[29] Obwohl sich die ACA-Standards zum Zwecke der Akkreditierung auf die gesetzlich vorgeschriebenen (und anwendbaren) sowie die gesetzlich nicht vorgeschriebenen (und nicht-anwendbaren) Standards aufteilen. Für einen Kommentar siehe R. Morgan, *Developing prison standards compared*.

[30] Nach Angaben seines ersten Präsidenten hat der CPT den relativistischen Ansatz immer abgelehnt, aber bestimmt, dass seine wesentlichen Standards (was z. B. „unmenschliche" Behandlung bedeutet) universell angewendet werden sollten (siehe A. Cassese, *Inhuman States*, S. 27). Man kann sich streiten, ob dies bereits der Fall ist, da der CPT zwischen „Empfehlungen" und „Kommentaren" unterscheidet. Dieses Argument ist zweifelsohne einer vertieften Analyse würdig. Die aktuellen „Empfehlungen" beziehen sich aber teilweise auch auf Themen, die von vielen Beobachtern als „unwesentlich" bezeichnet werden.

[31] Der Europarat veröffentlicht regelmäßig vergleichende Statistiken über die Gefängnisbevölkerung.

³² Dieses Thema wurde 1994 während eines Seminars über die Umsetzung des Übereinkommens, das von der Vereinigung zur Verhütung von Folter unter der Schirmherrschaft des Europarats veranstaltet wurde, erwähnt. Es wurde unter anderem vorgeschlagen, dass die Mitgliedstaaten des Europarats dem CPT „freiwillige finanzielle Beiträge" zukommen lassen sollten. Dieser könnte sie für eigene Bedürfnisse verwenden oder sie im Rahmen seines Mandats bewilligen. Nicht näher erörtert wurden die Zwecke und die Modalitäten dieser Zuwendungen. Es wurde jedoch angedacht, diese freiwilligen Beiträge z. B. für Spezialisten einzusetzen, deren Sachverstand Ministerien, Behörden, Polizeikräften oder Nichtregierungsorganisationen dienen sollte. Eine andere Möglichkeit sind Stipendien für Praktika im Europarat, damit Kenntnisse über den CPT und die anderen Organe, die sich mit dem Schutz der Menschenrechte befassen, erworben werden können. Vorgeschlagen wurde auch die Einstellung von Personal, das sich um die Verbreitung von Informationen über die Rolle des Ausschusses kümmert (APT (1995), *The implementation of the ECPT: assessment and perspectives after five years of activities of the CPT*, S. 326-329).

³³ Achter Tätigkeitsbericht, Abs. 22.

³⁴ Achter Tätigkeitsbericht, Abs. 23, 24.

³⁵ *Ibid.*, Abs. 24. Dies widerspricht dem während des APT-Seminars 1994 (siehe Anmerkung 32) erwähnten Vorschlags. Der Ausschuss scheint ebenfalls nicht den Vorschlag aufgenommen zu haben, dass Mitgliedstaaten des Europarats freiwillig Geldmittel zur Befriedigung der Bedürfnisse des Ausschusses bereitstellen können.

³⁶ Der CPT empfiehlt z. B. systematisch allen Ländern, dass die Verdächtigen, die in Polizeigewahrsam gehalten werden und die sich keinen Rechtsanwalt leisten können, rechtlichen Beistand vor Ort in Anspruch nehmen können.

³⁷ Siehe oben Anmerkung 27.

³⁸ Siehe für neueste Beispiele den achten Tätigkeitsbericht, Abs. 20, den neunten Tätigkeitsbericht, Abs. 19 sowie den zehnten Tätigkeitsbericht, Abs. 19, 20; für eine Diskussion siehe M. Evans und R. Morgan, *Preventing torture* , S. 342, 343, 363, 364.

³⁹ Das Foreign and Commenwealth Office des Vereinigten Königreichs hat einen Geldbetrag gespendet, der dafür verwendet wird, dass ein britischer Polizeioffizier für ein Jahr abgestellt wird, um dem CPT bei der Verbesserung seiner Vorgehensweise bei Besuchen von Polizeieinrichtungen und bei der Ausarbeitung von polizeilichen Standards zu unterstützen. Eine solche Initiative scheint über die 1994 während des APT-Seminars in Straßburg (1994) gemachten Vorschläge, wie sie in der Anmerkung 32 beschrieben wurden, hinauszugehen.

ANHÄNGE

TABELLE 1

Unterzeichnungen und Ratifizierungen des ECPT[1] (Stand: 31. August 2002)

Mitgliedstaat	Datum der Unterzeichnung	Datum der Ratifikation	Datum des In-Kraft-Tretens
Albanien	02.10.96	02.10.96	01.02.97
Andorra	10.09.96	06.01.97	01.05.97
Armenien	11.05.01	18.06.02	01.10.02
Aserbaidschan	21.12.01	15.04.02	01.08.02
Belgien	26.11.87	23.07.91	01.11.91
Bosnien-Herzegowina	12.07.02	12.07.02	01.11.02
Bulgarien	30.09.93	03.05.94	01.09.94
Dänemark	26.11.87	02.05.89	01.09.89
Deutschland	26.11.87	21.02.90	01.06.90
„ehemalige jugoslawische Republik Mazedonien"	14.06.96	06.06.97	01.10.97
Estland	28.06.96	06.11.96	01.03.97
Finnland	16.11.89	20.12.90	01.04.91
Frankreich	26.11.87	09.01.89	01.05.89
Georgien	16.02.00	20.06.00	01.10.00
Griechenland	26.11.87	02.08.91	01.12.91
Irland	14.03.88	14.03.88	01.02.89
Island	26.11.87	19.06.90	01.10.90
Italien	26.11.87	29.12.88	01.04.89
Kroatien	06.11.96	11.10.97	01.02.98
Lettland	11.09.97	10.02.98	01.06.98
Liechtenstein	26.11.87	12.09.91	01.01.92
Litauen	14.09.95	26.11.98	01.03.99
Luxemburg	26.11.87	06.09.88	01.02.89
Malta	26.11.87	07.03.88	01.02.89
Moldawien	02.05.96	02.10.97	01.02.98
Niederlande	26.11.87	12.10.88	01.02.89

[1] Die folgenden Tabellen verwenden das europäische System zur Bezeichnung eines Datums; 26.11.87 z. B. bezeichnet den 26. November 1987.

Norwegen	26.11.87	21.04.89	01.08.89
Österreich	26.11.87	06.01.89	01.05.98
Polen	11.07.94	10.10.94	01.02.95
Portugal	26.11.87	29.03.90	01.07.90
Rumänien	04.11.93	04.10.94	01.02.95
Russische Föderation	20.02.96	05.05.98	01.09.98
San Marino	16.11.89	31.01.90	01.05.90
Schweden	26.11.87	21.06.88	01.02.89
Schweiz	26.11.87	07.10.88	01.02.89
Slowakei	23.12.92	11.05.94	01.09.94
Slowenien	04.11.93	02.02.94	01.06.94
Spanien	26.11.87	02.05.89	01.09.89
Tschechische Republik	23.12.92	07.09.95	01.01.96
Türkei	11.01.88	26.02.88	01.02.89
Ukraine	02.05.96	05.05.97	01.09.97
Ungarn	09.02.93	04.11.93	01.03.94
Vereinigtes Königreich	26.11.87	24.06.88	01.02.89
Zypern	26.11.87	03.04.89	01.08.89

TABELLE 2

Besuche sowie Abschlussberichte und Antworten (Stand: 31. März 2001)

A. In alphabetischer Reihenfolge

Mitgliedstaat	Datum des Besuchs	Art des Besuchs	Bericht veröffentlicht am	Zwischenbericht veröffentlicht am	Folgebericht veröffentlicht am
Albania *Albanien*	09.12.97-19.12.97	regelmäßig			
Albania *Albanien*	13.12.98-17.12.98	Folgebesuch			
Albania *Albanien*	04.12.00-14.12.00	regelmäßig			
Andorra	27.05.98-29.05.98	regelmäßig	20.07.00	20.07.00	20.07.00
Austria *Österreich*	20.05.90-27.05.90	regelmäßig	03.10.91	03.10.91[a]	
Austria *Österreich*	26.09.94-07.10.94	regelmäßig	31.10.96	31.10.96[a]	
Austria *Österreich*	19.09.99-30.09.99	regelmäßig			
Belgium *Belgien*	14.11.93-23.11.93	regelmäßig	14.10.94	03.05.95	21.02.96
Belgium *Belgien*	31.08.97-12.09.97	regelmäßig	18.06.98	31.03.99	12.07.99
Bulgaria *Bulgarien*	26.03.95-07.04.95	regelmäßig	06.03.97	06.03.97	06.03.97
Bulgaria *Bulgarien*	25.04.99-07.05.99	regelmäßig			
Croatia *Kroatien*	20.09.98-30.09.98	regelmäßig			
Cyprus *Zypern*	02.11.92-09.11.92	regelmäßig	22.05.97		

Cyprus Zypern	12.05.96- 21.05.96	regelmäßig	22.05.97		
Cyprus Zypern	22.05.00- 30.05.00	regelmäßig			
Czech Republic Tschechische Republik	16.02.97- 26.02.97	regelmäßig	15.04.99	15.04.99	15.04.99
Denmark Dänemark	02.12.90- 08.12.90	regelmäßig	06.09.91	21.03.96	21.03.96
Denmark Dänemark	29.09.96- 09.10.96	regelmäßig	24.04.97	11.12.97	28.04.98
Estonia Estland	13.07.97- 23.07.97	regelmäßig			
Estonia Estland	15.02.99- 21.02.99	Ad-hoc			
Finland Finnland	10.05.92- 20.05.92	regelmäßig	01.04.93	26.08.93	25.02.94
Finland Finnland	07.06.98- 17.06.98	regelmäßig	11.05.99	09.11.99	07.09.00
France Frankreich	27.10.91- 08.11.91	regelmäßig	19.01.93	19.01.93	17.02.94
France (Martinique) Frankreich	03.07.94- 07.07.94	Ad-hoc	24.09.96	24.09.96	24.09.96
France Frankreich	20.07.94- 22.07.94	Folgebesuch	23.01.96	23.01.96	N/A[b]
France Frankreich	06.10.96- 18.10.96	regelmäßig	14.05.98	14.05.98	14.05.98
France Frankreich	14.05.00- 26.05.00	regelmäßig			
Germany Deutschland	08.12.91- 20.12.91	regelmäßig	19.07.93	01.03.94	
Germany Deutschland	14.04.96- 26.04.96	regelmäßig	17.07.97	17.07.97	

Germany *Deutschland*	25.05.98- 27.05.98	*Ad-hoc*	27.05.99	27.05.99	N/A[b]
Germany *Deutschland*	03.12.00- 15.12.00	regelmäßig			
Greece *Griechenland*	14.03.93- 26.03.93	regelmäßig	29.11.94	29.11.94	21.02.96
Greece *Griechenland*	04.11.96- 06.11.96	Folgebesuch			
Greece *Griechenland*	25.05.97- 06.06.97	regelmäßig			
Greece *Griechenland*	26.10.99- 02.11.99	*Ad-hoc*			
Hungary *Ungarn*	01.11.94- 14.11.94	regelmäßig	01.02.96[c]	18.04.96	
Hungary *Ungarn*	05.12.99- 16.12.99	regelmäßig	29.03.01	29.03.01	N/A[b]
Iceland *Island*	06.07.93- 12.07.93	regelmäßig	28.06.94	20.10.94	12.02.96
Iceland *Island*	29.03.98- 06.04.98	regelmäßig	16.02.99	30.09.99	
Ireland *Irland*	26.09.93- 05.10.93	regelmäßig	13.12.95	13.12.95	19.09.96
Ireland *Irland*	31.08.98- 09.09.98	regelmäßig	17.12.99	17.12.99	18.05.00
Italy *Italien*	15.03.92- 27.03.92	regelmäßig	31.01.95	31.01.95	
Italy *Italien*	22.10.95- 06.11.95	regelmäßig	04.12.97	04.12.97	27.01.00
Italy *Italien*	25.11.96- 28.11.96	Folgebesuch			
Italy *Italien*	13.02.00- 25.02.00	regelmäßig			
Latvia *Lettland*	24.01.99- 03.02.99	regelmäßig			

Liechtenstein	14.04.93- 16.04.93	regelmäßig	23.05.95	23.05.95	
Liechtenstein	31.05.99- 02.06.99	regelmäßig			
Lithuania *Litauen*	14.02.00- 23.02.00	regelmäßig			
Luxembourg *Luxemburg*	17.01.93- 25.01.93	regelmäßig	12.11.93	01.04.94	
Luxembourg *Luxemburg*	20.04.97- 25.04.97	*Ad-hoc*	03.12.98	03.12.98	N/A[b]
Malta	01.07.90- 09.07.90	regelmäßig	01.10.92		
Malta	16.07.95- 21.07.95	regelmäßig	26.09.96	26.09.96	10.07.97
Moldova *Moldawien*	11.10.98- 21.10.98	regelmäßig	14.12.00	14.12.00	
Moldova (Transnistria) *Moldawien* *(Transnistrien)*	27.11.00- 30.11.00	*Ad-hoc*			
Netherlands *Niederlande*	30.08.92- 08.09.92	regelmäßig	15.07.93	01.09.94	
Netherlands (Antilles) *Niederlande (Antillen)*	26.06.94- 30.06.94	*Ad-hoc*	18.01.96	18.01.96	
Netherlands (Aruba) *Niederlande*	30.06.94- 02.07.94	*Ad-hoc*	03.10.96	03.10.96	03.10.96
Netherlands *Niederlande*	17.11.97- 27.11.97	regelmäßig	29.09.98	25.03.99	
Netherlands (Antilles) *Niederlande (Antillen)*	07.12.97- 11.12.97	Folgebesuch	10.12.98	10.12.98	N/A[b]
Netherlands (Antilles) *Niederlande (Antillen)*	25.01.99- 29.01.99	Folgebesuch[d]	25.05.00	25.05.00	N/A[b]

Norway *Norwegen*	27.06.93- 06.07.93	regelmäßig	21.09.94	21.09.94	25.04.96
Norway *Norwegen*	17.03.97- 21.03.97	*Ad-hoc*	05.09.97	22.01.98	N/A[b]
Norway *Norwegen*	13.09.99- 23.09.99	regelmäßig	09.10.00	09.10.00	
Poland *Polen*	30.06.96- 12.07.96	regelmäßig	24.09.98	24.09.98	24.09.98
Poland *Polen*	08.05.00- 19.05.00	regelmäßig			
Portugal	19.01.92- 27.01.92	regelmäßig	22.07.94	22.07.94	
Portugal	14.05.95- 26.05.95	regelmäßig	21.11.96	21.11.96	27.11.97
Portugal	20.10.96- 24.10.96	Folgebesuch	13.01.98	13.01.98	N/A[b]
Portugal	19.04.99- 30.04.99	regelmäßig			
Romania *Rumänien*	24.09.95- 06.10.95	*Ad-hoc*[e]	19.02.98	19.02.98	19.02.98
Romania *Rumänien*	24.01.99- 05.02.99	regelmäßig			
Russian Federation *Russische Föderation*	16.11.98- 30.11.98	*Ad-hoc*[f]			
Russian Federation *Russische Föderation*	30.08.99- 15.09.99	regelmäßig			
Russian Federation (North Caucasus) *Russische Föderation (Nordkaukasus)*	26.02.00- 03.03.00	*Ad-hoc*	04.03.00[e]		
Russian Federation (North Caucasus)	20.04.00- 27.04.00	Folgebesuch			

Russian Federation (Siberia) *Russische Föderation (Sibirien)*	25.09.00-09.10.00	regelmäßig				
Russian Federation (Chechen Republic) *Russische Föderation (Tschetschenien)*	19.03.01-23.03.01	Ad-hoc				
San Marino	25.03.92-27.03.92	regelmäßig	12.10.94			
San Marino	09.06.99-11.06.99	regelmäßig				
Slovakia *Slowakei*	25.06.95-07.07.95	regelmäßig	03.04.97	03.04.97	03.04.97	
Slovakia *Slowakei*	09.10.00-18.10.00	regelmäßig				
Slovenia *Slowenien*	19.02.95-28.02.95	regelmäßig	27.06.96	27.06.96		
Spain *Spanien*	01.04.91-12.04.91	regelmäßig	05.03.96	05.03.96		
Spain *Spanien*	10.04.94-22.04.94	regelmäßig	05.03.96	05.03.96		
Spain *Spanien*	10.06.94-14.06.94	Ad-hoc	05.03.96	05.03.96	N/A[b]	
Spain *Spanien*	17.01.97-18.01.97	Ad-hoc	13.04.00	13.04.00	N/A[b]	
Spain *Spanien*	21.04.97-28.04.97	Ad-hoc	19.05.98	19.05.98	N/A[b]	
Spain *Spanien*	22.11.98-04.12.98	regelmäßig	13.04.00	13.04.00		
Sweden *Schweden*	05.05.91-14.05.91	regelmäßig	12.03.92	01.10.92	15.03.93	
Sweden *Schweden*	23.08.94-26.08.94	Folgebesuch	03.04.95	02.10.95	N/A[b]	

Sweden *Schweden*	15.02.98- 25.02.98	regelmäßig	25.02.99	25.02.99	
Switzerland *Schweiz*	21.07.91- 29.07.91	regelmäßig	27.01.93	27.01.93	08.06.94
Switzerland *Schweiz*	11.02.96- 23.02.96	regelmäßig	26.06.97	26.06.97	29.01.98
Switzerland *Schweiz*	05.02.01- 15.02.01	regelmäßig			
„the former Yugoslav. Republic of Macedonia" „ehemalige jugoslawische Republik Mazedonien"	17.05.98- 27.05.98	regelmäßig			
Turkey *Türkei*	09.09.90- 21.09.90	*Ad-hoc*			
Turkey *Türkei*	29.09.91- 07.10.91	*Ad-hoc*			
Turkey *Türkei*	22.11.92- 03.12.92	regelmäßig			
Turkey *Türkei*	16.10.94- 28.10.94	Folgebesuch			
Turkey *Türkei*	19.08.96- 23.08.96	*Ad-hoc*[d]	01.03.01	01.03.01	N/A[b]
Turkey *Türkei*	18.09.96- 20.09.96	*Ad-hoc*			
Turkey *Türkei*	05.10.97- 17.10.97	regelmäßig	23.02.99	23.02.99	16.12.99
Turkey *Türkei*	27.02.99- 23.03.99	*Ad-hoc*	04.05.99[g] 07.12.00	07.12.00	N/A[b]
Turkey *Türkei*	16.07.00- 24.07.00	*Ad-hoc*	07.12.00[g]	07.12.00[h]	
Turkey *Türkei*	10.12.00- 16.12.00; 10.01.01- 15.01.01[i]	*Ad-hoc*[d]	16.03.01[g]		

Ukraine	08.02.98-24.02.98	regelmäßig			
Ukraine	15.07.99-23.07.99	Ad-hoc			
Ukraine	10.09.00-26.09.00	regelmäßig			
United Kingdom *Vereinigtes Königreich*	29.07.90-10.08.90	regelmäßig	26.11.91	26.11.91	15.04.93
United Kingdom (Northern Ireland) *Vereinigtes Königreich (Nordirland)*	20.07.93-29.07.93	Ad-hoc	17.11.94	17.11.94	
United Kingdom *Vereinigtes Königreich*	15.05.94-31.05.94	regelmäßig	05.03.96	05.03.96[j]	
United Kingdom (Isle of Man) *Vereinigtes Königreich (Insel Man)*	08.09.97-17.09.97	Ad-hoc	13.01.00	11.05.00	N/A[b]
United Kingdom (Northern Ireland) *Vereinigtes Königreich (Nordirland)*	26.11.99-08.12.99	regelmäßig			
United Kingdom *Vereinigtes Königreich*	04.02.01-16.02.01	regelmäßig			

a) Als „Kommentare" veröffentlicht, handelt es sich aber um vorläufige Antworten.
b) Kein Folgebericht verlangt.
c) Mit „Kommentaren" veröffentlicht.
d) Besuch auf Anfrage des Mitgliedstaats durchgeführt.
e) Das ECPT ist für Rumänien am 1. Februar 1995 in Kraft getreten. Auch wenn der durchgeführte Besuch vom Inhalt und von der Form her einem regelmäßigen Besuch ähnelte, war er nicht in dem Programm der regelmäßigen Besuche für 1995 enthalten. Deshalb wird er als *Ad-hoc*-Besuch gekennzeichnet.

f) Das ECPT ist für die Russische Föderation am 1. September 1998 in Kraft getreten. Auch wenn der durchgeführte Besuch vom Inhalt und von der Form her einem regelmäßigen Besuch ähnelte, war er nicht in dem Programm der regelmäßigen Besuche für 1995 enthalten. Deshalb wird er als *Ad-hoc*-Besuch gekennzeichnet.
g) Am Ende des Besuchs vom CPT mitgeteilte Beobachtungen, die auf Anfrage des besuchten Staats in einer Pressemitteilung veröffentlicht wurden.
h) Antwort auf die vom CPT am Ende seines Besuchs mitgeteilten Beobachtungen, die in der Serie CPT/Inf veröffentlicht wurden.
i) Dieser Besuch, in dessen Rahmen der CPT als Vermittler tätig war, fand auf Ersuchen der türkischen Behörden statt. Der CPT „unterbrach" seinen Besuch am 15. Dezember 2000 und „nahm" ihn in Januar 2001 wieder „auf".
j) Als „endgültige Antwort" bezeichnet.

B. In chronologischer Reihenfolge

1990

Mitgliedstaat	Datum des Besuchs	Art des Besuchs	Bericht veröffentlicht am	Zwischenbericht veröffentlicht am	Folgebericht veröffentlicht am
Österreich	20.05-27.05	regelmäßig	03.10.91	03.10.91[a]	
Malta	01.07-09.07	regelmäßig	01.10.92		
Vereinigtes Königsreich	29.07-10.08	regelmäßig	26.11.91	26.11.91	15.04.93
Türkei	09.09-21.09	*Ad-hoc*			
Dänemark	02.12-08.12	regelmäßig	06.09.91	21.03.96	21.03.96

a) Als „Kommentare" veröffentlicht.

1991

Mitgliedstaat	Datum des Besuchs	Art des Besuchs	Bericht veröffentlicht am	Zwischenbericht veröffentlicht am	Folgebericht veröffentlicht am
Spanien	01.04-12.04	regelmäßig	05.03.96	05.03.96	
Schweden	05.05-14.05	regelmäßig	12.03.92	01.10.92	15.03.93
Schweiz	21.07-29.07	regelmäßig	27.01.93	27.01.93	08.06.94
Türkei	29.09-07.10	*Ad-hoc*			
Frankreich	27.10-08.11	regelmäßig	19.01.93	19.01.93	17.02.94
Deutschland	08.12-20.12	regelmäßig	19.07.93	01.03.94	

1992

Mitgliedstaat	Datum des Besuchs	Art des Besuchs	Bericht veröffentlicht am	Zwischenbericht veröffentlicht am	Folgebericht veröffentlicht am
Portugal	19.01-27.01	regelmäßig	22.07.94	22.07.94	
Italien	15.03-27.03	regelmäßig	31.01.95	31.05.95	
San Marino	25.03-27.03	regelmäßig	12.10.94		
Finnland	10.05-20.05	regelmäßig	01.04.93	26.08.93	25.02.94
Niederlande	30.08-08.09	regelmäßig	15.07.93	01.09.94	
Zypern	02.11-09.11	regelmäßig	22.05.97		
Türkei	22.11-03.12	regelmäßig			

1993

Mitgliedstaat	Datum des Besuchs	Art des Besuchs	Bericht veröffentlicht am	Zwischenbericht veröffentlicht am	Folgebericht veröffentlicht am
Luxemburg	17.01-25.01	regelmäßig	12.11.93	01.04.94	
Griechenland	14.03-26.03	regelmäßig	29.11.94	29.11.94	21.02.96
Liechtenstein	14.04-16.04	regelmäßig	23.05.95	23.05.95	
Norwegen	27.06-06.07	regelmäßig	21.09.94	21.09.94	25.04.96
Island	06.07-12.07	regelmäßig	28.06.94	20.10.94	12.02.96
Vereinigtes Königreich (Nordirland)	20.07-29.07	*Ad-hoc*	17.11.94	17.11.94	
Irland	26.09-05.10	regelmäßig	13.12.95	13.12.95	19.09.96
Belgien	14.11-23.11	regelmäßig	14.10.94	03.05.95	21.02.96

1994

Mitgliedstaat	Datum des Besuchs	Art des Besuchs	Bericht veröffentlicht am	Zwischenbericht veröffentlicht am	Folgebericht veröffentlicht am
Spanien	10.04-22.04	regelmäßig	05.03.96	05.03.96	
Vereinigtes Königsreich	15.05-31.05	regelmäßig	05.03.96	05.03.96[a]	
Spanien	10.06-14.06	Ad-hoc	05.03.96	05.03.96	N/A[b]
Niederlande (Antillen)	26.06-30.06	Ad-hoc	18.01.96	18.01.96	
Niederlande (Aruba)	30.06-02.07	Ad-hoc	03.10.96	03.10.96	03.10.96
Frankreich (Martinique)	03.07-07.07	Ad-hoc	24.09.96	24.09.96	24.09.96
Frankreich	20.07-22.07	Folgebesuch	23.01.96	23.01.96	N/A[b]
Schweden	23.08-26.08	Folgebesuch	03.04.95	02.10.95	N/A[b]
Österreich	26.09-07.10	regelmäßig	31.10.96	31.10.96[c]	
Türkei	16.10-28.10	Folgebesuch			
Ungarn	01.11-14.11	regelmäßig	01.02.96[d]	18.04.96	

a) Als „endgültige Antwort" bezeichnet.
b) Kein Folgebericht verlangt.
c) Als „Kommentare" bezeichnet, handelt es sich aber tatsächlich um eine vorläufige Antwort.
d) Mit „Kommentaren".

1995

Mitgliedstaat	Datum des Besuchs	Art des Besuchs	Bericht veröffentlicht am	Zwischenbericht veröffentlicht am	Folgebericht veröffentlicht am
Slowenien	19.02-28.02	regelmäßig	27.06.96	27.06.96	
Bulgarien	26.03-07.04	regelmäßig	06.03.97	06.03.97	06.03.97
Portugal	14.05-26.05	regelmäßig	21.11.96	21.11.96	27.11.97
Slowakei	25.06-07.07	regelmäßig	03.04.97	03.04.97	03.04.97
Malta	16.07-21.07	regelmäßig	26.09.96	26.09.96	10.07.97
Rumänien	24.09-06.10	Ad-hoc[a]	19.02.98	19.02.98	19.02.98
Italien	22.10-06.11	regelmäßig	04.12.97	04.12.97	27.01.00

a) Das ECPT ist für Rumänien am 1. Februar 1995 in Kraft getreten. Auch wenn der durchgeführte Besuch vom Inhalt und von der Form her einem regelmäßigen Besuch ähnelte, war er nicht in dem Programm der regelmäßigen Besuche für 1995 enthalten. Deshalb wird er als *Ad-hoc*-Besuch gekennzeichnet.

1996

Mitgliedstaat	Datum des Besuchs	Art des Besuchs	Bericht veröffentlicht am	Zwischenbericht veröffentlicht am	Folgebericht veröffentlicht am
Schweiz	11.02-23.02	regelmäßig	26.06.97	26.06.97	29.01.98
Deutschland	14.04-26.04	regelmäßig	17.07.97	17.07.97	
Zypern	12.05-21.05	regelmäßig	22.05.97		
Polen	30.06-12.07	regelmäßig	24.09.98	24.09.98	24.09.98
Türkei	19.08-23.08	*Ad-hoc*[a]	01.03.01	01.03.01	N/A[b]
Türkei	18.09-20.09	*Ad-hoc*			
Dänemark	29.09-09.10	regelmäßig	24.04.97	11.12.97	28.04.98
Frankreich	06.10-18.10	regelmäßig	14.05.98	14.05.98	14.05.98
Portugal	20.10-24.10	Folgebesuch	13.01.98	13.01.98	N/A[b]
Griechenland	04.11-06.11	Folgebesuch			
Italien	25.11-28.11	Folgebesuch			

a) Besuch auf Anfrage des Mitgliedstaats durchgeführt.
b) Kein Folgebericht verlangt.

1997

Mitgliedstaat	Datum des Besuchs	Art des Besuchs	Bericht veröffentlicht am	Zwischenbericht veröffentlicht am	Folgebericht veröffentlicht am
Spanien	17.01-18.01	Ad-hoc	13.04.00	13.04.00	N/A[a]
Tschechische Republik	16.02-26.02	regelmäßig	15.04.99	15.04.99	15.04.99
Norwegen	17.03-21.03	Ad-hoc	05.09.97	22.01.98	N/A[a]
Luxemburg	20.04-25.04	Ad-hoc	03.12.98	03.12.98	N/A[a]
Spanien	21.04-28.04	Ad-hoc	19.05.98	19.05.98	N/A[a]
Griechenland	25.05-06.06	regelmäßig			
Estland	13.07-23.07	regelmäßig			
Belgien	31.08-12.09	regelmäßig	18.06.98	31.03.99	12.07.99
Vereinigtes Königreich (Insel Man)	08.09-17.09	Ad-hoc	13.01.00	11.05.00	N/A[a]
Türkei	05.10-17.10	regelmäßig	23.02.99	23.02.99	16.12.99
Niederlande	17.11-27.11	regelmäßig	29.09.98	25.03.99	
Niederlande (Antillen)	07.12-11.12	Folgebesuch	10.12.98	10.12.98	N/A[a]
Albanien	09.12-19.12	regelmäßig			

a) Kein Folgebericht verlangt.

1998

Mitgliedstaat	Datum des Besuchs	Art des Besuchs	Bericht veröffentlicht am	Zwischenbericht veröffentlicht am	Folgebericht veröffentlicht am
Ukraine	08.02-24.02	regelmäßig			
Schweden	15.02-25.02	regelmäßig	25.02.99	25.02.99	
Island	29.03-06.04	regelmäßig	16.02.99	30.09.99	
„ehemalige jugoslawische Republik Mazedonien"	17.05-27.05	regelmäßig			
Deutschland	25.05-27.05	*Ad-hoc*	27.05.99	27.05.99	N/A[a]
Andorra	27.05-29.05	regelmäßig	20.07.00	20.07.00	20.07.00
Finnland	07.06-17.06	regelmäßig	11.05.99	09.11.99	07.09.00
Irland	31.08-09.09	regelmäßig	17.12.99	17.12.99	18.05.00
Kroatien	20.09-30.09	regelmäßig			
Moldawien	11.10-21.10	regelmäßig	14.12.00	14.12.00	
Russische Föderation	16.11-30.11	*Ad-hoc*[a]			
Spanien	22.11-04.12	regelmäßig	13.04.00	13.04.00	
Albanien	13.12-17.12	Folgebesuch			

a) Das ECPT ist für die Russische Föderation am 1. September 1998 in Kraft getreten. Auch wenn der durchgeführte Besuch vom Inhalt und von der Form her einem regelmäßigen Besuch ähnelte, war er nicht in dem Programm der regelmäßigen Besuche für 1995 enthalten. Deshalb wird er als *Ad-hoc*-Besuch gekennzeichnet.
b) Kein Folgebericht verlangt.

1999

Mitgliedstaat	Datum des Besuchs	Art des Besuchs	Bericht veröffentlicht am	Zwischenbericht veröffentlicht am	Folgebericht veröffentlicht am
Lettland	24.01-03.02	regelmäßig			
Rumänien	24.01-05.02	regelmäßig			
Niederlande (Antillen)	25.01-29.01	Folgebesuch[a]	25.05.00	25.05.00	N/A[b]
Türkei	27.02-03.03	Ad-hoc	04.05.99[c] 07.12.00	07.12.00	N/A[b]
Portugal	19.04-30.04	regelmäßig			
Bulgarien	25.04-07.05	regelmäßig			
Liechtenstein	31.05-02.06	regelmäßig			
San Marino	09.06-11.06	regelmäßig			
Ukraine	15.07-23.07	Ad-hoc			
Russische Föderation	30.08-15.09	regelmäßig			
Norwegen	13.09-23.09	regelmäßig	09.10.00	09.10.00	N/A[b]
Österreich	19.09-30.09	regelmäßig			
Griechenland	26.10-02.11	Ad-hoc			
Vereinigtes Königreich (Nordirland)	26.11-08.12	regelmäßig			
Ungarn	05.12-16.12	regelmäßig	29.03.01	29.03.01	N/A[b]
Estland	15.12-21.12	Ad-hoc			

a) Besuch auf Anfrage des Mitgliedstaats durchgeführt.
b) Kein Folgebericht verlangt.
c) Am Ende des Besuchs vom CPT mitgeteilte Beobachtungen, die auf Anfrage des besuchten Staats in einer Pressemitteilung veröffentlicht wurden.

2000

Mitgliedstaat	Datum des Besuchs	Art des Besuchs	Bericht veröffentlicht am	Zwischenbericht veröffentlicht am	Folgebericht veröffentlicht am
Litauen	14.02-23.02	regelmäßig			
Italien	13.02-25.02	regelmäßig			
Russische Föderation (Nordkaukasus)	26.02-03.03	Ad-hoc	04.03.00[a]		
Russische Föderation (Nordkaukasus)	20.04-27.04	Folgebesuch			
Polen	08.05-19.05	regelmäßig			
Frankreich	14.05-26.05	regelmäßig			
Zypern	22.05-30.05	regelmäßig			
Türkei	16.07-24.07	Ad-hoc	07.12.00[a]	07.12.00[b]	N/A[b]
Ukraine	10.09-26.09	regelmäßig			
Russische Föderation (Sibirien)	25.09-09.10	regelmäßig			
Slowakei	09.10-18.10	regelmäßig			
Moldawien (Transnistrien)	27.11-30.11	Ad-hoc			
Albanien	04.12-14.12	regelmäßig			
Deutschland	03.12-15.12	regelmäßig			
Türkei	10.12-16.12[d]	Ad-hoc[e]	16.03.01[a]		

a) Am Ende des Besuchs vom CPT mitgeteilte Beobachtungen, die auf Anfrage des besuchten Staats in einer Pressemitteilung veröffentlicht wurden.
b) Antwort auf die vom CPT am Ende seines Besuchs mitgeteilten Beobachtungen, die in der Serie CPT/Inf veröffentlicht wurden.
c) Kein Folgebericht verlangt.
d) Dieser Besuch, in dessen Rahmen der CPT als Vermittler tätig war, fand auf Ersuchen der türkischen Behörden statt. Der CPT „unterbrach" seinen Besuch am 15. Dezember 2000 und „nahm" ihn in Januar 2001 wieder „auf".
e) Besuch auf Anfrage des Mitgliedstaats durchgeführt.

2001 (Stand: 31. März 2001)

Mitgliedstaat	Datum des Besuchs	Art des Besuchs	Bericht veröffentlicht am	Zwischenbericht veröffentlicht am	Folgebericht veröffentlicht am
Türkei	10.01-15.01[a]	*Ad-hoc*[b]	16.03.01[c]		
Vereinigtes Königreich	04.02-16.02	regelmäßig			
Schweiz	05.02-15.02	regelmäßig			
Russische Föderation (Tschetschenien)	19.03-23.03	*Ad-hoc*			

a) Fortführung des im Dezember 2000 begonnenen Besuchs.
b) Besuch auf Ersuchen des Mitgliedstaats durchgeführt.
c) Am Ende des Besuchs vom CPT mitgeteilte Beobachtungen, die auf Anfrage des besuchten Staats in einer Pressemitteilung veröffentlicht wurden.

TABELLE 3

Zitierweise der CTP-Dokumente

A. Veröffentlichte Besuchsberichte des CPT und Antworten der Staaten (Stand: 31. März 2001)

Mitgliedstaat	Datum des Besuchs	Art des Dokuments	CPT Referenz	Unsere Zitierweise
Andorra	27.05.98-29.05.98	Bericht	CPT/Inf (2000) 11	Andorra 1
		Zwischenbericht	CPT/Inf (2000) 12	Andorra 1R
		Folgebericht	CPT/Inf (2000) 12	Andorra 1R 1
Austria *Österreich*	20.05.90-27.05.90	Bericht	CPT/Inf (91) 10	Austria 1
		Kommentare	CPT/Inf (91) 11	Austria 1 R 1
	26.09.94-07.10.94	Bericht	CPT/Inf (96) 28	Austria 2
		Kommentare	CPT/Inf (96) 29	Austria 2 R 1
Belgium *Belgien*	14.11.93-23.11.93	Bericht	CPT/Inf (94) 15	Belgium 1
		Zwischenbericht	CPT/Inf (95) 6	Belgium 1 R 1
		Folgebericht	CPT/Inf (96) 7	Belgium 1 R 2
	31.08.97-12.09.97	Bericht	CPT/Inf (98) 11	Belgium 2
		Zwischenbericht	CPT/Inf (99) 6	Belgium 2 R 1
		Folgebericht	CPT/Inf (99) 11	Belgium 2 R 2
Bulgaria *Bulgarien*	26.03.95-07.04.95	Bericht	CPT/Inf (97) 1	Bulgaria 1
		Zwischenbericht	CPT/Inf (97) 1	Bulgaria 1R 1
		Folgebericht	CPT/Inf (97) 1	Bulgaria 1 R 2
Cyprus *Zypern*	02.11.92-09.11.92	Bericht	CPT/Inf (97) 5	Cyprus 1
	12.05.96-21.05.96	Bericht	CPT/Inf (97) 5	Cyprus 2

Czech Republic *Tschechische Republik*	16.02.97-26.02.97	Bericht	CPT/Inf (99) 7	Czech Rep. 1
		Zwischenbericht	CPT/Inf (99) 8	Czech Rep. 1R 1
		Folgebericht	CPT/Inf (99) 8	Czech Rep. 1 R 2
Denmark *Dänemark*	02.12.90-08.12.90	Bericht	CPT/Inf (91) 12	Denmark 1
		Zwischenbericht	CPT/Inf (96) 14	Denmark 1 R 1
		Folgebericht	CPT/Inf (96) 14	Denmark 1 R 2
	29.09.96-09.10.96	Bericht	CPT/Inf (97) 4	Denmark 2
		Zwischenbericht	CPT/Inf (97) 14	Denmark 2 R 1
		Folgebericht	CPT/Inf (98) 6	Denmark 2 R 2
Finland *Finnland*	10.05.92-20.05.92	Bericht	CPT/Inf (93) 8	Finland 1
		Zwischenbericht	CPT/Inf (93) 16	Finland 1R 1
		Folgebericht	CPT/Inf (94) 3	Finland 1 R 2
	07.06.98-17.06.98	Bericht	CPT/Inf (99) 9	Finland 2
		Zwischenbericht	CPT/Inf (99) 14	Finland 2 R 1
		Folgebericht	CPT/Inf (2000) 14	Finland 2 R 2
France *Frankreich*	27.10.91-08.11.91	Bericht	CPT/Inf (93) 2	France 1
		Zwischenbericht	CPT/Inf (93) 2	France 1R 1
		Folgebericht	CPT/Inf (94) 1	France 1 R 2
France (Martinique) *Frankreich*	03.07.94-07.07.94	Bericht	CPT/Inf (96) 24	France (Martinique) 1
		Zwischenbericht	CPT/Inf (96) 24	France (Martinique) 1R 1
		Folgebericht	CPT/Inf (96) 24	France (Martinique) 1R 2
France *Frankreich*	20.07.94-22.07.94	Bericht	CPT/Inf (96) 2	France 2
		Antwort	CPT/Inf (96) 2	France 2 R
	06.10.96-18.10.96	Bericht	CPT/Inf (98) 7	France 3
		Beobachtungen	CPT/Inf (98) 8	France 3 R 1
		Folgebericht	CPT/Inf (98) 8	France 3 R 2

Germany *Deutschland*	08.12.91-20.12.91	Bericht Zwischenbericht	CPT/Inf (93) 13 CPT/Inf (93) 14	Germany 1 Germany 1 R 1
	14.04.96-26.04.96	Bericht Zwischenbericht	CPT/Inf (97) 9 CPT/Inf (97) 9	Germany 2 Germany 2 R 1
	25.05.98-27.05.98	Bericht Antwort	CPT/Inf (99) 10 CPT/Inf (99) 10	Germany 3 Germany 3 R
Greece *Griechenland*	14.03.93-26.03.93	Bericht Zwischenbericht Folgebericht	CPT/Inf (94) 20 CPT/Inf (94) 21 CPT/Inf (96) 8	Greece 1 Greece 1 R 1 Greece 1 R 2
Hungary *Ungarn*	01.11.94-14.11.94	Bericht Zwischenbericht	CPT/Inf (96) 5 CPT/Inf (96) 15	Hungary 1 Hungary 1 R 1
	05.12.99-16.12.99	Bericht Antwort	CPT/Inf (2001) 2 CPT/Inf (2001) 3	Hungary 2 Hungary 2 R
Iceland *Island*	06.07.93-12.07.93	Bericht Zwischenbericht Folgebericht	CPT/Inf (94) 8 CPT/Inf (94) 16 CPT/Inf (96) 6	Iceland 1 Iceland 1 R 1 Iceland 1 R 2
	29.03.98-06.04.98	Bericht Zwischenbericht	CPT/Inf (99) 1 CPT/Inf (99) 13	Iceland 2 Iceland 2 R 1
Ireland *Irland*	26.09.93-05.10.93	Bericht Zwischenbericht Folgebericht	CPT/Inf (95) 14 CPT/Inf (95) 15 CPT/Inf (96) 23	Ireland 1 Ireland 1 R 1 Ireland 1 R 2
	31.08.98-09.09.98	Bericht Zwischenbericht Folgebericht	CPT/Inf (99) 15 CPT/Inf (99) 16 CPT/Inf (2000) 8	Ireland 2 Ireland 2 R 1 Ireland 2 R 2
Italy *Italien*	15.03.92-27.03.92	Bericht Zwischenbericht	CPT/Inf (95) 1 CPT/Inf (95) 2	Italy 1 Italy 1 R 1

Italy *Italien*	22.10.95- 06.11.95	Bericht	CPT/Inf (97) 12	Italy 2
		Zwischen- bericht	CPT/Inf (97) 12	Italy 2 R 1
		Folgebericht	CPT/Inf (2000) 2	Italy 2 R 2
Liechtenstein	14.04.93- 16.04.93	Bericht	CPT/Inf (95) 7	Liechtenstein 1
		Zwischen- bericht	CPT/Inf (95) 8	Liechtenstein 1R 1
Luxembourg *Luxemburg*	17.01.93- 25.01.93	Bericht	CPT/Inf (93) 19	Luxembourg 1
		Zwischen- bericht	CPT/Inf (94) 5	Luxembourg 1 R 1
	20.04.97- 25.04.97	Bericht	CPT/Inf (98) 16	Luxembourg 2
		Antwort	CPT/Inf (98) 16	Luxembourg 2 R
Malta	01.07.90- 09.07.90	Bericht	CPT/Inf (92) 5	Malta 1
	16.07.95- 21.07.95	Bericht	CPT/Inf (96) 25	Malta 2
		Zwischen- bericht	CPT/Inf (96) 26	Malta 2 R 1
		Folgebericht	CPT/Inf (97) 8	Malta 2 R 2
Moldova *Moldawien*	11.10.98- 21.10.98	Bericht	CPT/Inf (2000) 20	Moldau 1
		Zwischen- bericht	CPT/Inf (2000) 21	Moldau 1 R 1
Netherlands *Niederlande*	30.08.92- 08.09.92	Bericht	CPT/Inf (93) 15	Netherlands 1
		Zwischen- bericht	CPT/Inf (93) 20	Netherlands 1 R 1
Netherlands (Antilles) *Niederlande* *(Antillen)*	26.06.94- 30.06.94	Bericht	CPT/Inf (96) 1	Netherlands Antilles 1
		Antwort	CPT/Inf (96) 1	Netherlands Antilles 1 R 1
Netherlands (Aruba) *Niederlande* *(Aruba)*	30.06.94- 02.07.94	Bericht	CPT/Inf (96) 27	Netherlands Aruba 1
		Antwort	CPT/Inf (96) 27	Netherlands Aruba 1 R 1
		Folgebericht	CPT/Inf (96) 27	Netherlands Aruba 1 R 2
Netherlands *Niederlande*	17.11.97- 27.11.97	Bericht	CPT/Inf (98) 15	Netherlands 2
		Zwischen- bericht	CPT/Inf (99) 5	Netherlands 2 R 1

Netherlands (Antilles) *Niederlande (Antillen)*	07.12.97- 11.12.97	Bericht Antwort	CPT/Inf (98) 17 CPT/Inf (98) 17	Netherlands Antillen 2 Netherlands Antillen 2 R
Netherlands (Antilles) *Niederlande (Antillen)*	25.01.99- 29.01.99	Bericht Antwort	CPT/Inf (2000) 9 CPT/Inf (2000) 10	Netherlands Antillen 3 Netherlands Antillen 3 R
Norway *Norwegen*	27.06.93- 06.07.93	Bericht Zwischenbericht Folgebericht	CPT/Inf (94) 11 CPT/Inf (94) 12 CPT/Inf (96) 16	Norway 1 Norway 1 R 1 Norway 1 R 2
	17.03.97- 21.03.97	Bericht Antwort	CPT/Inf (97) 11 CPT/Inf (98) 3	Norway 2 Norway 2 R
	13.09.99- 23.03.99	Bericht Zwischenbericht	CPT/Inf (2000) 15 CPT/Inf (2000) 16	Norway 3 Norway 3 R 1
Poland *Polen*	30.06.96- 12.07.96	Bericht Zwischenbericht Folgebericht	CPT/Inf (98) 13 CPT/Inf (98) 14 CPT/Inf (98) 14	Poland 1 Poland 1 R 1 Poland 1 R 2
Portugal *Portugal*	19.01.92- 27.01.92	Bericht Zwischenbericht	CPT/Inf (94) 9 CPT/Inf (94) 9	Portugal 1 Portugal 1 R 1
	14.05.95- 26.05.95	Bericht Zwischenbericht Folgebericht	CPT/Inf (96) 31 CPT/Inf (96) 32 CPT/Inf (97) 13	Portugal 2 Portugal 2 R 1 Portugal 2 R 2
	20.10.96- 24.10.96	Bericht Antwort	CPT/Inf (98) 1 CPT/Inf (98) 2	Portugal 3 Portugal 3 R
Romania *Rumänien*	24.09.95- 06.10.95	Bericht Zwischenbericht Folgebericht	CPT/Inf (98) 5 CPT/Inf (98) 5 CPT/Inf (98) 5	Romania 1 Romania 1 R 1 Romania 1 R 2

Russian Federation (North Caucasus) *Russische Föderation (Nordkaukasus)*	26.02.00-03.03.00	Beobachtungen des CPT	Pressemitteilung Nr. 235a00 vom 03.04.2000	Russian 3 Obs.
San Marino	25.03.92-27.03.92	Bericht	CPT/Inf (94) 13	San Marino 1
Slovakia *Slowakien*	25.06.95-07.07.95	Bericht Zwischenbericht Folgebericht	CPT/Inf (97) 2 CPT/Inf (97) 3 CPT/Inf (97) 3	Slovakia 1 Slovakia 1 R 1 Slovakia 1 R 2
Slovenia *Slowenien*	19.02.95-28.02.95	Bericht Zwischenbericht	CPT/Inf (96) 18 CPT/Inf (96) 19	Slovenia 1 Slovenia 1 R 1
Spain *Spanien*	01.04.91-12.04.91	Bericht Zwischenbericht	CPT/Inf (96) 9 (a)	Spain 1 Spain 1 R 1
	10.04.94-22.04.94	Bericht Zwischenbericht	CPT/Inf (96) 9 CPT/Inf (96) 10	Spain 2 Spain 2 R 1
	10.06.94-14.06.94	Bericht Antwort	CPT/Inf (96) 9 CPT/Inf (96) 10	Spain 3 Spain 3 R
	17.01.97-18.01.94	Bericht Antwort	CPT/Inf (2000) 3 CPT/Inf (2000) 4	Spain 4 Spain 4 R
	21.04.97-28.04.97	Bericht Antwort	CPT/Inf (98) 9 CPT/Inf (98) 10	Spain 5 Spain 5 R
	22.11.98-04.12.98	Bericht Zwischenbericht	CPT/Inf (2000) 5 CPT/Inf (2000) 6	Spain 6 Spain 6 R 1
Sweden *Schweden*	05.05.91-14.05.91	Bericht Zwischenbericht Folgebericht	CPT/Inf (92) 4 CPT/Inf (92) 6 CPT/Inf (93) 7	Sweden 1 Sweden 1 R 1 Sweden 1 R 2
	23.08.94-26.08.94	Bericht Antwort	CPT/Inf (95) 5 CPT/Inf (95) 12	Sweden 2 Sweden 2 R

Sweden *Schweden*	15.02.98- 25.02.98	Bericht Zwischen- bericht	CPT/Inf (99) 4 CPT/Inf (99) 4	Sweden 3 Sweden 3 R 1	
Switzerland *Schweiz*	21.07.91- 29.07.91	Bericht Zwischen- bericht Folgebericht	CPT/Inf (93) 3 CPT/Inf (93) 4 CPT/Inf (94) 7	Switzerland 1 Switzerland 1 R 1 Switzerland 1 R 2	
	11.02.96- 23.02.96	Bericht Zwischen- bericht Folgebericht	CPT/Inf (97) 7 CPT/Inf (97) 7 CPT/Inf (98) 4	Switzerland 2 Switzerland 2 R 1 Switzerland 2 R 2	
Turkey *Türkei*	19.08.96- 23.08.96	Bericht Antwort	CPT/Inf (2001) 1 CPT/Inf (2001) 1	Turkey 5 Turkey 5 R	
	05.10.97- 17.10.97	Bericht Zwischen- bericht Folgebericht	CPT/Inf (99) 2 CPT/Inf (99) 3 CPT/Inf (99) 18	Turkey 7 Turkey 7 R 1 Turkey 7 R 2	
	27.02.99- 23.03.99	Beobachtungen des CPT Bericht Antwort	Pressemitteilung Nr. 256a99 vom 04.05.1999 CPT/Inf (2000) 17 CPT/Inf (2000) 18	Turkey 8 Obs. Turkey 8 Turkey 8 R	
	16.07.00- 24.07.00	Beobachtungen des CPT Antwort auf die Beobachtungen	CPT/Inf (2000) 19 CPT/Inf (2000) 19	Turkey 9 Obs. Turkey 9 Obs. R	
	10.12.00- 16.12.00; 10.01.01- 15.01.01	Beobachtungen des Ausschusses	Pressemitteilung Nr. 135a01 vom 16.03.2001	Turkey 10 Obs.	
United Kingdom *Vereinigtes Königreich*	29.07.90- 10.08.90	Bericht Zwischen- bericht Folgebericht	CPT/Inf (91) 15 CPT/Inf (91) 16 CPT/Inf (93) 9	UK 1 UK 1 R 1 UK 1 R 2	
	20.07.93- 29.07.93	Bericht Antwort	CPT/Inf (94) 17 CPT/Inf (94) 18	UK 2 UK 2 R 1	

United Kingdom *Vereinigtes Königsreich*	15.05.94- 31.05.94	Bericht	CPT/Inf (96) 11	UK 3
		Antwort	CPT/Inf (96) 12	UK 3 R
	08.09.97- 17.09.97	Bericht	CPT/Inf (2000) 1	UK 4
		Antwort	CPT/Inf (2000) 7	UK 4 R

a) Keine Veröffentlichung in der Serie CPT/Inf, dennoch auf Anfrage bei dem Sekretariat des Ausschusses auf Spanisch verfügbar. Siehe CPT/Inf (96) 10.

B. Jährliche Tätigkeitsberichte des Ausschusses

Bericht Nr.	Jahr	CPT Referenz	Unsere Zitierweise
1	1990	CPT/Inf (91) 3	erster Tätigkeitsbericht
2	1991	CPT/Inf (92) 3	zweiter Tätigkeitsbericht
3	1992	CPT/Inf (93) 12	dritter Tätigkeitsbericht
4	1993	CPT/Inf (94) 10	vierter Tätigkeitsbericht
5	1994	CPT/Inf (95) 10	fünfter Tätigkeitsbericht
6	1995	CPT/Inf (96) 21	sechster Tätigkeitsbericht
7	1996	CPT/Inf (97) 10	siebter Tätigkeitsbericht
8	1997	CPT/Inf (98) 12	achter Tätigkeitsbericht
9	1998	CPT/Inf (99) 12	neunter Tätigkeitsbericht
10	1999	CPT/Inf (2000) 13	zehnter Tätigkeitsbericht

Dokument 1

Europäisches Übereinkommen zur Verhütung von Folter und unmenschlicher oder erniedrigender Behandlung oder Strafe

Die Mitgliedstaaten des Europarats, die dieses Übereinkommen unterzeichnen,

in Anbetracht der Bestimmungen der Konvention zum Schutze der Menschenrechte und Grundfreiheiten;

eingedenk dessen, dass nach Artikel 3 der genannten Konvention niemand der Folter oder unmenschlicher oder erniedrigender Behandlung oder Strafe unterworfen werden darf;

unter Hinweis darauf, dass Personen, die sich durch eine Verletzung des Artikels 3 beschwert fühlen, die in jener Konvention vorgesehenen Verfahren in Anspruch nehmen können;

überzeugt, dass der Schutz von Personen, denen die Freiheit entzogen ist, vor Folter und unmenschlicher oder erniedrigender Behandlung oder Strafe durch nichtgerichtliche Maßnahmen vorbeugender Art, die auf Besuchen beruhen, verstärkt werden könnte,

sind wie folgt übereingekommen:

Kapitel I

Artikel 1

Es wird ein Europäischer Ausschuss zur Verhütung von Folter und unmenschlicher oder erniedrigender Behandlung oder Strafe (im folgenden als "Ausschuss" bezeichnet) errichtet. Der Ausschuss prüft durch Besuche die Behandlung von Personen, denen die Freiheit entzogen ist, um erforderlichenfalls den Schutz dieser Personen vor Folter und unmenschlicher oder erniedrigender Behandlung oder Strafe zu verstärken.

Artikel 2

Jede Vertragspartei lässt Besuche nach diesem Übereinkommen an allen ihrer Hoheitsgewalt unterstehenden Orten zu, an denen Personen durch eine öffentliche Behörde die Freiheit entzogen ist.

Artikel 3

Bei der Anwendung dieses Übereinkommens arbeiten der Ausschuss und die zuständigen innerstaatlichen Behörden der betreffenden Vertragspartei zusammen.

Kapitel II

Artikel 4

1. Die Zahl der Mitglieder des Ausschusses entspricht derjenigen der Vertragsparteien.

2. Die Mitglieder des Ausschusses werden unter Persönlichkeiten von hohem sittlichem Ansehen ausgewählt, die für ihre Sachkenntnis auf dem Gebiet der Menschenrechte bekannt sind oder in den von diesem Übereinkommen erfassten Bereichen über berufliche Erfahrung verfügen.

3. Dem Ausschuss darf jeweils nur ein Angehöriger desselben Staates angehören.

4. Die Mitglieder sind in persönlicher Eigenschaft tätig; sie müssen unabhängig und unparteiisch sein und dem Ausschuss zur wirksamen Mitarbeit zur Verfügung stehen.

Artikel 5 [1]

1. Die Mitglieder des Ausschusses werden vom Ministerkomitee des Europarats mit absoluter Stimmenmehrheit nach einem vom Büro der Beratenden Versammlung des Europarats aufgestellten Namensverzeichnis gewählt; die nationale Delegation jeder Vertragspartei in der Beratenden Versammlung schlägt drei Kandidaten vor, darunter mindestens zwei eigene Staatsangehörige.

2. Soll für einen Nichtmitgliedstaat des Europarats ein Mitglied in den Ausschuss gewählt werden, so lädt das Büro der Beratenden Versammlung das Parlament dieses Staates ein, drei Kandidaten vorzuschlagen, darunter mindestens zwei eigene Staatsangehörige. Die Wahl durch das Ministerkomitee erfolgt nach Konsultation mit der betreffenden Vertragspartei.

3. Nach demselben Verfahren werden freigewordene Sitze neu besetzt.

4. Die Mitglieder des Ausschusses werden für die Dauer von vier Jahren gewählt. Sie können zweimal wiedergewählt werden. Die Amtszeit von drei der bei der ersten Wahl gewählten Mitglieder läuft jedoch nach zwei Jahren ab. Die Mitglieder, deren Amtszeit nach Ablauf der ersten Amtsperiode von zwei Jahren endet, werden vom Generalsekretär des Europarats unmittelbar nach der ersten Wahl durch das Los bestimmt.

---

[1] Text geändert entsprechend den Bestimmungen von Protokoll Nr. 1 (SEV Nr. 1) und Protokoll Nr. 2 (SEV Nr. 2).

5. Um sicherzustellen, dass soweit wie möglich die Hälfte der Mitglieder des Ausschusses alle zwei Jahre neu gewählt wird, kann das Ministerkomitee vor jeder späteren Wahl beschließen, dass die Amtszeit eines oder mehrerer der zu wählenden Mitglieder nicht vier Jahre betragen soll, wobei sie jedoch weder länger als sechs noch kürzer als zwei Jahre sein darf.

6. Handelt es sich um mehrere Amtszeiten und wendet das Ministerkomitee Absatz 4 an, so wird die Zuteilung der Amtszeiten vom Generalsekretär des Europarats unmittelbar nach der Wahl durch das Los bestimmt.

Artikel 6

1. Die Sitzungen des Ausschusses finden unter Ausschluss der Öffentlichkeit statt. Der Ausschuss ist bei Anwesenheit der Mehrheit seiner Mitglieder beschlussfähig. Vorbehaltlich des Artikels 10 Absatz 2 fasst der Ausschuss seine Beschlüsse mit der Mehrheit der anwesenden Mitglieder.

2. Der Ausschuss gibt sich eine Geschäftsordnung.

3. Das Sekretariat des Ausschusses wird vom Generalsekretär des Europarats gestellt.

Kapitel III

Artikel 7

1. Der Ausschuss organisiert Besuche der in Artikel 2 bezeichneten Orte. Neben regelmäßigen Besuchen kann der Ausschuss alle weiteren Besuche organisieren, die ihm nach den Umständen erforderlich erscheinen.

2. Die Besuche werden in der Regel von mindestens zwei Mitgliedern des Ausschusses durchgeführt. Der Ausschuss kann sich, sofern er dies für notwendig hält, von Sachverständigen und Dolmetschern unterstützen lassen.

Artikel 8

1. Der Ausschuss notifiziert der Regierung der betreffenden Vertragspartei seine Absicht, einen Besuch durchzuführen. Nach einer solchen Notifikation kann der Ausschuss die in Artikel 2 bezeichneten Orte jederzeit besuchen.

2. Eine Vertragspartei hat dem Ausschuss zur Erfüllung seiner Aufgabe folgende Erleichterungen zu gewähren:

a) Zugang zu ihrem Hoheitsgebiet und das Recht, sich dort uneingeschränkt zu bewegen;

b) alle Auskünfte über die Orte, an denen sich Personen befinden, denen die Freiheit entzogen ist;

c) unbeschränkten Zugang zu allen Orten, an denen sich Personen befinden, denen die Freiheit entzogen ist, einschließlich des Rechts, sich innerhalb dieser Orte ungehindert zu bewegen;

d) alle sonstigen der Vertragspartei zur Verfügung stehenden Auskünfte, die der Ausschuss zur Erfüllung seiner Aufgabe benötigt. Bei der Beschaffung solcher Auskünfte beachtet der Ausschuss die innerstaatlichen Rechtsvorschriften einschließlich des Standesrechts.

3. Der Ausschuss kann sich mit Personen, denen die Freiheit entzogen ist, ohne Zeugen unterhalten.

4. Der Ausschuss kann sich mit jeder Person, von der er annimmt, dass sie ihm sachdienliche Auskünfte geben kann, ungehindert in Verbindung setzen.

5. Erforderlichenfalls kann der Ausschuss den zuständigen Behörden der betreffenden Vertragspartei seine Beobachtungen sogleich mitteilen.

Artikel 9

1. Unter außergewöhnlichen Umständen können die zuständigen Behörden der betreffenden Vertragspartei gegenüber dem Ausschuss Einwände gegen einen Besuch zu dem vom Ausschuss vorgeschlagenen Zeitpunkt oder an dem von ihm vorgeschlagenen Ort geltend machen. Solche Einwände können nur aus Gründen der nationalen Verteidigung oder der öffentlichen Sicherheit oder wegen schwerer Störungen der Ordnung an Orten, an denen Personen die Freiheit entzogen ist, wegen des Gesundheitszustands einer Person oder einer dringenden Vernehmung in einer laufenden Ermittlung im Zusammenhang mit einer schweren Straftat erhoben werden.

2. Werden solche Einwände erhoben, so nehmen der Ausschuss und die Vertragspartei sofort Konsultationen auf, um die Lage zu klären und zu einer Einigung über Regelungen zu gelangen, die es dem Ausschuss ermöglichen, seine Aufgaben so schnell wie möglich zu erfüllen. Diese Regelungen können die Verlegung einer Person, die der Ausschuss zu besuchen beabsichtigt, an einen anderen Ort einschließen. Solange der Besuch nicht stattgefunden hat, erteilt die Vertragspartei dem Ausschuss Auskünfte über jede betroffene Person.

Artikel 10

1. Nach jedem Besuch verfasst der Ausschuss einen Bericht über die bei dem Besuch festgestellten Tatsachen unter Berücksichtigung von Äußerungen der betreffenden Vertragspartei. Er übermittelt ihr seinen Bericht, der die von ihm für erforderlich gehaltenen Empfehlungen enthält. Der Ausschuss kann Konsultationen mit der Vertragspartei führen, um erforderlichenfalls Verbesserungen des Schutzes von Personen vorzuschlagen, denen die Freiheit entzogen ist.

2. Verweigert die Vertragspartei die Zusammenarbeit oder lehnt sie es ab, die Lage im Sinne der Empfehlungen des Ausschusses zu verbessern, so kann der Ausschuss, nachdem die Vertragspartei Gelegenheit hatte sich zu äußern, mit

Zweidrittelmehrheit seiner Mitglieder beschließen, dazu eine öffentliche Erklärung abzugeben.

Artikel 11

1. Die Informationen, die der Ausschuss bei einem Besuch erhält, sein Bericht und seine Konsultationen mit der betreffenden Vertragspartei sind vertraulich.

2. Der Ausschuss veröffentlicht seinen Bericht zusammen mit einer etwaigen Stellungnahme der betreffenden Vertragspartei, wenn diese darum ersucht.

3. Personenbezogene Daten dürfen jedoch nicht ohne ausdrückliche Zustimmung des Betroffenen veröffentlicht werden.

Artikel 12 [2]

Unter Beachtung der in Artikel 11 enthaltenen Bestimmungen über die Vertraulichkeit legt der Ausschuss dem Ministerkomitee alljährlich einen allgemeinen Bericht über seine Tätigkeit vor, welcher der Beratenden Versammlung und jedem Nichtmitgliedstaat des Europarats, der Vertragspartei des Übereinkommens ist, zugeleitet und veröffentlicht wird.

Artikel 13

Die Mitglieder des Ausschusses, die Sachverständigen und die anderen Personen, die den Ausschuss unterstützen, haben während und nach ihrer Tätigkeit die Vertraulichkeit der ihnen bei der Erfüllung ihrer Aufgaben bekannt gewordenen Tatsachen oder Angaben zu wahren.

Artikel 14

1. Die Namen der Personen, die den Ausschuss unterstützen, werden in der Notifikation nach Artikel 8 Absatz 1 angegeben.

2. Die Sachverständigen handeln nach den Weisungen und unter der Verantwortung des Ausschusses. Sie müssen besondere Kenntnisse und Erfahrungen in den von dem Übereinkommen erfassten Bereichen besitzen und unterliegen in derselben Weise wie die Mitglieder des Ausschusses der Pflicht zur Unabhängigkeit, Unparteilichkeit und Verfügbarkeit.

3. Eine Vertragspartei kann ausnahmsweise erklären, dass einem Sachverständigen oder einer anderen Person, die den Ausschuss unterstützt, die Teilnahme an dem Besuch eines ihrer Hoheitsgewalt unterstehenden Ortes nicht gestattet wird.

---

[2] Text geändert entsprechend den Bestimmungen von Protokoll Nr. 1 (SEV Nr. 1).

Kapitel IV

Artikel 15

Jede Vertragspartei teilt dem Ausschuss Namen und Anschrift der Behörde, die für die Entgegennahme von Notifikationen an ihre Regierung zuständig ist, sowie etwa von ihr bestimmter Verbindungsbeamter mit.

Artikel 16

Der Ausschuss, seine Mitglieder und die in Artikel 7 Absatz 2 bezeichneten Sachverständigen genießen die in der Anlage zu diesem Übereinkommen bezeichneten Vorrechte und Immunitäten.

Artikel 17

1. Dieses Übereinkommen lässt die Bestimmungen des innerstaatlichen Rechts oder internationaler Übereinkünfte unberührt, die Personen, denen die Freiheit entzogen ist, weitergehenden Schutz gewähren.

2. Keine Bestimmung dieses Übereinkommens ist so auszulegen, dass sie die Befugnisse der Organe der Europäischen Menschenrechtskonvention oder die von den Vertragsparteien nach jener Konvention eingegangenen Verpflichtungen einschränkt oder aufhebt.

3. Der Ausschuss besucht keine Orte, die von Vertretern oder Delegierten von Schutzmächten oder des Internationalen Komitees vom Roten Kreuz aufgrund der Genfer Abkommen vom 12. August 1949 und der Zusatzprotokolle vom 8. Juni 1977 tatsächlich und regelmäßig besucht werden.

Kapitel V

Artikel 18 [3]

1. Dieses Übereinkommen liegt für die Mitgliedstaaten des Europarats zur Unterzeichnung auf. Es bedarf der Ratifikation, Annahme oder Genehmigung. Die Ratifikations-, Annahme- oder Genehmigungsurkunden werden beim Generalsekretär des Europarats hinterlegt.

2. Das Ministerkomitee des Europarats kann jeden Nichtmitgliedstaat des Europarats einladen, dem Übereinkommen beizutreten.

Artikel 19 [3]

1. Dieses Übereinkommen tritt am ersten Tag des Monats in Kraft, der auf einen Zeitabschnitt von drei Monaten nach dem Tag folgt, an dem sieben Mitgliedstaa-

---

[3] Text geändert entsprechend den Bestimmungen von Protokoll Nr. 1 (SEV Nr. 1).

ten des Europarats nach Artikel 18 ihre Zustimmung ausgedrückt haben, durch das Übereinkommen gebunden zu sein.

2. Für jeden Staat, der später seine Zustimmung ausdrückt, durch das Übereinkommen gebunden zu sein, tritt es am ersten Tag des Monats in Kraft, der auf einen Zeitabschnitt von drei Monaten nach Hinterlegung der Ratifikations-, Annahme-, Genehmigungs- oder Beitrittsurkunde folgt.

Artikel 20 [3]

1. Jeder Staat kann bei der Unterzeichnung oder bei der Hinterlegung seiner Ratifikations-, Annahme-, Genehmigungs- oder Beitrittsurkunde einzelne oder mehrere Hoheitsgebiete bezeichnen, auf die dieses Übereinkommen Anwendung findet.

2. Jeder Staat kann jederzeit danach durch eine an den Generalsekretär des Europarats gerichtete Erklärung die Anwendung dieses Übereinkommens auf jedes weitere in der Erklärung bezeichnete Hoheitsgebiet erstrecken. Das Übereinkommen tritt für dieses Hoheitsgebiet am ersten Tag des Monats in Kraft, der auf einen Zeitabschnitt von drei Monaten nach Eingang der Erklärung beim Generalsekretär folgt.

3. Jede nach den Absätzen 1 und 2 abgegebene Erklärung kann in bezug auf jedes darin bezeichnete Hoheitsgebiet durch eine an den Generalsekretär gerichtete Notifikation zurückgenommen werden. Die Rücknahme wird am ersten Tag des Monats wirksam, der auf einen Zeitabschnitt von drei Monaten nach Eingang der Notifikation beim Generalsekretär folgt.

Artikel 21

Vorbehalte zu diesem Übereinkommen sind nicht zulässig.

Artikel 22

1. Jede Vertragspartei kann dieses Übereinkommen jederzeit durch eine an den Generalsekretär des Europarats gerichtete Notifikation kündigen.

2. Die Kündigung wird am ersten Tag des Monats wirksam, der auf einen Zeitabschnitt von zwölf Monaten nach Eingang der Notifikation beim Generalsekretär folgt.

Artikel 23 [4]

Der Generalsekretär des Europarats notifiziert den Mitgliedstaaten und jedem Nichtmitgliedstaat des Europarats, der Vertragspartei des Übereinkommens ist:

a) jede Unterzeichnung;

b) jede Hinterlegung einer Ratifikations-, Annahme-, Genehmigungs- oder Beitrittsurkunde;

---

[4] Text geändert entsprechend den Bestimmungen von Protokoll Nr. 1 (SEV Nr. 1).

c) jeden Zeitpunkt des Inkrafttretens dieses Übereinkommens nach den Artikeln 19 und 20;

d) jede andere Handlung, Notifikation oder Mitteilung im Zusammenhang mit diesem Übereinkommen mit Ausnahme der nach den Artikeln 8 und 10 getroffenen Maßnahmen.

Zu Urkund dessen haben die hierzu gehörig befugten Unterzeichneten dieses Übereinkommen unterschrieben.

Geschehen zu Straßburg am 26. November 1987 in englischer und französischer Sprache, wobei jeder Wortlaut gleichermaßen verbindlich ist, in einer Urschrift, die im Archiv des Europarats hinterlegt wird. Der Generalsekretär des Europarats übermittelt allen Mitgliedstaaten des Europarats beglaubigte Abschriften.

Anlage

Vorrecht und Immunitäten

(Artikel 16)

1. Im Sinne dieser Anlage bezieht sich der Ausdruck "Mitglieder des Ausschusses" auch auf die in Artikel 7 Absatz 2 bezeichneten Sachverständigen.

2. Die Mitglieder des Ausschusses genießen bei der Wahrnehmung ihrer Aufgaben und auf Reisen, die sie in Wahrnehmung ihrer Aufgaben unternehmen, folgende Vorrechte und Immunitäten:

a) Immunität von Festnahme oder Haft und von der Beschlagnahme ihres persönlichen Gepäcks sowie Immunität von jeder Gerichtsbarkeit hinsichtlich ihrer in amtlicher Eigenschaft vorgenommenen Handlungen einschließlich ihrer mündlichen und schriftlichen Äußerungen;

b) Befreiung von allen Beschränkungen ihrer Bewegungsfreiheit bei der Ausreise aus dem Staat, in dem sie ihren gewöhnlichen Aufenthalt haben, und bei der Wiedereinreise sowie bei der Einreise in den Staat, in dem sie ihre Aufgaben wahrnehmen, und bei der Ausreise sowie von der Ausländermeldepflicht in den Ländern, die sie in Wahrnehmung ihrer Aufgaben besuchen oder durchreisen.

3. Im Verlauf der in Wahrnehmung ihrer Aufgaben unternommenen Reisen erhalten die Mitglieder des Ausschusses für die Zollabfertigung und Devisenkontrolle:

a) von ihrer eigenen Regierung dieselben Erleichterungen wie leitende Beamte, die sich zu befristetem dienstlichem Auftrag ins Ausland begeben;

b) von den Regierungen der anderen Vertragsparteien dieselben Erleichterungen wie Vertreter ausländischer Regierungen mit befristetem dienstlichem Auftrag.

4. Die Papiere und Schriftstücke des Ausschusses sind, soweit sie sich auf seine Tätigkeit beziehen, unverletzlich.

Der amtliche Schriftverkehr und die sonstigen amtlichen Mitteilungen des Ausschusses dürfen nicht zurückgehalten werden und unterliegen nicht der Zensur.

5. Um den Mitgliedern des Ausschusses volle Redefreiheit und volle Unabhängigkeit bei der Wahrnehmung ihrer Aufgaben zu sichern, wird ihnen Immunität von der Gerichtsbarkeit hinsichtlich der von ihnen in Wahrnehmung ihre Aufgaben vorgenommenen Handlungen einschließlich ihrer mündlichen und schriftlichen Äußerungen auch nach Beendigung ihrer Tätigkeit gewährt.

6. Die Vorrechte und Immunitäten werden den Mitgliedern des Ausschusses nicht zu ihrem persönlichen Vorteil gewährt, sondern um ihnen zu ermöglichen, ihr Aufgaben in voller Unabhängigkeit wahrzunehmen. Allein der Ausschuss ist befugt, die Immunität seiner Mitglieder aufzuheben; er hat nicht nur das Recht, sondern auch die Pflicht, die Immunität eines seiner Mitglieder in allen Fällen aufzuheben, in denen nach seiner Auffassung die Immunität verhindern würde, dass der Gerechtigkeit Genüge geschieht und in denen sie ohne Beeinträchtigung des Zweckes, für den sie gewährt wird, aufgehoben werden kann.

DOKUMENT 2

ERLÄUTERNDER BERICHT

I. Einführung

1. Am 28. September 1983 hat die Beratende Versammlung des Europarates die Empfehlung 971 (1983) über den Schutz von Häftlingen vor Folter und grausamer, unmenschlicher oder erniedrigender Behandlung oder Strafe angenommen. In diesem Text hat die Versammlung insbesondere empfohlen, dass das Ministerkomitee den Entwurf des Europäischen Übereinkommens über den Schutz von Häftlingen vor Folter und grausamer, unmenschlicher oder erniedrigender Behandlung oder Strafe, der sich im Anhang zu dieser Empfehlung befand, annimmt.

Der Hintergrund dieser Initiative lässt sich wie folgt zusammenfassen:

2. Im Januar 1981 hat die Versammlung die Empfehlung 909 (1981) über das Internationale Übereinkommen gegen die Folter angenommen, in der sie auf die im Rahmen der Vereinten Nationen durchgeführten Arbeiten verwiesen und empfohlen hat, dass das Ministerkomitee die Regierungen der Mitgliedstaaten auffordern sollte, die Annahme und Umsetzung des Übereinkommensentwurfs gegen die Folter zu beschleunigen, der von der Kommission der Vereinten Nationen für Menschenrechte erarbeitet wird. Sie hat die in dieser Kommission vertretenen Regierungen der Mitgliedstaaten aufgefordert, alles in ihren Kräften Stehende zu unternehmen, um zu gewährleisten, dass diese Kommission den Entwurf des freiwilligen Protokolls zu dem Übereinkommen (von Costa Rica vorgelegt) in allen Punkten berücksichtigt, sobald der Übereinkommensentwurf selbst dem Wirtschafts- und Sozialrat der Vereinten Nationen vorgelegt wurde.

3. Im März 1981 wurden zwei Anträge für Entschließungen über die Folter in den Mitgliedstaaten des Europarates der Versammlung vorgelegt, eine von Herrn Lidbom (Dok. 4718 rev.) und die andere von Herrn Jäger (Dok. 4730). Diese Anträge wurden dem Ausschuss für Rechtsangelegenheiten übermittelt, der beschlossen hat, sie gemeinsam zu prüfen.

4. Auf der Grundlage der Prüfung durch den Ausschuss für Rechtsangelegenheiten wurde ein Bericht erarbeitet (Dok. 5099), den Herr Berrier für den Ausschuss erstellt hat und der am 30. Juni 1983 angenommen wurde. Dieser Bericht enthielt den Entwurf eines Europäischen Übereinkommens, der von der Internationalen Juristenkommission und dem Schweizer Ausschuss gegen Folter auf Bitte des Berichterstatters erarbeitet wurde.

Im September 1983 wurde die Stellungnahme des Ausschusses für Politische Angelegenheiten zu dem Bericht von Herrn Dejardin vorgestellt (Dok. 5123).

5. In diesem Zusammenhang ist darauf hinzuweisen, dass ähnliche Arbeiten im Rahmen der Vereinten Nationen durchgeführt wurden, und dass der Text des Übereinkommens gegen Folter und andere grausame, unmenschliche oder erniedrigende Behandlung oder Strafe, auf den in der Empfehlung 909 verwiesen wird, von der Generalversammlung der Vereinten Nationen am 10. Dezember 1994 angenommen und danach zur Unterzeichnung aufgelegt wurde. Der Entwurf des von Costa Rica vorgelegten freiwilligen Protokolls zielt darauf ab, einen Präventionsmechanismus zu schaffen, der den in dem Übereinkommensentwurf im Anhang zu der Empfehlung 971 der Versammlung vorgesehenen Maßnahmen entspricht.

6. Nach der Annahme der Empfehlung 971 hat das Ministerkomitee dem Lenkungsausschuss für Menschenrechte (CDDH) auf der 366. Sitzung der Ministerbeauftragten im Januar 1984 folgendes Mandat übertragen:

> „Die Empfehlung 971 der Versammlung mit dem Ziel zu prüfen, dem Ministerkomitee nach Konsultation des Europäischen Ausschusses für Strafrechtsfragen (CDPC) den Text eines Übereinkommensentwurfs oder einer anderen rechtlichen Übereinkunft über den Schutz von Häftlingen vor Folter und grausamer, unmenschlicher oder erniedrigender Behandlung oder Strafe vorzulegen."

7. Der Expertenausschuss für die Erweiterung der in der Europäischen Menschenrechtskonvention festgeschriebenen Rechte (DH-EX), ein dem CDDH unterstelltes Gremium, wurde von letzterem angewiesen (15. Sitzung, März 1984), diese Arbeiten unter Leitung des CDDH durchzuführen.

8. Der DH-EX hat den Übereinkommensentwurf im Anhang zu der Empfehlung 971 auf seinen 19. bis 25. Treffen (Mai 1984 – Juni 1986) geprüft. Er hat u. a. in Betracht gezogen, dass:
- die Ministerkonferenz über Menschenrechte (Wien, 19. – 20. März 1985) in ihrer Resolution Nr. 2 „das Ministerkomitee auffordert, die Arbeiten an dem Entwurf einer rechtlichen Übereinkunft über die Folter so schnell wie möglich im Hinblick auf ihre Annahme zum Abschluss zu bringen";
- das Schlusskommuniqué der 76. Sitzung des Ministerkomitees (25. April 1985) darauf hinweist, dass die Minister „den Appell der Konferenz unterstützt" hätten;
- in der Versammlung drei Fragen zu dem Übereinkommensentwurf an den Vorsitzenden des Ministerkomitees gestellt wurden, eine von Herrn Berrier im Januar 1985, die anderen von Herrn Arbeloa im April und September 1985;

- das Ministerkomitee im Schlusskommuniqué seiner 77. Sitzung (20. November 1985) sein großes Interesse an der baldigen Fertigstellung des Übereinkommensentwurfs erneut bekräftigt habe.

9. Während seiner Arbeiten hatte der DH-EX Gelegenheit, die Europäische Kommission und den Gerichtshof für Menschenrechte zu befragen. Er veranstaltete auch eine Anhörung mit Vertretern der Internationalen Juristenkommission, dem Schweizer Ausschuss gegen Folter und dem Internationalen Komitee vom Roten Kreuz. Weitere Anhörungen fanden mit zwei Experten im psychiatrischen Bereich statt. Bevor der DH-EX im Juni 1986 den vorläufigen Übereinkommensentwurf an den CDDH übermittelt hat, hat er die Stellungnahmen des Europäischen Ausschusses für Zusammenarbeit in Rechtsfragen (CDCJ) und des Europäischen Ausschusses für Strafrechtsfragen (CDPC) berücksichtigt, die der CDDH konsultiert hatte.

10. Neben dem CDCJ und dem CDCP hat der CDDH auch die Europäische Kommission und den Gerichtshof für Menschenrechte konsultiert. Der Text des Entwurfs des Europäischen Übereinkommens zum Schutz vor Folter und unmenschlicher oder erniedrigender Behandlung oder Strafe wurde auf der 21. Sitzung des CDDH im November 1986 fertiggestellt und dem Ministerkomitee anschließend übermittelt.

11. Nachdem das Ministerkomitee die Versammlung konsultiert hatte (siehe Stellungnahme Nr. 133 vom 27. März 1987), hat es am 26. Juni 1987 den Text des Übereinkommens angenommen. Er wurde am 26. November 1987 zur Unterzeichnung durch die Mitgliedstaaten des Europarates aufgelegt.*

II. Gründe für die Erarbeitung eines neuen Übereinkommens

12. Die Folter und die unmenschliche oder erniedrigende Behandlung oder Strafe werden durch die innerstaatlichen Rechtsvorschriften und durch verschiedene internationale Übereinkünfte verboten. Die Erfahrungen zeigen jedoch, dass umfangreichere und effektivere internationale Maßnahmen erforderlich sind, insbesondere um den Schutz von Personen zu verstärken, denen die Freiheit entzogen ist.

---

* Anmerkung [vom Sekretariat des CPT; 2002]
Am 4. November 1993 wurden zwei Protokolle zur Änderung des Übereinkommens zur Unterzeichnung aufgelegt. Das Protokoll Nr. 1 "öffnet" das Übereinkommen, indem es dem Ministerkomitee des Europarats ermöglicht, jeden Nicht-Mitgliedstaat zum Beitritt zum Übereinkommen einzuladen. Das Protokoll Nr. 2 fügt technische Anpassungen hinzu. Diese Änderung gestattet es, zum Zweck der Wahl die Mitglieder des CPT in zwei Gruppen einzuteilen, um sicherzustellen, dass eine Hälfte der Mitglieder des Ausschusses alle zwei Jahre neu gewählt wird. Das Protokoll sieht ebenfalls vor, dass die Mitglieder des CPT zweimal wiedergewählt werden können, statt wie bisher nur einmal.
Diese Protokolle sind am 1. März 2002 in Kraft getreten.

13. Innerhalb des Europarates wurden durch das Überwachungssystem wesentliche Ergebnisse erzielt, das durch das Übereinkommen zum Schutz der Menschenrechte und Grundfreiheiten vom 4. November 1950 eingerichtet wurde. Es wird davon ausgegangen, dass dieses System, das sich auf Beschwerden von Einzelpersonen oder Staaten gründet, die geltend machen, dass Menschenrechtsverletzungen stattgefunden haben, zweckmäßigerweise durch einen präventiv ausgelegten nicht justitiellen Apparat ergänzt werden könnte, dessen Aufgabe es wäre, die Behandlung von Personen, denen die Freiheit entzogen ist, mit dem Ziel zu prüfen, ggf. den Schutz dieser Personen vor Folter und unmenschlicher oder erniedrigender Behandlung oder Strafe zu verstärken.

14. Aus diesen Gründen setzt dieses Übereinkommen einen Ausschuss ein, der jeden Ort innerhalb der Zuständigkeit der Vertragsparteien besuchen kann, an dem Personen die Freiheit durch eine staatliche Behörde entzogen wurde.

III. Hauptmerkmale des neuen Systems

15. Wie in den vorstehenden Absätzen 13 und 14 festgestellt, hat der Ausschuss die Funktion, Besuche durchzuführen und ggf. Verbesserungen bezüglich des Schutzes von Personen, denen die Freiheit entzogen wurde, vor Folter und unmenschlicher oder erniedrigender Behandlung oder Strafe vorzuschlagen.

16. Die Mitglieder des Ausschusses werden jeweils nach ihrer Befähigung eingesetzt und unter moralisch einwandfreien Personen ausgewählt, die für ihren Sachverstand im Bereich der Menschenrechte bekannt sind oder berufliche Erfahrungen in den von dem Übereinkommen abgedeckten Bereichen besitzen. Sofern es der Ausschuss für erforderlich hält, kann er durch entsprechend qualifizierte Experten unterstützt werden.

17. Es ist nicht Aufgabe des Ausschusses, justitielle Funktionen auszuüben oder zu erklären, dass Verletzungen der einschlägigen internationalen Übereinkünfte begangen wurden. So wird der Ausschuss weder in abstracto oder bezüglich konkreter Tatsachen Stellungnahmen zur Auslegung dieser Übereinkünfte abgeben.

18. Bei der Entscheidung darüber, ob Empfehlungen gegeben werden müssen, muss der Ausschuss natürlich die während seiner Besuche festgestellten Fakten bewerten. Da der Ausschuss nicht dafür zuständig ist, Zeugen gemäß den allgemeinen Grundsätzen des rechtlichen Verfahrens zu hören, hat er keine ausreichende Grundlage, um Empfehlungen zu geben, wenn die Fakten unklar sind und die Notwendigkeit weiterer Ermittlungen besteht. In derartigen Fällen kann der Ausschuss dann den betroffenen Staat informieren und vorschlagen, dass weitere Ermittlungen auf nationaler Ebene durchgeführt werden, und darum ersuchen, über die Ergebnisse der Untersuchung informiert zu werden.

19. Als Folgemaßnahme kann der Ausschuss weitere Besuche an die schon besuchten Orte organisieren.

20. In Anwendung des Übereinkommens sind der Ausschuss und der betroffene Staat zur Zusammenarbeit verpflichtet. Der Zweck des Ausschusses besteht nicht darin, Staaten zu verurteilen, sondern sich im Geiste der Zusammenarbeit und der Beratung ggf. um Verbesserungen beim Schutz von Personen zu bemühen, denen die Freiheit entzogen wurde.

IV. Anmerkungen zu den Bestimmungen des Übereinkommens

Präambel

21. Die Präambel stellt die Gründe dar, die die Mitgliedstaaten des Europarates veranlasst haben, das Übereinkommen zu verabschieden, und stellt seinen Zweck dar (s. Kapitel I bis III vorstehend).

22. Die Bezugnahme auf Artikel 3 des Europäischen Menschenrechtsübereinkommens beauftragt den Ausschuss, Situationen zu prüfen, die Folter oder unmenschliche oder erniedrigende Behandlung oder Strafe zur Folge haben können (s. nachstehend Absätze 26 und 27).

Artikel 1

23. Dieser Artikel richtet ein Gremium ein, das Besuche durchführen soll, und stellt den Zweck der Besuche fest. Auf diese Weise beschreibt er die Hauptfunktionen des Europäischen Ausschusses zur Verhütung von Folter und unmenschlicher oder erniedrigender Behandlung.

24. Der Begriff „Entzug der Freiheit" ist zum Zwecke dieses Übereinkommens im Sinne von Artikel 5 des Europäischen Menschenrechtsübereinkommens zu verstehen, wie im Fallrecht des Europäischen Gerichtshofs und der Menschenrechtskommission erklärt. Die Unterscheidung zwischen „rechtmäßigem" und „unrechtmäßigem" Freiheitsentzug, die sich in Verbindung mit Artikel 5 ergibt, ist jedoch im Hinblick auf die Zuständigkeit des Ausschusses unerheblich.

25. Wie schon in Absatz 17 dargestellt, übt der Ausschuss keine justitiellen Funktionen aus: seine Mitglieder müssen keine Rechtsexperten sein, seine Empfehlungen sind für den betroffenen Staat nicht verbindlich, und der Ausschuss nimmt zur Auslegung rechtlicher Sachverhalte keinerlei Stellung. Seine Aufgabe ist rein präventiver Natur. Er führt Informationsbesuche durch und spricht ggf. auf der Grundlage der so gewonnenen Informationen Empfehlungen aus, um den Schutz

von Personen, denen die Freiheit entzogen ist, vor Folter und unmenschlicher oder erniedrigender Behandlung oder Strafe zu verstärken.

26. Das Verbot von Folter und unmenschlicher oder erniedrigender Behandlung oder Strafe ist ein allgemeiner internationaler Standard, der, auch wenn er unterschiedlich formuliert ist, in verschiedenen internationalen Übereinkünften zu finden ist, beispielsweise Artikel 3 der Europäischen Menschenrechtskonvention.

27. Das Fallrecht des Gerichtshofs und der Europäischen Menschenrechtskommission zu Artikel 3 bildet eine Leitlinie für den Ausschuss. Die Aktivitäten des Ausschusses zielen jedoch mehr auf eine künftige Prävention als auf die Anwendung der gesetzlichen Anforderungen auf bestehende Umstände ab. Der Ausschuss sollte nicht versuchen, Einfluss auf die Auslegung und Anwendung von Artikel 3 zu nehmen.

Artikel 2

28. Mit dieser Bestimmung erklären sich die Vertragsparteien des Übereinkommens einverstanden, Besuche an jeden Ort innerhalb ihres Zuständigkeitsbereichs zu genehmigen, an dem einer oder mehreren Personen ihre Freiheit durch eine öffentliche Behörde entzogen wird. Es ist unerheblich, ob der Freiheitsentzug sich auf eine formelle Entscheidung gründet oder nicht.

29. Die Besuche können unter allen Voraussetzungen stattfinden. Das Übereinkommen gilt nicht nur in Friedenszeiten, sondern auch während des Krieges oder einer anderen öffentlichen Notlage. Die Zuständigkeit des Ausschusses wird jedoch bezüglich der Orte, die er besuchen kann, durch die Bestimmungen von Artikel 17, Absatz 3 (s. Absatz 93 nachstehend) begrenzt.

30. Besuche können an allen möglichen Orten organisiert werden, an denen Personen ihre Freiheit aus irgendwelchen Gründen entzogen wird. Daher gilt das Übereinkommen beispielsweise für Orte, an denen Personen in Gewahrsam gehalten werden, wegen der Überführung einer Straftat inhaftiert sind, in Verwaltungsgewahrsam gehalten werden, für die aus medizinischen Gründen eine Quarantäne verhängt wird, oder wo Minderjährigen durch eine öffentliche Behörde die Freiheit entzogen wurde. Der Freiheitsentzug durch Militärbehörden fällt auch unter das Übereinkommen.

31. Besuche an Orte, an denen Personen ihre Freiheit wegen ihres Geisteszustandes entzogen wird, erfordert eine sorgfältige Vorbereitung und Verfahrensweise, beispielsweise im Hinblick auf die Qualifikationen und Erfahrungen derjenigen, die für den Besuch ausgewählt werden, und der Art und Weise, in der der Besuch durchgeführt wird. Bei der Durchführung seiner Besuche möchte sich der Ausschuss zweifellos auf die vom Ministerkomitee angenommenen einschlägigen Empfehlungen beziehen.

32. Die Besuche können sowohl in privaten als auch in staatlichen Institutionen durchgeführt werden. Es geht um das Kriterium, ob der Freiheitsentzug die Folge einer Maßnahme durch eine öffentliche Behörde ist. Der Ausschuss kann somit nur Besuche im Zusammenhang mit Personen durchführen, denen ihre Freiheit durch eine öffentliche Behörde entzogen wurde, und nicht bei freiwilligen Patienten. In letzterem Falle sollte es dem Ausschuss jedoch möglich sein, sich davon zu überzeugen, dass dies wirklich der Wunsch des betroffenen Patienten war.

Artikel 3

33. Wie in den allgemeinen Erwägungen (s. Kapitel II und III vorstehend) festgestellt, begründet dieses Übereinkommen ein nicht justitielles System präventiver Natur. Es ist nicht Aufgabe des Ausschusses, die Staaten wegen Menschenrechtsverletzungen zu verurteilen, sondern mit ihnen bei der Verstärkung des Schutzes von Personen zusammenzuarbeiten, denen ihre Freiheit entzogen wurde. Um die Art der Beziehungen zwischen dem Ausschuss und den Vertragsparteien darzustellen, enthält Artikel 3 eine allgemeine Bestimmung über die Zusammenarbeit.

34. Der Grundsatz der Zusammenarbeit gilt für alle Phasen der Aktivitäten des Ausschusses. Er gilt unmittelbar für verschiedene andere Bestimmungen des Übereinkommens, beispielsweise Artikel 2, 8, 9 und 10.

Es wird erwartet, dass der Ausschuss den von den Vertragsparteien zur Verfügung gestellten nationalen Sachverstand nutzt, um ihn bei seiner Aufgabe vor allem während der Besuche zu unterstützen (s. auch die Absätze 64 und 65 nachstehend).

Artikel 4

Absatz 1

35. Der Ausschuss setzt sich aus einer Anzahl von Mitgliedern zusammen, die derjenigen der Vertragsparteien entspricht. Diese Bestimmung ist am ersten Teil von Artikel 20 der Europäischen Menschenrechtskonvention ausgerichtet.

Absatz 2

36. Bezüglich der Qualifikationen der Mitglieder des Ausschusses wird in Absatz 2 festgestellt, dass sie unter Persönlichkeiten von hohem sittlichen Ansehen ausgewählt werden, die für ihre Sachkenntnis auf dem Gebiet der Menschenrechte bekannt sind oder in den von diesem Übereinkommen erfassten Bereichen über berufliche Erfahrung verfügen. Es wird nicht für wünschenswert gehalten, im Einzelnen die Berufsbereiche zu spezifizieren, aus denen die Mitglieder des Ausschusses ausgewählt werden können. Sie müssen selbstverständlich keine Rechts-

experten sein. Es wäre wünschenswert, wenn der Ausschuss Mitglieder umfassen würde, die über Erfahrungen beispielsweise mit der Gefängnis-Verwaltung und in den verschiedenen medizinischen Bereichen verfügen, die für die Behandlung von Personen wichtig sind, denen die Freiheit entzogen wurde. Dies wird zu einem effektiveren Dialog zwischen dem Ausschuss und den Staaten führen und konkrete Vorschläge von Seiten des Ausschusses erleichtern.

Absatz 3

37. Diese Bestimmung entspricht dem letzten Teil von Artikel 20 der Europäischen Menschenrechtskonvention.

Absatz 4

38. Dieser Absatz schreibt vor, dass die Mitglieder in persönlicher Eigenschaft tätig sind, und dass sie unabhängig und unparteiisch sein müssen und dem Ausschuss zur wirksamen Mitarbeit zur Verfügung stehen. Entsprechend wird erwartet, dass Kandidaten, die in einem Interessenkonflikt kämen oder die andere Schwierigkeiten bei der Erfüllung der Erfordernisse der Unabhängigkeit, Unparteilichkeit und Verfügbarkeit hätten, nicht vorgeschlagen oder gewählt werden. Es wird ebenfalls erwartet, dass ein Ausschuss-Mitglied, das derartige Schwierigkeiten im Hinblick auf eine bestimmte Situation hat, an keiner Aktivität des Ausschusses teilnimmt, die diese Situation betrifft.

Artikel 5

Absatz 1

39. Das Verfahren für die Wahl der Mitglieder des Ausschusses ist im Wesentlichen das gleiche wie das in Artikel 21 der Europäischen Menschenrechtskonvention für die Wahl der Kommissionsmitglieder festgelegte.

Absatz 2

40. Es wird für zweckmäßig gehalten, dass dasselbe Wahlverfahren bei der Besetzung freigewordener Sitze durchgeführt wird (Tod oder Rücktritt).

Absatz 3

41. Die Amtsdauer wurde auf vier Jahre festgesetzt, mit der Möglichkeit, einmal wieder gewählt zu werden.**

42. Es ist eine Teilerneuerung des Ausschusses nach der ersten Amtsperiode von zwei Jahren vorgesehen. Das festgelegte Verfahren folgt den entsprechenden Bestimmungen von Artikel 22 und 40 der Europäischen Menschenrechtskonvention.

Artikel 6

Absatz 1

43. Im Hinblick auf die besonderen Merkmale der Funktionen des Ausschusses, wie sie in diesem Übereinkommen vorgesehen sind, ist festgelegt, dass der Ausschuss unter Ausschluss der Öffentlichkeit tagt. Diese Bestimmung ergänzt den in Artikel 11 enthaltenen Grundsatz, dass die bei einem Besuch von dem Ausschuss gewonnenen Informationen, sein Bericht und die Konsultationen mit dem betroffenen Staat vertraulich sind.

44. Entsprechend den in Artikel 10, Absatz 2 festgelegten Kriterien werden die Beschlüsse des Ausschusses mit der Mehrheit der anwesenden Mitglieder getroffen. Die beschlussfähige Mitgliederzahl entspricht der Mehrheit der Mitglieder.

Absatz 2

45. Dieser Absatz sieht in Übereinstimmung mit der internationalen Praxis vor, dass der Ausschuss sich eine Geschäftsordnung gibt. Sie regelt die normalerweise in einer derartigen Geschäftsordnung aufgeführten organisatorischen Angelegenheiten, einschließlich der Wahl des Vorsitzenden.

Absatz 3

46. Diese Bestimmung, die vorschreibt, dass das Sekretariat des Ausschusses vom Generalsekretär des Europarates gestellt wird, richtet sich nach der üblichen Praxis dieser Organisation.

** Anmerkung [vom Sekretariat des CPT; 2002]
Mit In-Kraft-Treten des Protokolls Nr. 2 können die Mitglieder des CPT zweimal wiedergewählt werden.

Artikel 7

Absatz 1

47. Dieser Absatz sieht vor, dass es Aufgabe des Ausschusses ist, die Besuche an Orte vorzunehmen, auf die Artikel 2 des Übereinkommens hinweist. Er verweist ebenfalls darauf, dass der Ausschuss regelmäßige sowie Ad-hoc-Besuche organisieren kann.

48. Bei den regelmäßigen Besuchen muss der Ausschuss, um effizient zu sein, die Anzahl der in den betroffenen Staaten zu besuchenden Orte berücksichtigen. Der Ausschuss sollte ebenfalls möglichst gewährleisten, dass die verschiedenen Staaten auf der gleichen Grundlage besucht werden. Aus praktischen Gründen sollte sein Programm für die regelmäßigen Besuche nicht die systematischen Besuche an allen Orte umfassen, an denen Personen die Freiheit entzogen wird. Der Ausschuss sollte sogar Ad-hoc-Besuchen eine gewisse Priorität einräumen, die ihm auf Grund der Umstände erforderlich scheinen.

49. Bei derartigen Ad-hoc-Besuchen liegt es im Ermessen des Ausschusses zu entscheiden, wann er einen Besuch für erforderlich hält und auf welche Faktoren seine Entscheidung gegründet wird. Während der Ausschuss nicht mit der Prüfung von Einzelbeschwerden befasst werden sollte (diese sind schon beispielsweise nach der Europäischen Menschenrechtskonvention geregelt), sollte es ihm freistehen, Mitteilungen von Einzelpersonen oder Gruppen Einzelner zu beurteilen und zu entscheiden, ob er seine Funktionen auf Grund derartiger Mitteilungen ausübt. Er sollte eine derartige Ermessensbefugnis besitzen, wenn eine Vertragspartei den Wunsch zum Ausdruck bringt, dass der Ausschuss einen Besuch an Orten innerhalb ihres Zuständigkeitsbereichs durchführen sollte, um bestimmte Aussagen zu prüfen und die Lage zu klären.

Absatz 2

50. Die Besuche selbst müssen nicht zwangsläufig von dem gesamten Ausschuss durchgeführt werden; es ist nämlich wahrscheinlich, dass es nur in Ausnahmesituationen zu einem Besuch durch den gesamten Ausschuss kommt. Daher ist in Absatz 2 vorgesehen, dass die Besuche im Allgemeinen von mindestens zwei Ausschuss-Mitgliedern durchgeführt werden, die für den Ausschuss tätig werden. In Ausnahmefällen kann der Ausschuss jedoch nur durch ein Mitglied vertreten werden, beispielsweise bei Ad-hoc-Besuchen dringender Art, wenn nur ein Mitglied zur Verfügung steht.

51. Wenn es der Ausschuss für notwendig hält, kann er von Sachverständigen und Dolmetschern unterstützt werden. Dem liegt der Gedanke zu Grunde, dass die Erfahrung des Ausschusses z. B. durch die Unterstützung von Personen ergänzt werden sollte, die eine besondere Ausbildung oder Erfahrung mit humanitären Missionen haben, die einen medizinischen Hintergrund oder besonderen Sachverstand

für die Behandlung von Häftlingen oder für Gefängnis-Systeme und ggf. für Jugendliche besitzen.

52. Bei der Organisation eines Besuches berücksichtigt der Ausschuss die Notwendigkeit, über ausreichende Kenntnisse des betroffenen Staates und entsprechende Sprachkenntnisse zu verfügen.

53. Das Mitglied oder die Mitglieder des Ausschusses, die für die Durchführung eines Besuches ausgewählt wurden, sind für die Verbindungen zu den nationalen Behörden entsprechend ermächtigt. Sie sind für die allgemeine Durchführung des Besuches und für die dem Ausschuss nach dem Besuch vorzulegenden Erkenntnisse verantwortlich.

Artikel 8

54. Mit Ausnahme von Absatz 1, in dem der Verweis auf den „Ausschuss" den Plenarausschuss meint, umfasst die Bezugnahme auf den „Ausschuss" in diesem Artikel (wie in den Artikeln 3, 9, 14, Absatz 3 und 17, Absatz 3) die Delegation, die den Besuch für den Ausschuss durchführt.

Absatz 1

55. Mit der Ratifizierung des Übereinkommens sind die Staaten verpflichtet, Besuche an jeden Ort innerhalb ihres Hoheitsgebiets zuzulassen. Diese Bestimmung zielt darauf ab, die Modalitäten festzulegen, mit denen ein Besuch eingeleitet wird. Bevor ein Besuch stattfinden kann, notifiziert der Ausschuss der Regierung der betroffenen Vertragspartei seine Absicht, einen Besuch durchzuführen (vgl. Artikel 15). Nach einer derartigen Notifikation kann er jederzeit jeden in Artikel 2 des Übereinkommens genannten Ort besuchen.

Es ist für den Ausschuss und jede Vertragspartei wichtig, dass die Ausweisformalitäten und Mittel der Identifizierung für jede dem Besuchsteam angehörende Person zufriedenstellend geregelt werden.

56. Diese Bestimmung besagt nichts über die Zeit (beispielsweise 24 oder 48 Stunden), die zwischen der Notifikation und dem Zeitpunkt des effektiven Besuchs liegen sollte. Es können nämlich Ausnahme-Situationen entstehen, in denen der Besuch unmittelbar nach erfolgter Notifikation stattfindet. In der Regel und unter Berücksichtigung des in Artikel 3 dargelegten Grundsatzes der Zusammenarbeit sollte der Ausschuss jedoch dem betroffenen Staat ausreichend Zeit lassen, um die erforderlichen Maßnahmen zu treffen, damit der Besuch möglichst effektiv verläuft. Andererseits sollte der Ausschuss den Besuch innerhalb einer vernünftigen Zeit nach der Notifikation durchführen.

57. In den Fällen, in denen mit der Notifikation die Absicht des Ausschusses, einen Staat zu besuchen, ohne Angabe des Ankunftszeitpunkts und -ortes angekündigt wird, wird in demselben Geist der Zusammenarbeit erwartet, dass der Ausschuss diese Einzelheiten später liefert, bevor der Besuch stattfindet.

58. Neben der Ankündigung des Besuchs sollte die Notifikation die Namen der Mitglieder des Ausschusses enthalten und die an dem Besuch teilnehmenden Sachverständigen, die Dolmetscher und weiteres Begleitpersonal sowie die Orte nennen, die der Ausschuss zu besuchen beabsichtigt. Die Tatsache, dass bestimmte Einrichtungen in der Notifikation erwähnt werden, sollte den Ausschuss nicht daran hindern anzukündigen, dass er auch im Laufe seines Besuches andere Einrichtungen zu besuchen wünscht.

59. Schließlich wird erwartet, dass der Ausschuss berücksichtigt, dass Besuche in Hochsicherheitsgefängnissen einer sorgfältigen Vorbereitung bedürfen.

Absatz 2

60. Angesichts der besonderen Art der Besuche, die der Ausschuss durchführen muss, wird davon ausgegangen, dass dieser Absatz in gleicher Weise vor, während und nach den Besuchen gilt. Der Absatz enthält eine erschöpfende Liste der Erleichterungen, auf deren Gewährung durch die Vertragspartei der Ausschuss einen Anspruch hat. Es wird jedoch davon ausgegangen, dass die Vertragspartei dem Ausschuss jede weitere Unterstützung zur Erleichterung seiner Arbeit leisten sollte.

61. In Unterabsatz (a), der in Verbindung mit den Artikeln 2 und 16 gelesen werden muss, dürfen die von den Vertragsparteien bezüglich der Einreise (beispielsweise Visa) vorgeschriebenen Bedingungen nicht gegen die Mitglieder des Besuchsteams herangezogen werden (es gilt Artikel 14, Absatz 3 für die Sachverständigen und andere den Ausschuss unterstützende Personen). Das Recht, sich uneingeschränkt zu bewegen, räumt dem Ausschuss oder seinen Experten nicht die allgemeine Freiheit ein, sich in Gebieten zu bewegen, zu denen der Zugang aus Gründen der Landesverteidigung beschränkt ist (vgl. Artikel 9).

62. In Unterabsatz (b) muss jede Vertragspartei auf Anfrage dem Ausschuss eine Liste der Orte in seinem Hoheitsgebiet zur Verfügung stellen, an denen Personen, denen die Freiheit entzogen ist, festgehalten werden, wobei die Art der Einrichtung (Gefängnis, Polizeiwache, Krankenhaus usw.) aufgeführt ist. Es wird davon ausgegangen, dass der betroffene Staat eine Liste zur Verfügung stellt und so eine allgemeine Beschreibung der Orte liefern kann, an denen Personen von Zeit zu Zeit festgehalten werden können, beispielsweise alle Polizeiwachen oder alle Kasernen, und zwar zusätzlich zu einer spezifischen Liste der ständigen Orte, an denen Personen die Freiheit entzogen wird, wie Gefängnisse und Nervenheilanstalten. Es ist beabsichtigt, dass der Ausschuss schließlich eine umfassende Liste der Orte in einem bestimmten Gebiet anfordert, das er innerhalb des Hoheitsgebiets

des Staates zu besuchen beabsichtigt. Andererseits ist es nicht notwendig, dass der Staat eine Liste aller Häftlinge erstellt. Wenn der Ausschuss aus besonderen Gründen Informationen über eine bestimmte Person (einschließlich seines oder ihres Inhaftierungsortes) erhalten möchte, kann er diese nach Unterabsatz (d) von Absatz 2 beantragen.

63. Unterabsatz (c) hebt die Bewegungsfreiheit der Ausschuss-Mitglieder hervor, vor allem innerhalb der Orte, auf die in Artikel 2 Bezug genommen wird. Aber diese Bestimmung schließt nicht aus, dass der Ausschuss durch einen Beamten des besuchten Staates zur Unterstützung des Besuches begleitet wird (vgl. Artikel 15). Der Staat kann insbesondere verlangen, dass der Ausschuss von einem höheren Beamten an Orten begleitet wird, die aus Gründen der nationalen Verteidigung der Geheimhaltung unterliegen oder aus Gründen der nationalen Sicherheit besonderen Schutz genießen (vgl. Artikel 9). Eine Begleitperson darf jedoch nicht bei den in Absatz 3 dieses Artikels erwähnten Unterhaltungen ohne Zeugen anwesend sein.

64. Unterabsatz (d) verpflichtet die Vertragsparteien, dem Ausschuss die verfügbaren Auskünfte zu liefern, die für den Ausschuss bei der Durchführung seiner Aufgabe notwendig sind. Der Zugang zu Auskünften ist natürlich für den Ausschuss von großer Bedeutung. Gleichzeitig wird anerkannt, dass in den Mitgliedstaaten besondere Regeln für die Offenlegung von Auskünften gelten können. Somit ist der Ausschuss seinerseits verpflichtet, die geltenden Regeln der nationalen Rechtsvorschriften und des Standesrechts (insbesondere Regeln bezüglich des Datenschutzes und des Arztgeheimnisses) zu berücksichtigen, wenn er eine Vertragspartei um Auskünfte ersucht. Mögliche Schwierigkeiten in diesem Bereich sollen im Geiste des gegenseitigen Verständnisses und der Zusammenarbeit gelöst werden, auf die sich das Übereinkommen gründet.

65. Es wird davon ausgegangen, dass es Sache der Vertragsparteien ist, über die Form (beispielsweise Originale oder Kopien von Dokumenten) zu beschließen, in der die vom Ausschuss angeforderten Auskünfte übermittelt werden.

Absatz 3

66. Auf Grund dieses Absatzes kann der Ausschuss Unterhaltungen ohne Zeugen führen. Für diese Unterhaltungen kann er seine eigenen Dolmetscher wählen und darf keiner zeitlichen Begrenzung unterworfen werden.

Der Ausschuss sollte in Zusammenhang mit geistesgestörten Patienten besondere Sorgfalt bei der Zahl, den Qualifikationen und den sprachlichen Fähigkeiten der Person oder der Personen walten lassen, die die Unterhaltung führen (vgl. Absatz 31 vorstehend).

67. Es wird davon ausgegangen, dass eine Person, der die Freiheit entzogen wurde, nicht verpflichtet ist, der Kontaktaufnahme mit dem Ausschuss zuzustimmen.

Letzterem muss jedoch die Möglichkeit gegeben werden, sich davon zu überzeugen, dass dies wirklich die freie Entscheidung der betroffenen Person ist.

Absatz 4

68. Als die Verfasser des Übereinkommens auf Personen Bezug genommen haben, mit denen der Ausschuss Verbindung aufnehmen kann, hat er insbesondere an Familien, Rechtsanwälte, Ärzte und Pflegepersonal der Personen gedacht, denen die Freiheit entzogen ist. Es kann jedoch keine Privatperson gezwungen werden, mit dem Ausschuss Verbindung aufzunehmen.

69. Dieses Recht, das dem Ausschuss übertragen ist, berechtigt ihn jedoch nicht, förmliche Anhörungen im rechtlichen Sinne mit allen damit verbundenen verfahrensrechtlichen Bedingungen zu organisieren. Es wäre beispielsweise niemand verpflichtet, unter Eid auszusagen.

Absatz 5

70. Dieser Absatz versetzt den Ausschuss in die Lage, während seines eigentlichen Besuches bestimmte Anmerkungen zu machen. Diese Möglichkeit sollte nur in Ausnahmefällen genutzt werden (beispielsweise wenn die dringende Notwendigkeit besteht, die Behandlung von Personen zu verbessern, denen die Freiheit entzogen ist). Dies enthebt den Ausschuss nicht der Verpflichtung, später einen Bericht zu erstellen, wie in Artikel 10 vorgesehen.

Artikel 9

71. Dieser Artikel stellt fest, dass trotz der Verpflichtung einer Vertragspartei, Besuche durch den Ausschuss zuzulassen, bestimmte außergewöhnliche Umstände eine Verschiebung eines Besuchs oder eine Begrenzung des Zugangsrechts des Ausschusses zu einem bestimmten Ort rechtfertigen. Absatz 1 führt diese außergewöhnlichen Umstände auf, und beschränkt die Gründe, aus denen man sich auf diesen Artikel berufen kann, auf besondere Fälle:

- Aufrechterhaltung der nationalen Verteidigung;
- Aufrechterhaltung der öffentlichen Sicherheit, wobei beabsichtigt ist, dass diese die dringende und zwingende Notwendigkeit der Verhütung eines schweren Verbrechens umfasst;
- schwere Störungen in Gefängnissen oder an Orten, an denen Personen die Freiheit entzogen ist;
- Fälle, in denen auf Grund des Gesundheitszustands (einschließlich des geistigen Zustandes) einer zu besuchenden Person sich ein Besuch zu einer bestimmten Zeit als gesundheitsschädlich erweisen könnte;
- Vermeidung der Beeinträchtigung einer dringenden Vernehmung und anschließenden Ermittlung in Zusammenhang mit einer schweren Straftat.

72. Eine Vertragspartei, die sich auf die Bestimmungen von Artikel 9 berufen möchte, ist verpflichtet, dem Ausschuss Angaben über die entsprechenden Umstände zu machen. Der Ausschuss und die Vertragspartei sind dann auf Grund von Absatz 2 verpflichtet, Beratungen aufzunehmen, um die von der Vertragspartei genannten Umstände und ihre Auswirkung auf die von dem Ausschuss gemäß Artikel 8 mitgeteilten Vorschläge aufzuklären. Der Ausschuss und die Vertragspartei sind ebenfalls verpflichtet (und dies ist ein besonderes Beispiel für die in Artikel 3 vorgeschriebene Zusammenarbeit), sich um eine Verständigung über die Art und Weise zu bemühen, in der der Ausschuss seine Funktionen schnell und effektiv durchführen kann. Eine in dem Artikel genannte Möglichkeit besteht beispielsweise darin, dass bei Einwänden gegen einen Besuch an einem bestimmten Ort aus Gründen der nationalen Sicherheit jede Person, der die Freiheit an diesem Platz entzogen ist, an einen anderen Platz gebracht wird, wo sie von dem Ausschuss besucht werden kann. Dieser Absatz bestimmt auch, dass bei einer Verschiebung eines Besuchs an einem Ort die Vertragspartei sicherstellen wird, dass der Ausschuss voll über die Personen informiert wird, denen die Freiheit an diesem Ort entzogen wird.

Artikel 10

Absatz 1

73. Dieser Absatz befasst sich mit dem Bericht, den der Ausschuss nach jedem Besuch zu erstellen hat. Dieser gründet sich auf die Tatsachen, die während des Besuchs festgestellt wurden, und berücksichtigt alle Äußerungen, die der betroffene Staat machen möchte. Der Bericht enthält auch die Empfehlungen, die der Ausschuss für notwendig hält, wobei das Ziel in jedem Fall darin besteht, den Schutz der Personen, denen die Freiheit entzogen ist, zu verstärken. Es wird davon ausgegangen, dass der dem betroffenen Staat übermittelte Bericht nicht zwangsläufig alle Informationen enthält, die der Ausschuss bei seinen Besuchen erhalten hat (beispielsweise Protokolle bestimmter Anhörungen).

Absatz 2

74. In bestimmten in diesem Absatz aufgeführten Fällen kann der Ausschuss, nachdem der betroffene Staat Gelegenheit hatte sich zu äußern, beschließen, eine öffentliche Erklärung abzugeben. Von der Befugnis des Ausschusses, in außergewöhnlichen Fällen eine öffentliche Erklärung abzugeben, kann Gebrauch gemacht werden, wenn der Staat seine Unterstützung verweigert oder es ablehnt, die Situation mit Blick auf die Empfehlungen des Ausschusses zu verbessern. Angesichts der Bedeutung einer derartigen Entscheidung kann diese nur mit qualifizierter Mehrheit getroffen werden. Bevor dieses Mittel bei der Weigerung eines Staates, die Situation zu verbessern, angewandt wird, sollte der Ausschuss alle Schwierigkeiten bei diesem Verfahren entsprechend berücksichtigen.

75. Der Ausschuss hat einen breiten Ermessensspielraum bei seiner Entscheidung, welche Informationen veröffentlicht werden, aber er muss die Notwendigkeit gebührend berücksichtigen, dass vertraulich übermittelte Informationen nicht offengelegt werden. Er sollte auch beachten, dass es wünschenswert ist, dass Informationen in Zusammenhang mit laufenden Ermittlungen nicht enthüllt werden.

Artikel 11

Absatz 1

76. Diese Bestimmung stellt den Grundsatz auf, dass die Aktivitäten des Ausschusses vertraulich sind. Die „von dem Ausschuss erhaltenen Informationen" können aus Fakten bestehen, die er selbst beobachtet hat, aus Informationen, die er aus externen Quellen erhalten hat, und aus Informationen, die er selbst zusammengetragen hat.

Absatz 2

77. Diese Bestimmung schreibt vor, dass der Ausschuss verpflichtet ist, den Bericht und alle etwaigen Stellungnahmen des Staates zu veröffentlichen, wenn der betreffende Staat darum ersucht. Wenn der betreffende Staat den Bericht selbst veröffentlicht, sollte er ihn vollständig veröffentlichen.

Absatz 3

78. Diese Bestimmung schreibt vor, dass personenbezogene Daten nicht ohne ausdrückliche Zustimmung des Betroffenen veröffentlicht werden dürfen. Dies darf jedoch die Veröffentlichung dieser Daten nicht ausschließen, wenn die Identität der betreffenden Person nicht bekannt gegeben wird oder nicht aus dem Zusammenhang abgeleitet werden kann.

Artikel 12

79. Jedes Jahr legt der Ausschuss dem Ministerkomitee einen allgemeinen Bericht über seine Tätigkeit vor. Der Bericht, der der Beratenden Versammlung zugeleitet und veröffentlicht wird, sollte Informationen über die Organisation und die internen Arbeiten des Ausschusses sowie über seine Aktivitäten unter besonderer Erwähnung des besuchten Staates enthalten. Bei der Vorbereitung des Berichts muss sich der Ausschuss natürlich an die Bestimmungen von Artikel 11 über die Vertraulichkeit bestimmter Informationen und Daten halten.

Artikel 13

80. Gemäß dieser Bestimmung sind die Mitglieder des Ausschusses, die Sachverständigen und die anderen Personen, die den Ausschuss unterstützen, gehalten, auch nach Beendigung ihrer Tätigkeit Vertraulichkeit zu wahren. Dies bezieht sich auf alle Tatsachen oder Informationen, die den Ausschuss-Mitgliedern oder den anderen Personen während der Erfüllung ihrer Aufgaben während der Durchführung der Besuche oder zu einem anderen Zeitpunkt zur Kenntnis gelangt sind.

Artikel 14

Absatz 1

81. Diese Bestimmung legt den Grundsatz fest, dass die Namen der Personen, die den Ausschuss unterstützen, in der Notifikation eines Besuchs nach Artikel 8, Absatz 1 angegeben werden.

Absatz 2

82. Die Sachverständigen unterliegen in derselben Weise wie die Mitglieder des Ausschusses der Pflicht zur Unabhängigkeit, Unparteilichkeit und Verfügbarkeit (vgl. Artikel 4, Absatz 4). Sie handeln nach den Weisungen des Ausschusses und unter seiner Verantwortung.

Absatz 3

83. Dieser Absatz beschreibt die Bedingungen, unter denen ein Staat einer Person, die den Ausschuss unterstützt, die Teilnahme an Besuchen oder an einem bestimmten Besuch eines ihrer Hoheitsgewalt unterstehenden Ortes verweigern kann.

84. Dieses Recht kann nur ausnahmsweise und möglichst früh ausgeübt werden. So sollte ein Staat, nachdem er die einschlägigen Informationen erhalten hat, eine Person nur dann ablehnen, wenn diese nach seiner Auffassung die in Absatz 2 dieses Artikels oder in Artikel 13 aufgeführten Anforderungen nicht erfüllt. Dies kann der Fall sein, wenn die betreffende Person gegenüber diesem Staat Voreingenommenheit bewiesen hat oder sie bei anderen Gelegenheiten den Grundsatz der Vertraulichkeit gebrochen hat.

85. Erklärt ein Staat, dass eine Person nicht an einem Besuch teilnehmen darf, kann der Ausschuss nach den Gründen fragen, wobei die Anfrage und die Antwort vertraulich sind. Eine derartige Vereinbarung kann dem Ausschuss bei der Benennung anderer Personen zu seiner Unterstützung behilflich sein.

86. Wenn eine Person, die den Ausschuss unterstützt, sich im Verlaufe des Besuches auf eine Art und Weise verhält, die der betreffende Staat als ungeeignet betrachtet (beispielsweise, wenn sie politische oder ähnliche öffentliche Erklärungen abgibt), kann er den Ausschuss ersuchen, alle Maßnahmen zu ergreifen, die letzterer für angemessen hält.

Artikel 15

87. Um die Notifikation nach Artikel 8, Absatz 1 des Übereinkommens zu erleichtern, verpflichtet diese Bestimmung die Vertragsparteien, dem Ausschuss die Behörde mitzuteilen, an die die Notifikationen übermittelt werden sollten. Eine Vertragspartei muss dem Ausschuss ebenfalls den Namen von ihr benannter Verbindungsbeamter mitteilen, um die Aufgabe des Ausschusses bei seinem Besuch zu erleichtern.

Artikel 16

88. Dieser Artikel behandelt die Vorrechte und Immunitäten des Ausschusses, seiner Mitglieder und der Sachverständigen. Er gründet sich auf Artikel 59 der Europäischen Konvention für Menschenrechte und auf das Zweite und Vierte Protokoll des Allgemeinen Abkommens des Europarates über Vorrechte und Immunitäten.

Artikel 17

Absatz 1

89. Dieser Absatz bestimmt, dass dieses Übereinkommen nicht als Rechtfertigung für die Einschränkung des Schutzes herangezogen werden kann, der nach anderen internationalen Übereinkünften oder nach dem innerstaatlichen Recht gewährt wird. Das Übereinkommen ist nämlich nur eine von mehreren Maßnahmen, die darauf gerichtet sind, Folter zu verhindern und den Schutz von Personen zu stärken, denen die Freiheit entzogen ist.

90. Die Tatsache, dass nationale Behörden befugt sein können, bestimmte Ermittlungen an Orten durchzuführen, die in den Geltungsbereich des Übereinkommens fallen, ist nicht ausreichend um zu verhindern, dass der Ausschuss beschließt, einen Besuch durchzuführen. Im Geiste der Zusammenarbeit, in dem das Übereinkommen durchgeführt werden soll, kann der Ausschuss jedoch den Wunsch haben, mit diesen nationalen Behörden in Verbindung zu treten, bevor er eine Entscheidung trifft (vgl. Absätze 33 und 34 vorstehend).

Absatz 2

91. Dieser Absatz behandelt das besondere Verhältnis zwischen dem neuen Übereinkommen und der Europäischen Menschenrechtskonvention, der alle Mitgliedstaaten des Europarates beigetreten sind, und zu der die Verbindung in der Präambel festgeschrieben ist. Die Verpflichtungen der Vertragsparteien nach der Europäischen Menschenrechtskonvention werden nicht berührt. Dies gilt in gleicher Weise für die Zuständigkeit, die diese Konvention dem Gerichtshof und der Kommission für Menschenrechte und dem Ministerkomitee überträgt. Bei der Einhaltung der Zuständigkeit dieser Organe befasst sich somit der durch dieses Übereinkommen eingesetzte Ausschuss nicht mit Angelegenheiten, die in dort anhängigen Verfahren behandelt werden, und formuliert keine Auslegungen der Bestimmungen der Europäischen Menschenrechtskonvention.

92. Insbesondere bleibt die grundlegende Bedeutung des Rechts des Einzelgesuchs nach Artikel 25 der Europäischen Menschenrechtskonvention ungeschmälert. Dementsprechend ist nicht vorgesehen, dass für eine Person, deren Fall von dem Ausschuss geprüft wurde, eine Gesuchsregelung auf Grund von Artikel 27, Absatz 1 (b) der Europäischen Menschenrechtskonvention gilt, wenn sie in der Folge ein Gesuch bei der Menschenrechtskommission stellt, indem sie angibt, Opfer einer Verletzung dieser Konvention geworden zu sein. (Anm. d. Übers.: Ausgangstext ist an dieser Stelle unklar).

Absatz 3

93. Aus Artikel 2 ergibt sich, dass das Übereinkommen in Friedens- und Kriegszeiten gilt. Es erschien jedoch notwendig, die Existenz anderer internationaler Übereinkünfte zu berücksichtigen, insbesondere der Genfer Konvention vom 12. August 1949 und der Protokolle vom 8. Juni 1977. Im Falle eines (internationalen oder nicht internationalen) bewaffneten Konflikts muss die Geltung der Genfer Konvention Priorität haben; d. h., dass die Besuche von den Delegierten oder Vertretern des Internationalen Komitees vom Roten Kreuz (IKRK) durchgeführt werden [1]. Der neue Ausschuss könnte jedoch Besuche an bestimmten Orten vornehmen, an denen (insbesondere im Falle eines nicht internationalen bewaffneten Konflikts) das IKRK keine „effektiven" oder „regelmäßigen" Besuche durchführt. Andererseits fallen Besuche, die das IKRK bei Häftlingen in Friedenszeiten in einem bestimmten Land auf Grund bilateraler Vereinbarungen (außerhalb des Rahmens der Genfer Konvention) durchführt, nicht unter diese Bestimmung. In derartigen Fällen muss der Ausschuss beschließen, welche Position eingenommen wird, wobei die Situation und der Status der Personen berücksichtigt wird, bei denen ein Besuch stattfinden soll.

---

(1) Siehe insbesondere Artikel 126 der 3. Genfer Konvention und Artikel 143 der 4. Konvention.

94. Die Verfasser des Übereinkommens haben beschlossen, eine Abgrenzung bezüglich der Genfer Konventionen vorzunehmen, nicht nur wegen des spezifischen Sachverstandes und der Erfahrung des IKRK sondern auch, weil letzteres ähnliche Funktionen ausübt und Methoden anwendet wie diejenigen des neuen Ausschusses. So schien es besonders notwendig, die jeweilige Zuständigkeit der beiden Organe zu spezifizieren.

Artikel 18 bis 23

95. Diese Artikel, die die Schlussformeln des Übereinkommens enthalten, entsprechen dem Muster, das das Ministerkomitee des Europarates angenommen hat.

Bezüglich Artikel 21 ist anzumerken, dass die Option gewählt wurde, die die Möglichkeit einer Formulierung von Vorbehalten ausschließt.

DOKUMENT 3

GESCHÄFTSORDNUNG DES AUSSCHUSSES

(angenommen am 16. November 1989, geändert am 8. März 1990, 11. Mai 1990, 9. November 1990, 31. Januar 1991, 20. September 1991 und 12. März 1997)

Der Ausschuss,

in Anbetracht des Europäischen Übereinkommens zur Verhütung von Folter und unmenschlicher oder erniedrigender Behandlung oder Strafe (im Folgenden als „Übereinkommen" bezeichnet);

verabschiedet gemäß § 6 Abs. 2 des Übereinkommens

die folgende Geschäftsordnung:

Teil 1 – Organisation des Ausschusses

Kapitel 1
Mitglieder des Ausschusses

§ 1 (Berechnung der Amtszeit)

1. Die Amtszeit eines Ausschussmitglieds beginnt mit dem Zeitpunkt seiner Wahl, es sei denn das Ministerkomitee entscheidet bei der Wahl anders (*).

2. Ein Mitglied, das gewählt wird, um ein Mitglied zu ersetzen, dessen Amtszeit nicht beendet ist, wird für eine Amtszeit von vier Jahren gewählt.

(*) Absatz vom Ausschuss am 12. März 1997 geändert.

§ 2 (Amtseid)

Vor Amtsantritt muss jedes Mitglied des Ausschusses in der ersten Sitzung, an der er nach seiner Wahl teilnimmt, den folgenden Amtseid ablegen:

„Ich erkläre feierlich, dass ich meine Pflichten als Mitglied des Ausschusses ehrenhaft, unabhängig, unparteiisch und gewissenhaft ausüben und dass ich die Vertraulichkeit der Verfahren vor dem Ausschuss beachten."

§ 3 (Rangfolge)

1. Die Mitglieder des Ausschusses nehmen, nach dem Präsidenten und den Vize-Präsidenten, ihren Rang nach der Länge ihrer Amtszeit ein.

2. Die Mitglieder mit einer gleich langen Amtszeit nehmen ihren Rang nach ihrem Lebensalter ein.

3. Die wiedergewählten Mitglieder nehmen ihren Rang entsprechend der Dauer ihrer vorherigen Amtszeit ein.

§ 4 (Amtsniederlegung)

Der Rücktritt eines Mitglieds von seinem Amt wird dem Präsidenten mitgeteilt, und dieser reicht ihn an den Generalsekretär des Europarats weiter.

Kapitel II
Präsidentschaft des Ausschusses

§ 5 (Wahl des Präsidenten und der Vize-Präsidenten)

1. Der Ausschuss wählt unter seinen Mitgliedern einen Präsidenten sowie einen ersten und einen zweiten Vize-Präsidenten.

2. Der Präsident und die Vize-Präsidenten werden für eine Amtszeit von zwei Jahren gewählt. Sie können wiedergewählt werden. Jedoch endet das Mandat des Präsidenten oder eines Vize-Präsidenten, wenn er nicht mehr Mitglied des Ausschusses ist.

3. Wenn der Präsident oder ein Vize-Präsident nicht mehr Mitglied des Ausschusses ist oder von seinem Amt als Präsident oder Vize-Präsident vor dem Ende der Amtszeit zurücktritt, kann der Ausschuss für die restliche Amtszeit einen Nachfolger wählen.

4. Die Wahlen, auf die in diesem Paragraphen Bezug genommen wird, finden in geheimer Abstimmung statt. Der Kandidat wird mit der Mehrheit der Stimmen der anwesenden Mitglieder gewählt.

5. Wenn nach dem ersten Wahlgang kein Kandidat gewählt ist, findet ein zweiter Wahlgang zwischen den beiden Kandidaten statt, die die meisten Stimmen auf sich vereinigt haben; im Falle der Stimmengleichheit nimmt der Kandidat, der einen höheren Rang gemäß § 3 innehat, an dem zweiten Wahlgang teil. Erforderlichenfalls findet zwischen den zwei Kandidaten ein dritter Wahlgang statt. Der Kandidat, der die meisten Stimmen während dieses dritten Wahlgangs auf sich vereinigt hat oder derjenige, der im Falle einer Stimmengleichheit den höheren Rang gemäß § 3 innehat, wird als gewählt erklärt.

6. Falls nur zwei Kandidaten für ein freies Amt kandidieren und keiner von den beiden nach dem ersten Wahlgang gewählt ist, findet ein zweiter Wahlgang statt. Der Kandidat, der in diesem zweiten Wahlgang die meisten Stimmen auf sich vereinigt, oder derjenige, der im Falle einer Stimmengleichheit den höheren Rang gemäß § 3 innehat, wird als gewählt erklärt.

§ 6 (Pflichten des Präsidenten)

1. Der Präsident leitet die Sitzungen des Ausschusses und erfüllt alle andere Aufgaben, die ihm durch diese Geschäftsordnung und durch den Ausschuss übertragen werden.

2. Der Präsident untersteht bei der Ausübung seiner Aufgaben der Weisungsbefugnis des Ausschusses.

3. Der Präsident kann einige seiner Aufgaben auf einen der beiden Vize-Präsidenten übertragen.

§ 7 (Pflichten der Vize-Präsidenten)

Wenn der Präsident verhindert ist oder das Amt des Präsidenten nicht besetzt ist, vertritt der erste Vize-Präsident den Präsidenten. Wenn der erste Vize-Präsident verhindert ist oder dessen Amt nicht besetzt ist, vertritt ihn der zweite Vize-Präsident.

§ 8 (Vertretung des Präsidenten und der Vize-Präsidenten)

Wenn der Präsident und die Vize-Präsidenten gleichzeitig verhindert sind oder ihre Ämter jeweils nicht besetzt sind, übernimmt ein anderes Mitglied des Ausschusses den Vorsitz gemäß der in § 3 bestimmten Rangfolge.

§ 9 (Unvereinbarkeit der Ausübung der Pflichten des Präsidenten)

Ein Mitglied des Ausschusses kann die Pflichten des Präsidenten nicht übernehmen, wenn der Bericht über den Besuch eines Mitgliedstaats, für dessen Vertretung er gewählt wurde, zu verfassen ist.

Kapitel III
Büro des Ausschusses

§ 10

1. Das Büro des Ausschusses besteht aus dem Präsidenten und den Vize-Präsidenten. Wenn ein Mitglied oder mehrere Mitglieder des Büros verhindert sind, werden diese von anderen Mitgliedern des Ausschusses gemäß der in § 3 bestimmten Rangfolge ersetzt.

2. Das Büro leitet die Arbeiten des Ausschusses und übernimmt alle andere Aufgaben, die ihm durch diese Geschäftsordnung oder durch den Ausschuss übertragen werden.

Kapitel IV
Sekretariat des Ausschusses

§ 11

Das Sekretariat des Ausschusses besteht aus einem Sekretär und weiteren Mitgliedern, die von dem Generalsekretär des Europarats ernannt werden.

Teil II – Arbeitsweise des Ausschusses: allgemeine Regeln

Kapitel I
Sitz des Ausschusses und Sprachen

§ 12 (Sitz des Ausschusses)

Der Ausschuss hat seinen Sitz in Straßburg.

§ 13 (Sprachen)

Die Amtssprachen und Arbeitssprachen des Ausschusses sind Französisch und Englisch.

Kapitel II
Sitzungen des Ausschusses

§ 14 (Sitzungsleitung)

1. Der Ausschuss leitet mit seinem Büro die zur der Erfüllung seiner Aufgaben erforderlichen Sitzungen.

2. Die Sitzungen werden zu den vom Ausschuss festgesetzten Terminen einberufen. Abgesehen davon tritt der Ausschuss auf Beschluss des Büros immer dann zusammen, wenn die Umstände es verlangen. Er tritt ebenfalls zusammen, wenn mehr als ein Drittel seiner Mitglieder es verlangen.

3. Der Sekretär teilt den Mitgliedern des Ausschusses das Datum, die Uhrzeit und den Ort jeder Sitzung des Ausschusses mit. Soweit möglich erfolgt diese Mitteilung mindestens sechs Wochen im Voraus.

§ 15 (Tagesordnung)

1. Nach Beratung mit dem Büro teilt der Sekretär den Mitgliedern den Entwurf der Tagesordnung zusammen mit der Mitteilung über die Sitzung mit.

2. Die Tagesordnung wird vom Ausschuss am Anfang der Sitzung verabschiedet.

§ 16 (Sitzungsdokumente)

Der Sekretär übermittelt den Mitgliedern des Ausschusses die Arbeitsdokumente für die verschiedenen Tagesordnungspunkte soweit möglich mindestens vier Wochen im Voraus.

§ 17 (Beschlussfähigkeit)

Der Ausschuss ist beschlussfähig, wenn mehr als die Hälfte seiner Mitglieder anwesend ist.

§ 18 (Sitzungen unter Ausschluss der Öffentlichkeit)

1. Die Sitzungen des Ausschusses finden unter Ausschluss der Öffentlichkeit statt. Seine Beratungen bleiben vertraulich.

2. Neben den Mitgliedern des Ausschusses dürfen nur die Mitglieder des Sekretariats, die Dolmetscher und die Personen, die technische Hilfe leisten, während der Sitzungen anwesend sein, sofern der Ausschuss nicht anders entscheidet.

§ 19 (Anhörungen)

Der Ausschuss kann jede Person anhören, von der er annimmt, dass sie ihm bei der Erfüllung seiner Aufgaben im Sinne des Übereinkommens unterstützt.

Kapitel 3: Ablauf der Beratungen

§ 20 (Vorschläge)

Jeder Vorschlag muss schriftlich eingereicht werden, wenn es ein Mitglied des Ausschusses wünscht. In diesem Fall wird über den Vorschlag nicht beraten, solange er nicht verteilt worden ist.

§ 21 (Reihenfolge bei der Abstimmung von Vorschlägen und Änderungen)

1. Wenn mehrere Vorschläge dasselbe Thema betreffen, werden sie in der Reihenfolge ihrer Vorlage zur Abstimmung gestellt. In Zweifelsfällen entscheidet der Präsident.

2. Im Falle eines Änderungsvorschlags wird die Änderung als erstes zur Abstimmung gestellt. Wenn ein Vorschlag Gegenstand von zwei oder mehreren Änderungen ist, stimmt der Ausschuss zuerst über die Änderung ab, die am meisten vom Inhalt der ursprünglichen Fassung des Vorschlags abweicht. Nach demselben Kriterium stimmt er anschließend über die weiteren Änderungen ab, bis über alle Änderungen abgestimmt worden ist. Wenn jedoch die Annahme einer Änderung die Ablehnung einer anderen Änderung voraussetzt, wird über letztere nicht abgestimmt. Die Schlussabstimmung erfolgt über den geänderten oder nicht geänderten Vorschlag. Im Fall von Zweifeln über die Reihenfolge der Abstimmung entscheidet der Präsident.

3. Teile eines Vorschlags oder einer Änderung können getrennt zur Abstimmung vorgelegt werden.

4. Bei Vorschlägen mit finanziellen Auswirkungen wird über die kostspieligsten zuerst abgestimmt.

§ 22 (Reihenfolge der Verfahrensanträge)

Verfahrensanträge haben Vorrang gegenüber allen anderen Vorschlägen oder Anträgen mit Ausnahme der Ordnungsanträge. Sie werden in der folgenden Reihenfolge zur Abstimmung vorgelegt:

a) Unterbrechung der Sitzung;
b) Vertagung der Sitzung;
c) Vertagung der Debatte über den vorliegenden Tagesordnungspunkt;
d) Schluss der Debatte über den vorliegenden Tagesordnungspunkt.

§ 23 (Nochmalige Beratung einer Frage)

Wenn über eine Frage ein Beschluss gefasst wurde, wird über sie nur auf Anfrage eines Mitglieds mit der Zustimmung des Ausschusses noch einmal beraten.

§ 24 (Beschlussfassung)

1. Unter dem Vorbehalt der Bestimmungen der §§ 44 Abs. 1, 47, 48, 50 und 51 werden die Beschlüsse des Ausschusses mit der Mehrheit der anwesenden Mitglieder gefasst.

2. Bei Abstimmungen in anderen Angelegenheiten als Wahlen gilt ein Vorschlag als abgelehnt, wenn die in Absatz 1 genannte Mehrheit nicht erreicht ist.

3. Unter dem Vorbehalt der Bestimmungen des § 5 Absatz 4 stimmt der Ausschuss normalerweise durch Handzeichen ab. Wünscht jedoch ein Mitglied eine Abstimmung per Namensaufruf, erfolgt der Namensaufruf in der alphabetischen Reihenfolge der Namen der Mitglieder, beginnend mit dem Buchstaben A.

4. Wenn der Abstimmungsvorgang begonnen hat, darf er nur unterbrochen werden, wenn ein Mitglied einen Ordnungsantrag über den Ablauf der Beschlussfassung gestellt hat. Der Präsident kann einem Mitglied nur dann erlauben, eine kurze Stellungnahme zur Erklärung seines Abstimmungsverhaltens abzugeben, wenn dies vor Beginn oder nach Beendigung des Abstimmungsgangs erfolgt.

**Kapitel IV
Beschlüsse und Sitzungsberichte**

Artikel 25 (Beschlüsse)

Am Ende jeder Sitzung legt der Sekretär dem Ausschuss eine Liste von Beschlüssen, die im Verlauf der Sitzung angenommen worden sind, zur Abstimmung vor.

§ 26 (Sitzungsberichte)

1. Der Sekretär verfasst einen Entwurf für den Bericht über die Beratungen, die der Ausschuss in jeder Sitzung geführt hat. Der Entwurf wird umgehend an die Mitglieder des Ausschusses verteilt, damit diese die Gelegenheit erhalten, Berichtigungen innerhalb einer vorgeschriebenen Frist vorzulegen.

2. Wenn keine Berichtigungsanträge vorliegen, gilt der Sitzungsbericht als verabschiedet. Wenn Berichtigungsanträge vorliegen, werden sie in einem einzigen Dokument vereint und an die Mitglieder des Ausschusses verteilt. In diesem Fall findet die Abstimmung über den Sitzungsbericht bei der nächsten Sitzung statt.

Kapitel V
Arbeitsgruppen

§ 27

Der Ausschuss kann Ad-hoc-Arbeitsgruppen bilden, die aus einer begrenzten Anzahl von Mitgliedern des Ausschusses bestehen. Die Mandate solcher Arbeitsgruppe werden vom Ausschuss festgelegt.

Kapitel VI
Mitteilung von Informationen,
die dem Ausschuss zur Beratung vorgelegt werden

§ 28

1. Der Sekretär lenkt die Aufmerksamkeit des Ausschusses auf empfangene Mitteilungen, deren Informationen dem Ausschuss zur Beratung vorgelegt werden, es sei denn diese Informationen beziehen sich auf Fragen, die offenkundig nicht seiner Zuständigkeit unterliegen.

2. Werden solche Mitteilungen unmittelbar von den Mitgliedern des Ausschusses empfangen, übergeben diese die Mitteilungen dem Sekretariat.

3. Der Sekretär führt ein Register über alle empfangenen Mitteilungen.

4. Der Sekretär schickt den Verfassern dieser Mitteilungen eine Empfangbescheinigung.

Teil III – Verfahren im Zusammenhang mit Besuchen

Kapitel I
Grundlegende Regeln

§ 29 (Grundsatz der Besuche)

Gemäß § 1 und 7 des Übereinkommens ist es Aufgabe des Ausschusses, die Besuche an Orten, auf die in § 2 des Übereinkommens hingewiesen wird, vorzunehmen, um die Behandlung von Personen, denen die Freiheit entzogen ist, zu untersuchen und erforderlichenfalls den Schutz dieser Personen vor Folter und unmenschlicher oder erniedrigender Behandlung oder Strafe zu verstärken.

§ 30 (*) (Ersuchen um Informationen oder Erläuterungen)

1. Bevor der Ausschuss einen bestimmten Besuch beschließt, kann er oder gegebenenfalls das Büro um Informationen oder Erläuterungen über die allgemeine Lage in dem betreffenden Land, über einen bestimmten Ort oder über einen Einzelfall, der ihm berichtet wurde, ersuchen.

2. Nachdem der Ausschuss derartige Informationen oder Erläuterungen erhalten hat, kann er um Details über die von den nationalen Behörden ergriffenen Korrekturmaßnahmen ersuchen.

(*) Paragraph vom Ausschuss am 8. März 1990 eingefügt.

§ 31 (regelmäßige Besuche)

1. Der Ausschuss führt regelmäßige Besuche durch.

2. Vor Ende jedes Kalenderjahres stellt der Ausschuss ein vorläufiges Programm für das folgende Kalenderjahr auf. Diese Vorgehensweise des Ausschuss gewährleistet so weit wie möglich, dass die Besuche der verschiedenen Vertragsstaaten unter Berücksichtigung der Anzahl der relevanten Orte in jedem Land gleichmäßig verteilt sind (*).

3. Der Ausschuss kann später das oben genannte Programm den Umständen entsprechend ändern.

4. Der Ausschuss gibt die Namen der Länder, in denen regelmäßige Besuche in dem jeweiligen Jahr vorgesehen sind, bekannt, nachdem er den Behörden jedes betroffenen Staats über die Wahrscheinlichkeit eines Besuchs informiert hat (**).

(*) Absatz vom Ausschuss am 31. Januar 1991 geändert.

(**) Absatz vom Ausschuss am 11. Mai 1990 eingefügt und am 31. Januar 1991 geändert.

§ 32 (Ad-hoc-Besuche)

1. Neben regelmäßigen Besuchen kann der Ausschuss solche Ad-hoc-Besuche durchführen, die ihm nach den Umständen erforderlich erscheinen.

2. Wenn der Ausschuss nicht tagt, kann das Büro in Eilfällen im Namen des Ausschusses beschließen, dass ein Ad-hoc-Besuch durchgeführt wird. Der Präsident berichtet dem Ausschuss bei seiner nächsten Sitzung über die Maßnahmen, die gemäß diesem Absatz getroffen wurden.

§ 33 (Folgebesuche)

Der Ausschuss kann einen oder mehrere Folgebesuche an allen Orten durchführen, die er bereits im Rahmen eines regelmäßigen oder eines Ad-hoc-Besuchs aufgesucht hat.

§ 34 (Verantwortung für die Durchführung der Besuche)

1. Die Besuche werden grundsätzlich von einer Besucherdelegation mit mindestens zwei Ausschussmitgliedern durchgeführt. Ausnahmsweise können Besuche von dem gesamten Ausschuss oder nur von einem seiner Mitglieder durchgeführt werden.

2. Die Ausschussmitglieder, die die Verantwortung für die Durchführung eines Besuchs tragen, handeln im Namen des Ausschusses.

§ 35 (Notifikation der Besuche)

1. Der Ausschuss oder, falls der Ausschuss zu der Zeit nicht tagt, sein Präsident notifiziert der Regierung der betreffenden Vertragspartei seine Absicht, einen Besuch durchzuführen. Die Notifikation wird der in Artikel 15 des Übereinkommens genannten Behörde übersandt.

2. Die Notifikation enthält die Namen der Ausschussmitglieder, die für die Durchführung des Besuchs verantwortlich sind, sowie die Namen der Personen, die die Besucherdelegation unterstützen.

3. Die Notifikation nennt die Orte, die die Besucherdelegation zu besuchen beabsichtigt. Das hindert die Delegation nicht daran, auch andere als die in der Notifikation aufgezählten Orte zu besuchen.

4. Die Notifikation eines Besuchs gemäß der Absätze 1 bis 3 kann in einem oder in mehreren Schritten erfolgen (*).

(*) Absatz vom Ausschuss am 8. März 1990 eingefügt.

§ 36 (Besuchsregister)

Der Sekretär führt ein Register über alle vom Ausschuss durchgeführten Besuche.

Kapitel II
Besucherdelegationen

§ 37 (Auswahl der Mitglieder)

1. Die Ausschussmitglieder, die einen Besuch durchführen, werden vom Ausschuss oder im Eilfall, wenn der Ausschuss nicht tagt, vom Büro ausgewählt. Bei der Zusammenstellung der Besucherdelegation berücksichtigt der Ausschuss die Natur des jeweiligen Besuchs und insbesondere die Art des oder der Orte, deren Besuch vorgesehen ist.

2. Das Ausschussmitglied, das als Vertreter des Staates, in dem der Besuch stattfinden wird, im Ausschuss sitzt, darf nicht als Mitglied dieser Besucherdelegation ausgewählt werden (*).

3. Nach Absprache mit dem Büro ernennt die Besucherdelegation eines ihrer Mitglieder zum Leiter der Delegation (**).

(*) Absatz vom Ausschuss am 9. November 1990 eingefügt.

(**) Absatz vom Ausschuss am 31. Januar 1991 geändert.

§ 38 (Delegationsbegleitende Personen)

1. Der Ausschuss oder im Falle eines Ad-hoc-Besuchs gemäß § 32 Abs. 2 das Büro können entscheiden, dass eine Besucherdelegation von einem oder von mehreren Sachverständigen oder Dolmetschern unterstützt wird.

2. Eine Besucherdelegation sollte prinzipiell nicht von einem Sachverständigen unterstützt werden, der Staatsangehöriger des zu besuchenden Staates ist (*).

3. Mindestens ein Mitglied des Sekretariats des Ausschusses begleitet jede Besucherdelegation.

4. Alle delegationsbegleitenden Personen handeln nach Anweisungen und unter der Verantwortung des Delegationsleiters.

(*) Absatz vom Ausschuss am 9. November 1990 eingefügt.

§ 39 (Besuchsverfahren)

1. Die Besucherdelegationen führen ihre Besuche in Übereinstimmung mit den allgemeinen oder speziellen Anweisungen oder Richtlinien durch, die vom Ausschuss oder gegebenenfalls vom Büro ausgegeben wurden.

2. Eine Besucherdelegation kann ihre Beobachtungen den zuständigen Behörden der betreffenden Vertragspartei sogleich mitteilen.

§ 40 (Delegationsberichte)

Mit Abschluss des Besuches legt die Delegation dem Ausschuss so schnell wie möglich einen Bericht vor. Der Bericht enthält insbesondere:

- eine Beschreibung der einzelnen Stationen des Besuchs;
- eine Zusammenfassung der bei dem Besuch festgestellten Tatsachen und der mit den Behörden der betreffenden Vertragspartei geführten Konsultationen, die für den Bericht des Ausschusses von Interesse sind (*);
- Vorschläge für Empfehlungen, die nach Ansicht der Besucherdelegation an die Vertragspartei gerichtet werden sollten.

(*) Halbsatz vom Ausschuss am 31. Januar 1991 geändert.

Teil IV – Verfahren nach dem Besuch

Kapitel I
Berichte und Empfehlungen

§ 41 (Ausarbeitung des Berichts des Ausschusses)

1. Nach jedem Besuch verfasst der Ausschuss auf der Grundlage des Berichts der Besucherdelegation einen Bericht, den er der betreffenden Vertragspartei übermittelt. Der Bericht stellt die während des Besuchs festgestellten Tatsachen vor und enthält die von ihm für erforderlich gehaltenen Empfehlungen zur Verstärkung des Schutzes der Personen, denen die Freiheit entzogen ist.

2. Der Ausschuss berücksichtigt bei der Erstellung seines Berichts alle von der betreffenden Vertragspartei im Anschluss an den Besuch geäußerten Bemerkungen. Der Ausschuss kann darüber hinaus auf eigene Initiative bei der Vertragspartei um Äußerungen oder ergänzende Informationen ersuchen.

3. Nach seiner Annahme wird der Bericht der betreffenden Vertragspartei durch den Präsidenten übermittelt.

§ 42 (Vertraulichkeit des Berichts)

1. Der einer Vertragspartei übermittelte Bericht ist vertraulich und bleibt es grundsätzlich auch. Jedoch veröffentlicht der Ausschuss seinen Bericht zusammen mit den Stellungnahmen der betreffenden Vertragspartei, wenn diese darum ersucht.

2. Falls die Vertragspartei den Bericht selbst bekannt gibt, ohne ihn in seiner Gesamtheit zu veröffentlichen, kann der Ausschuss entscheiden, den Bericht vollständig zu veröffentlichen.

3. Der Ausschuss kann ebenfalls entscheiden, den Bericht vollständig zu veröffentlichen, falls die betreffende Vertragspartei eine öffentliche Erklärung gibt, die den Bericht zusammenfasst oder Kommentare über seinen Inhalt enthält (*).

4. Die Veröffentlichung des Berichts durch den Ausschuss gemäß der vorstehenden Absätze 1 bis 3 erfolgt unter dem Vorbehalt von § 45 Absatz 2 (**).

(*) Absatz vom Ausschuss am 20. September 1991 eingefügt.

(**) Absatz vom Ausschuss am 20 September 1991 geändert.

§ 43 (Nachfolgende Konsultationen)

Nach Übermittlung seines Berichts kann der Ausschuss Konsultationen mit der betreffenden Vertragspartei insbesondere über die Umsetzung der in dem Bericht enthaltenen Empfehlungen führen.

Kapitel II
Öffentliche Erklärungen

§ 44

1. Wenn eine Vertragspartei die Zusammenarbeit mit dem Ausschuss verweigert oder es ablehnt, die Lage auf der Grundlage der Empfehlungen des Ausschusses zu verbessern, so kann der Ausschuss mit Zweidrittelmehrheit seiner Mitglieder beschließen, dazu eine öffentliche Erklärung abzugeben.

2. Bevor der Beschluss gefasst wird, eine solche Erklärung abzugeben, ist der betreffenden Vertragspartei die Gelegenheit zur Äußerung zu geben.

3. Wenn der Ausschuss eine öffentliche Erklärung abgibt, ist er von der in Teil V vorgesehenen Vertraulichkeitspflicht unter dem Vorbehalt der Bestimmungen des § 45 Absatz 2 befreit.

Teil V – Vertraulichkeit

§ 45

1. Vorbehaltlich der Bestimmungen der §§ 42 und 44 sind und bleiben die Informationen, die der Ausschuss in Zusammenhang mit seinem Bericht erhält, sein Besuchsbericht selbst sowie seine Konsultationen mit der betreffenden Vertragspartei vertraulich. Dies gilt ebenso für alle Sitzungsberichte und Arbeitsdokumente des Ausschusses.

2. Personenbezogene Daten dürfen nicht ohne ausdrückliche Zustimmung der betroffenen Personen veröffentlicht werden.

§ 46

1. Die Mitglieder des Ausschusses, die Sachverständigen und die anderen Personen, die den Ausschuss unterstützen, haben während und nach Ablauf ihrer Tätigkeit die Vertraulichkeit der ihnen bei der Erfüllung ihrer Aufgaben bekannt gewordenen Tatsachen oder Informationen zu wahren.

2. Eine entsprechende Bestimmung wird in die Verträge mit den Sachverständigen und Dolmetschern, die den Ausschuss unterstützen, eingefügt.

§ 47 (*)

Wenn der Ausschuss ernsthaft Grund zu der Annahme hat, dass eines seiner Mitglieder gegen die Vertraulichkeitspflicht verstoßen hat, kann er, nachdem er dem betreffenden Mitglied Gelegenheit zur Stellungnahme gegeben hat, mit Zweidrittelmehrheit seiner Mitglieder beschließen, das Ministerkomitee darüber zu benachrichtigen.

(*) Paragraph vom Ausschuss am 9. November 1990 eingefügt.

§ 48 (*)

1. Wenn der Ausschuss ernsthaft Grund zu der Annahme hat, dass ein Mitglied des Sekretariats des Ausschusses oder ein Dolmetscher gegen die Vertraulichkeitspflicht verstoßen hat, kann er, nachdem er der betreffenden Person Gelegenheit zur Stellungnahme gegeben hat, mit der Mehrheit seiner Mitglieder beschließen, den Generalsekretär des Europarats darüber zu benachrichtigen und ihn darum zu ersuchen, geeignete Maßnahmen zu treffen.

2. Wenn der Ausschuss ernsthaft Grund zu der Annahme hat, dass ein Sachverständiger gegen die Vertraulichkeitspflicht verstoßen hat, beschließt er mit der Mehrheit seiner Mitglieder über geeignete Maßnahmen, nachdem er der betreffenden Person Gelegenheit zur Stellungnahme gegeben hat.

(*) Paragraph vom Ausschuss am 9. November 1990 eingefügt.

Teil VI – Jährlicher Tätigkeitsbericht des Ausschusses

§ 49

1. Unter Beachtung der in Teil V dargestellten Vertraulichkeitspflicht legt der Ausschuss dem Ministerkomitee alljährlich einen allgemeinen Bericht über seine Tätigkeit vor, welcher der Beratenden Versammlung zugeleitet und veröffentlicht wird.

2. Der Bericht enthält u. a. Informationen über die Organisation und die internen Arbeiten des Ausschusses sowie über seine eigentlichen Aktivitäten unter besonderer Erwähnung der besuchten Staaten.

3. Der Bericht wird möglichst in der ersten Sitzung des Ausschusses in einem Kalenderjahr angenommen und umfasst das gesamte vorherige Kalenderjahr. Der Sekretär legt dem Ausschuss rechtzeitig einen Entwurf des Berichts vor.

Teil VII – Änderungen und Aussetzung

§ 50 (Änderungen der Geschäftsordnung)

Diese Geschäftsordnung kann durch einen Beschluss der Mehrheit der Mitglieder des Ausschusses vorbehaltlich der Bestimmungen des Übereinkommens geändert werden.

§ 51 (Aussetzung einer Bestimmung der Geschäftsordnung)

Auf Vorschlag eines Ausschussmitglieds kann die Anwendung einer Bestimmung der Geschäftsordnung durch einen von der Mehrheit der Ausschussmitglieder gefassten Beschluss vorbehaltlich der Bestimmungen des Übereinkommens ausgesetzt werden. Die Aussetzung der Anwendung einer Bestimmung ist auf den Einzelfall begrenzt, für den sie beschlossen wurde.

SCHRIFTTUM

American Correctional Association: *Standards for adult correctional institutions.* Lanham Md: ACA ³ 1990.

Amnesty International: *Torture in the eighties.* London: Amnesty International 1984.

Amnesty International: *Take a step to stamp out torture.* London: Amnesty International 2000.

Association for the Prevention of Torture (APT): *The implementation of the European Convention for the Prevention of Torture and Inhuman or Degrading Treatment or Punishment (ECPT): Assessment and perspectives after five years of activities of the European Committee for the Prevention of Torture and Inhuman or Degrading Treatment or Punishment – Acts of the seminar, Strasbourg 5 to 7 December 1994.* Genf: APT/Conseil de l'Europe 1995.

Bank, R.: *Country-oriented procedures under the Convention Against Torture:Ttowards a new dynamism.* in: Alston, P. und Crawford, J.: *The future of UN human rights treaty monitoring.* Cambridge: Cambridge University Press 2000. S. 145-174.

Bank, R.: *International effort to combat torture and inhuman treatment: have the new mechanisms improve protection?* in: EJIL 8, 1997. S. 570.

Bank, R.: *Preventive measures against torture: an analysis of standards set by the CPT, CAT and HRC and the special rapporteur.* in: Haenni, C: *20 ans consacrés à la réalisation d'une idée.* Genf: Association for the Prevention of Torture 1997. Teil II.

Boulesbaa, A.: *The UN Convention on Torture and the prospects for enforcement.* La Haye: Martinus Nijhoff 1999.

Burgers, J.H. und Danelius, H.: *The UN Convention Against Torture: a Handbook to the Convention Against Torture and Other Cruel, Inhuman or Degrading Treatment or Punishment.* Dordrecht: Martinus Nijhoff 1988.

Cassese, A.: *A new approach to human rights: the European Committee for the Prevention of Torture.* in: AJIL 83, S. 130. (französische Übersetzung in: RGDIP 1989 5).

Cassese, A.: *Inhuman states: Imprisonment, detention and torture in Europe today.* Cambridge: Polity Press 1996. S. 66.

Cerna, C.: *The Inter-American Commission on Human Rights: Its organization and examination of petitions and communication.* in: Harris, D. und Livingstone, S.: *The Inter-American system for the protection of human rights.* Oxford: Clarendon Press 1998. S. 64 und 98-99.

De Vargas, F.: *History of a campaign.* in: International Commission of Jurists/Swiss Committee Against Torture: *Torture: How to make the international convention effective.* Genf: ICJ/SCAT 1979.

Evans, M. und Morgan, R.: *Preventing torture: A Study of the European Committee for the Prevention of Torture and Inhuman or Degrading Treatment or Punishment.* Oxford: Clarendon Press 1998. S. 106-141.

Evans, M. und Morgan, R.: *Hidden Secrets at the Heart of the CPT?: the "T" and "ID" Words.* in: APT: *Some reflections for the 10th anniversary of the European Committee for the Prevention of Torture.* CPT/Inf/E (99) 5, 1999. S. 7-18.

Gautier, J.-J.: *La proposition de Jean-Jacques Gautier.* in: *Contre la torture: une arme nouvelle.* Genf: La Vie protestante 1997. S. 16.

Gemalmaz, S.: *The CPT and Turkey.* in: Morgan, R. und Evans, M.: *Protecting prisoners: The standards of the European Committee for the Prevention of Torture in context.* Oxford: Clarendon Press 1999. S. 235-263.

Haenni, C.: *20 ans consacrés à la réalisation d'und idée.* Genf: Association for the Prevention of Torture 1997. Teil II.

Home Office: *Annual report of the Prison Department 1980.* 8228, London: HMSO 1981. S. 2.

International Commission of Jurists/Swiss Committee against Torture: *The draft European Convention against Torture.* Genf: ICJ/SCAT 1983.

King, R. und Morgan, R.: *The future of the prison system.* Farnbourgh: Gower 1980.

Morgan, R.: *Custody in the police station: How do England and Wales measure up in Europe?* in: Police Studies 17, 1, 1996. S. 55-72.

Morgan, R.: *Developing prison standards compared.* in: Punishment and Society 2, 2000. S. 325-342.

Morgan, R.: *Preventing torture and protecting prisoners.* in: Interrights Bulletin 11.4, 1997. S. 178-180.

Morgan, R. und Evans, M.: *Protecting prisoners: The standards of the European Committee for the Prevention of Torture in context.* Oxford: Oxford University Press 1999.

Murdoch, J.: *CPT standards within the context of the Council of Europe.* in: Morgan, R. und Evans, M.: *Protecting prisoners: The standards of the European Committee for the Prevention of Torture in context.* Oxford: Clarendon Press 1999. S. 103-136.

Penal Reform International (PRI): *Making standards work: an international handbook on good prison practice.* La Haye: PRI 1995.

Peters, E.: *Torture.* Pennsylvania: University of Pennsylvania Press ²1996.

Peukert, W.: *The European Convention for the Prevention of Torture and the European Convention on Human Rights.* in: Morgan, R. und Evans, M.: *Protecting prisoners: The standards of the European Committee for the Prevention of Torture in context.* Oxford: Clarendon Press 1999. S. 85-102.

Rodley, N.: *The treatment of prisoners under international law.* Oxford: Clarendon Press ²1999. S. 18-44.

Sørenson, B.: *Prevention of torture and inhuman or degrading treatment or punishment: Medical views.* in: APT: *The implementation of the European Convention for the Prevention of Torture and Inhuman or Degrading Treatment or Punishment (ECPT): Assessment and perspectives after five years of activities of the European Committee for the Prevention of Torture and Inhuman or Degrading Treatment or Punishment – Acts of the seminar, Strasbourg 5 to 7 December 1994.* Genf: APT/Conseil de l'Europe 1995. S. 259.

Suntinger, W.: *CPT and other international standards for the prevention of torture.* in: Morgan, R. und Evans, M.: *Protecting prisoners: The standards of the European Committee for the Prevention of Torture in Context.* Oxford: Clarendon Press 1999. S. 137-166.

Van Duin, H. S. und Van Reenan, P.: *Humanity as a system requirement: National oversight committees, quality control and the Committee for the Prevention of Torture.* in: NQHR (erscheint in Kürze).

Van Reenan, P.: *Inspection and quality control: The CPT and the Netherlands.* in: Morgan, R. und Evans, M: *Protecting prisoners: The standards of the European Committee for the Prevention of Torture in context.* Oxford: Clarendon Press 1999. S. 221-223, 226 und 227.

Woolf, Lord: *Prison disturbances April 1990: Report of an inquiry.* Cmnd 456. London: HMSO 1991. § 1.101.

MIX
Papier aus verantwortungsvollen Quellen
Paper from responsible sources
FSC® C105338

If you have any concerns about our products,
you can contact us on
ProductSafety@springernature.com

In case Publisher is established outside the EU,
the EU authorized representative is:
**Springer Nature Customer Service Center GmbH
Europaplatz 3, 69115 Heidelberg, Germany**

Printed by Libri Plureos GmbH
in Hamburg, Germany